立信会计特色教材系列

上海市会计学教育高地重点建设项目

内部控制学

主编 付 君

立信会计出版社
LIXIN ACCOUNTING PUBLISHING HOUSE

图书在版编目(CIP)数据

内部控制学/付君主编.—上海：立信会计出版社，
2015.3
立信会计特色教材系列
ISBN 978 - 7 - 5429 - 4539 - 6

Ⅰ.①内… Ⅱ.①付… Ⅲ.①企业内部管理—教
材 Ⅳ.①F270

中国版本图书馆 CIP 数据核字(2015)第 036159 号

策划编辑　　余　榕
责任编辑　　余　榕
封面设计　　周崇文

内部控制学

出版发行	立信会计出版社	
地　　址	上海市中山西路 2230 号	邮政编码　200235
电　　话	(021)64411389	传　真　(021)64411325
网　　址	www. lixinaph. com	电子邮箱　lxaph@sh163. net
网上书店	www. shlx. net	电　话　(021)64411071
经　　销	各地新华书店	
印　　刷	常熟市梅李印刷有限公司	
开　　本	787 毫米×1092 毫米　　　1/16	
印　　张	25.5	
字　　数	476 千字	
版　　次	2015 年 3 月第 1 版	
印　　次	2018 年 8 月第 3 次	
印　　数	6 201—9 300	
书　　号	ISBN 978 - 7 - 5429 - 4539 - 6/F	
定　　价	48.00 元	

如有印订差错,请与本社联系调换

前　　言

本书是"立信会计特色教材系列"丛书中的一本,也是"上海市会计学教育高地重点建设项目"成果之一。在编写过程中,我们力求突出以下特色:

(1) 内容新颖。本书的编写是以 2008 年 5 月财政部、审计署、证监会、银监会和保监会五部委联合发布的《企业内部控制基本规范》、2010年 4 月五部委联合发布的《企业内部控制配套指引》、财政部 2012 年 11月颁布的《行政事业单位内部控制规范(试行)》为基本依据,力求反映内部控制理论与实践发展的最新成果。

(2) 体系完整。本书先回顾了内部控制发展的历史演进,在总结我国企业和行政事业单位内部控制规范建设历程的基础上,阐述了内部控制的目标、原则与要素等内部控制基本理论,详细讲解了内部控制基本方法在企业内部控制实践中的具体运用,内容涵盖企业内部控制设计、内部控制评价、内部控制审计。本书在侧重讲解企业内部控制的同时,也兼顾行政事业单位的内部控制。

(3) 教学适用。本书每一章开篇先提出"学习目的与要求",便于学生把握每章的教学内容与重点;之后给出"课前预习题",引发学生思考;书中穿插了编写及整理的"案例",既有内部控制成功的经验,又有内部控制失败的教训,将理论与实践紧密结合,增强学生对内部控制概念、理论的理解和运用能力;章末编写的"复习思考题"以及包含单项选择题、多项选择题和判断题的"练习题",帮助学生掌握与巩固所学的内部控制理论与方法。

　　本书由上海立信会计学院付君担任主编,负责大纲拟定、体例设计、内容修改以及最终的统稿和定稿;董卉娜担任副主编,协助主编承担相应的工作。本书具体编写分工如下:第一章、第三章、第四章、第十二章前两节由付君编写,第二章、第八章、第十章由董卉娜编写,第五章、第九章由王扬编写,第七章、第十一章由章立军编写,第六章由杜莉编写,第十二章第三节、第四节由杨家亲编写。上海高校创新创业教育实验基地项目(10-7109-04-012)的张忠英、宋倩倩两个小组的同学参与了相关资料的收集与整理工作。

　　本书主要作为高等院校会计学、财务管理、审计学等财经类和其他经济管理类专业本科生内部控制学课程的教材,也可供会计专业硕士(MPAcc)、审计专业硕士(Maud)、工商管理硕士(MBA)参考和学习,还可供企业和行政事业单位进行内部控制培训使用。

　　本书的编写和出版得到了"上海市会计学教育高地重点建设项目"的资助,书中参考、借鉴了大量专家和学者的专著教材、文献资料,并尽可能地加以注明,在此一并表示衷心的感谢!

　　由于作者水平所限,书中难免存在缺点和疏漏之处,敬请读者提出批评和建议,以便修正和提高。

编　　者

2015 年 2 月

目　　录

第一章 总 论

学习目的与要求

　　本章旨在阐述内部控制演进的历史和内部控制的基本理论,其内容主要包括:内部控制的产生与发展;我国内部控制规范建设历程;内部控制的概念;内部控制的目标、原则与要素;内部控制的作用与局限性。通过本章学习,学生应当熟悉内部控制产生与发展各个阶段的内容,了解我国内部控制规范建设的过程,掌握我国企业内部控制规范体系的内容,理解内部控制的定义以及内部控制与公司治理、风险管理的关系,掌握我国内部控制的目标、原则、要素,理解内部控制存在的局限性,为学习和掌握内部控制奠定扎实的理论基础。

课前预习题

　　1. 内部控制发展的动因是什么?

　　2. COSO《内部控制——整合框架》的五要素与《企业风险管理整合框架》的八要素存在怎样的关系?

　　3. 为什么说内部控制只能为控制目标的实现提供合理保证,而不是绝对保证?

　　4. 如何理解内部环境是企业实施内部控制的基础?

第一节　内部控制的产生与发展

　　内部控制是人类社会经济发展到一定阶段的产物。内部控制理论与实践的发展大体上可以划分为内部牵制、内部控制制度、内部控制结构、内部控制整合框架与企业风险管理框架五个阶段。

一、内部牵制阶段

20 世纪 40 年代以前,内部控制的发展基本停留在内部牵制阶段。内部牵制的实践最早可以追溯到公元前 3600 年前的美索不达米亚文化时期,当时经手钱财的人要把付出的款项列出付款清单,并由记录员将这些清单汇总报告,在汇总报告时,记录员要在付款清单上打上"点、钩、圈"等核对符号,表明账目检查工作已经完成。公元 600 年左右,古埃及建立了记录官、出纳官和监督官的三官牵制制度。古希腊时期对官吏的审查非常严格,官吏上任前要接受资格审查,任职期间要接受对其称职与否的信任投票,任期结束要接受卸任审查,即对其经手的钱财进行稽考交接。古罗马采用"双人记账制",对每一笔财产收付,都由两个记账员同时记载,定期或不定期进行核对。

我国最早的内部牵制制度可以追溯到西周时期,西周时代率先实施了分权控制和九府出纳方法。西周的财务、行政、会计、国库组织各自成一系统,并在其间形成相互牵制的关系,司会主天下之大计,九府出纳制度使各个出纳部门责任清楚,分工明确,控制着整个王朝的财物收支活动,而九府又统归司会控制,使王朝的财物出纳保管之权都集中在司会的控制之下,宰夫则行稽察之权。西周出现了上计制度的萌芽,每年各地的官吏将地方上的税赋收入及各项财政开支,用书面的形式呈报给皇帝,皇帝则每年进行一次听计,由负责审计的官员将各地报来的收支账目念给皇上听,以此审查官员的经管责任。到了秦代,则实行严密的上计制度和御史监察制度,这两种制度是监督控制社会经济和政治发展的重要监督制度。宋太祖时期,实行"官职分离、职差分离",官是虚名,职才是实际的官,职不一定是职务,只有差遣,即通过授权才有职务,宋朝规定"主库吏三年一易",也就是主管仓库的官员必须 3 年更换一次,相当于现代的职务轮换制。

15 世纪末,随着资本主义经济的初步发展与会计体系的成熟,内部牵制也发展到一个新的阶段。以意大利出现的复式记账法为标志,内部牵制渐趋成熟,它以账目间的相互核对为主要内容并实施一定程度的岗位分离,在当时一直被认为是确保财产和账目正确无误的一种理想控制方法。18 世纪英国产业革命的爆发,实现了以机器大工业代替工场手工业,出现工厂这一新型组织形式,伴随着组织规模的扩大、内部结构的复杂,要求工厂采用新的科学管理方法。1911 年,泰勒在《科学管理原理》一书中提出了将计划职能与执行职能分开,在管理控制上实行例外管理等管理思想。美国一些企业逐渐摸索出一些组织、协调、制约和检查企业生产经营活动的方法,建立了内部牵制制度,规定有关经济业务的处理不能由一个人或一个部门统揽全过程。

1912 年,美国著名审计学家蒙哥马利(Robert H. Montgomery)在其出版的

《审计——理论与实践》一书中指出,所谓内部牵制,是指一个人不能完全支配账户、另一个人也不能独立地加以控制的制度。也就是一名员工与另一名员工必须是相互牵制、相互稽核的。《柯氏会计辞典》认为,内部牵制是指:"以提供有效的组织和经营,并防止错误和其他非法业务发生的业务流程设计。其主要特点是以任何个人或部门不能单独控制任何一项或一部分业务权力的方式进行组织上的责任分工,每项业务通过正常发挥其他个人或部门的功能进行交叉检查或交叉控制。设计有效的内部牵制以便使各项业务能完整正确地经过规定的处理程序,而在这规定的处理程序中,内部牵制机能永远是一个不可缺少的组成部分"。

内部牵制主要基于以下两个设想:一是两个或两个以上的人或部门,无意识地犯同样错误的可能性很小;二是两个或两个以上的人或部门,有意识地合伙舞弊的可能性大大低于单独一个人或部门舞弊的可能性。

内部牵制主要通过实物牵制、机械牵制、体制牵制、簿记牵制四种方式执行。

(1)实物牵制。实物牵制是指由两个以上人员共同掌管必要的实物工具,共同完成一定程序的牵制。例如,将保险柜的钥匙交给两个以上的工作人员分别保管,如果不同时使用这两把以上的钥匙,保险柜就无法打开。

(2)机械牵制。机械牵制也叫程序牵制,是指对业务活动事先进行程序设置,工作人员只有按照规定的程序操作,才能办理有关的经济业务。例如,保险柜的门如果不按正确的程序操作就打不开;口令、密码输入错误就无法进入计算机操作系统。

(3)体制牵制。体制牵制也叫分权牵制,其基本要求是职责分离,把每项业务分别交由不同的部门或人员处理,以防止错误和舞弊的发生。

(4)簿记牵制。簿记牵制是根据复式记账原理,利用原始凭证与记账凭证、会计凭证与账簿、总账与明细账、账簿与会计报表之间的勾稽关系进行的相互牵制。

作为现代内部控制雏形的内部牵制,是在当时生产规模较小和管理理论比较原始的条件下,总结以往的经验,并在实践的基础上逐渐形成的,主要是以查错防弊为目的,以钱、账、物等会计事项为主要控制对象,以职务分离和核对账目为控制手段。内部牵制在现代内部控制理论中仍然占有重要地位,成为组织结构控制、职务分离控制的基础。

二、内部控制制度阶段

20世纪40年代至70年代,内部控制发展进入了内部控制制度阶段。20世纪30年代,世界性经济大危机爆发,许多企业为求生存、免遭破产的厄运,不得不加强了对生产经营过程的控制与监督,企业的内部控制开始超越会计及财务范畴,深入企业生产管理各部门及各环节,如生产标准、质量管理、统计分析和员工培训等方面。

1934 年,美国颁布了《证券交易法》,率先提出了内部会计控制的概念,要求证券发行人设计并维护一套内部会计控制,作为抑制经济危机中虚假会计信息泛滥的措施之一。内部会计控制包括:交易依据管理部门的一般和特殊授权进行;交易的记录必须满足公认会计准则或其他适当标准编制财务报表和经管责任的需要;接触资产必须经过一般和特殊授权;一定的时间间隔后,要将财产的账面记录与实物资产进行核对,并对差异采取适当的补救措施。

注册会计师逐渐认识到内部控制对审计质量的重要影响。1936 年,美国会计师协会发表的《独立注册会计师对财务报表的审查》公告中,首次提出注册会计师在制定审计程序时,应当审查企业的内部牵制和控制,并从财务审计的角度给出了内部控制的定义,即为了保护公司现金和其他资产安全,检查账簿记录的准确性,而在公司内部采用的各种措施和方法。

【案例 1-1】　　　　麦克森·罗宾斯药材公司案①

麦克森·罗宾斯药材公司是一家从事化学与制药的大型公司,在纽约证券交易所上市。1937 年,公司报表对外提供的资产总额达 1 亿美元。1938 年,麦克森·罗宾斯药材公司突然宣布倒闭,长期贷款给该公司的朱利安·汤普森公司,遭受重大损失。在审核麦克森·罗宾斯药材公司财务报表时,朱利安·汤普森公司发现了两个疑问:一是麦克森·罗宾斯药材公司中的制药原料部门,原本是个盈利率较高的部门,但该部门却一反常态地没有现金积累,而且,流动资金亦未见增加。相反,该部门还不得不依靠公司管理者重新调集资金来进行再投资,以维持生产。二是麦克森·罗宾斯药材公司董事会曾开会决议,要求公司减少存货金额,但到 1938 年年底,公司存货反而增加 100 万美元。朱利安·汤普森公司立即表示,在没有查明这两个疑问之前,不再予以贷款,并请求官方协调控制证券市场的权威机构——纽约证券交易委员会调查此事。

纽约证券交易委员会在收到请求之后,立即组织有关人员进行调查。调查发现,麦克森·罗宾斯药材公司在经营的十余年中,每年都聘请了美国著名的普赖斯·沃特豪斯会计师事务所对该公司财务报表进行审计,每年都对该公司的财务状况及经营成果发表了"正确、适当"的无保留审计意见。为了核实这些审计结论的正确性,调查人员对麦克森·罗宾斯药材公司 1937 年的财务状况与经营成果重新进行审核。结果发现:1937 年 12 月 31 日的合并资产负债表中的总资产为 8 700 万美元,但其中的 1 907.5 万美元的资产是虚构的,其中虚构存货 1 000 万美元,虚

---

① 摘自百度文库。

构销售收入 900 万美元,虚构银行存款 7.5 万美元;在 1937 年年度合并损益表中,虚假的销售收入和毛利分别达到 1820 万美元和 180 万美元。在此基础上,调查人员对麦克森·罗宾斯药材公司经理的背景作了进一步调查,结果发现公司经理菲利普·科斯特及其同伙穆西卡等人,都是犯有前科的诈骗犯。他们都是用了假名,混入公司并爬上公司管理岗位。他们将亲信安插在掌管公司钱财的重要岗位上,并相互勾结、沆瀣一气,使他们的诈骗活动持续很久没能被人发现。证券交易委员会将案情调查结果在听证会上一宣布,立即引起轩然大波。

麦克森·罗宾斯药材公司案暴露了当时审计程序的不足:即只重视账册凭证而轻视实物的审核;只重视企业内部的证据而忽视了外部审计证据的取得。该案件直接导致证券交易委员会颁布了新的审计程序规则,要求今后审计人员应执行有效的存货监盘和应收账款函询程序。除此之外,还要求审计人员对企业的内部控制制度进行评价,并强调了审计人员对公共利益人员负责。麦克森·罗宾斯药材公司案不但加速了美国公认审计准则的发展,为建立现代审计模式、在评价内部控制制度基础上的抽样审计奠定了基础,而且还成为内部控制发展史上一个里程碑事件,它直接促成注册会计师界对内部控制的关注。

1939 年 1 月,美国证券交易委员会(SEC)对麦克森·罗宾斯药材公司案做出了结论,指出当时采用的审计标准——《独立注册会计师对财务报表的审查》是不适当的,注册会计师所采用的审计方法连表面的目的也达不到,该结论促使美国注册会计师协会成立了审计程序委员会,并于 1939 年 5 月发表了《审计程序的扩展》,对当时的审计程序作了修订,其中把强化内部控制制度审计作为主要内容。内部控制也引起了企业管理层的高度关注,认为企业经营范围和规模的变化,使得管理必须依靠大量的反映经济活动的分析资料和报告,健全的内部控制有助于防止工作人员出现差错,减少不合理现象的可能性。

1949 年,美国注册会计师协会所属的审计程序委员会(CAP)在《内部控制:一个协调制度要素及其对管理层和独立审计人员的重要性》的报告中,第一次正式给出了内部控制的定义,"内部控制包括组织机构的设计和企业内部采取的所有相互协调的方法和措施。这些方法和措施旨在保护企业的财产,检查会计信息的准确性,提高经营效率,促进企业执行既定的管理政策"。该份报告是从企业管理的角度来定位内部控制的,内容上不局限于与会计和财务部门直接有关的控制,还包括预算控制、成本控制、定期报告、统计分析、培训计划、内部审计以及技术与其他领域的活动。

注册会计师认为该定义内容过于宽泛,超出了他们评价被审计单位所应承担的责任,因此,美国注册会计师协会所属的审计程序委员会在 1953 年颁布的审计程序公告第 19 号《审计程序说明》中,对内部控制的定义作了正式修正,把内部控制分为会计控制和管理控制,会计控制由保护企业资产、检查会计记录可靠性的方法和程序构成;管理控制则由提高经营效率、保证管理部门制定的各项政策得到贯彻的方法和程序构成。这种划分是为了明确注册会计师检查和评价企业内部控制的范围,缩小注册会计师的审计责任范围。

出于注册会计师测试与财务报表有关的内部控制的需要,1958 年,美国注册会计师协会所属的审计程序委员会发布了审计程序公告第 29 号《独立审计人员检查内部控制的范围》,也将内部控制划分为内部会计控制和内部管理控制两类,这一提法就是人们熟悉的内部控制"制度二分法"的由来。内部会计控制涉及与财产安全和会计记录的可靠性有直接联系的方法和程序;而内部管理控制主要是与贯彻管理方针和提高经营效率有关的方法和程序。将内部控制一分为二,使得审计人员在研究和评价企业内部控制制度的基础上来确定实质性测试的范围和方法成为可能。

1963 年,审计程序委员会发布的审计程序公告第 33 号《审计准则和程序公告》中强调,审计人员所关心的主要是内部会计控制。内部会计控制一般会对会计记录的可靠性产生直接影响,因而需要审计人员对其进行评价。内部管理控制通常只对会计记录产生间接影响,因此审计人员不需要进行评价,只是在足以影响会计记录可靠性时才予以审计。

内部会计控制的概念是一个防护色彩很浓的概念,过于消极和狭窄,只能被审计界认可,屡遭企业管理者的攻击。这种把内部控制局限于较小的范围内的观念,表面上减轻了注册会计师的责任和工作量,实际上却增加了审计风险。

1972 年,美国审计准则委员会(ASB)在审计准则公告第 1 号(SAS No. 1)《审计准则和程序汇编》中,重新并且更加明确提出了内部会计控制和内部管理控制的定义,指出内部会计控制包括但不限于组织规划、保护资产安全和保证财务报表可靠性有关的程序和记录;内部管理控制包括但不限于组织规划以及与管理部门授权办理经济业务的决策过程有关的程序和记录。这种授权活动是管理部门的职责,它直接与管理部门执行该组织的经营目标有关,同时也是对经济业务进行内部会计控制的起点。

受到 1973—1976 年"水门事件"调查的影响,美国政府、立法机构和规章制定部门开始密切关注内部控制问题。美国证券交易委员会在独立调查"水门事件"中发现不少著名的美国公司为取得供货订单,对国外政府官员进行非法的政治援助、可疑或非法的支付,包括贿赂。调查发现许多不道德的交易被公司高层所隐瞒,记录被篡改,这些都反映了公司的内部控制存在缺陷。美国国会举行了听证会,听取大众关于美国公司对国外政府官员的不适当支付的意见,并最终颁布了 1977 年的

《反国外贿赂法》(Foreign Corrupt Practices Act，FCPA)。该法案要求公司对外报告的披露者设计一个内部会计控制系统，并维持其有效性，属于会计和内部控制的条款。公司管理层对内部控制的健全性负有特殊责任，要设置账簿记录和账户，以正确、适当地反映资产的交易和处置，保证内部会计控制系统的充分性，达到相关目的。该法案还规定：企业若达不到美国审计准则委员会提出的内部控制目标，可被罚款1万美金，责任者将处以5年以下监禁。《反国外贿赂法》被认为是内部控制发展史上的又一座重要的里程碑。它第一次强制性地将内部控制制度纳入法律管辖的范畴，使得内部控制得到了广泛的重视。上市公司将它们的内部审计职能部门的规模和职责加大了，并更加密切地关注内部控制系统。职业团体和监管机构也从各个不同的角度对内部控制进行研究，并发布了许多内部控制的建议和指南。

三、内部控制结构阶段

20世纪80年代至90年代初，内部控制发展进入内部控制结构阶段。在这一阶段，内部控制由偏重研究具体的控制程序和方法发展成为对内部控制系统全方位的研究，其突出的变化是日益重视对控制环境的研究。内部控制也逐步从一般含义向具体内容深化，学者们认为内部会计控制与内部管理控制是不可分割的，是相互影响、相互联系的。1988年4月，美国注册会计师协会发布的审计准则公告第55号《财务报表审计中对内部控制结构的考虑》中，用"内部控制结构"取代了原有的"内部控制"，不再区分内部会计控制和内部管理控制，而是确立了内部控制结构，指出"内部控制结构包括为合理保证企业特定目标而建立的各种政策和程序"，明确了内部控制结构包括控制环境、会计系统和控制程序三个要素。

（1）控制环境。控制环境是指对建立、加强或削弱特定政策和程序的效率发生影响的各种因素，反映董事会、管理层、股东和其他人员对控制的态度和行为。它具体包括：管理者的管理思想和经营作风；企业组织结构；董事会及其所属委员会，特别是审计委员会的职能；人力资源政策和程序；确定职权和责任的方法；管理者监控和检查工作时所采用的控制方法，包括经营计划、预算、预测、利润计划、责任会计和内部审计等。

（2）会计系统。会计系统是指对各项经济业务进行确认、计量、记录和报告的方法。它旨在明确各项资产和负债的经管责任。健全的会计系统应当包括：鉴定和登记一切合法的经济业务；对各项经济业务进行序时和适当的分类，作为编制财务报表的依据；计量经济业务的价值以使其货币价值能在财务报表中记录；确定经济业务发生的时间，以确保它记录在适当的会计期间；在财务报表中恰当地表述经济业务以及有关的披露内容。

（3）控制程序。控制程序是指企业为保证控制目标的实现而制定的政策和程序。它具体包括:经济业务和经济活动的适当授权;明确人员的职责分工,防止有关人员对正常业务图谋不轨和隐藏错弊,职责分工包括指派不同人员分别承担批准业务、记录业务和保管财产的职责;凭证和账簿的设置、记录和使用,以保证业务和活动得到正确的记录;对财产和记录的接触和使用要有保护措施;对已记录的业务及其计价要进行复核。

在上述三个内部控制构成要素中,控制环境是内部控制结构的基础和前提,会计系统是内部控制结构的关键要素,控制程序是保证内部控制结构有效运行的机制。内部控制结构这一概念特别强调了管理者对内部控制的态度、认识和行为等控制环境的重要作用。内部控制结构的提出,适应了经济发展和企业经营管理的需要,同时得到了会计界、审计界的广泛认可。内部控制结构有两大重要突破:一是正式将控制环境纳入内部控制范畴,不再将控制环境作为内部控制的外部因素来看待,强调控制环境是充分有效的内部控制体系得以建立和运行的基础和保证。二是不再区分会计控制与管理控制,而统一以要素来表述内部控制,由三个要素构成的内部控制结构,实现了内部控制由零散到系统的转变和发展,反映了内部控制的性质。

四、内部控制整合框架阶段

进入 20 世纪 90 年代以后,世界经济变得越来越复杂与动荡不安,重大的舞弊案件开始不断出现并引起人们的关注,反舞弊的呼声开始高涨并引起共鸣,对于内部控制的研究也因此进入了一个新的阶段。1985 年,美国注册会计师协会(AICPA)、美国会计学会(AAA)、国际财务经理协会(FEI)、美国内部审计师协会(IIA)和美国管理会计师协会(IMA)共同发起成立了"全美反虚假财务报告委员会"(Treadway 委员会),专门探讨虚假财务报告产生的原因,寻求解决对策。1987年,在 Treadway 委员会的倡议下,其赞助机构成立了一个专门研究内部控制问题的发起组织委员会(Committee of Sponsoring Organizations of the Treadway Commission, COSO)。1992 年 9 月,COSO 发布了指导内部控制实践的纲领性文件《内部控制——整合框架》(COSO 报告)。1994 年,COSO 对该报告进行了增补。

COSO 报告指出:"内部控制是由企业董事会、管理层和其他员工实施的,旨在为财务报告的可靠性、经营活动的效率和效果、相关法律法规的遵循性等目标的实现提供合理保证的过程。"COSO 报告提出了内部控制由控制环境、风险评估、控制活动、信息与沟通、监控五个相互独立又相互联系的要素构成。

（1）控制环境。控制环境构成一个组织的氛围,是其他内部控制要素的基础,会对内部控制的运行和效果产生广泛而深远的影响。它具体包括:员工的诚信和道德价值观;员工的胜任能力;董事会及审计委员会提供的关注和指导;管理理念和经营方式;组织结构;授予权利和责任的方式;人力资源政策和实施等。

（2）风险评估。风险评估是管理层识别和分析影响控制目标的内部和外部的风险。这一过程包括风险识别和风险分析两个部分。前者包括对外部因素（如技术发展、竞争、经济变化）和内部因素（如员工素质、公司活动性质、信息系统处理的特点）进行检查和识别;后者要估计风险的重大程度、评价风险发生的可能性以及如何控制风险等。

（3）控制活动。控制活动是企业对所确认的风险采取必要的措施,以保证企业目标得以实现的政策和程序。它主要包括:职责分离、实物控制、信息处理控制、业绩评价等。其中,职责分离是指为了防止单个员工舞弊或隐藏不正当行为而进行的职责划分;实物控制是指对企业的现金、存货、固定资产、有价证券等具体实物所进行的控制行为;信息处理控制包括一般控制和应用控制两类,一般控制通常与信息系统的设计和管理有关,应用控制则与个别数据在信息系统中处理的方式有关;业绩评价是将实际业绩与业绩标准进行比较,以便确定业绩的完成程度和质量。

（4）信息与沟通。信息与沟通是指为了使管理层和员工能履行其职责,企业各个部门及员工之间必须沟通与交流相关的信息。这些信息既有外部信息,也有内部信息。外部信息一般有市场份额信息、销售价格信息、法规方面的信息、客户投诉或反馈的信息等;内部信息一般有会计制度方面的信息、会计记录方面的信息、资产维护方面的信息等。信息与沟通通常包括:确认记录有效的经济业务;采用恰当的货币价值计量;在财务报告中恰当揭示。沟通的目的是让员工了解其职责,了解其在工作中如何与他人相联系,如何向上级报告例外情况。沟通的方式一般有政策手册、财务报告手册、备查簿,以及口头交流或管理示例等。

（5）监控。监控是指评价内部控制设计与执行情况。它包括:日常的管理监督活动;内部审计;与外部团体进行信息交流的监控。企业可以通过持续性的监督活动、独立的评估或者两者并用来实现监控过程。

与以往的内部控制理论及研究成果相比,COSO 报告提出了许多有价值的观点,主要体现在以下十个方面:

（1）明确了对内部控制的"责任"。在内部控制的发展史上,COSO 报告第一次明确阐述了内部控制的制定与实施的责任问题。该报告认为,不仅仅是管理层、内部审计或董事会,组织中的每个人都对内部控制负有责任。确立这种组织思想,有利于将企业的所有员工团结一致,主动地维护与改善企业的内部控制,而不是与管理层相互对立,被动地去执行内部控制。

（2）强调内部控制应该与企业的经营管理过程相结合。COSO 报告认为,经营过程是指通过规划、执行和监督等基本的管理过程对企业加以管理。这个过程由组织的某一单位或部门进行,或由若干单位或部门共同进行。内部控制是企业经营过程的一部分,与经营过程结合在一起,而不是凌驾于企业的基本活动之上,它使经营达到预期的效果,并监督企业经营过程的持续进行。不过,内部控制只是管理的一种工具,并不能取代管理。

(3) 强调内部控制是一个持续的"动态过程"。内部控制是对企业的整个经营管理活动进行监督与控制的过程,企业的经营活动是永不停止的,因此企业的内部控制过程也不会停止。内部控制不只是一项制度或者一个规定,企业经营环境的变化必然要求其内部控制也越来越趋于完善,内部控制是一个不断发现问题、解决问题、发现新问题、解决新问题的循环往复的过程。

(4) 强调内部控制中"人"的重要性。COSO 报告特别强调,内部控制受企业董事会、管理层和其他员工的影响,通过企业之内的人具体执行来完成控制目标。只有人才可能制定企业的目标,并设置控制的机制;反之,内部控制也影响着人的行动。

(5) 强调"软控制"的作用。在控制环境中,相对于政策、制度和程序以及组织结构等"硬控制"而言,企业更应注重"软控制",即那些属于精神层面的事物,如高管人员的管理风格、管理哲学、企业文化和内部控制意识等。在保证"硬控制"得以执行的同时,更应重视"软控制"对企业的影响。

(6) 强调内部控制的分类及目标。COSO 报告将内部控制目标分为三类:完成与营运有关的目标的内部控制;完成与财务报告有关的目标的内部控制;完成与法规遵循性的目标的内部控制。这种分类高度概括了企业控制目标,有利于不同的人从不同的视角关注企业内部控制的不同方面。

(7) 强调风险意识。COSO 报告指出,所有的企业,无论其规模、结构、性质或产业是什么,其组织的不同层级都会遭遇风险,管理层应密切注意各层级的风险,并采取必要的管理措施。

(8) 糅合了管理与控制的界限。在 COSO 报告中,控制已不再是管理的一部分,管理与控制的职能与界限已经模糊。

(9) 明确指出内部控制的"局限性"。COSO 报告认为,内部控制无论设计与执行得有多么完善,都只能向董事会和管理层提供实现企业目标的合理保证,而非绝对保证。这是因为内部控制存在其固有的局限性,如人的判断失误、人为错误等。

(10) 提出了成本与效益原则。COSO 报告明确指出,内部控制要建立在成本与效益原则的基础上。内部控制并不是要消除任何滥用职权的可能性,而是要创造一种为防范滥用职权而投入的成本与滥用职权的累计数额之比呈合理状态(即经济原则)的机制。

COSO 报告是内部控制发展史上的一座重要里程碑,其所提出的观点备受业内推崇,成为世界通行的内部控制权威标准,被国际和众多国家审计准则制定机构、银行监管机构、企业界所采纳。1996 年,美国注册会计师协会发布审计准则公告第 78 号《财务报表审计中对内部控制的考虑:对 SAS55 的修正》,全面接受了 COSO 报告的内部控制框架,并从 1997 年 1 月起取代了 1988 年发布的《审计准则公告第 55 号》。

五、企业风险管理框架阶段

2001 年以来,美国的安然、世界通信、施乐等公司财务舞弊案的相继爆发,不但重创了美国资本市场及经济,同时也集中暴露出美国公司在内部控制上存在的问题,如管理层越权、缺乏职责分离、透明度不足或欠缺、董事会监督无效,以及会导致职能失调、渎职行为的薪酬结构失衡等,由此导致美国国会在 2002 年 7 月通过了《2002 年公众公司会计改革和投资者保护法案》,该法案是由参议院银行委员会主席萨班斯和众议院金融服务委员会主席奥克斯利联合提出,也被称为《萨班斯-奥克斯利法案》(The Sarbanes-Oxley Act,以下简称《萨班斯法案》)。该法案的第 404 条款明确规定,公司管理层需要对财务报告内部控制的有效性进行报告和评价,独立会计师要对管理层提供的内部控制评价报告进行鉴证。法案明确了公司的首席执行官 CEO 和首席财务官 CFO 对内部控制负直接责任,并将承担经济与刑事后果;大幅度提高了对会计舞弊的处罚力度;强化了对内部审计与外部审计的监管。该法案是继美国 1933 年《证券法》、1934 年《证券交易法》以来又一部具有里程碑性质的法律,也是 20 世纪 30 年代美国经济危机以来,政府制定的涉及范围最广、处罚措施最严厉的公司法律。

2004 年 9 月,COSO 结合《萨班斯法案》的具体要求,在内部控制整合框架概念的基础上,提出了一个概念全新的 COSO 报告——《企业风险管理——整合框架》(Enterprise Risk Management-Integrated Framework,ERM 框架),使内部控制进入了一个新的发展阶段。COSO 提出,企业风险管理是由企业的董事会、管理层和其他员工共同实施的,应用于战略制定并贯穿于企业之中,旨在识别可能会影响企业的潜在事项,管理风险在该企业的风险容忍范围之内,并为企业目标的实现提供合理保证的过程。这一阶段的显著变化是将内部控制上升至全面风险管理的高度来认识。基于这一认识,COSO 提出了战略目标、运营目标、报告目标和合规目标四类目标,并将内部控制要素进一步细化和充实,提出风险管理由内部环境、目标设定、事项识别、风险评估、风险应对、控制活动、信息与沟通和监控八个相互关联的要素所组成。

与《内部控制——整合框架》相比,ERM 框架将内部控制融入风险管理,形成

一套更为健全的概念体系与管理根据,强调内部控制的持续有效性,ERM 框架的发展与突破表现在以下四个方面:

(1) 提出了一个新观念——风险组合观。企业风险管理要求企业管理者以风险组合的观念看待风险,对相关的风险进行识别并采取措施将企业承担的风险控制在可接受程度范围内。对企业内每个单位而言,其风险可能落在该单位的风险可接受程度范围内,但从企业总体来看,总风险可能超过企业总体的风险可接受范围,因此,应从企业总体的风险组合观点看待风险。

(2) 增加了一个战略目标,并扩大了报告目标的范畴。风险管理框架不仅涵盖了内部控制整合框架中的经营、财务报告和合规三个目标,而且还增加了战略目标,且处于比其他目标更高的层次,从战略的高度关注企业的长远目标和可持续发展。内部控制整合框架中的财务报告目标仅与公开披露的财务报表的可靠性相关,而风险管理框架中的报告目标的范围有很大的扩展,覆盖了企业编制的所有报告。

(3) 引入了两个新概念——风险偏好、风险容忍度。风险偏好是指企业在实现其目标的过程中愿意接受的风险的数量,它在制定战略和选择相关目标时起到风向标的作用,企业在制定战略时,应考虑将该战略的既定收益与企业管理者的风险偏好结合起来。风险容忍度是企业在风险偏好的基础上设定的在目标实现过程中对差异的可接受程度和可容忍限度。

(4) 增加了三个风险管理要素——目标设定、事项识别、风险应对。ERM 框架把原风险评估一个要素从风险管理的角度扩展为目标设定、事项识别、风险评估、风险应对等环环相扣的四个要素,这不是对原风险评估要素进行简单的细化,而是代表着企业风险意识增强,并积极主动管理风险。它们将企业的管理重心更多地转向风险管理,目标设定是针对不同的目标分析相应的风险,成为风险管理流程的首要步骤;事项识别是确认风险,事项是指影响战略执行或目标实现的、从内部或外部发生的事件,有正面影响的潜在事项代表机会,而有负面影响的潜在事项代表风险;风险评估以一个更敏锐的视角从固有的和剩余的风险来关注相互关联的风险;风险应对则确定了风险规避、降低、分担和承受四种风险应对方案。

需要说明的是,企业风险管理框架不是也不可能完全取代内部控制整合框架,它只是一个比内部控制更为广泛的管理概念和工具。ERM 框架的发布,标志着风险控制已经贯穿到企业管理的各个方面。

六、内部控制的最新发展

近些年,国际商业环境与经济形势发生了深刻变化,以互联网为代表的信息技术的广泛运用使得组织的运营模式和管理方法产生了重大变革,经济全球化与金融危机的爆发促使管理者、投资者、监管部门和其他利益相关者迫切需要利用科学有效的内部控制框架识别、应对和控制风险,防止欺诈行为的发生,降低大规模爆发金融危机的可能性。在此背景下,COSO 于 2010 年 9 月启动对 1994 版《内部控制——整合框架》的修订工作,历经 3 年的调查评估、研究设计、征求意见和改进完善等阶段的工作,在 2013 年 5 月正式发布了新版的《内部控制——整合框架(2013)》(以下简称"新框架"),并提议 2014 年 12 月 15 日以后用该框架取代 1992 年发布的原框架。新框架保留延续了内部控制的核心概念、内部控制五大核心要素和内部控制有效性的评价标准。新框架的变化主要表现在以下六个方面:

(1) 细化了内控框架的结构内容。新框架最显著的变化是在旧框架的基础上,提炼和概括了针对内部控制五要素的 17 项总体原则。五要素和 17 项总体原则组合起来就构成了内部控制的标准,每一项原则均与其中一个要素相连,代表这些基本概念都与内部控制的五要素相关联。这些原则都较为宽泛,可以适用于包括企业、政府部门、非营利组织在内的所有组织。新框架内部控制构成要素与原则如表 1-1 所示。

表 1-1 COSO《内部控制——整合框架(2013)》的要素与原则

核 心 要 素	总 体 原 则
控制环境	1. 组织对诚信和道德价值观做出承诺。
	2. 董事会独立于管理层,并对内部控制的建立与实施情况进行监督。
	3. 管理层围绕其目标,在治理层监督下,建立、健全组织架构、报告途径、合理的授权与责任等机制。
	4. 组织对吸引、开发和保留与认同组织目标的人才做出承诺。
	5. 组织根据其目标,使员工各自担负起内部控制的相关责任。
风险评估	6. 就识别和评估与其目标相关的风险,组织做出清晰的目标设定。
	7. 组织对影响其目标实现的风险进行全方位的识别和分析,并以此为基础来决定风险应如何进行管理。
	8. 组织在风险评估过程中,应考虑潜在的舞弊风险。
	9. 组织识别和评估对内部控制系统可能造成较大影响的改变。
控制活动	10. 组织选择并实施控制活动,以将与实现目标有关的风险降低到可接受水平。
	11. 对信息技术,组织应选择并实施控制以支持其目标的实现。
	12. 组织应通过合理的政策制度和保证这些政策制度切实执行的流程程序来实施控制活动。

（续表）

核 心 要 素	总 体 原 则
信息与沟通	13. 组织获取或生成并使用相关的、高质量的信息,来支持内部控制系统发挥作用。
	14. 组织应在其内部沟通传递信息,包括内部控制的目标和责任在内的必要信息,以支持内部控制系统发挥作用。
	15. 组织与外部相关方就影响内部控制发挥作用的事项进行沟通。
监　控	16. 组织选择、推动并实施持续的、独立的评估,以确认内部控制的要素是否存在且发挥作用。
	17. 组织在相应的时间范围内,评价内部控制的缺陷,并视情况与那些应采取正确行动的相关方(如高级管理层、董事会)进行沟通。

（2）扩大了报告目标的范畴。旧框架在内控目标设定中仅仅关注财务报告目标,目的是确保编制可靠的公开发表的财务报告,驱动力主要来自企业面临的外部监管要求。新框架在报告对象和报告内容两个维度上进行了扩展。在报告对象上,既要面向外部投资者、债权人和监管部门,确保报告符合有关监管要求,又要面向董事会和经理层,满足企业经营管理决策的需要;在报告内容上,除包括传统的财务报告外,还涵盖了市场调查报告、资产使用报告、人力资源分析报告、内控评价报告、可持续发展报告等非财务报告。

（3）强调管理层判断的使用。新框架对五要素的分解不是按照子要素来进行的,而是作为"原则"来呈现的,即强调"基于原则"的内控实施和管理层判断的使用。新框架并未要求对 17 项总体原则及其关注点进行单独评估以确定其是否存在或有效。管理层可以根据企业的具体情况,来选择和考虑与某一特定原则密切相关的关注点。新框架吸取了《萨班斯法案》通过以后就框架实施成本高的教训,使内控实施更加灵活,同时节省了实施成本。

（4）强化了公司治理的理念。新框架包括了更多公司治理中有关董事会及其下属专门委员会的内容,强调董事会的监督对内部控制有效性的重要作用。

（5）增加了反舞弊与反腐败的内容。与旧框架相比,新框架包含了更多关于反舞弊与反腐败的内容,并且把管理层评估舞弊风险作为内部控制的 17 项总体原则之一,重点加以阐述。

（6）考虑了不同商业模式和组织结构的内部控制。随着经济全球化的发展、技术的不断进步和人才竞争的加剧,近年来,企业的商业模式和组织结构发生了巨大变化,企业在运营过程中更多地使用第三方提供的产品或服务,管理层更加关注包括供应商和客户在内的价值链管理。为此,新框架专门分析了不同商业模式和组织结构下内部控制的有效性问题。

从内部控制产生与发展的历史进程中,我们可以看到,人们对内部控制的认识经历了一个从部分到整体、从简单到复杂、从单一目标到多个目标、从零散到系统的不断发展与完善的过程。

第二节 我国内部控制规范建设历程

我国内部控制思想和实践起步较早,但后期发展受复杂因素影响,未能与现代内部控制发展历程相对接。我国内部控制相关规范建设相对于欧美起步较晚,但建设步伐并不缓慢,在改革开放的30多年中,内部控制规范建设经历着循序渐进、逐步完善的发展过程,已逐步呈现出体系化、系统化的特征和趋势。

一、我国内部控制规范建设的探索

随着改革开放的不断深入,企业转换经营机制,建立现代企业制度,国有企业的经营自主权逐渐扩大,改革、开放造就了一大批股份制企业和民营企业,许多企业在资本市场发行股票成为上市公司。为了贯彻实施《中华人民共和国会计法》(以下简称《会计法》)及相关法律、法规,整顿社会经济秩序,保护投资者权益,提高企业经济效益,防止发生错误与舞弊、杜绝腐败等,迫切需要建立、健全与之相适应的内部控制法律、法规。20世纪90年代后期,由于我国会计信息失真严重、经济犯罪案件频发、腐败现象泛滥、市场竞争激烈、企业效益不高、经营风险增加等原因,引起政府主管部门对单位内部控制制度建设的关注,财政部、证监会、中国人民银行、国资委、审计署、银监会、保监会等部门先后制定和发布了一系列有关内部控制的法规和规章制度,在建立和完善内部控制体系中发挥了重要的推动作用。

1996年6月,财政部颁布了《会计基础工作规范》,对会计基础工作的管理、会计机构设置、会计人员配备、会计核算、会计监督等问题做出了全面规范,对各单位进一步夯实会计基础工作、加强内部会计控制和监督、提高会计信息质量发挥了积极作用,并产生了较大影响。

1996年12月,中国注册会计师协会发布了《独立审计具体准则第9号——内部控制与审计风险》,借鉴了美国注册会计师协会的审计准则公告第78号的内容,提出了内部控制三要素,即控制环境、会计系统和控制程序,要求注册会计师从制度基础审计的角度审核被审核单位的内部控制,并对内部控制的有效性进行评价。

1997年5月,中国人民银行颁布了《加强金融机构内部控制的指导原则》,这是我国第一部专门针对内部控制的行政规定。该指导原则要求金融机构建立、健全有效的内部控制运行机制,对于金融机构内部控制的建设意义重大,为我国金融机构的内部控制制度建设和发展奠定了基础。

1999 年 6 月,中国证监会发布了《关于上市公司做好各项资产减值准备等有关事项的通知》,要求上市公司本着审慎经营、有效防范和化解资产损失风险的原则制定内部控制制度,监事会应对内部控制制度的制定和执行情况进行监督。

1999 年 10 月,全国人大常委会审议通过第二次修订的《会计法》,该法于 2000 年 7 月正式实施。《会计法》的第二十七条中明确规定:各单位应当建立、健全本单位内部会计监督制度,单位内部会计监督制度应当符合下列要求:记账人员与经济业务事项和会计事项的审批人员、经办人员、财物保管人员的职责权限应当明确,并相互分离、相互制约;重大对外投资、资产处置、资金调度和其他重要经济业务的决策和执行的相互监督、相互制约程序应当明确;财产清查的范围、期限和组织程序应当明确;对会计资料定期进行内部审计的办法和程序应当明确。《会计法》将会计监督写入法律当中,体现了内部控制的本质和精髓,这是我国第一部对内部控制尤其是内部会计控制提出明确要求的法律。

2000 年 4 月,中国证监会发布了《关于加强期货经纪公司内部控制的指导原则》,对期货经纪公司内部控制的目标和原则、具体要求以及监督等方面做出了指导,以清理期货经纪公司内部控制中的薄弱环节。

2000 年 11 月,中国证监会连续发布了《公开发行证券公司信息披露编报规则》,要求公开发行证券的商业银行、保险公司、证券公司建立、健全内部控制制度,并在招股说明书正文中说明内部控制制度的完整性、合理性和有效性,同时要求注册会计师对被审计单位的内部控制制度的完整性、合理性和有效性进行评价,提出改进建议,并以内部控制评价报告的形式向证监会做出报告。

2001 年 1 月,中国证监会发布了《证券公司内部控制指引》,要求所有的证券公司建立和完善内部控制机制和内部控制制度。该指引是对 1997 年的《加强金融机构内部控制的指导原则》的补充,对引导证券公司规范经营、完善内部控制机制、增强自我约束能力、防范和化解金融风险具有重大意义。该指引于 2003 年 12 月 15 日进行了修订。

2001 年 6 月开始,财政部为了贯彻落实《会计法》,促进各单位内部会计控制的建立与完善,陆续制定发布了《内部会计控制规范——基本规范(试行)》和一系列具体的内部会计控制的规范性文件,适用于国家机关团体、各类企事业单位。在发布《内部会计控制规范——基本规范(试行)》的同日,财政部发布了《内部会计控制规范——货币资金(试行)》;2002 年 12 月,财政部发布了《内部会计控制规范——采购与付款(试行)》、《内部会计控制规范——销售与收款(试行)》;2003 年 10 月,财政部发布了《内部会计控制规范——工程项目(试行)》;2004 年 8 月,财政部发布了《内部会计控制规范——担保(试行)》和《内部会计控制规范——对外投资(试行)》。上述内部会计控制规范明确了内部会计控制的定义、目标、原则、内容、方法等内部控制基本框架,以及对货币资金、采购、销售、工程项目、担保、对外投资等业务内部控制的要求。内部会计控制规范在社会上引起较大反响,成为各单位建立和实施内部控制的重要依据。

2002年2月,中国注册会计师协会发布了《内部控制审核指导意见》,要求审核与被审核单位会计报表相关的内部控制,界定被审核单位和注册会计师的责任,明确对内部控制审核业务的工作要求。

2002年9月,中国人民银行颁布了《商业银行内部控制指引》,该指引较为完整地借鉴了COSO的《内部控制——整合框架》,替代了1997年5月颁布的《加强金融机构内部控制的指导原则》,对商业银行内部控制的基本要求、授信、资金业务和中间业务做出了规定,成为商业银行制定内部控制制度的"基本手册"。

2003年12月,审计署发布第5号令《审计机关内部控制测评准则》,将内部控制定义为被审计单位为了维护资产的安全、完整,确保会计信息的真实、可靠,保证其管理或者经营活动的经济性、效率性和效果性并遵守有关法规,而制定和实施的相关政策、程序和措施的过程,提出建立、健全内部控制并保持其有效实施是被审核单位的责任,审计人员的责任是对内部控制的健全性和有效性进行评价。

2005年1月,银监会发布了《商业银行内部控制评价试行办法》,用于指导对商业银行内部控制的评价,进一步完善商业银行内部控制体系,要求从充分性、合规性、有效性和适宜性四个方面对商业银行内部控制进行评价。该试行办法是对《商业银行内部控制指引》的补充,其出台使得我国商业银行内部控制制度体系更加完整。

2005年10月,国务院批转了中国证监会发布的《关于提高上市公司质量意见》,要求上市公司加强内部控制制度建设,对内部控制制度的完整性、合理性及其实施的有效性进行定期检查和评估,同时要通过外部审计对公司的内部控制制度和公司的自我评估报告进行核实评价,并披露相关信息。

2006年1月,中国保监会发布了《寿险公司内部控制评价办法(试行)》,对寿险公司内部控制评价做出了详尽的要求,并对内部控制缺陷做出了定义,同时提供了《寿险公司内部控制评估表——法人机构》和《寿险公司内部控制评估表——分支机构》两张附表。

2006年2月,财政部发布《中国注册会计师审计准则第1211号——了解被审计单位及其环境并评估重大错报风险》,借鉴了COSO的《内部控制——整合框架》的内容,对内部控制的定义和要素做出了说明,认为内部控制是企业为了合理保证财务报告的可靠性、经营的效率和效果以及对法律、法规的遵守,由治理层、管理层和其他人员设计并执行的政策和程序,有控制环境、风险评估过程、信息系统与沟通、控制活动、对控制的监督五要素。

2006年5月,中国证监会发布了《首次公开发行股票并上市管理办法》。该办法第29条规定:"发行人的内部控制在所有重大方面是有效的,并由注册会计师出具了无保留结论的内部控制鉴证报告。"这是中国首次对上市公司内部控制提出具体的要求。

2006年6月,上海证券交易所根据证监会《关于提高上市公司质量意见》的要求,出台了《上海证券交易所上市公司内部控制指引》,对上市公司建立、健全和有效实施内部控制,提高上市公司风险管理水平提出了规范性的指导意见,并强制要求公司董事会应在年度报告披露的同时,披露年度内部控制自我评估报告,并披露会计师事务所对内部控制自我评估报告的核实评价意见。2006年9月,深圳证券交易所出台了《深圳证券交易所上市公司内部控制指引》,对上市公司建立、健全和有效实施内部控制,提高上市公司风险管理水平提出了规范性的指导意见,要求公司应于每个会计年度结束后4个月内将内部控制自我评价报告和注册会计师评价意见与公司年度报告同时对外披露。

2006年6月,国务院国有资产监督管理委员会(以下简称"国资委")发布了《中央企业全面风险管理指引》,从国有企业管理实践的内在需求和国有资产出资人监管的角度出发,对中央企业开展全面风险管理工作的目标、原则、基本流程、组织体系、风险评估、风险管理策略、风险管理解决方案、监督与改进,以及风险管理文化和风险管理信息系统等方面进行了详细的阐述,并提出了明确的执行要求,这是我国第一个有关全面风险管理的指导性文件。

从行业看,我国企业现代内部控制规制的范围主要集中在银行业。这是由于银行不仅是一个高风险性行业,而且是一个分支机构遍布国内、业务拓展到国外的庞大组织,内部控制稍有不慎,就会造成无法预料的损失。随着证券市场的迅猛发展,上市公司内部控制成为我国企业内部控制关注的焦点。此外,我国最早的内部控制规范多数是从内部会计控制提出要求,而后发展为对整个企业内部控制提出要求,并要求注册会计师对企业的内部控制进行评价,注册会计师的审计服务对加强企业内部控制具有审核和指导作用。

我国的内部控制规范按照制定部门和适用范围,可以划分为以下四个层次:第一层次是普遍适用的基础性规范,如财政部2001—2004年先后发布的《内部会计控制规范——基本规范》等7项内部会计控制规范,适用于国家机关团体、各类企事业单位等单位,虽然以会计控制规范的形式出台,但其所涉及的内容已不仅仅局限于会计领域,而是对采购、生产、销售、投资等诸多方面内部控制的规范;第二层次是上市公司监管机构发布的有关规则,如中国证监会发布的《证券公司内部控制指引》、《首次公开发行股票并上市管理办法》,上海证券交易所和深圳证券交易所出台的《上市公司内部控制指引》等,上述指引和办法无论在内部控制概念的界定、控制目标的设定上,还是内部控制要素的确定上,都全面反映了COSO报告内容的精髓;第三层次是各行业监管机构对本行业颁布的内部控制文件,如中国人民银行颁布的《商业银行内部控制指引》,该指引较为完整地借鉴了COSO的内部控制框架,确立了控制环境、风险识别与评估、控制活动与措施、信息沟通与反馈、监督与评价等内部控制五要素,同时充分吸收了1998年巴赛尔银行监管委员会发布的《银行金融机构内部控制系统的框架》中的核心内容,制定了内部控制目标和基本原则等内容;第四层次是国资委针对中央企业颁布的内部控制框架指引。2006年,国资委颁布《中央企业全面风险管理指引》,以《中华人民共和国公司法》(以下简称《公司法》)、《企业国有资产监督管理暂行条例》为依据,全面吸收了COSO《企业风险管理——整合框架》和英国风险管理标准等国际最新企业风险控制研究成果和成熟经验,标志着内部控制规范建设从内部控制向风险管理转型。

由于管理体制方面的原因,我国不同的政府部门或机构根据其管理权限各自颁布不同的内部控制的指导原则、指引、规范,这些不同的内部控制规范形式多样、标准不一,对内部控制概念的界定、控制目标的确立、应遵循的控制原则、内部控制要素的构成等重要内容均有不同的解释和规定,这样大大增加了内部控制规范之间的制定成本和协调成本,也不利于构建统一的企业内部控制规范体系。有关监管部门在出台内部控制监管评价规则的同时,只是原则性地提出了针对上市公司、中央企业、商业银行、证券公司、保险公司、寿险公司等特定企业的内控标准,但未具体化到操作层面。对于一些具有多重身份的企业,如上市的中央企业、上市的国有商业银行等,在执行时需要同时满足不同身份的控制标准要求,这样既增加了企业负担,又大大提高了监管成本。由于没有专门机构统一负责内部控制规范体系的建设,已经制定的内部控制规范也难以在全国范围内迅速而有效地推进。因此,企业迫切需要有一套统一、完整的内部控制框架作为指导。

二、我国第一套完整的企业内部控制规范体系

(一)我国企业内部控制规范体系制定过程

2002年,美国国会针对安然等公司会计造假案通过的《萨班斯法案》,以重建全球投资者对美国证券市场的信心、提高财务报告的内部控制为目标,对在美国上市企业的公司治理、内部控制和信息披露提出了极为严格的监管要求,也对各个国家内部控制的建设产生了积极的影响。在经济全球化的背景下,越来越多的国家认识到,随着资本市场的不断发展,无论是证券市场监管机构还是企业本身,均存

在着对企业内部控制的要求。在《萨班斯法案》的推动下,我国积极应对,加快了内部控制规范体系的建设工作。

温家宝总理在十届全国人大四次会议上作《政府工作报告》时强调,要"完善公司治理,健全内控机制"。2004年年底和2005年6月,国务院领导同志连续两次就强化企业内部控制问题做出重要批示。其中:2005年6月,在财政部、国资委和证监会联合上报的《关于借鉴〈萨班斯法案〉完善我国上市公司内部控制制度的情况报告》上做出批示,同意"由财政部牵头,联合证监会及国资委,积极研究制定一套完整公认的企业内部控制指引"。2006年7月15日,这是美国《萨班斯法案》对中国在美上市企业生效的日子,财政部、国资委、证监会、审计署、银监会和保监会联合发起成立企业内部控制标准委员会,同时设立了由来自监管部门、大型企业、行业组织、中介机构、科研院所的86名专家组成的内部控制咨询委员会,并组织开展了一系列内部控制的科研课题,为构建我国企业内部控制标准体系提供了组织、技术和理论支持。

2007年3月2日,企业内部控制标准委员会公布了《企业内部控制规范——基本规范》和17项具体规范的征求意见稿,面向咨询专家和社会公众广泛征求意见。

2008年5月22日,财政部、证监会、审计署、银监会、保监会五部委联合发布了我国第一部《企业内部控制基本规范》,该基本规范要求自2009年7月1日起在上市公司范围内执行,并且鼓励非上市的其他大中型企业执行。《企业内部控制基本规范》的颁布,是我国内部控制体系建设的重大突破,标志着我国内部控制体系建设取得了重要的阶段性成果。

2010年4月26日,财政部、证监会、审计署、银监会、保监会五部委联合发布了《企业内部控制配套指引》。该配套指引包括18项《企业内部控制应用指引》、1项《企业内部控制评价指引》和1项《企业内部控制审计指引》,规定自2011年1月1日起首先在境内外同时上市的公司施行,自2012年1月1日扩大到在上海证券交易所、深圳证券交易所主板上市的公司施行,并择机在中小板和创业板上市的公司施行,同时也鼓励非上市大中型企业提前执行。执行内部控制规范体系的企业,必须对本企业内部控制的有效性进行自我评价,披露年度自我评价报告,同时聘请会计师事务所对其财务报告内部控制的有效性进行审计,出具审计报告。

我国《企业内部控制基本规范》及《企业内部控制配套指引》的制定发布,标志着适应我国企业实际情况、融合国际先进经验,以防范风险和控制舞弊为中心、以控制标准和评价标准为主体,结构合理、层次分明、衔接有序、方法科学、体系完备的中国企业内部控制规范体系在法律、法规层面上基本建成。这是我国内部控制发展的重要里程碑,将对我国内部控制的政府监管、理论研究,以及企业的内部控制体系建设产生深远而积极的影响。

（二）我国企业内部控制规范体系的内容

我国企业内部控制规范体系主要由《企业内部控制基本规范》和《企业内部控制配套指引》构成。《企业内部控制配套指引》由《企业内部控制应用指引》、《企业内部控制评价指引》和《企业内部控制审计指引》组成。《企业内部控制基本规范》在企业内部控制规范体系的框架中处于最高层次，起着统驭作用，是制定《企业内部控制应用指引》、《企业内部控制评价指引》、《企业内部控制审计指引》和企业内部控制制度的基本依据。《企业内部控制应用指引》在《企业内部控制配套指引》乃至整个内部控制规范体系中居于主体地位，是对企业依照内部控制原则和内部控制五要素建立、健全本企业内部控制所提供的指引；《企业内部控制评价指引》是为企业董事会对本企业内部控制有效性进行自我评价提供的指引；《企业内部控制审计指引》是注册会计师和会计师事务所执行内部控制审计业务的执业准则。三者之间既相互独立，又相互联系，形成一个有机整体。我国企业内部控制规范体系的框架如图 1-1 所示。

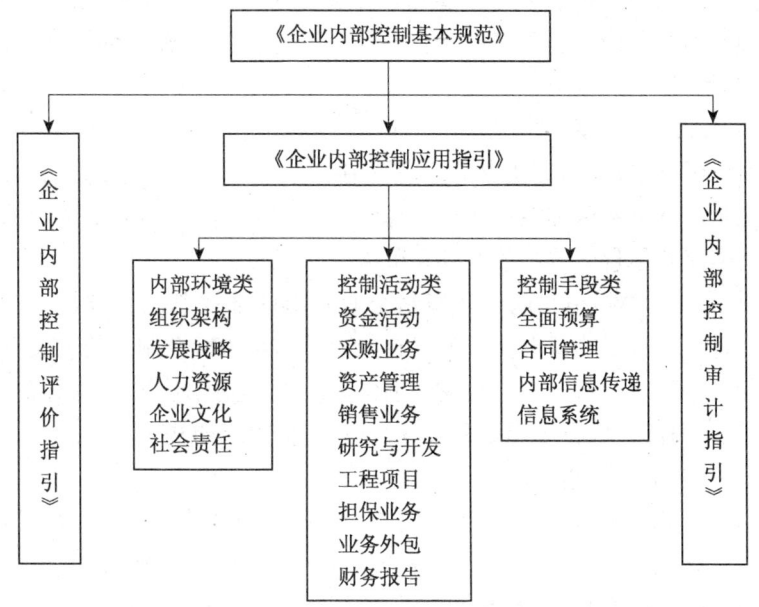

图 1-1　我国企业内部控制规范体系的框架

1.《企业内部控制基本规范》

《企业内部控制基本规范》描绘了企业建立与实施内部控制必须建立的框架结构，规定了内部控制的定义、目标、原则、要素等基本要求，被称为"中国版萨班斯法案"。《企业内部控制基本规范》分为总则、内部环境、风险评估、控制活动、信息与沟通、内部监督和附则,共 7 章 50 条。

《企业内部控制基本规范》立足我国国情,借鉴国际惯例,确立了我国企业建立和实施内部控制的基础框架,并取得了重大突破:一是科学地界定了内部控制的内涵,强调内部控制是由企业董事会、监事会、经理层和全体员工实施的、旨在实现控制目标的过程,有利于树立全面、全员、全过程控制的理念;二是准确定位内部控制的目标,要求企业在保证经营管理合法合规、资产安全、财务报告及相关信息真实完整、提高经营效率和效果的基础上,着力促进企业实现发展战略;三是合理确定内部控制的原则,要求企业在建立和实施内部控制全过程中贯彻全面性原则、重要性原则、制衡性原则、适应性原则和成本效益原则;四是统筹构建内部控制的要素,在形式上借鉴了 COSO《内部控制——整合框架》五要素,在内容上体现了 COSO 风险管理八要素的实质,构建了以内部环境为重要基础、以风险评估为重要环节、以控制活动为重要手段、以信息与沟通为重要条件、以内部监督为重要保证,相互联系、相互促进的五要素内部控制框架;五是开创性地建立了以企业为主体、以政府监管为促进、以中介机构审计为重要组成部分的内部控制实施机制,要求企业实行内部控制自我评价制度,并将各责任单位和全体员工实施内部控制的情况纳入绩效考评体系。

2.《企业内部控制应用指引》

目前,我国已出台的《企业内部控制应用指引》由三大类指引组成,即内部环境类指引、控制活动类指引和控制手段类指引,共 18 项,基本涵盖了企业的资金流、实物流、人力流和信息流等各项业务和事项。

(1)内部环境类指引。内部环境是企业实施内部控制的基础,支配着企业全体员工的内控意识,影响着全体员工实施控制活动和履行控制责任的态度、认识和行为。内部环境类指引在企业内部控制体系中处于基础地位,支撑着企业整个内部控制框架。内部环境类应用指引共有 5 项,包括组织架构、发展战略、人力资源、企业文化和社会责任等指引。

(2)控制活动类指引。控制活动是指对企业各项具体业务活动实施的控制。控制活动类应用指引共有 9 项,包括资金活动、采购业务、资产管理、销售业务、研究与开发、工程项目、担保业务、业务外包、财务报告等指引。

(3)控制手段类指引。控制手段是指实施内部控制的方法和措施。控制手段类指引共有 4 项,包括全面预算、合同管理、内部信息传递和信息系统等指引。控制手段类指引偏重于"工具"性质,其列举的控制手段往往涉及企业整体业务或管理。

3.《企业内部控制评价指引》

内部控制评价是指企业董事会或类似权力机构对内部控制有效性进行全面评

价、形成评价结论、出具评价报告的过程。在企业内部控制实务中,内部控制评价是极为重要的一环,它与企业的内部监督一起,共同构成了对内部控制制度本身的控制。《企业内部控制评价指引》的主要内容包括:内部控制评价的内容、内部控制评价的组织、内部控制缺陷的认定、内部控制评价报告、内部控制评价报告的披露或报送。

4.《企业内部控制审计指引》

内部控制审计是指会计师事务所接受委托,对特定基准日内部控制设计与运行的有效性进行审计。它是企业内部控制规范体系实施中引入的强制性要求,既有利于促进企业健全内部控制体系,又能增强企业财务报告的可靠性。《企业内部控制审计指引》的主要内容包括:内部控制审计责任的划分、审计范围、整合审计、计划审计工作、实施审计工作、评价控制缺陷、出具审计报告、记录审计工作等。

我国企业内部控制规范体系具有原则性和指导性,为出台更具有参考性和可操作性的分行业内部控制操作指南奠定了坚实的基础。2013 年 12 月,财政部颁发了《石油石化行业内部控制操作指南》,用来指导不同规模、不同产业链中的石油石化行业企业,开展企业内部控制体系的建立、实施、评价与改进工作。

三、我国行政事业单位内部控制规范

(一)我国行政事业单位内部控制规范的制定过程

20 世纪 90 年代以来,我国陆续出台法律、法规、部门规章和规范性文件,基本涵盖了对政府部门政务、人事、财务、会计、信息处理技术内部控制及内部控制监督和处罚的要求。在法律层次上,体现对政府部门会计及财务管理的内部控制、内部监督的有:《会计法》、《中华人民共和国预算法》、《中华人民共和国政府采购法》、《中华人民共和国招标投标法》、《中华人民共和国担保法》、《中华人民共和国审计法》、《中华人民共和国行政监察法》等;在法规层次上有:《中华人民共和国预算法实施条例》、《国务院关于加强预算外资金管理的决定》、《关于全面推进政府采购制度改革意见的通知》、《财政部关于进一步加强和规范财政资金管理的通知》、《中华人民共和国审计法实施条例》、《中华人民共和国行政监察法实施条例》等;在部门规章层次上有:《中华人民共和国国家金库条例实施细则》、《中华人民共和国税收征收管理法实施条例》、《财政预算资金拨付管理暂行办法》、《预算外资金实施管理办法》、《财政总预算会计制度》、《事业单位财务规则》、《行政单位财务规则》、《事业单位会计准则》、《审计署关于内部审计工作的规定》等。

相对于企业内部控制的发展而言,行政事业单位的内部控制建设成熟程度较低。有些单位经济管理混乱,缺乏内部控制,造成资产损失浪费;有些单位利用虚假发票或掩盖不合规支出,或套取资金,设立"小金库";更有甚者采用"白条抵库"、虚构业务等方式贪污挪用财政资金。此外,出借银行账户、违规处置国有资产、未经批准擅自对外签订经济合同等现象也时有发生。正是在这个背景之下,为解决以上行政事业单位中存在的问题,进一步提高行政事业单位内部管理水平,加强廉政风险防控机制建设,提高公共服务效率和效果,财政部于 2011 年 11 月 10 日印发了《行政事业单位内部控制规范》(征求意见稿),并于 2012 年 11 月 29 日印发了《行政事业单位内部控制规范(试行)》,该规范在 2014 年 1 月 1 日起执行。

(二)我国行政事业单位内部控制规范的主要内容

我国《行政事业单位内部控制规范(试行)》总共包括 6 章 65 条。

第一章为总则,共 7 条,对规范进行了总体系统性的规定和解释,主要包括规范制定的目的和依据、适用范围以及内部控制的定义、目标、原则,规定单位负责人对本单位内部控制的建立、健全和有效实施负责,明确指出单位应当建立并组织实施适合本单位实际情况的内部控制体系。

第二章为风险评估和控制方法,共 5 条,对行政事业单位的风险评估与控制方法做出了具体要求与规范,特别强调了要建立风险评估机制,确定风险评估的频率,成立风险评估小组,编制风险评估报告,以及在风险评估时在单位层面和业务层面需要关注的重点。单位内部控制一般的控制方法包括不相容岗位相互分离、内部授权审批控制、归口管理、预算控制、财产保护控制、会计控制、单据控制和信息内部公开。

第三章为单位层面内部控制,共 6 条,从行政事业单位管理的宏观角度具体阐述了对行政事业单位内部控制建设的要求。我国行政事业单位完善内部控制建设,必须按照本章内容的要求来具体设置内部机构和具体岗位,并对具体岗位的权责和任职资格做出明确的规定。

第四章为业务层面内部控制,共 6 节 41 条,分别对行政事业单位的预算业务、收支业务、政府采购业务、资产、建设项目、合同等控制做出了具体要求。

第五章为评价与监督,共 5 条,要求行政事业单位建立、健全内部监督制度,分别就行政事业单位内部审计、内部监督检查的方法、内部控制的自我评价报告及上级财政部门对下级行政事业单位内部控制的监督和检查做出了具体的要求。

第六章作为附则,要求本规范自 2014 年 1 月 1 日开始实施。

我国行政事业单位内部控制规范的框架如图 1-2 所示。

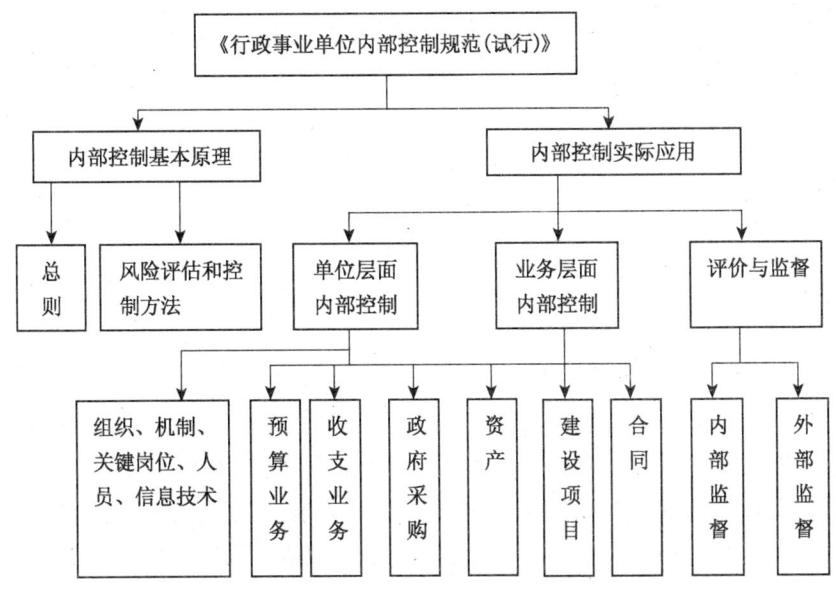

图 1-2 我国行政事业单位内部控制规范的框架

第三节 内部控制的概念

正确理解内部控制的概念,对于学习、掌握和运用内部控制理论,指导内部控制实践,具有非常重要的意义。

一、内部控制的定义

内部控制由"内部"和"控制"两个词构成。其中"内部"是限定语,"控制"是落脚点,"内部"明确"控制"的范围,"控制"揭示内涵和实质。

内部控制中的"内部",一是指内部控制的责任主体,内部控制是由企业的内部人员实施的控制,上至董事长、总经理,下至基层岗位的员工,以区别于企业外部的人员,如财政、税务、注册会计师等所进行的控制;二是指内部控制的范围,就是在企业内部实施的控制活动,涉及企业内部经营活动人、财、物的方方面面,对供应、生产、销售等业务实施的控制活动。但是在理解"内部"含义时,不能片面地认为内部控制就是企业"内部"的事,不涉及外部相关方。这里的"内部"不单是指企业内部独立流程,也包括企业与投资者、债权人、供应商、客户、政府监管部门等外部利益相关方之间发生的内外衔接流程。也就是说,有效的内部控制不仅能帮助企业解决自身的问题,还有助于改善企业与外部相关方的关系。例如,我国《企业内部控制配套指引》中的社会责任应用指引,就是定位于解决内外关系的控制问题;业务外包应用指引主要解决内外衔接流程的控制问题。

内部控制中的"控制",有掌握、驾驭、管理或支配的含义,最初常见于工程学科,意思是指"掌握住对象不使其任意活动或超出范围",后来拓展应用于管理学科,表示"判定组织是否朝着既定的目标健康地向前发展,并在必要时采取纠正措施"。控制是一种有规范、有目的、有约束的管理行为。

从西方内部控制发展历程看,在 COSO 报告以前的发展阶段,一般把内部控制概念界定为"措施、方法和程序",只是从静态角度认识内部控制,将内部控制理解为某项制度或状态,带有很大的片面性,因为不同企业的内部控制在措施、程序和方法上的差别不甚显著,但由于行业、规模、文化及管理哲学的不同,控制过程却有很大的差异。COSO 报告则将内部控制视作一个"过程",认为内部控制与企业经营过程相互交织,"过程"涵盖了"措施、方法和程序",从动态角度认识内部控制,能够把握内部控制的本质,反映了内部控制的要求,更能适应建立有效内部控制的需要。许多国家和机构大多在接受 COSO 报告过程观的基础上结合本国特点来提出内部控制的定义。

我国《企业内部控制基本规范》将内部控制定义为:是由企业董事会、监事会、经理层和全体员工实施的、旨在实现控制目标的过程。对内部控制的概念可以从以下三个方面来理解和把握:

第一,内部控制是一种全员控制。全员控制是指内部控制强调企业全体员工共同参与,人人有责。全员共同参与的内控才是真正的内控,而不单只是上层对下层的控制,做不到这一点,企业不可能实现最终的战略目标。企业的全体员工都要参与内部控制,上至董事长,下至基层岗位的一般员工都是内部控制的主体,只是不同层级的人员(机构)在企业的内部控制中地位和承担的职责有所不同。董事会作为企业最高决策机构,负责内部控制的建立、健全和有效实施;监事会作为企业最高的监督机构,监督企业董事、经理和其他高级管理人员依法履行职责,对董事会建立与实施的内部控制进行监督;经理层作为企业的执行机构,是企业内部控制的直接负责人,负责组织领导企业内部控制的日常运行;全体员工都应当树立现代管理理念,强化风险意识,以主人翁的姿态积极参与内部控制的建立与实施,并主动承担相应的责任,而不是被动地遵守内部控制的相关规定。

第二,内部控制是一种全面控制。全面控制是指内部控制的覆盖范围要足够广泛,涵盖企业所有的业务和事项,包含各个层级和环节,而且还要体现多重控制目标的要求。内部控制的实质是对风险的控制,是以风险为导向的控制,风险是内部控制的出发点,同时也是内部控制的落脚点。所谓风险,即偏离控制目标的可能性。企业在实现目标的过程中,会遇到各种各样的风险,这些风险并不是独立存在的,而是存在于企业各个层级、各项业务流程之中,因此有效的风险控制是需要嵌入企业的各个层面和各个部门,与企业的各个业务活动、管理流程相衔接。我国企业内部控制的目标有五个:合理保证企业经营管理合法合规,资产安全,财务报告及相关信息真实完整,提高经营效率和效果,促进企业实现发展战略。因此,企业在设计内部控制活动和流程的过程中,不能仅仅局限于内部会计控制,关注防范财务报告可靠性的风险,而应将所有影响以上五个目标实现的风险纳入内部控制的范畴中。

第三,内部控制是一种全过程控制。内部控制是过程控制,而且是全过程控制。过程而非结果,内部控制不是静态的管理制度、一成不变的控制措施,而是动态的管理过程,在明确控制目标的基础上,识别出影响目标实现的相关风险,找出关键风险控制点,围绕这些关键风险控制点制定相应的控制措施、运用这些控制措施,对相关运行情况进行监督与评价,还要根据发现的问题进一步完善相应的控制措施。内部控制是一个随着内外环境的变化,不断优化完善的动态过程,只有起点,没有终点,必须坚持不懈、持之以恒地持续改进。全过程控制是对企业生产经营过程的控制,是对企业实现发展目标过程的控制。从控制时序上,包括了对企业各项经济活动的事前控制、事中控制和事后控制,从内容上,包括了内部控制的制度设计、制度实施与监督评价。以上三环环环相扣,逐步递进,彼此配合,共同构成了一个完整的内部控制体系。

内部控制的定义在内部控制概念框架中处于基础地位,是内部控制目标、原则、要素推演的理论依据和逻辑起点,也是企业设计和执行内部控制的最基本的要求。只有真正做到了全员控制、全面控制和全程控制,内部控制的设计才不会出现盲点,内部控制的执行才会合理有效,内部控制的作用才能真正发挥。

二、内部控制的分类

内部控制的分类方式很多,可以按照不同的属性进行具体的分类。

(一)按照控制内容,内部控制可分为企业层面的内部控制与业务层面的内部控制

1. 企业层面的内部控制

企业层面的内部控制是指对企业控制目标的实现具有重大影响,与内部环境、风险评估、信息与沟通、内部监督直接相关的控制,包括组织架构控制、发展战略控制、人力资源控制、社会责任控制和企业文化控制等内容。企业层面控制的特征是并不直接地作用于企业的主要经营活动,而是通过业务层面控制对全部经营活动产生影响。

2. 业务层面的内部控制

业务层面的内部控制是指综合运用各种控制手段和方法,针对企业经营活动

的具体业务和事项实施的控制,一般包括资金活动内部控制、采购业务内部控制、销售业务内部控制、资产管理内部控制、财务报告内部控制等内容。业务层面的内部控制因企业性质、规模、经营范围和业务特点的不同而千差万别。

企业层面的内部控制决定业务层面的内部控制,因此内部控制建设先要确保企业层面内部控制运行的有效性。长期以来,我国企业内部控制建设存在着重视业务层面的内部控制,忽视企业层面的内部控制的倾向,一些企业具体业务的控制流程优化程度较高,但企业层面内部控制存在严重缺陷,从而影响内部控制整体效果的发挥。

(二)按照控制功能,内部控制可分为预防性控制与发现性控制

1. 预防性控制

预防性控制是指为防止错误和舞弊的发生,或者为了减少其发生机会所进行的控制,主要解决"如何能够在一开始就防止错误发生"的问题。例如,赊销时审核客户的信用情况以减少坏账的发生、采用招投标方式选择理想的供应商、批准付款前将购货发票与验收报告进行核对等,都属于预防性控制。

2. 发现性控制

发现性控制是指为了及时查明已经发生的错误和舞弊行为或者增强发现错弊机会的能力所进行的控制,主要解决"如果错弊已经发生,如何发现和查明"的问题。例如,通过采取账账核对、账实核对、实物盘点等措施以便及时发现记账差错和财产损失等。

理想的内部控制应以预防性控制为主,发现性控制为辅。然而预防性控制并不能有效防范所有的错误和舞弊,利用发现性控制可以将某些在其发生以后才能发现的错弊检查出来,并实施控制。

(三)按照控制的时序,内部控制可分为事前控制、事中控制和事后控制

1. 事前控制

事前控制也称原因控制,是指企业为防止人力、物力、财力等资源在质和量上发生偏差,而在行为发生之前所实施的控制,如费用报销前的审批、支票领取前的核准等。事前控制应当是一种积极的防护性控制,具有防范风险的作用。控制者应事先深入实际,调查研究,预测发生差错的问题与概率,并设想出预防措施、关键控制点与保护性措施。

2. 事中控制

事中控制也称过程控制,是指企业在经营活动过程中针对正在发生的行为所进行的控制,如监督预算的执行过程、对生产过程中的材料消耗实行定额领用制度、对加工中的产品进行质量监控等。事中控制应当是一种有效的过程性控制,具

有防错纠偏的作用。在采取行动、执行有关控制目标的过程中跟踪一线信息,帮助控制者及时发现问题,采取措施,解决问题。

3. 事后控制

事后控制也称结果控制,是指企业针对经营活动的最终结果而采取的控制措施,如对完工产品进行质量检验、对产品数量进行验收和记录、对预算执行情况的分析、考评和奖惩等。事后控制应当是一种有效的信息反馈控制,具有亡羊补牢的作用。在实际行为发生以后,总结、分析与比较实际业绩与控制目标之间的差异,采取相应的措施防错纠偏,并给予优秀者奖励或造成差错者处罚。

理想的内部控制应以事前控制和事中控制为主,事后控制为辅,这样就可以在采取行动之前或当时起到防错纠偏的作用。

·(四) 按照控制地位,内部控制可分为主导性控制与补偿性控制

1. 主导性控制

主导性控制是指为实现某项控制目标而先设置的防止某种错弊发生而实施的控制。例如,凭证连续编号可以保证所有业务活动都得到记录和反映,因此,凭证连续编号对于保证业务记录的完整性就是主导性控制。在正常情况下,主导性控制能够防止错弊的发生,但主导性控制存在缺陷,不能正常运行时,就必须有其他的控制措施进行弥补。

2. 补偿性控制

补偿性控制是指针对某些环节的不足或缺陷,能够全部或部分弥补主导性控制缺陷而采取的控制。如果凭证没有连续编号,有些业务活动就可能得不到记录。这时,进行严格的凭证之间、账证之间、账账之间的核对就可以基本上保证业务记录的完整性,避免遗漏重大的业务事项。因此,核对就是保证业务记录完整性的补偿性控制。

在评价内部控制时,应先确定主导性控制是否健全有效,如果存在和有效,则表明内部控制系统流程能够发挥控制作用;反之,则应进一步分析是否存在补偿性控制,以及能在多大程度上弥补主导性控制缺陷。

(五) 按照控制手段实现方式,内部控制可以分为手工控制与自动控制

1. 手工控制

手工控制是由人来执行具体的控制程序的控制。例如,人工签署采购订单,人工对收到的清单进行核对并且留下手工标记。

2. 自动控制

自动控制是指依赖计算机系统生成的信息,由计算机来执行的控制程序的控制。例如,在销售时,对超出信用额度的客户,销售订单会被系统自动冻结等。

三、内部控制与公司治理

公司治理是基于公司所有权与控制权的分离而形成的公司内部及外部的一种契约或制度安排。公司治理是由股东大会、董事会、监事会和高级经理组成的用来约束和管理经营者行为的控制制度。公司治理可以细分为外部公司治理和内部公司治理。外部公司治理也称外部监控机制，是通过竞争的外部市场（如产品市场、经理市场、资本市场、并购市场等）和管理体制对企业管理行为实施约束的控制制度。内部公司治理也称法人治理结构，是指由股东大会、董事会、监事会和高级经理等组成的用来约束和管理经营者行为的控制制度。公司治理的内容包括：企业控制权的配置和行使，对董事会、经理人员和职工的监控以及对他们工作绩效的评价，激励方案的设计和推行。

内部控制与公司治理是两个不同的概念，两者既有明显的区别又有密切的联系。

（一）内部控制与公司治理的联系

内部控制与公司治理都产生于委托代理问题，它们之间存在着密切的联系，这些联系主要体现在以下三个方面。

1. 理论基础相同

公司治理与内部控制都是因委托代理而产生的，在思想上具有同源性。现代企业有两个层次的委托代理关系：一是所有者与经营者之间的委托代理关系，表现为股东大会与董事会之间、董事会与高层管理者之间的委托代理关系；二是经营管理者与员工之间的委托代理关系，表现为高层管理者将具体的经营活动委托给中层管理者和一线员工来操作和执行的委托代理关系。由于代理人的投机和自利心理，具有道德风险、规避、搭便车等驱动和行为，加上委托人与代理人存在信息不对称，产生了代理问题。公司治理与内部控制都是企业为克服代理问题所做出的制度安排，两者都重视权、责、利的分配和组织结构、制度、程序上的建设。公司治理是在企业所有权与经营权分离的基础上产生的委托代理的契约关系，解决所有者与经营管理者所有权的委托代理，以保证利益相关者的利益。内部控制是为了提高企业经营管理水平和风险防范能力，保证代理人的行为能够符合委托人利益最大化的要求而设计的过程控制，解决高层管理者与中层管理者、员工之间管理权的委托代理。

不相容职务分离作为一种思想，不仅应用于内部控制系统的构建，同样也服务于公司治理结构和机制的构建。内部控制是由企业董事会、监事会、经理层和全体员工实施的、旨在实现控制目标的过程。综观内部控制发展的历史，内部控制的核心思想依然是不相容职务的分离。无论是企业层面的内部控制还是业务层面的内部控制,公司治理所强调的制衡机制,其核心就是不相容权利的分离,不丧失控制权的授权。在所有权与经营权逐渐分离以后,所有者是在不放弃控制权的前提下放弃经营权,将经营权交给管理者,而管理者是在不丧失控制权的前提下,层层分解日常经营权,保证企业内部各经营系统有效地运转。由此可见,公司治理与内部控制虽然产生于不同的背景,但两者理论基础相同,具有思想同源性。

2. 最终目标一致

无论对企业实施内部控制还是公司治理,都是为了实现企业的既定目标,即追求企业价值最大化。公司治理的目标是在股东、管理者和其他利益相关者之间建立起合乎公平和效率的经济机制,保证企业在正确的轨道上运行,防止董事、经理等代理人损害股东的利益。内部控制的目标是合理保证企业经营管理合法合规、资产安全、财务报告及相关信息真实完整、提高经营效率和效果、促进企业实现发展战略。内部控制目标是公司治理目标的进一步延伸和具体化,公司治理目标的实现依赖于内部控制这些具体目标的实现,两者最终都统一于企业目标的实现。

3. 两者相互依托

内部控制与公司治理是相互依托的,两者互为实现条件。一方面,良好的内部控制是完善公司治理的重要保证。有效的内部控制可以提高企业营运的效率,保护资产的安全完整,确保经营者遵循相关法律、法规及规章制度,实现董事会对重大问题决策的正确性和对经营管理者行为的制约,同时健全有效的内部控制可以促使企业提供真实可靠的会计信息及其他相关信息,据此客观评价企业的经营成果和正确估计企业的财务状况,对董事会、经理层的行为予以监督、评价,设计和实施激励机制,保证公司治理的效率。另一方面,健全的公司治理又是内部控制有效运行的保证。内部控制本身处于公司治理设定的环境之中,公司治理是内部控制的内部环境,内部控制能够有效运行,与公司治理结构的完善性是分不开的,一个设计良好的内部控制系统,只有在完善的公司治理环境中才能真正发挥作用,提高企业内部控制运行的效率;反之,如果公司治理结构失败的话,无论内部控制设计得多么完美,都将流于形式而难以取得既定的效果。

(二) 内部控制与公司治理的区别

公司治理和内部控制是不同视角、不同范畴的概念,两者存在着明显的区别。这些区别主要体现在以下四个方面。

1. 目标上的区别

公司治理的目标是保证经济运行系统中的公平和效率,就是在股东大会、董事会、监事会和经理层之间合理配置权限,明确各自职责,公平分配利益,建立有效的激励、监督和制衡机制,实现所有者、管理者和其他利益相关者之间的利益均衡。内部控制的目标是合理保证法律、法规的遵循性、资产的安全性、财务报告的可靠性、经营效率和效果,促进企业实现发展战略。公司治理主要解决企业经营中的公平和效率问题,而内部控制只关注企业经营中的效率问题,一般不直接涉及公平性问题。

2. 控制主体上的区别

公司治理有内部公司治理和外部公司治理之分,因而主体既包括董事会、总经理、监事会等公司高层管理者,也包括股东、债权人、供应商、客户、政府管理部门和其他利益相关者。内部控制的主体是公司内部的董事会、监事会、总经理、部门经理和各个岗位的员工,仅限于公司内部,只不过在其所施行控制程序时有可能会涉及外部主体。

3. 实现手段不同

公司治理在管理思想上比较重视行为和动机的控制与激励,强调通过不同层级之间的合理授权达到管理的目的,侧重于使用控制和激励这两种治理手段。内部控制在管理思想上重视流程控制,强调公司层级、部门和岗位之间的内部牵制与制衡,侧重于使用职务分离、授权审批、会计系统、财产保护、全面预算、运营分析、绩效考评等控制措施。

4. 归属的法律体系不同

公司治理的内容主要体现在《公司法》、证监会颁布的《上市公司治理准则》、证券交易所的《上市公司治理规则》和企业章程之中。内部控制主要体现于《会计法》、五部委联合颁布的《企业内部控制基本规范》、《企业内部控制配套指引》和企业内部控制制度之中。

内部控制与公司治理是相互影响、相互促进的。健全的公司治理是内部控制有效运行的基础和保证,良好的内部控制又是完善公司治理不可或缺的重要手段,应当把健全公司治理结构与完善内部控制有机结合起来,两者形成良好的互动,才有助于促进企业健康、可持续发展。

四、内部控制与风险管理

风险管理是企业从战略制定到日常经营过程中对待风险的一系列信念与态度,目的是确定可能影响企业的潜在事项,并进行管理,为实现企业的目标提供合理的保证。构建企业内部控制体系需要引入风险管理理念,对风险进行全过程控制。

(一)内部控制与风险管理的关系

内部控制与风险管理的关系问题一直是理论和实务界争论的热点话题,且至今仍未达成共识。目前,理论界对内部控制与风险管理的关系有三种不同的观点:

第一种观点认为,内部控制包含风险管理。COCO报告(加拿大特许会计师协会 1995)认为,"控制"是一个组织中支持该组织实现其目标诸要素的集合体,实质上就是"内部控制",风险评估和风险管理是控制的关键要素。CICA(1998)将风险定义为,"一个事件或环境带来不利后果的可能性",阐明了风险管理与控制的关系,即"当您在抓住机会和管理风险时,您也正在实施控制"。

第二种观点认为,风险管理包含内部控制。英国 Turnbull 委员会(2005)认为,风险管理对于企业目标的实现具有重要意义,企业的内部控制在风险管理中扮演关键角色,内部控制应当被管理者看做是范围更广的风险管理的必要组成部分。南非 King Ⅱ Report(2002)认为,传统的内部控制系统不能管理政治、技术和法律等诸多风险,风险管理将内部控制作为减轻和控制风险的一种措施,是一个比内部控制更为复杂的过程。持这类观点的人一般认为风险管理的内涵比内部控制更为宽泛,内部控制是风险管理的必要环节。

第三种观点认为,内部控制与风险管理是一对既相互联系又互有区别的概念。持这类观点的人认为,内部控制与风险管理既有联系,又各有侧重,不存在包含与被包含的关系。内部控制与风险管理的相同点是参与主体相同,都是由"企业董事会、管理层以及其他人员共同实施的",两者均是合理保证目标实现的过程。内部控制是基于风险的控制过程,是对风险进行评估和管理的必要过程。通过内部控制的实施,可将风险控制在可接受的范围内,确保企业按照既定的目标前行。在实际操作中,风险管理的技术方法也经常运用到内部控制的过程中。内部控制与风险管理的区别是风险管理更偏向这一过程的前端,侧重对影响目标实现的因素的分析、评估与应对。相对于内部控制,风险管理是一个更为独立的过程。内部控制更加重视实施,嵌入企业各业务流程的具体业务活动中,融合在企业的各项规章制度之中,使企业在正常经营过程中自发地防止错弊,提高效率,从而保证目标的实现。

（二）内部控制与风险管理的融合

不管人们对内部控制与风险管理的关系怎么认识,内部控制与风险管理在本质上是协调共存、密不可分的。内部控制与风险管理正在逐步走向融合,也是大势所趋。内部控制与风险管理是一脉相承的理论成果,COSO《企业风险管理——整合框架》(2004)中明确指出,内部控制被涵盖在企业风险管理活动之中,是其不可分割的组成部分。风险管理框架建立在内部控制框架的基础上,是对内部控制整合框架的扩展。应该说内部控制是风险管理的渊源,而风险管理是内部控制的发展和延续。

我国《企业内部控制基本规范》和《中央企业全面风险管理指引》也从不同视角体现了内部控制和风险管理相融合的理念。2006 年 6 月,国资委发布了《中央企业全面风险管理指引》,要求中央企业根据自身实际情况开展全面风险管理工作,该指引全面借鉴了COSO《企业风险管理——整合框架》(2004),并提供了四种风险管理常用的技术和方法,使其更具有可操作性。财政部等五部委联合发布的《企业内部控制基本规范》与国资委颁布的《中央企业全面风险管理指引》在目标、内容与要求方面是一致的,只是在结构内容、文字表述上各有侧重。《企业内部控制基本规范》在结构上注重与COSO五要素的协调,内容上兼收并蓄了COSO风险管理八要素,把内部控制作为一个大概念,包括了风险管理的内容;而《中央企业全面风险管理指引》把风险管理作为一个大概念,把内部控制作为企业控制风险的主要措施,重点突出了风险管理的过程和步骤。财政部《关于印发企业内部控制规范体系实施中相关问题解释第1号的通知》中指出:《企业内部控制基本规范》及其配套指引,充分吸收了全面风险管理的理念和方法,强调了内部控制与风险管理的统一。内部控制的目标就是防范和控制风险,促进企业实现发展战略,风险管理的目标也是促进企业实现发展战略,两者都要求将风险控制在可承受范围之内。因此,内部控制与风险管理两者不是对立的,而是协调统一的整体。

内部控制的有效实施有赖于风险管理的技术方法,而风险管理离开了内部控制作为手段支撑也将流于形式,两者应相互补充,有利于推动我国企业内部控制和风险控制建设,为企业发展保驾护航。在实际工作中,一些企业将内部控制和风险管理工作交由不同机构负责,这种做法易导致职能交叉、资源浪费和重复劳动。为降低企业管理成本,提高工作效率和效果,企业可以对有关机构和业务进行整合,从工作内容、目标、要求及具体工作执行的方法、程序等方面,将内部控制建设和风险管理工作有机结合起来。

第四节　内部控制的目标、原则与要素

内部控制的目标是企业建立和实施内部控制所要达到的目的和效果,内部控制的原则是实现内部控制目标的过程中需要遵循的基本要求,内部控制要素是构成内部控制所必不可少的因素。内部控制的目标、原则与要素是内部控制概念框架的重要组成部分。

一、内部控制的目标

内部控制的目标是建立和实施内部控制所要达到的预期效果和所要完成的控制任务。内部控制目标是认识内部控制基本理论的出发点和实施内部控制的落脚点,是决定内部控制运行方式和方向的关键。

综观内部控制理论与实务的发展,可以看到内部控制的目标是动态的,是随着人们对内部控制的内涵认识的不断深入而发展与完善的。从最初的查错防弊、防

止财务造假到 1992 年 COSO《内部控制——整合框架》提出的财务报告的可靠性、经营的效果和效率、相关法律法规的遵循性的三目标,再到 2004 年 COSO《企业风险管理——整合框架》提出的战略、经营、报告和合规的四目标,历经几十年的演变,内部控制目标在内涵以及外延都有了较大发展。

我国《企业内部控制基本规范》在充分借鉴 COSO 报告所确定的内部控制目标精髓的基础上,结合我国的实际情况进行了创新,明确指出我国企业内部控制的目标包括合理保证企业经营管理合法合规、维护资产安全、保证财务报告及相关信息真实完整、提高经营效率和效果、促进企业实现发展战略五项目标。

(一)合规性目标——经营管理合法合规

内部控制要合理保证企业经营管理合法合规。企业要在国家法律、法规允许的范围内开展经营活动,严禁违法经营、非法获利。守法和诚信是企业健康发展的基石。逾越法律、投机取巧可能会使企业获得短期发展,但终将会付出沉重代价。内部控制要求企业必须将发展置于国家法律、法规允许的基本框架之下,在诚信守法的基础上实现自身的可持续发展。合规性目标强调企业必须遵守社会基本规范,该目标与企业生存密切相关,是预防和控制违法违规的风险和损失的,是内部控制应达到的最基本的目标,是实现其他内部控制目标的保证。

企业应当将《公司法》、《会计法》、《企业内部控制基本规范》等法律、法规的相关要求嵌入内部控制活动和业务流程之中,以便从最基础的业务活动中将违法违规的风险降低至最低限度,从而合理保证企业经营管理活动的合法性和合规性。

(二)资产安全目标——维护资产安全

内部控制要合理保证企业的资产安全。资产安全目标主要是为了维护资产的安全完整,防止资产流失。资产的安全完整是投资者、债权人和其他利益相关者普遍关注的重大问题,是企业开展经营活动、实现可持续发展的物质基础,也是企业经营者的基本职责。良好的内部控制,应当为资产安全提供坚实的制度保障。资产安全目标包括以下两层含义:一是资产使用价值的完整性。要确保企业货币资金和实物资产的安全,防止被挪用、转移、侵占、盗窃以及无形资产控制权的旁落。二是资产价值的完整性。要防止资产被低价出售,损害企业利益,要充分发挥资产效能,提高资产管理水平。

为了实现资产安全目标,应建立资产的记录、保管和盘点制度,确保资产记录、保管与盘点岗位的相互分离,并明确职责和权限范围。提高资产使用决策的合理性和科学性,以堵塞漏洞、消除隐患,防止资产因不当经营决策遭受损失,提升资产使用管理水平。

在美国早期的准则或规范中,比较注重资产安全目标,但在内部控制结构阶段以后,不再突出强调资产安全目标,COSO 报告认为,资产安全目标已经隐含在财务报告的可靠性、经营的效果和效率目标之中。而资产安全目标对于我国企业尤其是国有企业具有非常重要的现实意义,在企业改制、改革过程中,国有资产流失现象十分严重,渠道多种多样,给国家造成了大量损失。因此,结合我国国情,在确立内部控制目标时,将资产安全目标放在了突出地位。

（三）报告目标——保证财务报告及相关信息真实完整

内部控制要合理保证企业的财务报告及相关信息真实完整。可靠的信息报告能够为企业管理层提供适合其既定目的的准确而完整的信息、支持管理层的决策和对营运活动及业绩的监控;同时,保证对外披露的信息报告的真实、完整,有利于提升企业的诚信度和公信力,维护企业良好的声誉和形象。

合理保证企业提供的财务信息和相关信息的真实完整,一方面需要企业按照《企业会计准则》的要求如实地核算经济业务、编制财务报告,满足会计信息的一般质量要求;另一方面需要企业采取不相容职务分离、授权审批、日常信息核对等控制活动,防止企业提供虚假的会计信息,抑制虚假交易的发生。

（四）经营目标——提高经营效率和效果

内部控制要合理保证提高企业的经营效率和效果,经济高效地使用企业有限的资源,以最优方式实现企业的目标。经营目标是实现企业战略目标的核心和关键,战略目标的实现只有分解和细化成具体的经营目标才能落实。经营目标要求企业结合自身所处的特定的经营、行业和经济环境,通过健全有效的内部控制,不断提高营运活动的盈利能力和管理效率。

现代企业是一个由多部门、多种管理层次和多个经营环节所组成的经济组织,企业经营效率和效果的提高离不开经济组织内部相互之间的沟通与协调。一个良好的内部控制可以从以下四个方面提高企业的经营效率和效果:

（1）组织精简、权责划分明确,各部门之间、工作环节之间要密切配合,协调一致,充分发挥资源潜力,充分有效地使用资源,提高经营绩效。

（2）优化和整合内部控制业务流程,避免出现控制点的交叉和冗余,也要防止出现内控的盲点,并通过对内部控制程序的严格执行和不断优化,最大限度地提高经营效率。

（3）建立良好的信息与沟通体系,可以使财务信息及其他经营管理信息快速地在企业内部各个管理层次和业务执行层面之间进行有效地流动,从而提高管理层的经济决策和反应的效率。

（4）建立有效的内部考核机制,这样就能对经济效率的高低进行准确的考核,实行企业对部门、部门对员工的两级考核机制,将考核结果落实到奖惩机制中去,对部门和员工起到激励和促进作用,提高工作的效率和效果。

(五)战略目标——促进企业实现发展战略

发展战略是企业在对现实状况和未来趋势进行综合分析和科学预测的基础上,制定并实施的长远发展目标与战略规划。发展战略指明了企业的发展方向、目标与实施路径,描述了企业未来经营方向与目标纲领,是企业的发展蓝图,关系着企业的长远发展。

内部控制要合理保证促进企业实现发展战略,这是内部控制的终极目标。它要求企业将近期利益与长远利益结合起来,在企业经营管理中努力做出符合战略要求、有利于提升可持续发展能力和创造长久价值的策略选择。

合理保证促进企业实现发展战略,一方面要确保企业能够制定科学合理的发展战略,另一方面也要采取切实可行的措施来保证企业发展战略的有效实施。具体来讲,应达到以下四项要求:

(1)由公司董事会或总经理办公会议制定总体战略目标,并通过股东代表大会表决通过,根据外部环境和内部机构的变化不断调整战略目标,确保战略目标在企业风险容忍度之内。

(2)将战略目标按阶段和内容划分为具体的经营目标,确保各项经营活动围绕战略目标开展。

(3)依据既定的目标实施资源配置,使组织、人员、流程与基础结构相协调,以便促成成功的战略实施。

(4)将目标作为主体从事活动的可计量的基准,围绕目标的实现程度和实现水平进行绩效考评。

我国企业内部控制目标包括两个层次:第一个层次是最高目标,即促进企业健康、协调、可持续发展的战略目标。第二个层次是企业经营管理过程中需要始终注意和强调的四个基础目标,包括合规性目标、资产安全目标、报告目标和经营目标。内部控制的目标并不是彼此孤立的,如资产的安全完整问题,直接涉及财务报告的可靠性问题,也直接影响经营的效率和效果问题,同时也与法律、法规的合规性密切相关。

我国内部控制的五个目标相互联系、相互影响,共同构成了一个完整的内部控制目标体系。首先,企业应当在合法合规的前提下开展经营活动,合规性目标是最基本的目标,是实现其他控制目标的保证。其次,资产作为企业经营活动的物质基础,资产安全目标是实现经营目标的物质前提;财务报告及相关信息反映了企业的经营业绩,确保财务报告及相关信息的真实完整,以利于相关者做出合理经济决策,报告目标是经营目标成果的体现与反映;企业经营旨在经济有效地使用企业资源,提高经营的效率和效果,经营目标是内部控制的核心目标,是战略目标的细化、分解与落实。最后,只有在上述四个基础目标实现的基础上,才能够提高企业的核心竞争力,促进企业实现发展战略。战略目标是企业内部控制的最高目标,也是与企业使命相联系的终极目标。

二、内部控制的原则

内部控制的原则是企业建立和实施内部控制所应遵循的标准和准绳。我国《企业内部控制基本规范》为企业建立和实施内部控制规定了全面性、重要性、制衡性、适应性、成本效益五项原则。

(一)全面性原则

全面性原则要求内部控制应当贯穿决策、执行和监督的全过程,覆盖企业及其所属单位的各项业务和事项。全面性原则要求企业实行全方位、全过程、全员的控制,不能留有控制的空白点和盲区。全方位指的是在控制层次上不但要涵盖企业总部层面,还要包括分、子公司层面,在控制对象上要覆盖企业各项业务和事项,既包括企业的人、财、物,也包括供、产、销、投融资各环节;全过程要求内部控制贯穿企业相关活动的决策、执行、监督、反馈的全过程;全员指的是内部控制的主体,要求企业的董事会、监事会、管理层和其他全体员工共同参与和实施。

(二)重要性原则

重要性原则要求内部控制应当在兼顾全面的基础上,格外关注重要业务事项和高风险领域。全面的内部控制并不意味着面面俱到,这一原则强调企业建立与实施内部控制应当在兼顾全面的基础上突出重点,针对重要业务事项、高风险领域与环节采取更为严格的控制措施,着力防范可能对企业产生"伤筋动骨"的重大风险。例如,企业通常强调的"三重一大",即重大决策事项、重大项目安排事项、重要人事任免事项及大额度资金运作,实行集体决策和联签制度,正是重要性原则的充分体现。

重要性原则的运用还需要一定的职业判断,重要性程度应当根据企业所处的行业环境、经营特点,从业务事项的性质和金额两个方面加以考虑。

(三)制衡性原则

制衡性原则要求内部控制应当在治理结构、机构设置及权责分配、业务流程等方面形成相互制约、相互监督,同时兼顾运营效率。所谓制衡,一般是指权力制衡,即分立为不同部分的权力之间应形成彼此制约的关系,使其中任何一部分都不能独占优势。不受制衡的权力,容易产生腐败,而相互制衡则是建立和实施内部控制的核心理念,更多地体现为不相容机构、岗位或人员的相互分离和制约。

贯彻制衡性原则,要达到以下四个方面的要求:

(1)在公司层面的内部治理结构上,形成股东(大)会、董事会、监事会和经理层之间的制衡关系。企业应当根据国家有关法律、法规的规定,按照决策机构、执行机构和监督机构相互独立,权责明确、相互制衡的原则,明确董事会、监事会和经理层的职责权限、任职条件、议事规则和工作程序,建立起所有权、决策权、监督权和执行权各自分离、各司其职的治理结构。

(2)在组织机构设置及权责分配上,企业应当按照科学、精简、高效、透明、制衡的原则,合理设置内部职能机构。明确各机构的职责权限,避免职能交叉、缺失或权责过于集中,形成各司其职、各负其责、相互制约、相互协调的工作机制。

(3)在业务流程上,注意将不相容职务相分离。在业务流程设计中,企业可以根据业务流程的环节,设置职能不同的岗位,将授权、执行、记录、保管、监督等环节相互分离,不能由一个岗位完成两个及两个以上的环节,使不同岗位形成相互牵制的关系,可以防止错误或舞弊的发生,达到业务流程的制衡。

(4)制衡不能影响运营效率。制衡作为一种机制,不能以牺牲运营效率为代价,必须做到既相互制衡又相互配合,既相互牵制又相互协调,各项业务程序和办理手续需要紧密衔接,避免业务办理中的相互扯皮和脱节现象,减少矛盾和内耗,保证经营活动的连续性和有效性,这也是对制衡性原则的深化与补充。

(四)适应性原则

适应性原则要求内部控制应当与企业经营规模、业务范围、竞争状况和风险水平等相适应,并随着情况的变化加以调整。适应性原则强调的是企业建立与实施内部控制绝非一蹴而就,要克服一劳永逸的思想,做到与时俱进,在保持相对稳定的基础上不断加以优化改进。内部控制具有很强的时效性与环境适应性,企业内部控制并不存在一个标准的、固定不变的模式,由于每个企业所处的行业、经营规模、企业文化、员工素质等方面各不相同,企业的内外部环境、竞争状况、风险水平等因素也存在差异,企业在设计内部控制时必须从本企业的实际出发,不可生搬硬套其他企业的内部控制,否则会使设计的内部控制流于形式,难以真正发挥作用。对于已经建立起来的内部控制也要随着企业内外部环境的变化、经营业务的调整、管理要求的提高等因素的变化,适时地对内部控制加以调整和完善。

(五)成本效益原则

成本效益原则要求内部控制应当权衡内部控制实施成本与预期获得的效益,以适当的成本实现有效控制。成本效益原则是经济学中一个最基本的理性概念,表现为理性的经济人总是以较小的成本去获取更大的效益,是经济活动中的普遍性原则和约束条件,同样适用于企业的内部控制。内部控制是企业为实现既定的经营目标而在内部建立和实施的各种控制方法、措施和程序所形成的控制机制,这些方法、措施和程序的建立和实施需要花费一定的成本,如企业自行或委托外部咨询机构设计内部控制、设置岗位及配备人员、确保各控制环节的运行、建立融入内部控制要求的信息系统、聘请注册会计师进行内部控制审计等都必须付出代价。而内部控制的效益是建立和实施内部控制所应达到的控制目标,即企业经营管理的合法合规、资产安全、财务报告及相关信息真实完整、提高经营效率、促进企业实现发展战略。内部控制所遵循的成本效益原则要求企业建立和实施内部控制的效果大于其成本,就是经济合理的,就应当设置和运行该项控制;反之,就不应当采用该项控制。

贯彻成本效益原则要做到以下两方面的要求:

(1)实行有选择的控制,努力降低内部控制的成本。在通常情况下,内部控制的环节越多,控制的措施和方法越严密则控制效果越好,但相应的内部控制成本就可能越高,因此企业要合理而精心地选择控制的关键环节,按照重要性原则,关注重要业务事项和高风险领域,抓住关键风险控制点。在确保内部控制有效性的前提下,减少过于繁琐的程序和手续,精简机构和人员,改进控制方法和手段,避免重复劳动,提高控制效果和效率。

(2)要从企业可持续发展的角度来权衡。内部控制的成本是现实的,相对于效益而言更容易计算和量化,而内部控制的预期效益是建立和实施内部控制所达到的目标,是避免风险和损失的可能性,很显然这种效益是未来的,具有很大的不确定性,因此,企业要防止短视行为,要从企业整体利益和长远利益出发,尽管某些控制会增加成本、影响工作效率,但可能会避免整个企业遭受更大的风险和损失,则也应当实施相应的控制。

企业在建立和实施内部控制时,不能只考虑一项原则,而必须综合应用上述五项原则,兼顾各项原则的要求,构建和运行适合自身适用的内部控制。

三、内部控制的要素

内部控制的要素是指构成内部控制所必不可少的组成部分,是内部控制的基本框架。内部控制要素的内容及构成方式,决定着内部控制的内容与形式,直接影响着内部控制质量的高低。

从内部控制的发展历程看,内部控制要素的划分经历了"三要素"、"五要素"、"八要素"的发展变化。内部控制的发展历史也是内部控制要素不断充实和完善的过程。1988年,美国注册会计师协会发布的《财务报表审计中对内部控制结构的考虑》,确立了内部控制结构,指出内部控制结构包括控制环境、会计系统和控制程序三个要素,标志着内部控制内容要素化体系的初步形成。1992年,COSO发布的《内部控制——整合框架》,将内部控制作为一个系统,提出了内部控制由控制环境、风险评估、控制活动、信息与沟通和监控五个既相互独立又相互联系的要素构成,同时又将这五个要素作为评价内部控制有效性的标准。2004年,COSO从全面风险管理的高度出发,提出了《企业风险管理——整合框架》,对内部控制要素进一步细化和充实,提出风险管理由内部环境、目标设定、事项识别、风险评估、风险应对、控制活动、信息与沟通和监控八个相互关联的要素所组成。

我国《企业内部控制基本规范》合理借鉴了以美国COSO报告为代表的国外内部控制框架,并根据我国国情进行了较大调整和改进,在形式上借鉴了COSO报告五要素框架,同时在内容上体现了风险管理八要素框架的实质,将内部控制分为内部环境、风险评估、控制活动、信息与沟通和内部监督五大要素。

（一）内部环境

内部环境是企业建立与实施内部控制的基础,一般包括治理结构、机构设置及权责分配、内部审计、人力资源政策和企业文化等。内部环境直接影响内部控制的价值观念、风险偏好、组织形式和管理风格,是其他内部控制构成要素的基础,在企业内部控制建立与实施中发挥着基础性作用。现代企业如果没有良好的内部环境,内部控制就会形同虚设。

（二）风险评估

风险是指一个潜在事项的发生对目标实现产生影响的可能性。风险评估是企业及时识别、系统分析经营活动中与实现内部控制目标相关的风险,合理确定风险应对策略,实施内部控制的重要环节。风险评估主要包括目标设定、风险识别、风险分析和风险应对等环节。

（三）控制活动

控制活动是指企业结合具体业务和事项,运用相应的控制政策和程序（或称控制手段）实施控制。企业应当根据风险评估结果,通过手工控制与自动控制、预防性控制与发现性控制相结合的方法,采用相应的控制措施,将风险控制在可承受度之内。控制活动是实施内部控制的具体方式。常见的控制措施一般包括不相容职务分离控制、授权审批控制、会计系统控制、财产保护控制、预算控制、运营分析控制和绩效考评控制等。

（四）信息与沟通

信息与沟通是企业及时、准确地收集、传递与内部控制相关的信息,确保信息在企业内部、企业与外部之间进行有效沟通。信息与沟通是实施内部控制的重要条件,其内容主要包括建立信息与沟通制度、提高信息质量和有用性、及时沟通与反馈信息、利用信息技术建立信息系统和建立反舞弊机制等。信息与沟通的方式灵活多样,但无论哪种方式,都应当保证信息的真实性、及时性和有用性。企业应当建立信息与沟通制度,明确内部控制相关信息的收集、处理和传递程序,确保信息及时沟通,促进内部控制有效运行。

(五) 内部监督

内部监督是企业对内部控制建立与实施情况监督检查,评价内部控制的有效性,对于发现的内部控制缺陷应当及时加以改进。内部监督是实施内部控制的重要保证,是对内部控制的自我控制。企业应当制定内部控制监督制度,明确内部审计机构和其他内部机构在内部监督中的职责权限,规范内部监督的程序、方法和要求。对在监督过程中发现的内部控制缺陷,应当分析缺陷的性质和产生的原因,提出整改方案,采取适当的形式及时向董事会、监事会或者经理层报告。企业应当在日常监督和专项监督的基础上,定期对内部控制的有效性进行自我评价,出具自我评价报告。

内部控制五大要素之间是既相对独立又相互联系,形成一个有机的统一体。其中:

内部环境是实施内部控制的重要基础。内部环境对内部控制其他要素产生深刻影响。内部环境的好坏直接决定着内部控制其他要素能否有效运行。

风险评估是实施内部控制的重要依据。企业在实施战略的过程中会受到内外部环境的影响,风险评估是企业运用一定的技术手段识别会影响战略目标实现的有利因素和不利因素,结合定量、定性分析出与控制目标相关的风险,合理确定相应的风险应对策略,为采取控制活动提供依据。

控制活动是实施内部控制的重要手段。根据明确的风险应对策略,企业需要及时采取控制措施,将风险控制在可承受度之内。

信息与沟通是实施内部控制的重要条件和载体。信息与沟通在五大要素中处于承上启下、沟通内外的关键地位,发挥着纽带和桥梁作用。内部环境与其他要素之间的相互作用需要通过信息与沟通来完成;风险评估、控制活动和内部监督的实施需要以信息与沟通结果为载体,各项要素的实施结果也需要通过信息与沟通渠道来反馈与交流。如果缺少了信息传递与内外沟通,内部控制其他要素就可能无法保持紧密的联系,内部控制将变成一盘散沙,也就不再是一个有机的整体。

内部监督是实施内部控制的重要保证。内部监督是对内部控制建立与实施情况的监督检查,对内部控制设计和运行质量进行评价,从中发现企业内部控制的缺陷,完善内部控制体系,提高内部控制的有效性。

【案例1-2】   从内部控制五要素角度剖析企业巨额损失产生的原因①

由大型国有企业集团公司(以下简称"集团公司")控股的某股份有限公司在海外某证券交易所上市。其在招股说明书中声明,该公司的核心业务在国内居于领先地位,公司具有丰富经验和独特优势,其发展前景被广泛看好。但是短短几年时间后,该公司就发布公告称,由于公司出现巨额亏损,不得不申请停牌。

据报道,相当长的一段时间内,该公司董事长由集团公司总经理兼任,但其将主要精力集中在集团公司经营业务上,对该公司的经营管理难以顾及。而该公司总经理陈某某利用公司董事长缺位的机会,兼任董事会秘书,在董事会中拥有绝对的领导地位,在董事会决策和日常管理上都拥有毋庸置疑的绝对权力。自上市以来,董事会成员除董事长等3人外,其他成员已更换殆尽,陈某某直接任命监事会主席,亲自主导监事会工作机制和流程,迫使监事会按照其工作方式实施监督。公司4名已辞职的董事、独立董事都表示辞职之前已经基本对公司"发挥不了作用"。该公司上市前所有决策都是陈某某说了算,上市之后原有运行机制也很难改变。在实际工作中,独立董事多以对公司某些违法行为并不知情来逃避处罚。对集团公司委派的连续两任财务部经理,陈某某均随即调任他职,并坚持任用自己认为可靠的人员担任财务部经理,主管会计和出纳。内部审计机构负责人由财务负责人兼任,并对陈某某负责,受陈某某的制约。而且内部审计机构并没有定期向董事会下属的审计委员会报告工作,即使偶尔报告,其内容也是简单重复、敷衍了事。

在此期间,该公司总经理陈某某没有经过集团公司许可即擅自扩大业务范围,开始从事衍生品期权交易,购买了看跌期权。但国际商品价格一路攀升,公司为了终止交易被迫支付对方(银行和金融机构)1.64亿美元保证金,结果导致公司现金流量枯竭,引发了公司的财务危机,进而威胁到集团公司的财务安全。这才引起集团公司的注意。该公司在陈某某的领导下,还渐渐形成了一种个人专权的文化。公司指定专门的交易员开展衍生金融工具的业务。这些交易员都有亏损限额,在亏损达到一定程度后会立即终止交易以防止亏损扩大。但陈某某可以经常绕开交易员自己直接操盘,在亏损初露端倪时还一再追加保证金。而集团公司派来的党委书记任职两年多,一直不知道陈某某从事场外期货投机交易,从未向董事会报告异常现象,也未进行任何形式的披露。该公司聘请某国际知名会计师事务所制定了《风险管理手册》,规定公司成立风险管理委员会,对公司业务全过程进行风险评估并向董事会提交评估报告,制定了事前、事中和事后的一整套交易。《风险管理手册》明确规定,损失超过500万美元,必须报告董事会。在该公司决定开展期权交

---

① 刘永泽.企业内控漏洞导致巨额损失的案例解析[N].中国会计报,2013-11-15(有改动).

易这项全新业务前,风险管理委员会没有进行任何必要的行业分析。在期权交易开始后,风险管理委员会没有对超过期权交易限额的交易进行风险提示,也未能及时报告期权交易情况和损失情况,甚至隐瞒了公司在期权交易中面临的各种问题。

同时,由于组织架构和人员配备上的便利,陈某某指使财务部门使用"捡来"的对账单,伪造财务信息,真实的对账单则没有入账。陈某某采用各种欺骗手段,避开上市公司管理程序,未经正常审批手续,多次将该公司资金转出,由其集团公司免费使用,并没有签订合同,以换取集团公司对其的支持。2009—2011 年占用该公司资金金额超过 8 亿元。对于关联方占用资金的重大事件,陈某某未按规定履行临时报告义务,反而隐藏集团占用资金的事实,以达到账目相符。在 2009 年中期报告、2010 年年度报告、2011 年中期报告中分别虚增银行存款 7 400 万元、15 117.65 万元、39 810.94 万元。后因集团公司经营失误,担保资金损失近 2 亿元。该公司财务经理未对上述事项表示不同意见,没有对该事项进行风险评估和整改建议。

该公司为了更好开展业务,与乙公司签订了价值 5 000 万元的 ERP 系统建设合同。合同约定乙公司在 12 个月内完成系统建设工作。由于该公司与乙公司有长期合作关系,因此规定如不能按规定时间交工,乙公司将按合同标的的 5% 赔偿违约金,这一赔偿金比率远远低于当时的市场平均违约金赔偿率 10%。所要安装的 ERP 软件系统是由乙公司独家提供的 H 型计算机管理信息系统。在安装过程中,发现系统中一特定软件产品与生产经营情况有所脱节,会造成软件安装后公司的一些经营性表格、单据等无法正确生成。因乙公司负责该特定产品的项目经理正在国外参加技术培训,使得此问题暂时搁置起来。直到系统上线,乙公司其他技术人员对该软件产品进行了局部修改,但一些关键技术问题仍无法彻底解决,导致系统建设工作最终失败。此后,该公司委托其他软件公司承担系统建设工作,已无法按时实现系统上线,并造成大约 600 万元的经济损失。该公司虽然按照合同约定要求乙公司赔偿 250 万元违约金,可是考虑到乙公司为系统建设工作付出了一定人力物力,最终得到赔付仅 150 万元。

下面从五要素角度分析企业内部控制存在的问题。

1. 内部环境

问题一:董事会未履行相应职责。董事会在内部控制中的重要职责表现为科学选择恰当的管理者并对其进行监督,清晰了解总经理实施有效的风险管理和内部控制的范围,知道并同意单位的最大风险承受能力,及时知悉最重大的风险以及总经理是否恰当地予以应对。该公司董事会的失误在于对公司总经理陈某某的选择、授权、沟通和监督均不到位。

问题二:监事会形同虚设。监事会是股东大会领导下的公司常设监察机构,执行监督职能。监事会与董事会并立，独立地行使对董事会、总经理、高级职员及整个公司管理的监督权，向董事长、总经理报告进展和暴露的问题。该公司的监事会和风险管理委员会没有切实履行以上职责。

问题三：经理层职责行使失当。总经理直接对一个单位的经营管理活动负责，为高级管理人员提供领导和指引，定期与主要职能部门——营销、生产、采购、财务、人力资源等部门的高级管理人员进行会谈，以便全面掌握这些人员履行职责的情况。该公司经理层存在的问题，一是总经理诚信和道德价值观扭曲；二是部分高级管理人员（如财务部经理等）严重失职。

问题四：企业文化导向不力。企业文化应当要求管理人员要给全体员工灌输责任意识、危机意识和团队意识，要让大家清楚地认识到企业是全体员工共同的企业。在个人专权文化的影响下，该公司建立的内部控制系统完全失灵，没有及时控制风险，给企业带来了巨大的灾难。

问题五：内部审计机制不健全。内部审计部门在评价内部控制的有效性，以及提出改进建议方面起着关键作用。公司应当授予内部审计部门适当的权力以确保其审计职责的履行，对内部审计部门负责人的任免应当慎重，保证其与董事会或审计委员会顺畅沟通。该公司的问题在于，内审部门受到总经理操控，且与董事会下属的审计委员会没有进行有效沟通。

2. 风险评估

问题：风险评估机制形同虚设。风险管理委员会有确定各业务单元进行风险管理的权力和义务，应提高整个单位的风险管理能力，建立一套通用的风险管理系统并制定报告规程。该公司从事高风险的衍生金融工具投资，风险管理委员会并没有事先对该业务进行充分的风险评估，风险管理委员会甚至隐瞒了公司在期权交易中面临的各种问题。

3. 控制活动

问题一：不相容职位未分离。该公司董事长在名义上由集团公司总经理担任，但是事实上由公司总经理陈某某兼任，造成实质上的董事长与总经理合二为一，严重影响决策和执行的独立性。

问题二：会计系统控制失效。公司没有及时披露、揭示公司担保等错误行为，从而造成重大损失。

4. 信息与沟通

问题：信息与沟通不畅。首先，系统建设订单之前，交流沟通不足，对生产经营状况和项目实施难度缺乏足够了解，公司对违约赔偿金的市场平均水平了解不够，也说明其在信息收集等方面存在严重不足。其次，在系统建设过程中，针对存在的问题未能与乙公司进行灵活、有效的沟通，导致问题被搁置而贻误了妥善解决问题的时机。最后,对于仍然无法解决的技术难题,公司显得束手无策。实际上公司可以寻求其他软件制作商的支持,力争避免赔偿或将损失降至更低,这也反映出公司在信息收集、处理、利用等方面确实比较薄弱。

5. 内部监督

问题:缺乏对内部控制制度执行情况评估和持续监督。公司虽规定财务部行使监督、评估职责,但是由于没有独立的机构监督、检查,导致公司产生上述一系列风险,并且形成了严重的后果。

第五节　内部控制的作用与局限性

一、内部控制的作用

在竞争日益激烈的市场经济中,企业面临的各种风险呈现多样性和复杂性的特征。内部控制作为组织内部的一种制度安排,在有效防范风险、保证会计信息质量、确保资产安全、提高经营效率和效果、实现可持续发展等方面正发挥着越来越重要的作用。

（一）有效防范风险,实现可持续发展

伴随市场经济的迅猛发展,企业面临着日益激烈的市场竞争环境,企业的经营风险也在不断加剧。企业如果不能积极、有效地防范风险,轻则影响其发展,重则会导致企业倒闭。企业想要长期生存,并且逐步发展壮大,实现健康可持续发展,就必须对企业风险进行有效的控制与防范,健全而有效的内部控制是防范经营风险的重要手段,是一道有效的风险"防火墙"。

内部控制运用其所具有的预防、纠错和激励三个运行机制,构筑抵御风险的三道防线。内部控制立足于预防机制,通过优化内部环境,开展风险识别、风险评估、风险分析等工作,运用不相容职务分离、授权审批等控制措施,建立起一个相互制衡的预防控制体系,防止企业经营中的重大失误及有关人员利用职务之便舞弊。如果在实际执行过程中由于主观或客观的原因致使预防机制失效的话,内部控制还有第二道防线,即纠错机制,纠错机制能够对已经发生的失控事件及时地进行制止,并采用相应的补救措施以防止类似事件再次发生。在预防机制和纠错机制之外,内部控制还有一个激励机制,引导企业各个层次的员工向企业设定的目标努力,并力求个人目标与企业目标一致,对员工的行为结果进行奖励与惩罚,从而减少员工个人行为方向与企业设定目标之间的偏离程度,减少失控的可能性。预防、纠错和激励三个机制相结合,并能够正常、有效地运转,就能够为企业防范风险,实现可持续发展提供合理保证。

（二）提高会计信息质量，维护企业信誉

真实可靠的会计信息在企业管理、资本市场和社会经济中发挥着十分重要的作用，是投资者、债权人、政府部门和社会公众了解企业财务状况、盈利能力的最直接有效的途径，是企业经营管理者做出相关经营决策的重要依据，是资本市场正常运转的信息支持系统，是维护经济社会中正常信任关系和保证社会经济系统顺利运行的重要基础。如果出现虚假的会计信息，将会导致企业管理者和利益相关者无法正确判断企业的经营状况和经营成果，导致决策的失误，影响社会资源的合理配置，造成市场经济的混乱。

会计信息的可靠性应满足以下条件：所有进入会计系统的交易或事项都须经过合理的授权；所有在表内确认的交易或事项都符合相应会计要素的定义并具有可靠的计量性；财务报告真实地反映了其意在反映的实际状况；报表项目及附注的数据具有可核性。健全有效的内部控制，可以对会计信息的采集、归类、记录和汇总等过程实现全面的监督与控制，从而能够及时发现和纠正各种错误和舞弊，保障会计信息能够有效、真实地反映出企业经营的实际状况。具体来说，有效的内部控制可以从以下三个方面提高会计信息质量：

（1）通过不相容岗位的分离、预算控制等措施，防止虚假会计信息行为。

（2）通过岗位轮换制度、对账制度、资产清查制度等，发现虚假会计信息行为。

（3）通过绩效考评、惩罚机制等，惩处虚假会计信息行为。

（三）确保资产安全，提高资产效能

资产是指企业拥有或控制的存货、固定资产和无形资产等企业重要的经济资源，是企业从事生产经营活动并实现发展战略的物质基础，企业要想在激烈的市场竞争中求得生存和发展，就必须保证各项资产的安全完整与高效运行。企业一旦资产出现被偷盗、被侵占、被浪费、被毁损的情况，轻者会造成企业经济损失，重者会危害企业生产经营活动、造成人身伤亡和重大财产损失，甚至可能导致企业破产倒闭，影响企业的长治久安。

企业通过建立和实施内部控制规范体系，采用授权审批、限制接近、定期盘点、财产保险、记录保护等一系列的控制措施，能够对企业资产的采购、计量、验收、仓储、使用、核算、处置等各个环节进行有效、科学、合理地监督，防止贪污、盗窃、滥用、毁坏、浪费等不法行为的发生，从而确保企业资产的完整性与安全性，充分发挥资产应有的效能。

（四）促进有效经营，提高经营效率

内部控制能够将企业的各种资源有机结合在一起，提高经营的效率和效果，为企业创造价值。企业所拥有的各种经济要素,如资金、设备、人员等,只有依靠一套完善的制度才能融合在一起并形成真正的生产力。从这种意义上讲,内部控制就像一种黏合剂一样将各种经济要素有机、有序地组合在一起,否则,所有的经济要素就如同一盘散沙,只能是一种潜在的生产力,无法在企业内部得到合理的安排和使用。

健全有效的内部控制,通过合理的流程设计、科学的职责分工,合理划分每个工作岗位的职责和权限,避免无人负责、相互推诿现象的发生,提高工作效率。健全有效的内部控制,可以利用会计、统计、业务等各部门的制度规划及有关报告,把企业的生产、营销、财务等各部门及其工作结合在一起,从而使各部门密切配合,提高工作中的协调性,尽可能避免相互之间的不协调所造成的损耗和效率损失。同时,由于严密的监督与考核能真实地反映工作实绩,再配合合理的奖惩制度,便能激发员工的工作热情及潜能,从而促进整个企业经营效率的提高。

二、内部控制的局限性

内部控制在防范企业风险、提高企业经营管理水平等方面发挥着越来越积极的作用,但内部控制作用的发挥存在一定的前提条件,一个被认为设计完善并得到良好运行的内部控制系统,仍不可能消除企业现存的和潜在的内部控制缺陷。换句话说,内部控制存在其固有的局限性,内部控制只能为控制目标的实现提供"合理的"保证,而不能提供"绝对的"保证。内部控制的固有局限性主要表现在以下五个方面。

(一)受成本效益原则的制约

根据成本效益原则,内部控制建立和实施的成本不得超过预期的收益,也就是控制成本不能超过风险或错误可能造成的损失和浪费。企业在设计和实施某项内部控制时要权衡内部控制的利弊得失,如果控制过度,则成本高昂,得不偿失;如果控制太少,则风险过高,容易导致控制失败。在实践中,对内部控制成本与效益的权衡往往取决于设计者的主观判断,当设计者判断某项控制的成本大于控制产生的效益时,就认为没有必要设置控制环节或控制措施,就可能放弃该项内部控制。由于主观判断的失误会使必要的控制未能实施而造成更大的损失。成本效益原则制约了内部控制达到尽善尽美,一些理想的内部控制往往因为成本过高而不被企业采用,小企业内部控制的建立和有效运行更容易受到成本因素的制约。

(二)受控制制度滞后因素的制约

内部控制一般是结合企业的经营活动特点,针对经常的或预计可能发生的业务而设置的,具有相对的稳定性。一旦发生非经常的或未预料到的例外事项,原有的内部控制就会出现失控或者不适用的可能,从而使内部控制降低或失去应有的控制力。此外,企业处于经常变化的环境之中,为了增强其核心竞争力,实现可持续发展,需要不断调整经营策略,如兼并或收购,设立分公司、子公司,增设部门、生产线,研发新产品,竞争对手采用新的营销策略等,这些很有可能会使企业原有内部控制系统的作用因经营环境、业务性质的改变而削弱或失效。对于失控、失效的内部控制制度,若未能随着环境的变化及时进行修订、补充和完善,则内部控制难以发挥持续的控制作用。

（三）受人为错误的制约

内部控制是由人来设计和执行的,设计人员因其知识及经验水平的限制会使内部控制存在"先天"缺陷。即使设计完善的内部控制,也可能因执行人员缺乏控制意识、错误的理解和判断、疏忽大意、精力分散或其他人为因素而使内部控制失效。

（四）受串通舞弊的制约

不相容职务的相互分离能够在一定程度上防止或避免一个人或一个部门单独从事和隐瞒不合规的行为,但它并不能完全防止两个或两个以上人员或部门合谋串通行为的发生。例如,会计人员和出纳人员合谋贪污、仓库保管员与财产记录或核对人员串通造假、关键岗位的员工与供应商或顾客合谋串通等,这样再严密的内部控制措施也会失去其应有的作用。

（五）受管理越权的制约

内部控制是针对企业中所有层级、所有成员为达成目标的控制程序,但处于不同层级的人员或部门在内部控制系统中可能拥有大小不等的业务处理与决定权限,也就是说,任何控制程序都不能完全阻止那些负责监督控制的管理人员滥用或不正当行使职权的行为。超越职责权限会打乱正常的内部控制程序和业务流程,为徇私舞弊、违法违规行为的发生埋下隐患,尤其是高层管理人员凌驾于内部控制之上,造成的危害更大,高层管理人员处于企业的核心决策层和管理层,掌握着企业重大事项的决策权,一旦超越内部控制设定的权限,控制程序难以阻止其行为,导致控制程序彻底失效,高层管理人员越权往往是许多重大舞弊案件和虚假财务报告发生的一个重要原因。

综上所述,内部控制的局限性是客观存在的,理想化的、完美无缺的内部控制是不存在的,企业建立和实施的内部控制不可能消除一切风险,只能降低企业已经意识到的可能出现的风险。内部控制局限性的存在也不能成为忽视内部控制的理由,内部控制为其控制目标的实现提供了合理的保证。

复习思考题

1. 内部控制的发展经历了哪几个阶段?

2. 简述我国企业内部控制规范体系的内容。

3. 如何理解内部控制的定义?

4. 如何理解内部控制与公司治理、内部控制与风险管理的关系?

5. 我国《企业内部控制基本规范》规定的内部控制要素有哪些? 它们之间具有怎样的联系?

6. 我国企业建立与实施内部控制的目标有哪些? 应当把握哪些原则?

7. 内部控制存在哪些局限性?

练 习 题

一、单项选择题(在每小题的备选答案中,选出一个正确的答案)

1. 内部控制的基本概念是从早期(   )思想的基础上逐步发展起来的。

A. 科学管理　　　B. 内部牵制　　　C. 内部审计　　　D. 管理控制

2. 1999 年修订的(   )第一次以法律的形式对建立健全内部控制提出原则要求。

A.《会计法》

B.《注册会计师法》

C.《内部会计控制规范——基本规范》

D.《商业银行内部控制指引》

3. 关于 COSO 发布的《内部控制——整合框架》(1992)和《企业风险管理——整合框架》(2004)之间的关系,下列说法中,错误的是(   )。

A. 后者并没有取代前者,对于那些着眼于内部控制的主体,前者依旧有用

B. 后者增加了战略目标,并将报告目标扩大到非财务报告

C. 后者延续了前者中有关风险偏好、风险容忍度和风险组合观等基本概念,将风险评估扩充为目标设定、事项识别、风险评估、风险应对四个要素

D. 后者的显著变化是将内部控制上升至全面风险的高度来认识

4. (   )是企业对内部控制建立与实施情况进行监督检查,评价内部控制的有效性,发现内部控制缺陷,应当及时加以改进。

A. 内部环境　　　B. 控制活动　　　C. 信息与沟通　　　D. 内部监督

5. (　　)是企业及时识别、系统分析经营活动中与实现内部控制目标相关的风险,合理确定风险应对策略。

A. 内部环境　　　　B. 风险评估　　　　C. 控制活动　　　　D. 内部监督

6. 下列各项中,属于预防性控制的是(　　)。

A. 对出纳岗位进行定期岗位轮换　　　B. 实地观察工资发放

C. 编制银行存款余额调节表　　　　　D. 账实核对

7. 内部牵制与内部控制的关系是(　　)。

A. 前者是后者的基础性要求　　　　　B. 后者是前者的基础性要求

C. 两者的控制方法基本相同　　　　　D. 两者的控制目标基本一致

8. 下列关于我国企业内部控制规范体系说法中,错误的是(　　)。

A. 我国企业内部控制规范体系由《企业内部控制基本规范》、《企业内部控制应用指引》、《企业内部控制评价指引》和《企业内部控制审计指引》四部分组成

B. 《企业内部控制应用指引》处于内部控制规范体系的最高层次,起统驭作用

C. 《企业内部控制评价指引》是为董事会或类似权力机构对内部控制有效性进行全面评价提供的指引

D. 《企业内部控制审计指引》是会计师事务所执行内部控制审计业务的执业准则

9. 与COSO《内部控制——整合框架》(1992)相比,2004年的ERM框架的发展与突破不包括(　　)。

A. 给内部控制下了一个最为权威的定义

B. 增加了一个战略目标,并扩大了报告目标的范畴

C. 增加了目标设定、事项识别、风险应对三个风险管理要素

D. 引入风险偏好、风险容忍度两个新的概念

10. 下列关于内部控制作用说法中,错误的是(　　)。

A. 有效防范风险,实现可持续发展

B. 提高会计信息质量,维护企业信誉

C. 提升管理水平,确保经营不会失败

D. 确保资产安全,提高资产效能

二、多项选择题(在每小题的备选答案中,选出两个或两个以上正确的答案)

1. 与COSO《内部控制——整合框架》(1992)相比,2013年5月COSO发布修订后的《内部控制——整合框架》的主要变化有(　　)。

A. 修改了内部控制的核心定义

B. 概括了"对诚信和道德价值观的承诺"等 17 条原则

C. 将报告的范围从对外财务报告目标扩展到内部和外部、财务和非财务的报告目标

D. 将目标设定作为内部控制的组成部分

E. 提出了两个新的概念——风险偏好和风险容忍度

2. 内部控制是由企业的(　　)实施的旨在实现控制目标的过程。

A. 董事会　　　　　B. 监事会　　　　　C. 股东　　　　　D. 经理层

E. 全体员工

3. 下列有关我国企业内部控制目标的表述中,正确的有(　　)。

A. 企业经营管理合法合规　　　　　B. 追求利润最大化

C. 财务报告及相关信息真实完整　　D. 促进企业实现发展战略

E. 提高经营的效率和效果

4. 我国企业内部控制规范体系包括(　　)。

A.《企业内部控制基本规范》　　　　B.《企业内部控制应用指引》

C.《企业内部控制评价指引》　　　　D.《企业内部控制审计指引》

E.《企业内部控制监督指引》

5. 企业建立与实施内部控制应当遵循的原则有(　　)。

A. 全面性原则　　　　　　　　　　B. 重要性原则

C. 成本效益原则　　　　　　　　　D. 制衡性原则

E. 适应性原则

6. 2004 年 9 月,COSO 根据《萨班斯法案》要求,颁布企业风险管理整合框架,该框架的构成要素包括(　　)。

A. 内部环境、目标设定　　　　　　B. 事项识别、风险评估

C. 风险应对、控制活动　　　　　　D. 信息与沟通、监控

E. 控制环境、内部监督

7. 下列各项中,属于导致内部控制存在局限性原因的有(　　)。

A. 控制的有效性会受到决策过程中人为判断的影响

B. 内部控制只能为控制目标的实现提供合理保证

C. 管理人员可能会凌驾于内部控制之上

D. 内部控制的设计与实施需要考虑成本与效益

E. 内部控制系统的作用可能因经营环境、业务性质的改变而削弱或失效

8. 关于内部控制与风险管理的关系,下列观点中,正确的有(　　)。

A. 内部控制与风险管理的相同点是两者均是合理保证目标实现的过程

B. 内部控制是为了达到某些目的而进行的一种动态的管理过程

C. 风险管理是围绕特定目标,通过各种手段对风险进行管理,为实现目标提供合理保证的过程和方法

D. 风险管理更偏向内部控制过程的前端,侧重对影响目标实现因素的分析、评估与应对

E. 内部控制与风险管理在本质上是协调共存、密不可分的

9. 内部控制按照控制功能可分为( )。

A. 主导性控制　　　　　　B. 预防性控制

C. 发现性控制　　　　　　D. 补偿性控制

E. 结果性控制

10. 下列有关内部控制的说法中,正确的有( )。

A. 对一个成熟的企业而言,其内部控制应该是稳定的

B. 内部控制是控制的一个过程,这个过程是由董事会和管理层实施的

C. 内部控制可能因有关人员相互勾结、内外串通而失效

D. 内部控制仅是一种合理保证

E. 内部控制关注的是重要业务和高风险领域

三、判断题(认为正确的在题目括号内打"√",认为错误的在题目括号内打"×")

1. 2002 年,美国颁布的《萨班斯法案》中的第 404 条款要求在美上市公司的管理层就财务报告内部控制结构及程序有效性做出认定声明,并提交内部控制报告;独立审计师对公司管理层关于财务报告内部控制的评价发表鉴证意见。　( )

2. 2013 年 5 月,COSO 更新了《内部控制——整合框架》(1992),对原框架的许多重要原则和概念进行了革命性修正。　( )

3. 加强和完善企业内部控制建设可以提高企业经营管理水平和风险防范能力,从而为企业经营目标的实现提供绝对保证。　( )

4. 理想的内部控制应以事前控制和事中控制为主,事后控制为辅,这样就可以在采取行动之前或当时起到防错纠偏的作用。　( )

5. 内部控制按照控制内容可分为企业层面的内部控制与业务层面的内部控制,企业层面的内部控制决定业务层面的内部控制,并且通过业务层面控制对全部经营活动产生影响。　( )

6. 内部牵制是内部控制发展的初始阶段,其构建的理论与方法成为内部控制发展的重要基础。　( )

7. 内部控制与公司治理是相互影响、相互促进的,应当把健全公司治理结构与完善内部控制有机结合起来。　( )

8. 内部控制五要素之间既相对独立又相互联系,内部环境是实施内部控制的

重要基础,风险评估是重要的载体,控制活动是重要的手段,信息与沟通是重要的依据,而内部监督则是重要的保证。   (   )

9. 内部控制的终极目标是要合理保证促进企业实现发展战略,内部控制的核心目标是合理保证企业经营管理合法合规。   (   )

10. 全面性原则要求内部控制应当贯穿决策、执行和监督的全过程,覆盖企业及其所属单位的各项业务和事项,不能留有控制的空白点和盲区,所以在实际工作中不需要突出重点。   (   )

第二章 内部控制要素

　　本章旨在阐述内部控制五大核心要素,其内容主要包括内部环境、风险评估、控制活动、信息与沟通、内部监督。通过本章的学习,学生应当熟悉内部控制要素的组成内容;理解并掌握组织架构、发展战略、人力资源、社会责任和企业文化对企业发展的重要作用、主要风险和控制措施;理解并掌握风险评估的构成内容、风险应对的主要策略和方法;理解并掌握信息与沟通的主要内容;了解内部监督的主要内容。

课前预习题

　　1. 内部控制各要素之间是怎样的关系?

　　2. 内部环境在内部控制体系中发挥怎样的作用?

　　3. 企业为什么要进行风险评估?

　　4. 企业如何制定科学的发展战略?

　　5. 信息与沟通的主要内容有哪些?

　　6. 内部监督在内部控制体系中发挥怎样的作用?

第一节 内 部 环 境

一、内部环境概述

　　美国注册会计师协会在 1988 年的第 55 号审计准则公告《财务报表审计中对内部控制结构的考虑》中指出,控制环境是指对建立、增强或调节特殊政策及程序有效性的有影响的各种因素所产生的综合效果。这个定义充分强调了内部控制环境对内部控制设计与执行的有效性的作用。第 55 号公告还指出了控制环境包括单位管理哲学与经营方式、企业组织结构、董事会及其下属各委员会的功能、分配权力与确定责任的方法、管理控制方法、人事政策及惯例，以及影响经营管理的各种外部因素等内容。1992 年，COSO 发布的《内部控制——整合框架》认为，控制环境构成一个组织的氛围，影响着内部控制的其他要素。控制环境包括的内容主要有员工的诚实性和价值观、员工的胜任能力、董事会或审计委员会、管理哲学和经营方式、组织结构、授予权利和责任的方式、人力资源政策和实施等。2004 年，COSO 发布的《企业风险管理——整合框架》，将控制环境概念演变为内部环境，并赋予其更为丰富的内容，如风险文化和风险偏好、管理哲学和经营风险、权力和责任分配等。

2008 年，我国财政部等五部委联合颁布的《企业内部控制基本规范》中，将内部环境列为内部控制五大核心要素之首，指出内部环境是企业实施内部控制的基础，一般包括治理结构、机构设置及权责分配、内部审计、人力资源政策、企业文化等。完善的内部环境是企业内部控制有效运行的保障，有效的内部控制又将推进内部环境的进一步完善。2010 年，财政部等五部委联合颁布《企业内部控制应用指引》中的第 1～5 号应用指引，分别从组织架构、发展战略、人力资源、社会责任和企业文化等不同层面解读了内部环境的主要构成内容。

二、组织架构

在内部环境中居于基础地位的是治理结构、机构设置及权责分配，这些内容通常被称为组织结构。企业实施现代企业制度，必须要建立健全的治理结构，科学设置内部机构，合理分配职责权限。根据我国《企业内部控制应用指引第 1 号——组织架构》的定义，组织架构是指企业按照国家有关法律法规、股东（大）会决议、企业章程，结合本企业实际，明确董事会、监事会、经理层和企业内部各层级机构设置、职责权限、人员编制、工作程序和相关要求的制度安排。组织架构按其本质，分为治理结构和内部机构两个层面。

（一）治理结构

1. 治理结构的含义及主要风险点

现代企业制度区别于传统企业制度的根本点在于所有权和经营权的分离，或称所有权与控制权的分离。两权分离会导致所有者和经营者的利益不一致而产生的委托代理关系，为了降低代理成本，公司需要在所有者和经营者之间形成一种相互制衡的机制，现代企业中的公司治理结构正是这样一种协调股东和其他利益相关者关系的制度安排。例如，公司必须设置股东大会，股东大会是公司最高的权力机构和最高的决策机构，还必须设置董事会、监事会和经理层，分别履行公司决策职能、监督职能和经营管理职能，并且规范各自的权利和义务。只有形成相互制衡的格局,才能在法律意义上成为具有独立责任的主体。又如,上市公司在董事会下设置审计委员会、战略委员会、提名委员会、薪酬委员会等各专业委员会,各专业委员会有明确的权利和义务。

公司治理结构设计和运行中的风险主要在于:公司治理结构形同虚设,缺乏科学决策、良性运行机制和执行力,可能导致企业经营失败,难以实现发展战略。具体表现在:股东(大)会是否规范而有效地召开;企业与控股股东是否在资产、财务、人员方面实现相互独立;对与控股股东相关的信息是否根据规定及时完整地披露;企业是否对中小股东权益采取了必要的保护措施;董事会是否独立于经理层和大股东;董事对于自身的权利和责任是否有明确的认知;董事会是否能够保证企业建立并实施有效的内部控制;监事会的构成是否能够保证其独立性,监事能力是否与相关领域相匹配;监事会是否能够规范而有效地运行;对经理层的权利是否存在必要的监督和约束机制。

2. 治理结构的设计

公司治理结构的设计必须符合《公司法》及其他相关法律、法规的要求,一般应设置股东(大)会、董事会、监事会和经理层。股东(大)会是股东按照法定的方法和程序,决定投资计划、经营方针、选举和更换董事及监事并决定其薪酬等重大事项的权力机构。董事会是企业最高决策机构,接受股东(大)会委托,负责企业发展战略和资产经营,并在必要时撤换不称职的经理人员。监事会是股东(大)会领导下的专门监督机构,与董事会并立,依法监督企业董事、经理和其他高级管理人员履职情况。经理层包括经理和其他高级管理人员,是企业常设的执行机构,由董事会委托,具体负责企业日常经营管理工作。企业应当根据国家相关法律、法规的规定,按照决策机构、执行机构和监督机构相互独立、相互制衡的原则,明确董事会、监事会和经理层的职责权限、任职条件、议事规则和工作程序等。

上市公司具有"公众性"特点,具有重大公众利益,与其他公司相比,上市公司治理结构设计具有特殊性,具体表现为以下三个方面:①独立董事制度的设立。上市公司应当设立独立董事,独立董事与其所受聘的上市公司及其主要股东不存在可能妨碍其进行独立客观判断的关系,独立董事不得在受聘上市公司担任除董事外的其他职务。②董事会专业委员会的设置。上市公司董事会应当根据治理需要,按照股东(大)会有关决议设立战略决策、审计、提名、薪酬与考核专门委员会。上市公司董事会下设的审计委员会、薪酬与考核委员会中,独立董事应当占多数并担任负责人,审计委员会中至少还应有 1 名独立董事是会计专业人士。③设立董事会秘书。董事会秘书负责办理公司信息披露事务,督促公司制定并执行信息披露管理制度和重大信息的内部报告制度,促使公司和相关当事人依法履行信息披露义务。董事会秘书为上市公司的高级管理人员,直接对董事会负责,并由董事长提名,董事会负责任免。

国有独资公司是国家单独出资、由国务院或者地方人民政府授权本级人民政府国有资产监督管理机构履行出资人职责的有限公司。国有独资公司是我国社会主义市场经济体制中较为独特的一类企业群体,其公司治理结构设计的特殊要求主要体现在以下四个方面:①国有独资公司不设股东(大)会,由国有资产监督管理机构代行股东(大)会职权。②国有独资公司董事会成员中应当包括公司职工代表,董事会成员由国有资产监督管理机构委派;但是,董事会成员中的职工代表由公司职工代表大会选举产生。国有独资企业董事长、副董事长由国有资产监督管理机构从董事会成员中指定产生。③国有独资公司监事成员由国有资产监督管理机构委派,不得少于5人,其中职工代表的比例不得低于1/3。④外部董事由国有资产监督管理机构提名推荐,由任职公司以外的人员担任。外部董事在任期内,不得在任职企业担任其他职务。

3. 治理结构的运行

治理结构的运行是指治理结构按照既定的设计方案,行使各自权利和履行相应责任的动态过程。治理结构运行的控制主要包括治理结构的全面梳理和治理结构的评估调整。治理结构的全面梳理,应重点关注董事、监事、经理及其他高管人员的任职资格和履职情况,以及董事会、监事会和经理层的运行效果;治理结构的评估调整,是在公司治理结构全面梳理的基础上,对治理结构设计和运行的效率和效果进行综合评价,并及时发现和弥补可能存在的缺陷,促使公司治理结构始终处于高效运行状态。治理结构调整的目的在于建立三权分立制衡的现代公司治理结构模式,董事会行使决策权,经理层行使执行权,监事会行使监督权。

需要强调的是,对于企业拥有子公司的,应当建立科学的投资管控制度,通过合法有效的形式履行出资人职责、维护出资人权益,重点关注子公司特别是异地、境外子公司的发展战略、年度财务预决算、重大投融资、重大担保、大额资金使用、主要资产处置、重要人事任免、内部控制体系建设等重要事项。

(二)内部机构

1. 内部机构的定义及主要风险点

内部机构是指企业根据业务发展需要所设置的职能部门、分支机构、管理团队等,内部机构针对各项业务行使决策、计划、执行、监督等权利并承担相应的义务。例如,公司为保证各项业务顺利地进行,通常会设置人力资源部门、财务部门、审计部门、后勤保障部门、质量检验部门、采购部门等。

内部机构设计和运行过程中的主要风险在于:内部机构设计不科学,权责分配不合理,可能导致机构重叠、职能交叉或缺失、推诿扯皮、运行效率低下等。具体表现为:企业内部组织结构是否考虑经营业务的性质;企业是否对内部组织结构设置、各职能部门的职责权限、组织的运行流程等有明确的书面说明和规定,是否存在关键职能缺位或职能交叉的现象;企业内部组织机构是否支持发展战略的实施,并根据环境变化及时做出调整;企业内部组织机构的设计与运行是否适应信息沟通的要求;关键岗位员工是否对自身权责有明确的认识;企业是否对董事、监事、高管人员及全体员工的权限有明确的制度规定;企业是否对岗位职责进行了恰当的描述和说明,是否存在不相容职务未分离的情况;企业是否对权限的设置和履行情况进行了审核和监督。

2. 内部机构的设计

内部机构的设计是组织架构设计的重要环节,内部机构设计主要包括职能机构的设置、岗位职责的划分、权限体系的分配等。

企业常见的职能机构包括规划、设计、采购、生产、销售、财务、审计、人事、法律、后勤等。现代企业职能机构的设置主要有四种基本形式,即直线职能制(U 型结构)、事业部制(M 型结构)、控股公司制(H 型结构)和矩阵制。企业在设置内部职能机构时,应该结合本企业发展战略和业务特点,选择适合本企业实际的内部职能机构设置形式。一般而言,内部职能机构的设置不宜过于复杂,相同或类似的职能应该由同一机构负责,但是,对于不相容的职务,必须严格设置不同的内部职能机构。

企业应当对各职能机构进行分解,合理确定具体岗位的名称、职责和工作要求,明确各个岗位的权限和相互关系。在岗位职责划分过程中,企业应特别注意体现不相容职务分离的控制要求。常见的不相容职务一般包括:可行性研究与决策审批、决策审批与执行、执行与监督检查等。企业在内部机构设置过程中必须考虑建立各层级、各部门、各岗位之间的相互分离和牵制,对于因机构人员较少且业务简单而无法分离的某些不相容职务,应当实施可行的替代控制措施。

就内部控制系统而言,建立健全权限指引和授权机制非常重要。有了权限指引,不同层级的员工就知道该如何行使并承担相应的责任,也有利于事后考核评价。"授权"表明的是,企业各项决策和业务必须由具备适当权限的人员办理,企业内部各级员工必须获得相应的授权,才能实施决策或执行业务,严禁越权办理。

3. 内部机构的运行

与治理结构类似,内部机构运行的控制主要包括内部机构的全面梳理和内部机构的评估调整。内部机构的全面梳理应着力关注内部机构设置的合理性和运行的高效性。设置的合理性方面应重点关注:内部机构设置是否适应内外部环境的变化;是否以发展目标为导向;是否满足专业化的分工和协作,有助于企业提高劳动生产率;是否明确界定各机构和岗位的权利和责任等。运行的高效性方面应重点关注:内部各机构的职责分工是否针对市场环境的变化做出及时调整,特别是当企业面临重要事件或重大危机时,各机构间表现出的职责分工协调性,以及内部机构运行是否有利于保证信息及时顺畅流通,在各机构间达到快捷沟通目的。内部机构的评估调整是指在内部机构全面梳理的基础上,对内部机构设计和运行的效率和效果进行综合评价,并及时发现和弥补可能存在的缺陷,促使内部机构始终处于高效运行状态。

（三）治理结构与内部机构的关系

治理结构与内部机构之间既有联系又有区别。一方面,两者相互协调,相互配合,互为补充,共同为实现企业内部控制目标服务。健全的治理结构为内部机构有效运行提供了基础保障,合理的内部机构设置为公司治理的各项决策和执行提供了操作平台。另一方面,两者在实现内部控制目标方面的侧重点有所不同。在内部控制的五个目标中,一般而言,治理结构主要服务于内部控制的战略目标和合规目标,内部机构主要服务于内部控制的报告可靠性目标、资产安全目标和经营效率效果目标。

【案例 2-1】　上海豫园旅游商城股份有限公司的组织架构①

上海豫园旅游商城股份有限公司(以下简称"豫园商城")的前身为上海豫园商场。上海豫园商场于 1987 年 6 月经上海市人民政府有关部门批准后改制。公司股票于 1990 年 12 月 19 日在上海证券交易所上市。公司在五部委发布《内部控制配套指引》后,对各级经营管理层进行了广泛深入宣传,持续推进公司治理整改活动,不断健全法人治理结构,完善内部控制体系,加深对公司的业务流程和管理制度的梳理与检查,已按照《企业内部控制基本规范》基本建立起一套相对完整、合理的内部控制制度体系。内部控制体系涵盖了内部环境、风险评估、控制活动、信息与沟通、内部监督等要素。内部控制制度与流程设计合理执行有效,公司的内部控制机制贯彻了内部控制的原则,达到内部控制的目标要求。公司组织架构方面主要表现为:

(1)公司根据《公司法》、《中华人民共和国证券法》(以下简称《证券法》)、《公司章程》、《上海证券交易所股票上市规则》和中国证监会有关法律、法规等的要求,不断完善公司治理结构,规范公司内部控制的组织架构,保证公司股东大会、董事会、监事会和管理层等机构规范运作。

(2)股东大会是公司的最高权力机构。公司严格按照《公司章程》、《股东大会

---

① 根据豫园商城 2012 年和 2013 年内部控制评价报告整理编制。

议事规则》的有关规定召集、召开年度股东大会和临时股东大会,能够确保所有股东享有平等地位,充分行使合法权利。

(3) 董事会是公司的决策机构。董事会由8名董事组成,其中独立董事3人。董事会下设有审计与财务委员会、发展战略与投资委员会、提名与人力资源委员会、薪酬与考核委员会。除发展战略与投资委员会外,其余董事会专业委员会都由独立董事担任委员会主任。公司董事会认真执行股东大会决议,行使公司重大经营决策权,负责建立与完善内部控制系统,监督公司内部控制制度的执行情况。董事会对股东大会负责并报告工作。

(4) 监事会是公司的监督机构。公司监事会由3名监事组成,其中职工监事1人。公司监事能够本着严谨负责的态度严格按照规定行使监督职权。监事会对公司财务状况、董事及高级管理人员职务行为的监督等履行职责,维护了公司和全体股东的合法权益,并向股东大会汇报工作。

(5) 公司管理层严格执行股东大会及董事会决议,根据《总裁班子议事规则》执行决策。

(6) 公司各职能部门及各控股子公司负责日常经营管理工作。公司通过制定内控制度明确界定了各层级、各部门、各岗位的控制目标、职责和权限,建立相应的授权、检查和逐级问责制度,确保各层级能够在授权范围内履行职责。设置了完善的控制架构,如图2-1所示,并制定各层级之间的控制程序,保证董事会及高级管理人员下达的指令能够严格执行。

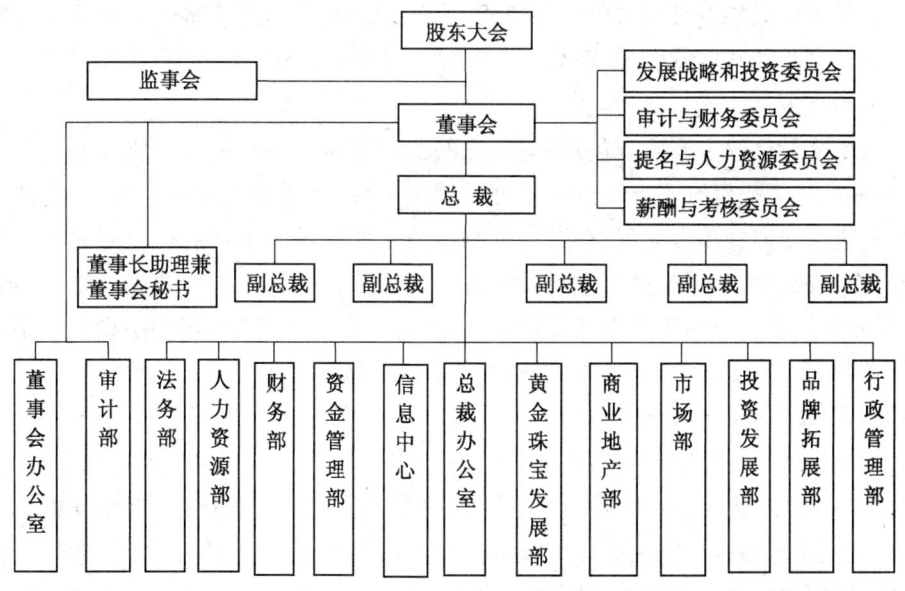

图2-1 豫园商城内部组织架构图

三、发展战略

（一）发展战略概述

1. 发展战略的含义

根据《企业内部控制应用指引第 2 号——发展战略》的定义,发展战略是指企业在对现实状况和未来趋势进行综合分析和科学预测的基础上,制定并实施的长远发展目标与战略规划。发展战略着力解决的是企业发展过程中所面临的全局性、长期性的问题,发展战略指明了企业发展的方向、目标及实现途径,因此,企业制定发展战略可以帮助企业找准市场地位,能够为企业提供行动指南。企业内部控制的五个目标中,促进企业发展战略的实现是内部控制最高层次的目标。

2. 企业制定和实施发展战略存在的风险

企业制定和实施发展战略过程中至少应关注下列风险:①缺乏明确的发展战略或发展战略实施不到位,可能导致企业盲目发展,难以形成竞争优势,丧失发展机遇和动力。②发展战略过于激进,脱离企业实际能力或偏离主业,可能导致企业过度扩张,甚至经营失败。③发展战略因主观原因频繁变动,可能导致资源浪费,甚至危及企业的生存和持续发展。

（二）发展战略的制定

1. 发展战略制定机构

企业应在董事会下设立战略委员会,或指定相关机构负责企业发展战略的制定工作。企业战略委员会对董事会负责,委员会的提案提交董事会审议决定。委员包括董事长和其他董事,战略委员会主席应当由董事长担任,委员中应当有一定数量的独立董事。

战略委员会的主要职责包括:对企业的长期发展战略规划进行研究并提出建议;对企业重大投资融资方案进行研究并提出建议;对企业重大资本运作、资产经营项目进行研究并提出建议;对其他影响企业发展的重大事项进行研究并提出建议;对企业战略实施情况进行监督检查等。为了使企业发展战略的管理工作落到实处,企业除了在公司治理层面设置战略委员会外,还应在内部机构中设置战略管理相关部门或制定相关部门承担战略委员会的具体工作。

2. 发展战略的影响因素

影响企业战略决策的因素有许多,主要可分为外部因素和内部因素两大类。

（1）外部因素。影响战略决策的外部因素主要包括宏观环境、行业环境及竞争对手、经营环境等。①宏观环境又包含政治法律因素、经济因素、社会文化因素和技术因素等内容。政治法律因素主要有政府行为、法律法规、政局稳定状况、路线方针政策、各政治利益集团等;经济因素主要有社会经济结构、经济发展水平、经济体制和经济政策、经济的当前状态、其他一般经济条件等;社会文化因素主要有人口因素、社会流动性及各阶层对企业的期望、消费者心理、文化传统、价值观等;技术因素主要有技术水平、技术力量、新技术的发展等。②与宏观环境相比,行业环境及竞争对手对企业的战略竞争力和超额利润的影响更为直接。行业的竞争强度和利润潜力可以由五个方面的竞争力量共同决定,即:市场新进入者的威胁、供应商的讨价还价能力、买方讨价还价的能力、替代产品的威胁和同行业竞争者的竞争强度。这五种力量作用的组合就是迈克尔·波特教授提出的"行业竞争分析的五力模型"。③经营环境比宏观环境和行业环境更容易为企业所影响和控制,也更有利于企业应对其所带来的机会和威胁。经营环境的分析主要侧重于对市场及竞争定位、消费者消费状况、融资者、劳动力市场状况等因素分析。

（2）内部因素。影响战略决策的内部因素主要有企业资源、企业能力、企业核心竞争力、企业内部资源的优势和劣势以及外部的机会和威胁等。①企业资源是指企业用于创造产品或服务的投入,一般分为有形资源和无形资源。有形资源包括财务资源、实物资源、组织资源和技术资源;无形资源包括声誉资源、创新资源和人力资源。②企业能力是指企业为创造产品或服务而运用有形资源和无形资源的技能。当企业把资源进行合理的组合来完成一项或一组具体的任务时,企业的能力就产生了。通过分析和挖掘企业能力,能够了解企业战略是否能够适应企业面临的各项机会或挑战,同时还可能发现让竞争对手无法企及的新机会和新领域。③企业核心竞争力是指能够作为企业战胜其竞争者的竞争优势来源的资源和能力。企业核心竞争力不仅能够使一家企业具备与众不同的竞争力,帮助企业从激烈的竞争中脱颖而出,而且还可以反映出企业的特性。企业在战略因素分析时,应将注意力特别集中在那些能够帮助企业建立核心竞争力的资源和能力上。④企业内部资源的优势是指公司擅长的事情或能增强其竞争力的特性;其劣势是指公司缺乏的事物或与竞争对手相比运作较差的活动,内部资源劣势往往使企业处于不利的市场地位和环境。⑤外部的机会和威胁是指外部环境给企业提供的市场机会,以及给企业带来较多的外部威胁。

3. 科学制定发展战略

企业发展战略制定过程包括制定发展目标、制定战略规划和审批战略方案三个环节。企业应当在充分调查研究、科学分析预测和广泛征求意见的基础上制定发展目标。企业在制定发展目标过程中,应当综合考虑宏观经济政策、国内外市场需求变化、技术发展趋势、行业及竞争对手状况、可利用资源水平和自身优势与劣势等影响因素。企业制定的发展目标应该突出主业,发展目标既不能过于激进,也不能过于保守。发展目标方案拟订后,应组织专家和有关人员对发展目标进行研究论证,重点关注目标方向是否正确、目标制定得是否可行,以及发展目标的完善程度。企业应当根据发展目标制定战略规划。战略规划应当明确发展的阶段性和发展程度,确定每个发展阶段的具体目标、工作任务和实施路径。发展战略拟定后,应由战略委员会提交董事会进行审批。董事会审议战略委员会提交的发展战略方案,重点关注其全局性、长期性和可行性。董事会在审议方案中如果发现重大问题,应当责成战略委员会对方案做出调整。企业的发展战略方案经董事会审议通过后,报经股东(大)会批准实施。

　　(三)发展战略的实施

　　为了有效实施企业制定的发展战略,企业应当根据发展战略,制订年度工作计划和全面预算,将战略目标分解细化,确保发展战略有效实施。在战略实施过程中,企业应当重视发展战略的宣传工作,通过内部各层级会议和教育培训等有效方式,将发展战略及其分解落实情况传递到内部各管理层级和全体员工。战略委员会应当加强对发展战略实施情况的监控,定期收集和分析相关信息,对于明显偏离发展战略的情况,应当及时报告。由于经济形势、产业政策、技术进步、行业状况和不可抗力等因素发生重大变化,确需对发展战略做出调整的,应当按照规定权限和程序调整发展战略。

四、人力资源

　　(一)人力资源概述

　　根据《企业内部控制应用指引第 3 号——人力资源》,人力资源是指企业组织生产经营活动而录(任)用的各种人员,包括董事、监事、高级管理人员和一般员工,其本质是企业组织中各种人员所具有的脑力和体力的总和。人力资源管理要求企业根据组织发展战略,合理配置人力资源,调动员工积极性,充分发挥员工的潜能和创造力。良好的人力资源管理是增强企业活力的内在源泉,也是提升企业核心竞争力的重要基础。

　　人力资源管理的对象主要包括高管人员、专业技术人员和一般员工。人力资源管理的核心工作一般包括人力资源引进、人力资源开发、人力资源使用和人力资源退出等方面。因此,人力资源方面的内部控制程序涵盖了高管人员的引进、开发、使用和退出,专业技术人员的引进、开发、使用和退出,一般员工的引进、开发、使用和退出等过程。

　　在企业具体人力资源管理实践中至少应当关注下列风险:人力资源缺乏或过剩、结构不合理、开发机制不健全,可能导致企业发展战略难以实现;人力资源激励约束制度不合理、关键岗位人员管理不完善,可能导致人才流失、经营效率低下或关键技术、商业秘密和国家机密泄露；人力资源退出机制不当，可能导致法律诉讼或企业声誉受损。

(二)人力资源的引进与开发

企业应当根据人力资源总体规划，结合生产经营实际需要，制订年度人力资源需求计划，完善人力资源引进制度，规范工作流程，按照计划、制度和程序组织人力资源引进工作。企业制定的人力资源总体规划应该符合企业发展战略，能够支持企业发展战略的实现。企业年度人力资源需求计划的制订应对企业现有人力资源状况进行客观真实的统计，并且科学合理地预测未来人力资源的需求，年度人力资源需求计划的制订应与生产经营实际需要相匹配，并根据生产经营状况的变化及时调整。企业应当定期对年度人力资源计划执行情况进行评估，总结人力资源管理经验，分析存在的主要缺陷和不足，完善人力资源政策，促进企业整体团队充满生机和活力。

企业在人力资源引进过程中需注意区分高级管理人员、专业技术人员和一般员工，根据不同类别人员的特点、岗位职责和知识技能的要求进行分类管理。在通常情况下，企业引进的高管人员应该对企业所处行业及其在行业的发展定位、优势等有足够的认识，对企业文化和价值观有充分的认同，具有全局性思维和敏锐的洞察力，具有谋划重大事项、解决复杂问题等能力。企业引进专业技术人员和一般员工的数量和结构应与企业可持续发展和核心竞争力对人力资源的需求保持一致。

在人才引进过程中，企业应当根据人力资源能力框架要求，明确各岗位的职责权限、任职条件和工作要求，使员工对自身的权利和责任有明确的认知，并且有足够的知识、经验和能力来履行职责。企业应遵循德才兼备、以德为先和公开、公平、公正的原则，通过公开招聘、竞争上岗等多种方式选聘优秀人才，重点关注选聘对象的价值取向和责任意识，应当做到因事设岗、以岗选人，避免因人设事或设岗，确保选聘人员能够胜任岗位职责要求。企业选聘人员应当实行岗位回避制度。企业确定选聘人员后，应当依法签订劳动合同，建立劳动用工关系。企业对于在产品技术、市场、管理等方面掌握或涉及关键技术、知识产权、商业秘密或国家机密的工作岗位，应当与该岗位员工签订有关岗位保密协议，明确保密义务。企业应当建立选聘人员试用期制度，对试用人员进行严格考察，试用期满考核合格后，方可正式上岗，试用期满考核不合格者，应当及时解除劳动关系。

企业应当重视人力资源开发工作。人力资源开发是把人的智慧、知识、经验、技能、创造性、积极性当做一种资源加以发掘、培养、发展和利用的一系列活动。现代企业人力资源开发的重点在于提升员工的专业知识技能，人力资源开发的主要形式为员工培训，包括岗前培训和在岗培训。对于新选聘人员除了建立试用期制度外，还应建立岗前培训制度，使新选聘的员工尽快了解岗位职责，掌握岗位基本技能,适应工作要求。对于已引进在岗工作的员工,应建立员工培训长效机制,营造尊重知识、尊重人才和关心员工职业发展的文化氛围,加强后备人才队伍建设,促进全体员工的知识、技能持续更新,不断提升员工的服务效能。

　　(三)人力资源的使用与退出

　　人力资源的使用是人力资源管理的重要组成部分。良好的人力资源使用机制可以促进企业员工队伍充满活力,保证员工连续的职业生涯,并有利于企业人力资源符合企业发展目标,实现企业和员工的双赢。为实现良好的人力资源使用效果,企业应当建立和完善人力资源的激励约束机制,设置科学的业绩考核指标体系,对各级管理人员和全体员工进行严格考核与评价,以此作为确定员工薪酬、职级调整和解除劳动合同等的重要依据,确保员工队伍处于持续优化状态。企业应当制定与业绩考核挂钩的薪酬制度,切实做到薪酬安排与员工贡献相协调,体现效率优先,兼顾公平,杜绝高管人员获得超越其实际贡献的薪酬;同时,要注意发挥企业福利对企业发展的重要促进作用,既吸引企业所需要员工、降低员工的流动率,又激励员工、提高员工士气及对企业的认可度与忠诚度。企业应当制定各级管理人员和关键岗位员工定期轮岗制度,明确轮岗范围、轮岗周期、轮岗方式等,形成相关岗位员工的有序持续流动,全面提升员工素质。

　　建立企业人力资源退出机制是实现企业发展战略的必然要求。实施人力资源退出机制,可以保证企业人力资源团队的精干、高效和富有活力。通过自愿离职、再次创业、待命停职、提前退休、离岗转岗等途径,可以实现不适合于企业战略或流程的员工直接或间接地退出,让更优秀的人员充实相应的岗位,实现人力资源的优化配置和战略目标。企业应当按照有关法律、法规的规定,结合企业实际,建立健全员工退出(辞职、解除劳动合同、退休等)机制,明确退出的条件和程序,确保员工退出机制得到有效实施。企业对考核不能胜任岗位要求的员工,应当及时暂停其工作,安排再培训,或调整工作岗位,安排转岗培训;仍不能满足岗位职责要求的,应当按照规定的权限和程序解除劳动合同。企业应当与退出员工依法约定保守关键技术、商业秘密、国家机密和竞业限制的期限,确保知识产权、商业秘密和国家机密的安全。关键岗位人员离职前,企业应当根据有关法律、法规的规定进行工作交接或离任审计。

　　在人力资源退出环节,首先,企业应注意其所建立的人力资源退出机制应该科学合理,使人力资源退出过程程序化、公开化,有效消除人力资源退出可能造成的不良影响。其次,企业应注意人力资源退出一定要建立在遵守法律、法规的基础上,有书面材料记录员工相关行为,使员工退出具有充分证据,在实施退出时,要注意和劳动部门做好沟通,并按《中华人民共和国劳动法》的规定,给予退出员工相应的补偿金额。

五、社会责任

（一）社会责任概述

根据《企业内部控制应用指引第 4 号——社会责任》，社会责任是指企业在经营发展过程中应当履行的社会职责和义务，主要包括安全生产、产品质量（含服务）、环境保护、资源节约、促进就业、员工权益保护等。

企业创造价值与履行社会责任是统一的有机整体。企业创造利润或财富，要依法纳税、向股东分红，并向管理者和员工发放年薪或工资，企业创造的利润或财富越多，上缴税收和分红就越多，年薪和工资也就随之升高，从而为国家、股东和员工做出贡献，这在本质上也属于履行社会责任。在这一过程中，要做到安全生产，提升产品质量，重视环境保护和资源节约，促进就业和保护员工权益，这属于企业直接为社会相关方面做出贡献。两者之间的目标是一致的，不应将两者对立起来。正确处理两者的关系，实现两者的有机统一，企业才能进入良性发展的轨道；反之，企业如果单纯为了追求利润或财富而不履行社会责任，就难以实现发展战略。企业履行社会责任既是实现可持续发展的根本所在，也是打造和提升企业形象的重要举措。一个企业只有在认真履行社会责任的前提下实现发展目标，或将履行社会责任作为发展战略的重要组成部分，才能从根本上实现企业可持续发展，并且能以此来不断改变和提升企业形象，得到社会广泛认可。

在履行社会责任方面，企业至少应当关注的主要风险有：安全生产措施不到位，责任不落实，可能导致企业发生安全事故；产品质量低劣，侵害消费者利益，可能导致企业巨额赔偿、形象受损，甚至破产；环境保护投入不足，资源耗费大，造成环境污染或资源枯竭，可能导致企业巨额赔偿、缺乏发展后劲，甚至停业；促进就业和员工权益保护不够，可能导致员工积极性受挫，影响企业发展和社会稳定。

（二）安全生产

近年来，国家立法部门相继制定了《中华人民共和国安全生产法》等关于安全生产的专门法律和行政法规。企业应当依据国家有关安全生产方面的法律、法规规定，结合本企业生产经营的特点，建立健全安全生产方面的规章制度、操作规范和应急预案，强化安全生产责任追究制度，切实做到安全生产。企业还应当设立安全管理部门和安全监督机构，负责企业安全生产的日常监督管理工作。建立规章制度的关键是落实到位，保证相关规章制度、操作规范和应急预案能够有效实施。近年来的重大安全事故频发，原因并不是没有建章建制，而是在巨大的经济利益驱动下，部分企业无视规章制度。

企业应当重视安全生产投入，将员工的生命安全视为头等大事，加大安全生产的技术更新,在人力、物力、资金、技术等方面提供必要的保障,健全检查监督机制,确保各项安全措施落实到位,不得随意降低保障标准和要求。企业应当贯彻预防为主的原则,采用岗位培训等多种形式增强员工安全意识。通过培训教育,让员工牢固树立"安全第一、预防为主"的思想,提高他们防范灾害的技能和水平,培训教育应当经常化、制度化。对于特殊作业人员和特殊资质要求的生产岗位,因工作接触的不安全因素较多,危险性较大,容易发生事故,必须依法实行资格认证制度,持证上岗。企业还应组织开展生产设备的经常性维护管理,及时排除安全隐患,切实做到安全生产。

企业如果发生生产安全事故,应当按照安全生产管理制度妥善处理,排除故障,减轻损失,追究责任。企业还应建立安全事故应急处理预案,建立专门的应急指挥部门,配备专业队伍和必要的专业器材等,在发生安全生产事故时做到临危不乱,按照预定程序有条不紊地处理好发生的安全生产事故,尽快消除事故产生的影响,同时按照国家有关规定及时报告,不得迟报、谎报和瞒报。

（三）产品质量

产品质量是企业长久发展的生命线。企业应当根据国家和行业相关产品质量的要求,从事生产经营活动,提高产品质量和服务水平,努力为社会提供优质安全健康的产品和服务,最大限度地满足消费者的需求,对社会和公众负责,接受社会监督,承担社会责任。为保证产品质量,企业应当规范生产流程,建立严格的产品质量控制和检验制度,从原材料进厂,一直到产品销售等各个环节和流程,都必须有严格的质量控制标准作保证。禁止缺乏质量保障、危害人民生命健康的产品流向社会。企业应当加强产品的售后服务,售后发现存在严重质量缺陷、隐患的产品,应当及时召回或采取其他有效措施,最大限度地降低或消除缺陷、隐患产品的社会危害。通过优质的售后服务,促进与客户、消费者的关系更加紧密,树立企业形象,提高产品信誉,扩大产品影响,培养客户的忠诚度。对于消费者提出的投诉和建议,企业应当妥善处理,切实保护消费者权益。

（四）环境保护与资源节约

为建设资源节约型、环境友好型企业,企业应当采取以下三个方面的控制措施。

1. 建立健全相关制度规范,提高员工环保意识

企业应当按照国家有关环境保护与资源节约的规定,结合本企业实际情况,建立环境保护与资源节约制度,认真落实节能减排责任,积极开发和使用节能产品,发展循环经济,降低污染物排放,提高资源综合利用效率。企业应当通过宣传教育等有效形式,不断提高员工的环境保护和资源节约意识。

2. 重视生态保护,转变发展方式,实现清洁生产和循环经济

企业应当加大对环保工作的人力、物力、财力的投入和技术支持,不断改进工艺流程,降低能耗和污染物排放水平,实现清洁生产;企业应当加强对废气、废水、废渣的综合治理,建立废料回收和循环利用制度;企业应当重视资源节约和资源保护,着力开发利用可再生资源,防止对不可再生资源进行掠夺性或毁灭性的开发;企业应当重视国家产业结构相关政策,特别关注产业结构调整的发展要求,加快高新技术开发和传统产业改造,切实转变发展方式,实现低投入、低消耗、低排放和高效率。

3. 建立完善监测考核体系,强化日常监控

企业应当建立环境保护和资源节约的监控制度,定期开展监督检查,发现问题,及时采取措施予以纠正,污染物排放超过国家有关规定的,企业应当承担治理或相关法律责任,发生紧急、重大环境污染事件时,应当启动应急机制,及时报告和处理,并依法追究相关责任人的责任。

(五) 促进就业与员工权益保护

企业是就业工作的最大载体,为促进企业充分就业并保护员工合法权益,企业可以从以下四个方面采取控制措施。

1. 员工合法权益保护方面

企业应当依法保护员工的合法权益,贯彻人力资源政策,保护员工依法享有劳动权利和履行劳动义务,保持工作岗位相对稳定,积极促进充分就业,切实履行社会责任。企业应当避免在正常经营情况下批量辞退员工,增加社会负担。

2. 员工薪酬方面

企业应当与员工签订并履行劳动合同,遵循按劳分配、同工同酬的原则,建立科学的员工薪酬制度和激励机制,不得克扣或无故拖欠员工薪酬。企业应当建立高级管理人员与员工薪酬的正常增长机制,切实保持合理水平,维护社会公平。企业应当及时办理员工社会保险,足额缴纳社会保险费,保障员工依法享受社会保险待遇。

3. 员工身心健康方面

企业应当按照有关规定做好健康管理工作,预防、控制和消除职业危害,按期对员工进行非职业性健康监护,对从事有职业危害作业的员工进行职业性健康监护。企业应当遵守法定的劳动时间和休息休假制度,确保员工的休息休假权利。企业应当加强职工代表大会和工会组织建设,维护员工合法权益,积极开展员工职业教育培训,创造平等发展机会。企业应当尊重员工人格,维护员工尊严,杜绝性别、民族、宗教、年龄等各种歧视,保障员工身心健康。

4. 应用型人才培养和社会慈善方面

企业、高校和科研机构在实践中积极探索产学研用结合的有效模式和机制,取

得了明显成效,支撑了我国产业技术进步和相关行业的发展,尤其是推动教育改革和应用型人才培养。企业应当按照产学研用相结合的社会需求,积极创建实习基地,大力支持社会有关方面培养、锻炼社会需要的应用型人才。企业的社会慈善爱心活动对于组织调动社会资源、调节贫富差距、缓解社会矛盾、促进社会公平、构建和谐社会具有重要而深远的意义,企业应当积极履行社会公益方面的责任和义务,关心帮助社会弱势群体,支持慈善事业。

【案例 2-2】　　　紫金矿业环境污染和安全生产事故[①]

2010 年 7 月 3 日下午 3 点 50 分左右,紫金矿业集团股份有限公司(以下简称"紫金矿业")紫金山金铜矿湿法厂岗位人员发现污水池待中和处理的污水水位异常下降,且有废水自废水池下方的排洪涵洞流入汀江干流。渗漏事故发生后,汀江下游河段网箱鱼类出现异常、死亡现象。据当地政府初步统计,至 2010 年 7 月 11 日,事件所造成的损失已累计达到重大环境事件级别。时隔 2 周,2010 年 7 月 18 日晚,紫金矿业再次发生渗漏事故,污水达到 500 立方米,所幸在 8 个多小时后基本被堵截。随后,由环境保护部和福建省环保厅、龙岩市政府及环保部门组成的联合调查组公布了紫金矿业污染事故原因及处理意见。联合调查组认定此次事件是一起由于企业污水池防渗膜破裂导致污水大量渗漏后通过人为设置的非法通道溢流至汀江而引发的重大突发环境事件。联合调查组初步查明此次事件的原因如下:一是企业防渗膜破损直接造成污水渗漏。经查,企业各堆场及各池底未进行硬化处理,防渗膜承受压力不均,导致防渗膜均出现不同程度的撕裂,污水渗漏问题严重,加之近期紫金山金铜矿湿法厂所处地区受持续强降雨影响,污水池底部压力发生变化,致使污水池防渗膜发生突然破裂,污水大量渗入地下并外溢至汀江。二是人为非法打通 6 号集渗观察井与排洪洞,致使渗漏污水直接进入汀江。2009 年9 月,福建省有关环保部门检查时发现排洪洞有超标污水排入汀江,要求企业立即进行整改,但直至本次事件发生企业仍未整改到位。三是监测设备损坏致使事件未被及时发现。

这起事故的发生并非偶然现象,在紫金矿业的发家史上,环境污染事件频繁出现。2006 年年底,位于贵州省贞丰县境内的紫金矿业贞丰水银洞金矿发生溃坝事故,尾矿库中约 20 万立方米含有剧毒氰化钾等成分的废渣废水溢出,下游两座水库受到污染。2008 年,环保总局首次发布对 37 家上市公司的环保审查结果,对其中 10 家不予通过或暂缓通过上市核查,紫金矿业就是其中 1 家。当时,紫金矿业新收购的湖南衡阳尚卿矿业有限公司等 5 家企业环保基础较差,曾存在环保问题,

---

①　根据新浪网、凤凰网、东方财富网等网站资料及紫金矿业 2010～2013 年相关公告整理编写。

为此被环保总局卡住,被要求整改。紫金矿业将这5家公司停产整顿,并补办了环保手续,同时承诺进行整改,最终才得以上市。2009年4月底,紫金矿业下属的、位于河北张家口崇礼县的东坪旧矿尾矿库回水系统发生泄漏事故,引起部分当地居民呼吁坚决取缔。2009年年底,福建龙岩市环保局连收到两封投诉信,称"紫金矿业污染武平下村村矿区水源非常严重,连池塘的鱼都死了"。2010年5月,因为存在严重环保问题尚未按期整改的情况,紫金矿业再次被国家环保部点名批评。

除了这些环境污染事件外,2010年紫金矿业又发生了安全生产事故。受台风"凡亚比"带来的罕见特大暴雨影响,2010年9月21日,茂名市信宜紫金矿业有限公司银岩锡矿高旗岭尾矿库发生溃坝事件,共造成22人死亡,大量房屋倒塌,流域范围内交通、水利等公共基础设施以及农田、农作物等严重损毁,财产损失巨大。2010年12月21日,广东省政府公布信宜紫金矿业溃坝事件调查结果及处罚措施。调查组认定,该起溃坝是一起由自然灾害引发和有关涉事单位违法违规造成的安全责任事故。信宜紫金矿业违法、违规生产,对事件负有主要责任。

紫金矿业频繁爆发环境污染事故和安全生产事故,足以表明该公司没有重视社会责任,社会责任内部控制存在重大缺陷。紫金矿业在2010年度内部控制自我评价报告中认定了公司社会责任方面的重大缺陷。报告称,公司社会责任的重大缺陷主要表现为:环保安全方针贯彻不到位;个别企业环保工程设防标准不够,"三同时"执行不到位;下属企业在报告期内发生了"7.3"事故和"9.21"事故。在相关改进措施中,公司进一步说明了这些缺陷:公司2010年度对科学发展、和谐发展、健康发展的认识存在差距,对公司董事会及管理层提出的"安全和环保是企业生存和发展的生命线,环境安全是企业不可逾越的底线"的宗旨和原则落实不到位,项目建设及生产运营过程中环境安全的风险意识不足,个别企业存在设防标准不够、"三同时"制度执行不到位、超规模生产、环保安全措施工程滞后、隐患整改不及时或不到位等现象。

六、企业文化

（一）企业文化概述

根据《企业内部控制应用指引第5号——企业文化》,企业文化是指企业在生产经营实践中逐步形成的、为整体团队所认同并遵守的价值观、经营理念和企业精神,以及在此基础上形成的行为规范的总称。

企业文化建设可以提升企业的核心竞争力。企业核心竞争力是企业所具有的不可交易和不可模仿的独特的优势因素,是企业竞争中最具有长远和决定性影响的内在因素。拥有核心竞争力的企业通常具有以下特征:拥有良好市场前景的关键技术、真实稳健的财务状况、内外一致的企业形象、真实诚信的服务态度、团结协作的团队精神、以客户为中心的经营理念、公平公正善待员工、鼓励员工开拓创新的激励机制等,而所有这些特征几乎都与企业文化有关。企业文化是企业建立和完善内部控制的重要基础。内部控制的表现形式往往是系列规章制度及其落实,这些规章制度连同其他管理规范要真正落实到位,都必须努力建设优秀的企业文化。

为了真正发挥内部控制在强化企业管理、提升企业经营管理效率和效果、促进实现发展战略中的重要作用,应当重视和加强企业文化建设,致力打造优秀的企业文化。企业文化建设至少应当关注下列风险:缺乏积极向上的企业文化,可能导致员工丧失对企业的信心和认同感,企业缺乏凝聚力和竞争力;缺乏开拓创新、团队协作和风险意识,可能导致企业发展目标难以实现,影响可持续发展;缺乏诚实守信的经营理念,可能导致舞弊事件的发生,造成企业损失,影响企业信誉;忽视企业间的文化差异和理念冲突,可能导致并购重组失败。

(二)企业文化的建设

企业应当采取切实有效的措施,积极培育具有自身特色的企业文化,引导和规范员工行为,打造以主业为核心的企业品牌,形成整体团队的向心力,促进企业长远发展。在企业文化建设过程中,企业应当根据发展战略和实际情况,总结优良传统,挖掘文化底蕴,提炼核心价值观。核心价值观是一个企业的文化核心,是企业在经营过程中坚持不懈、努力使全体员工都必须信奉的信条,体现了企业核心团队的精神,往往也是企业家身体力行并坚守的理念。它明确提倡什么、反对什么;哪一种行为是企业所崇尚的、鼓励大家去做的,哪一种行为是企业反对的、大家不应该去做的,从而使大家的行为朝着一个方向去努力。除了核心价值观,企业还应建立诚实守信的经营理念、履行社会责任和开拓创新的企业精神,以及团队协作和风险防范意识。

企业应当重视并购重组后的企业文化建设,企业并购完成后,应当特别注重文化整合,要在组织架构设计环节考虑文化整合因素。如果企业并购采用的是吸收合并方式,则必然会遇到各参与并购企业员工"合并"工作的情况。为防止文化冲突,既要在治理结构层面上强调融合,也要在内部机构设置层级上体现"一家人"的思想,防止吸收合并方员工与被吸收合并方员工"分拨"现象。如果企业并购采用的是控股合并方式,则应在根据《公司法》组建企业集团时体现文化整合。要在坚持共性的前提下体现个性化。

在企业文化建设过程中,董事、监事、经理和其他高级管理人员应当充分发挥主导和模范作用,以自身的优秀品格和脚踏实地的工作作风,带动影响整个团队,共同营造积极向上的企业文化环境。企业文化建设应当融入生产经营全过程,切实做到文化建设与发展战略的有机结合,增强员工的责任感和使命感,规范员工行为方式,使员工自身价值在企业发展中得到充分体现。企业对已经形成的企业核心价值观、经营理念、创新精神、团队协作和风险防范意识等优秀品质应该加大宣传,促进文化建设在内部各层级的有效沟通,加强对员工的文化教育和熏陶。

（三）企业文化的评估

企业文化形成并用于指导和领导全体员工行为后,应当保持相对稳定,防止朝令夕改。当企业内外部环境和条件发生变化时,企业的发展战略可能发生改变,企业文化也应进行相应的调整,实现文化的创新与发展。

企业应当建立企业文化评估制度,明确评估的内容、程序和方法,落实评估责任制,避免企业文化建设流于形式。企业文化的评估应当重点关注以下主要内容:董事、监事、经理和其他高级管理人员在企业文化建设中的责任履行情况、全体员工对企业核心价值观的认同感、企业经营管理行为与企业文化的一致性、企业品牌的社会影响力、参与企业并购重组各方文化的融合度,以及员工对企业未来发展的信心等。在企业文化评估过程中,应当把握全面评估与重点评估相结合、定性评估与定量评估相结合、内部评价与外部评价相结合的评估原则。

企业应当重视企业文化的评估结果,既要巩固和发扬文化建设成果,又要针对评估过程中发现的问题,研究影响企业文化建设的不利因素,分析深层次的原因,及时采取措施加以改进,以此推进企业文化建设。在此基础上,还要结合企业发展战略调整和企业内外部政治、经济、技术、资源等因素的变化,着力在价值观、经营理念、管理制度、品牌建设、企业形象等方面持续推动企业文化创新。

第二节 风 险 评 估

企业在实现其目标的经营活动中,会遇到各种不确定性事件,这些事件发生的概率及其影响程度是无法事先预知的,这些事件将对经营活动产生影响,从而影响企业目标实现的程度。这种在一定环境下和一定限期内客观存在的、影响企业目标实现的各种不确定性事件就是风险。简单来说,所谓风险,就是指在一个特定的时间内和一定的环境条件下,人们所期望的目标与实际结果之间的差异程度。风险具有客观性、普遍性、必然性、可识别性、可控性、损失性、不确定性和社会性。

风险评估是内部控制的重要环节和重要依据,在生产经营过程中,只有进行科学的风险评估,自觉地将风险控制在可承受范围之内,才能实现企业的可持续发展。风险评估由目标设定、风险识别、风险分析和风险应对构成。

一、目标设定

目标设定是企业在识别和分析实现目标的风险并采取行动来管理风险之前,

采取恰当的程序去设定目标,确保所选定的目标支持和切合企业的发展使命,并且与企业的风险承受能力相一致。目标设定是风险评估的起点,是顺利进行风险识别、风险分析和风险应对的基础保障。《企业内部控制基本规范》第三章第二十条规定,企业应当根据设定的控制目标,全面、系统、持续地收集相关信息,并结合实际情况,及时进行风险评估。

在我国,企业内部控制的目标包括战略目标、经营效率效果目标、资产安全目标、报告可靠性目标和合规性目标。在这五大目标中,战略目标是企业最高层次的目标,也是企业整体层面的目标,经营效率效果目标、资产安全目标、报告可靠性目标和合规性目标都是在战略目标基础上分解出的各个具体目标,也是企业业务层面的目标。在内部控制五个目标设定过程中,企业应先制定企业整体层面的战略目标,然后再根据战略目标制定业务层面的各项目标。

战略目标是对企业战略经营活动预期取得的主要成果的期望值。由于战略目标是企业使命和功能的具体化,因此,企业的战略目标是多元化的,既包括经济目标,又包括非经济目标;既包括定性目标,又包括定量目标。尽管如此,各个企业需要制定目标的领域却是相同的,所有企业的生存都取决于同样的一些因素,如市场占有率、技术改进和发展、生产率、资金、盈利能力、人力资源、组织效率、社会责任等。企业在具体设定战略目标常用的方法主要有时间序列分析方法、相关分析法、盈亏平衡分析方法和决策矩阵法。

战略目标设定完成后,企业可以根据战略目标设定业务层面的目标,即经营效率效果目标、资产安全目标、报告可靠性目标和合规性目标,业务层面的目标制约或促进企业战略目标的实现。业务层面目标的设定完成后应具有相对稳定性,但是也不是一成不变的,根据企业的发展变化和企业战略目标的调整,业务层面目标也要定期更新。企业业务层面目标设定后,需将这些目标再分解至具体业务活动和具体岗位。

与目标设定相关的两个概念——风险偏好和风险承受度在风险评估要素中也很重要。风险偏好是指企业在实现其目标过程中愿意接受的风险的数量。企业风险偏好与企业战略直接相关,企业在制定战略时,应考虑将战略目标的既定收益与企业的风险偏好结合起来,以帮助企业管理层选择一个符合自身风险偏好的企业战略。风险承受度也称风险容忍度,是指在企业目标实现过程中对差异的可接受程度,是企业在风险偏好的基础上设定的对相关目标实现过程中所出现差异的可容忍限度。风险承受度包括整体风险承受能力和业务层面的可接受风险水平。风险承受度是相对于某一项具体目标而言,可以接受的目标实现过程中所出现的差异的程度。风险承受度有两重含义,作为风险偏好的边界和企业采取行动的指标。例如,一个培训机构要求对学员培训的通过率应达到95%,但是允许在目标实现过程中存在一定的偏差,比如学员培训的通过率应达到 85% 也可以接受。企业应以风险组合的观点来看待风险,就企业内的每个单位而言,风险可能落在该单位的风险承受度范围内,但总风险可能超过企业总体的风险偏好范围,此时,应从企业总体的风险组合观点看待风险。

二、风险识别

风险识别是指在风险事故发生之前,人们运用各种方法系统地、连续地认识所面临的各种风险和分析风险事故发生的潜在原因。风险识别过程包含感知风险和分析风险两个环节。感知风险是指了解、认识客观存在的各种风险,是风险识别的基础,只有通过感知风险,才能进一步在此基础上进行分析,寻找导致风险事故发生的条件因素,为拟定风险处理方案,进行风险管理决策服务。分析风险是指分析引起风险事故的各种因素,它是风险识别的关键。

风险的分类方法很多,其中按照风险来源不同,企业可能存在的风险可以划分为内部风险和外部风险两大类。企业的内部风险来源于企业的决策和经营活动,如企业盲目扩张单纯追求生产领域的规模经济,或企业盲目扩张追求经营的多元化,或企业员工培训不足胜任能力不强等风险。企业的外部风险来自企业外部环境,如社会政治风险、自然灾害风险、市场风险、技术革新风险等。

企业识别内部风险,应当关注下列因素:①董事、监事、经理及其他高级管理人员的职业操守、员工专业胜任能力等人力资源因素。②组织机构、经营方式、资产管理、业务流程等管理因素。③研究开发、技术投入、信息技术运用等自主创新因素。④财务状况、经营成果、现金流量等财务因素。⑤营运安全、员工健康、环境保护等安全环保因素。⑥其他有关内部风险的因素。

企业识别外部风险,应当关注下列因素:①经济形势、产业政策、融资环境、市场竞争、资源供给等经济因素。②法律法规、监管要求等法律因素。③安全稳定、文化传统、社会信用、教育水平、消费者行为等社会因素。④技术进步、工艺改进等科学技术因素。⑤自然灾害,环境状况等自然环境因素。⑥其他有关外部风险的因素。

目前风险识别的方法主要有:①流程图分析法。该种方法强调根据不同的业务流程,对流程的每一阶段和环节,逐个进行调查分析,找出风险存在的原因。②财务报表分析法。该种方法强调根据企业的资产负债表、利润表、现金流量表和其他财务信息来识别风险事项,具体分为趋势分析法、比率分析法、因素分析法等。③调查列举法。该种方法强调由风险管理人员对该企业、单位可能面临的风险逐一列出,并根据不同的标准进行分类。④分解分析法。该种方法强调将复杂的事物分解为多个比较简单的事物,将大系统分解为具体的组成要素,从中分析可能存在的风险及潜在损失的威胁。企业在识别风险时,应该交互使用各种方法,而非只使用其中的一种方法。

三、风险分析

(一)风险分析的概念及内容

风险分析是指在风险识别的基础上,结合企业的具体情况,运用定性或定量分析方法深入分析风险发生的可能性和风险发生对企业目标实现的影响程度,并对风险的状况进行综合评价,为企业制定风险管理策略、选择合适风险应对方案提供依据。风险分析的内容很复杂,简单来看主要包括了风险发生的可能性和风险发生的影响程度两个方面。

风险发生的可能性分析通常使用数理统计原理,以数值为依据,根据现象特征,采用二项分布、泊松分布等数学模型进行科学预测。风险发生的可能性分析的结果一般有"很少"、"不太可能"、"可能"、"很可能"和"基本确定"五种情况。"很少"意味着在例外情况下可能发生;"不太可能"意味着在某些时候不太能够发生;"可能"意味着在某些时候能够发生;"很可能"意味着在多数情况下很可能发生;"基本确定"意味着在多数情况下预期会发生。

风险发生的影响程度是对既定目标而言的,对于不同的目标,应采用不同的衡量标准。风险发生的影响程度通常可以划分为"不重要"、"次要"、"中等"、"主要"和"灾难性"等级别。"不重要"指目标不受影响,损失较低;"次要"指对目标轻度影响并能够立即受到控制,损失轻微;"中等"指对目标中度影响,情况需要外部支持才能控制,损失中等;"主要"指对目标严重影响,情况失控但无致命影响,损失重大;"灾难性"指对目标影响重大,情况失控且给企业带来致命影响,损失极大。

(二)风险分析的方法

《企业内部控制基本规范》第三章第二十四条指出,企业应当采用定性与定量相结合的方法,按照风险发生的可能性及其影响程度等,对识别的风险进行分析和排序,确定关注重点和优先控制的风险。企业进行风险分析,应当充分吸收专业人员,组成风险分析团队,按照严格规范的程序开展工作,确保风险分析结果的准确性。

定性分析方法是目前风险分析采用较为广泛的一种方法,它带有很强的主观性,往往需要凭借分析者的经验和直觉,或者业界的标准和惯例,为风险因素的大小或高低程度定性分级,如"高"、"中"、"低"三级。定性分析的操作方法可以多种多样,包括小组讨论、检查列表、问卷调查、人员访谈等。最常见的定性分析方法是风险评估图法。

定量分析方法是对构成风险的各个要素和潜在损失的水平赋予数值或货币计量的金额，从而量化风险分析的结果。常见的定量分析法有情景分析法、敏感性分析法、风险价值法和压力测试法等。①情景分析法是通过假设、预测、模拟等手段生成未来情景，并分析其对目标产生影响的一种分析方法。该方法适用于对可变因素较多的项目进行风险预测和识别，在国外得到了广泛应用，并产生了一些具体的方法，如历史情景重演法、目标展开法、空隙填补法、未来分析法、因素分解法、随机模拟法等。②敏感性分析法是通过分析和预测项目主要因素发生变化时对经济评价指标的影响，从中找出敏感因素并确定其影响程度的一种分析方法。③风险价值（VaR）法是指在正常的市场条件和给定的置信水平上，在给定的特有期间内，某一投资组合预期所面临的潜在的最大损失金额的一种分析方法。VaR法是为适应当前风险管理的需求而产生的，以规范的统计全面权衡市场风险的方法。计算 VaR 常用的方法有历史模拟法、方差—协方差法和蒙特卡罗模拟法。④压力测试法是指在具有极端影响事件的情景下，分析评估风险管理模型或内部控制流程的有效性，发现问题，制定改进措施的一种分析方法。极端影响事件是指在非正常情况下，发生概率很小，但是一旦发生，后果会十分严重的事情。

定性分析方法与定量分析法在实际应用中并非相互排斥，而是相互补充，相辅相成的。从理论上讲，定量分析可以对风险进行精确分析，而且定量分析的结果很直观，容易理解，但是许多非计量因素无法考虑。与定量分析方法相比，定性分析方法可行性较好，但精确性不够。定性分析考虑了一些非计量因素，但估计的准确性在很大程度上受到分析人员的经验和能力的影响。因此，在风险分析中，需要定量分析与定性分析相结合。

四、风险应对

风险应对是指在风险分析的基础上，针对企业所存在的风险因素，根据风险分析的原则和标准，运用现代科学技术知识和风险管理方面的理论与方法，提出各种风险解决方案，经过分析论证与评价从中选择最优方案予以实施，以达到降低风险的目的。《企业内部控制基本规范》第二十六条指出，企业应当综合运用风险规避、风险降低、风险分担和风险承受等风险应对策略，实现对风险的有效控制。

（一）风险规避

风险规避是企业对超出风险承受度的风险，通过放弃或者停止与该风险相关的业务活动以避免和减轻损失的策略。风险规避能将特定风险造成的各种可能损失完全消除，因此，这种方式也被称为最彻底的风险管理技术。

风险规避的方式有完全放弃、中途放弃和改变条件。其中：完全放弃是指企业拒绝承担某种风险，根本不从事可能产生某些特定风险的活动；中途放弃是指企业已经开始了可能产生某些特定风险的活动,但是由于发生了新的不利的情况,企业终止了这些活动;改变条件是指改变某种活动的性质、生产方式或工作流程等,从而避免或降低该种活动可能带来的损失。

最适合采用风险规避策略的情况主要有:①某种特定风险所致的损失概率和损失程度相当大。②应用其他风险处理技术的成本超过其产生的收益,采用风险规避方法可使企业受损失的程度等于零。

（二）风险降低

风险降低是企业在权衡成本效益之后,准备采取适当的控制措施降低风险或者减轻损失,将风险控制在风险承受度之内的策略。风险降低的目的在于积极改善风险特性,使其能为企业所接受,从而使企业不丧失获利机会。相对于风险规避而言,风险降低是较为积极的风险处理策略。

风险降低按照目的不同可以分为损失预防和损失抑制两类。其中:损失预防是指在损失发生前为了减少或消除可能引起损失的各项因素所采取的具体措施;损失抑制是指在事故发生过程中或事故发生后,采取措施减少损失发生范围或损失程度的行为。

（三）风险分担

风险分担是企业准备借助他人力量,采取业务分包、购买保险等方式和适当的控制措施,将风险控制在风险承受度之内的策略。风险分担通常又称为风险转移,是一种事前的风险应对策略,在风险发生前,通过各种交易活动将可能发生的风险转移给其他人承担,避免自己承担全部风险损失。通过风险分担的方式来应对风险,风险本身并没有减少,只是风险承担者发生了变化。

风险分担的方式主要有财务型非保险转移、控制型非保险转移和保险转移。其中:财务型非保险转移比较常见的手段有保证、再保证、证券化、股份化等;控制型非保险转移比较常见的手段有外包、租赁、出售、售后回租等;保险转移主要指通过签订保险合同,向保险公司缴纳一定的保险费,在事故发生时获得保险公司的赔偿,从而将风险转移给保险公司。

（四）风险承受

风险承受是企业对风险承受度之内的风险,在权衡成本效益之后,不准备采取控制措施降低风险或者减轻损失的策略。风险承受的前提是自留风险可能导致的损失比转移风险所需代价要小,只有这样,企业才能出于经济性和可行性考虑将风险留下自己承担,若出现风险损失,则由企业依靠自身财力来弥补。企业选择风险承受时应考虑以下因素:①企业承受自留风险的能力。②同其他可行的风险策略相比,风险承受的预期损失是否较小。③风险是否存在意外扩大性而使企业面临更加严重的损失。

　　企业可以根据实际情况对上述风险策略进行选择性使用,可以选择使用其中某一种风险应对策略,也可以选择两种或两种以上的应对策略进行综合使用。《企业内部控制基本规范》第二十五条和第二十七条指出,企业应当根据风险分析的结果,结合风险承受度,权衡风险与收益,确定风险应对策略。企业应当合理分析、准确掌握董事、经理及其他高级管理人员、关键岗位员工的风险偏好,采取适当的控制措施,避免因个人风险偏好给企业经营带来重大损失。企业应当结合不同发展阶段和业务拓展情况,持续收集与风险变化相关的信息,进行风险识别和风险分析,及时调整风险应对策略。

第三节　控制活动

　　控制活动是指企业结合具体业务和事项,运用相应的控制政策和程序实施控制的活动。控制活动是实施内部控制的重要手段。控制活动可以分为基本控制措施和业务活动控制两项基本内容,如图 2-2 所示。

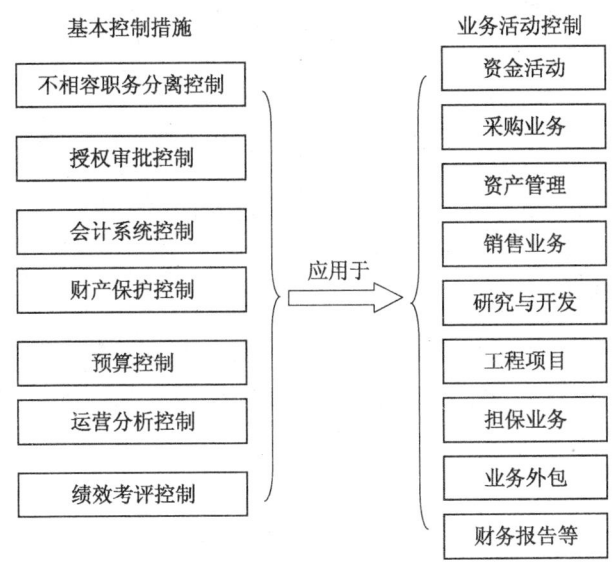

图 2-2　控制活动的内容

一、基本控制措施

　　基本控制措施是指内部控制活动中通常所采用的基本控制方法。《企业内部控制基本规范》第二十八条规定,企业应当结合风险评估结果,通过手工控制与自

动控制、预防性控制与发现性控制相结合的方法,运用相应的控制措施,将风险控制在可承受度之内。常见的基本控制措施一般包括:

(1) 不相容职务分离控制,要求企业全面系统地分析、梳理业务流程中所涉及的不相容职务,实施相应的分离措施,形成各司其职、各负其责、相互制约的工作机制。

(2) 授权审批控制,要求企业根据常规授权和特别授权的规定,明确各岗位办理业务和事项的权限范围、审批程序和相应责任。

(3) 会计系统控制,要求企业严格执行国家统一的会计准则制度,加强会计基础工作,明确会计凭证、会计账簿和财务会计报告的处理程序,保证会计资料真实完整。

(4) 财产保护控制,要求企业建立财产日常管理制度和定期清查制度,采取财产记录、实物保管、定期盘点、账实核对等措施,确保财产安全。

(5) 预算控制,要求企业实施全面预算管理制度,明确各责任单位在预算管理中的职责权限,规范预算的编制、审定、下达和执行程序,强化预算约束。

(6) 运营分析控制,要求企业建立运营情况分析制度,经理层应当综合运用生产、购销、投资、筹资、财务等方面的信息,通过因素分析、对比分析、趋势分析等方法,定期开展运营情况分析,发现存在的问题,及时查明原因并加以改进。

(7) 绩效考评控制,要求企业建立和实施绩效考评制度,科学设置考核指标体系,对企业内部各责任单位和全体员工的业绩进行定期考核和客观评价,将考评结果作为确定员工薪酬和职务晋升、评优、降级、调岗、辞退等的依据。

本书的第三章将对内部控制措施进行详细讲解。

二、业务活动控制

业务活动控制是将基本控制措施应用于企业不同业务领域,如资金活动、采购业务、资产管理、销售业务、研究与开发等。本书第四章至第九章将对企业各项业务活动控制进行详细讲解。

第四节　信息与沟通

一、信息与沟通概述

信息论奠基人申农(Shannon)认为,信息是用来消除随机不确定性的东西。控制论创始人维纳(Norbert Wiener)认为,信息是人们在适应外部世界,并使这种适应反作用于外部世界的过程中,同外部世界进行互相交换的内容和名称。管理学家认为,信息是提供决策的有效数据。沟通意为分享、传递共同的信息,英文的"沟通"一词也曾翻译为"交际"或"社交",即社会上人与人之间使用语言等媒介进行思想、观念、感情、意志的交往、联系和相互作用的一种行为。管理学家通常将沟通解释为信息从发送者转移到接受者那里,并使后者理解该项信息的含义。

信息与沟通是内部控制的要素之一,从内部控制视角来看,信息与沟通是指企业及时、准确、完整收集整理与企业经营管理相关的各种内外部信息,并借助信息技术,促使这些信息以恰当方式在企业各个层级之间进行及时传递、有效沟通和正确使用的过程。为有效实施内部控制,企业应当建立信息与沟通制度,明确内部控制相关信息的收集、处理和传递程序,确保信息及时沟通。

企业收集的信息包括内部信息和外部信息。内部信息是指来源于企业内部,由各项经营活动所产生的信息,主要有企业的战略目标、经营目标、预算目标、人力资源政策、岗位职责、权责分配体系、生产经营信息、财务信息、员工举报信息和信息系统产生的信息等。外部信息是指由企业外部产生,对企业的生产经营管理具有一定影响作用的信息,主要有宏观经济信息、行业信息、技术信息、竞争对手信息、供应商信息、法律法规信息等。企业可以通过财务会计资料、经营管理资料、调研报告、专项信息、内部刊物、办公网络等渠道,获取内部信息。企业可以通过行业协会组织、社会中介机构、业务往来单位、市场调查、来信来访、网络媒体和有关监管部门等渠道,获取外部信息。企业应当对收集的各种内部信息和外部信息进行合理筛选、核对、整合,提高信息的有用性。

良好的沟通是信息充分发挥作用的有效途径。沟通按对象可分为内部沟通和外部沟通。

内部沟通可以采取电子沟通、书面沟通、口头沟通等多种方式,实现所需的内部信息、外部信息在企业内部准确、及时地传递和分享,确保董事会、管理层和企业员工之间有效沟通。①电子沟通包括互联网、电子邮件、电话传真,其优点是方便快捷,但是由于网络的开放性及技术上的要求,信息的安全性是值得考虑的问题。②书面沟通包括例行或专题报告、调查研究报告、员工手册、内部刊物、教育培训资料等,其优点是比较规范、信息传递准确度高、信息传递范围广、有据可查、便于保护,其缺点是可能会为了形式规范而耗用较长的时间导致成本效益不对等、缺少反馈或反馈机制不灵敏。③口头沟通包括例行会议、专题会议、座谈会、讲座等形式,其优点是沟通迅速、灵活且反馈及时,其缺点是由于信息的汇总及传递机制不到位导致信息失真的可能性较大。

同时,企业有责任建立良好的外部沟通渠道,与外部投资者、债权人、客户、供应商、中介机构和监管部门等有关方面之间进行沟通和反馈,来自外部各方的沟通通常会提供有关内部控制体系运作的重要信息,对沟通过程中发现的问题,应当及时报告并加以解决。重要信息应当及时传递给董事会、监事会和经理层。

二、内部信息传递

企业应当重视生产经营管理信息在内部各管理层级之间的有效沟通和充分利用。根据《企业内部控制应用指引第 17 号——内部信息传递》,内部信息传递是指企业内部各管理层级之间通过内部报告形式传递生产经营管理信息的过程。内部信息传递的基本要求是:所传递的信息真实、准确、完整、及时、有效,如有涉密信息严格遵守保密原则。

企业内部信息传递至少应当关注下列风险:内部报告系统缺失、功能不健全、内容不完整,可能影响生产经营有序运行;内部信息传递不通畅、不及时,可能导致决策失误、相关政策措施难以落实;内部信息传递中泄露商业秘密,可能削弱企业核心竞争力。

在内部报告形成过程中,企业应当认真研究发展战略、风险控制和业绩考核标准,根据各管理层级对信息的需求和详尽程度,制定不同级次内部报告的指标体系,全面反映与企业生产经营管理相关的各种内外部信息。内部报告指标体系的设计应当与全面预算管理相结合,并随着环境和业务的变化不断进行修订和完善。内部报告应当简洁明了、通俗易懂、传递及时,便于企业各管理层级和全体员工掌握相关信息,正确履行职责。企业内部各管理层级应当指定专人负责内部报告工作,重要信息应及时上报,并可以直接报告高级管理人员。

内部报告形成后,企业各级管理人员应当充分利用内部报告管理和指导企业的生产经营活动,及时反映全面预算执行情况,协调企业内部相关部门和各单位的运营进度,严格绩效考核和责任追究,确保企业实现发展目标。企业应当有效利用内部报告进行风险评估,准确识别和系统分析企业生产经营活动中的内外部风险,确定风险应对策略,实现对风险的有效控制。企业对于内部报告反映出的问题应当及时解决;涉及突出问题和重大风险的,应当启动应急预案。

此外,在内部报告形成和使用过程中,企业应当从内部信息传递的时间、空间、节点、流程等多个方面制定严格的内部报告保密制度,明确保密内容、保密措施、密级程度和传递范围,防止泄露商业秘密。企业还应当建立内部报告的评估制度,定期对内部报告的形成和使用进行全面评估,重点关注内部报告的及时性、安全性和有效性。

三、信息系统

现代企业的运营越来越依赖于信息技术,信息技术在信息与沟通过程中发挥着非常重要的作用。《企业内部控制基本规范》第四十一条指出,企业应当利用信息技术促进信息的集成与共享,充分发挥信息技术在信息与沟通中的作用。根据《企业内部控制应用指引第 18 号——信息系统》,信息系统是指企业利用计算机和通信技术,对内部控制进行集成、转化和提升所形成的信息化管理平台。企业利用信息系统实施内部控制至少应当关注下列风险:信息系统缺乏或规划不合理,可能造成信息孤岛或重复建设,导致企业经营管理效率低下;系统开发不符合内部控制要求,授权管理不当,可能导致无法利用信息技术实施有效控制;系统运行维护和安全措施不到位,可能导致信息泄露或损失,系统无法正常运行。

（一）信息系统开发

企业应当根据发展战略和业务需要进行信息系统建设。在信息系统开发过程中,企业必须制订信息系统开发的战略规划和中长期发展计划,并在每年制订经营计划时制订年度信息系统建设计划,促进经营活动与信息系统协调统一。信息系统战略规划应与企业的组织架构、业务范围、地域分布、技术能力等相匹配,避免相互脱节。企业开展信息系统建设,可以根据实际情况,采取自行开发、外购调试或业务外包等方式。企业开发信息系统,应当将生产经营管理业务流程、关键控制点和处理规则嵌入系统程序,实现手工环境下难以实现的控制功能。企业应当按照不同业务的控制要求,通过信息系统中的权限管理功能控制用户的操作权限,避免将不相容职责的处理权限授予同一用户。企业还应在信息系统中设置操作日志功能,确保操作的可审计性,对异常的或者违背内部控制要求的交易和数据,设计由系统自动报告并设置跟踪处理机制。

在信息系统开发过程中,企业信息系统归口管理部门应加强信息系统开发全过程的跟踪管理。企业应组织独立于开发单位的专业机构对开发完成的信息系统进行验收测试,确保在功能、性能、控制要求和安全性等方面符合开发需求。企业还应注意做好信息系统上线的各项准备工作,培训业务操作和系统管理人员,制订合理上线计划和新旧系统转换方案,考虑应急预案,确保新旧系统顺利切换和平稳衔接,如果系统上线涉及数据迁移的,还应注意制订详细的数据迁移计划。

（二）信息系统运行与维护

信息系统的运行与维护主要包含三方面的内容:日常运行维护、系统变更和安全管理。

日常运行维护的目标是保证系统正常运转,主要工作内容包括系统的日常操作、系统的日常巡检和维修、系统运行状态监控、异常事件的报告和处理等。在日常运行与维护过程中,企业应制定信息系统工作程序、信息管理制度和各模块子系统的具体操作规范,及时跟踪、发现和解决系统运行中存在的问题,确保信息系统按照规定的程序、制度和操作规范持续稳定运行。

　　系统变更主要包括硬件的升级扩容、软件的修改与升级等。系统变更是为了更好地满足企业需求,但同时应加强对变更申请、变更成本与进度的控制。企业应当建立信息系统变更管理流程,信息系统变更应当严格遵照管理流程进行操作。信息系统操作人员不得擅自进行系统软件的删除、修改等操作;不得擅自升级、改变系统软件版本;不得擅自改变软件系统环境配置。

　　安全管理的目标是保障信息系统安全,信息系统安全是指信息系统包含的所有硬件、软件和数据受到保护,不因偶然和恶意的原因而遭到破坏、更改和泄露,信息系统能够连续正常运行。信息系统安全主要控制措施有:①根据业务性质、重要性程度、涉密情况等确定信息系统的安全等级,建立不同等级信息的授权使用制度。②建立信息系统安全保密和泄密责任追究制度。③建立用户管理制度,加强对重要业务系统的访问权限管理,定期审阅系统账号,避免授权不当或存在非授权账号,禁止不相容职务用户账号的交叉操作。④综合利用防火墙、路由器等网络设备,漏洞扫描、入侵检测等软件技术和远程访问安全策略等手段,防范来自网络的攻击和非法侵入。⑤建立系统数据定期备份制度,明确备份范围、频度、方法、责任人、存放地点、有效性检查等内容。⑥加强服务器等关键信息设备的管理,建立良好的物理环境,指定专人负责检查,及时处理异常情况,未经授权,任何人不得接触关键信息设备。

四、反舞弊

　　舞弊是指以故意的行为获得不公平的或者非法的收益。反舞弊机制是企业防范、发现和处理舞弊行为的重要制度安排,有效的信息与沟通是反舞弊机制能否发挥作用的关键所在。《企业内部控制基本规范》第四十二条指出,企业应当建立反舞弊机制,坚持惩防并举、重在预防的原则,明确反舞弊工作的重点领域、关键环节和有关机构在反舞弊工作中的职责权限,规范舞弊案件的举报、调查、处理、报告和补救程序。

　　审计委员会或董事会授权的其他机构负责企业反舞弊的指导工作。企业的管理层负责建立反舞弊机制,并组织实施反舞弊工作,具体组织和执行反舞弊工作的部门可以是审计部门、监察部门或内部控制部门。企业反舞弊工作的重点领域有:未经授权或者采取其他不法方式侵占、挪用企业资产,谋取不当利益;在财务会计报告和信息披露等方面存在的虚假记载、误导性陈述或者重大遗漏等;董事、监事、经理及其他高管人员滥用职权、相关机构或人员串通舞弊等。

　　企业应当通过建立举报热线电话、电子邮件、举报信箱等方式,为员工或社会反映、举报舞弊案件提供有效途径。企业应当书面记录舞弊案件举报的主要内容,以供管理层、董事会及审计委员会检查。企业应当建立举报投诉制度和举报人保护制度,明确举报投诉处理程序、办理时限和办结要求,确保举报、投诉成为企业有效掌握信息的重要途径。举报投诉制度和举报人保护制度应当及时传达至全体员工。

【案例 2-3】　　内蒙古鄂尔多斯资源股份有限公司信息与沟通设计状况分析①

近几年来,内蒙古鄂尔多斯资源股份有限公司依据《企业内部控制基本规范》及配套指引等法律、法规要求,以公司内部《公司章程》等管理制度为指导,以全面性、重要性、制衡性、适应性、成本效益为原则,持续改进内部控制体系,促进公司稳健运行。该公司在内部控制信息与沟通的设计方面,主要强调了以下内容。

一、信息收集与沟通

(一) 内外部信息收集与传递

公司持续不断地识别、收集、整理与归纳来自内部与外部、经营与管理的各种信息,针对不同的信息来源和信息类型,明确各种信息的收集人员、收集方式、传递程序、报告途径和加工与处理要求,确保经营管理各种信息资源得到及时、准确、完整收集。按不同的信息来源,公司内外部信息的收集与传递方式如表 2-1 所示。

表 2-1　内外部信息收集与传递方式汇总表

项目	信息类别	信息收集部门	收集渠道与方式
内部信息收集与传递	财务信息	财务管理处	各子、分公司在公司规定的时间内报送财务报表。财务管理处定期进行财务分析,将主要财务指标数据对比同期,对指标异常情况进行分析,并定期召开经营分析会。
	经营信息	经营业务处	各子、分公司按照统计报表的要求每月(或每周)自下而上地提供统计数据和分析资料,公司经营业务处对各子、分公司报送的统计资料进行审核、汇总、分析,形成月、季、年度公司统计分析报告上报公司领导。
	规章制度信息	企管和人力资源处	企管和人力资源处是公司规章制度的归口管理部门,负责公司规章制度信息总体策划、制度制定/修订审查、组织评审、收集、汇编。
	审计信息	财务管理处	财务管理处每年上报审计计划和工作总结,并定期上报审计工作统计报表。
外部信息收集与传递	证券机构和投资银行	证券业务处、财务管理处	证券业务处、财务管理处等部门负责收集公司在与证券机构或投资银行等第三方机构业务往来中相关的信息,经分析整理后及时传递至相关部门。
	经营伙伴、投资者信息	公司领导	通过商业交流,参加行业会议、座谈会和外部来信来访等多种渠道收集市场和价格信息。

————————

① 　根据鄂尔多斯资源股份有限公司 2012 年内部控制评价报告整理。

(二) 内外部信息沟通

公司建立横向和纵向相互通畅、贯穿整个公司的信息沟通渠道,确保公司目标、风险策略、风险现状、控制措施、员工职责、经营状况、市场变化等各种信息在公司内部得到有效传递。同时,公司可建立适当的渠道,与相关方如供应商、律师、股东、监管机构、外部审计师等,就相关信息进行必要的外部沟通。公司内外部沟通的主要类型与方式详见表2-2。

表2-2　内外部信息沟通内容汇总表

	信息类型	沟 通 方 式
内部信息沟通	价值观、道德、行为期望	(1) 通过广泛深入的宣讲,引导员工的实践执行。 (2) 以文件形式下发了《员工手册》,并利用网络等形式进行宣传。 (3) 每年定期或不定期宣讲诚信与职业道德的内容,对员工提出遵守职业道德规范的要求,对新进员工进行公司职业道德规范等内容的岗前培训。
	战略经营性目标	年度工作会议上提出战略性经营目标,通过给各中心负责人下达绩效考核指标的方式,将经营目标层层分解。
	财务政策及程序	(1) 公司制定和完善统一的财务、会计、资产和资金等方面的管理制度、办法和工作规范,并宣传贯彻执行。 (2) 财务会计政策发生变更时,按权限经过相关人员审批后通过文件形式进行通知(或转发国家部门的文件),并规定文件下发之日起执行或按某固定时间执行。 (3) 财务会计政策及核算体系以会计核算办法等形式发布。
	人力资源政策	(1) 公司通过部门岗位职责描述,对各岗位职责进行规范,使员工理解自己的职责和工作程序。 (2) 公司通过宣传贯彻和执行绩效考核办法,敦促员工正常履行自己的职责。
	其他信息	通过经营活动分析会、公司网络平台、报告直线管理领导等进行信息传递。对于员工的合理化建议,符合公司规定能够公开的信息将通过公司内部网发布,公司各职能部门和各子、分公司根据各自权限共享此类信息。
外部信息沟通	职业道德与规范	(1) 公司统一对外形象、标识,积极参与社会公益事业,以实际行动宣传公司精神和经营理念,并在国内外影响较大的报刊、杂志上进行公司形象和产品品牌的宣传。 (2) 公司通过电视、报纸等各种新闻媒体深入报道各单位涌现出来的各种先进事迹、先进人物和先进管理经验,对公司员工爱岗敬业、无私奉献的精神进行宣传报道。
	供应商	公司及各子、分公司采购部门通过供需见面会或谈判、签订合同等形式与供应商就产品或服务的设计、质量、市场需求等问题进行沟通。
	律师	公司法律事务处负责公司法律顾问的聘用工作,公司财务报告发布、信息披露等事项及时与律师进行信息沟通。公司根据需要,聘请律师参与有关重大项目服务和法律纠纷的处理,并随时与律师沟通处理进展情况。

（续表）

	信息类型	沟　通　方　式
外部信息沟通	投资者、监管者和外部审计师	（1）通过发布季度、中期、年度报告和召开业绩发布会、参加或组织投资者见面会等方式,让监管者、投资者等外部相关方对公司经营状况有更深入的了解。 （2）证券业务处负责同监管部门的联系、组织、准备并及时递交监管部门所要求的文件,接受监管部门下达的有关任务并组织完成这些任务。
	潜在投资者	公司管理层定期或不定期就公司业绩、未来发展与潜在投资者进行沟通。
	行业协会	公司各相关部门会定期或不定期与行业协会进行沟通,获取行业信息,以保持行业竞争地位。

（三）重大事项的报告

公司证券业务处是公司重大事项内部报告工作的归口管理部门,具体承担重大事项内部报告的相关工作。公司下属子、分公司的负责人、公司委派(或推荐)的参股公司董事、监事及高级管理人员均负责本公司重大事项的报告工作。公司制定《重大信息内部报告制度》,形成重大信息内部传递机制。

（四）信息披露

为保证信息披露的真实、准确、完整、及时、公允,保护公司股东利益,确保公司规范运作,制定《信息披露事务管理制度》、《外部信息使用人管理制度》等信息披露管理制度,明确重大事项的判定标准和报告程序,确定披露事项的收集、汇总和披露程序,依照《中华人民共和国证券法》、中国证监会和上海证券交易所的相关规定及《公司章程》的规定,及时、公允地向投资者和社会公众公开披露相关的信息,符合资本市场监管要求。

（五）信息报告

各级人员按照分级管理的组织结构和岗位职责,定期向上级反映其管辖部门或其所在岗位的工作情况。公司各职能部门通过工作例会、专题会议等向上级报告工作。公司按照《信息披露事务管理制度》、《外部信息使用人管理制度》和《重大信息内部报告制度》等制度的有关规定,形成重大信息传递机制。发生紧急情况时通过电话、办公网络、面谈等形式进行交流和沟通。公司根据业务需要,成立各类领导小组或工作组就某一事项及时向上级领导汇报情况。公司各部门定期向上级领导全面汇报本部门的工作情况,主要包括工作总结、计划安排等内容。各子、分公司向股份公司汇报总结、计划;各子、分公司向公司业务归口管理部门定期报送各类管理报表、汇报工作总结及来年工作要点。

公司在《人力资源管理制度——合同管理》、《劳动合同》、《保密协议》和《竞业限制协议》中规定：在职员工应遵守保密约定，离职员工需遵守竞业限制的约束。公司《董事会秘书工作细则》亦明文要求董事会在聘任董事会秘书时应与其签订保密协议，要求其承诺任期内及离任后持续履行保密义务直至有关信息公开披露为止。为维护信息披露的公开、公平、公正原则，公司先后制定并下发了《信息披露事务管理制度》和《内幕信息知情人登记管理制度》，通过明确保密信息定义、保密信息处理规范以及对违规行为的处罚程序，旨在加强内部信息的保密工作。与公司合作的中介机构也要求按照《公司章程》签订《保密协议》。

二、信息系统管理

公司由董事会领导信息化建设工作，决策信息化建设重大事项。公司设备管理处作为公司信息化建设的归口管理部门，负责企业信息化建设，指导、监督总部各部门开展工作，建立纵向汇报、沟通和监控机制。董事会负责公司信息技术总体规划制定工作。信息系统开发管理设备管理处会同业务主管部门，提出项目领导小组和实施小组的组成方案。项目领导小组由设备处、各业务部门和项目建设单位负责人组成；项目实施小组由信息化推进处、各业务部门和项目建设单位和内部支持队伍的业务和技术骨干联合组成。项目启动需经公司董事长审批。公司就系统开发的现状调研、方案设计、系统配置和测试、数据准备和培训、系统上线建立相应的控制措施和操作程序，以保证开发被有效的实施以符合管理目标。

公司制定信息系统变更审批、授权、测试、实施和报告等方面规范和控制程序。公司对信息系统的日常管理涵盖了对机房物理配置、网络用户和应用系统用户的定期巡检和监控，制定了定期的数据备份和恢复策略，就日常和突发事件处理分别制定了应对程序，并在系统升级、技术支持和停机检修方面做了相关的规定。公司建立信息安全管理机制，为员工提供相关培训等。公司的信息系统安全控制工作主要涵盖了数据中心的访问控制、系统账号的管理、密码管理、防病毒软件的安装和使用、防火墙的设置等。在公司范围内建立信息技术总体控制执行情况的测试、监督和审查制度，并根据执行情况作相应改进。

公司制定《系统用户管理办法》并依据该规范对用户权限需求和实际分配情况进行分析，并合理设置，为定期的测试提供规范和依据。信息系统对应用系统的输入、处理和输出进行有效控制。业务岗位的操作人员对操作过程中出现的例外活动，根据情况自行处理或将例外事件情况及时汇报给设备管理处，由系统管理员进行处理。

第五节　内部监督

内部监督是企业内部控制得以有效实施的保障，是对内部控制的再控制。在内部控制构成要素中，内部监督与其他要素相互联系、相互补充，具有十分重要的作用。首先,内部监督以内部环境为基础,并与内部环境具有很强的互动关系。组织架构的合理与否、企业文化的完善与否等都会直接影响内部监督的效果,反过来,加大内部监督力度会进一步优化内部环境。其次,内部监督与风险评估和控制活动构成了三位一体的闭环控制系统。企业根据风险评估结果和风险应对策略,制定并实施控制活动,再通过事前、事中、事后监督,对风险评估的适当性和控制活动的有效性进行检查评价和优化调整。最后,内部监督离不开信息与沟通的支持,内部监督需要通过适当的信息收集、传递、反馈过程来获取信息检验内部控制的有效性。

一、内部监督的机构及方法

（一）内部监督的机构

在通常情况下,企业可以授权内部审计机构具体承担内部控制监督检查的职责,也可以授权其他监管机构(如监察部门)履行相应的职责。为保证内部监督的客观性,内部监督应独立于内部控制执行部门。内部监督不仅是内部审计机构(或经授权的其他监督机构)的职责,企业内部任何一个机构甚至个人在执行内部控制时,都应当在内部控制建立与实施过程中承担起相应的监督职责。企业应当在组织架构设计与运行环节明确内部各机构、各岗位的内部监督关系,以便于监督职能的履行,企业应将监督嵌入日常经营管理活动中,并定期测试运行结果,及时发现环境变化和执行中的偏差,以不断更新相关流程设计。

（二）内部监督的方法

内部监督机构根据需要开展日常监督和专项监督。

1. 日常监督

日常监督是指企业对建立与实施内部控制的情况进行常规、持续的监督检查。

日常监督按照监督的主体,一般分为管理层监督、单位(机构)监督、内部控制机构监督和内部审计监督等。①管理层监督是指董事会和经理层充分利用内部信息与沟通机制,获取适当的、足够的相关信息来验证内部控制设计和运行是否有效,并对日常经营管理活动进行的持续监督。②单位(机构)监督是指企业所属单位及内部各机构定期对职权范围内的经济活动实施的自我监督,向经理层直接负责。③内部控制机构监督是指内部控制机构结合单位(机构)监督、内外部审计、政府监管部门的意见等情况,根据风险评估结果,对企业认定的重大风险的管控情况及成效开展的持续性监督。④内部审计监督是指内部审计机构接受董事会或经理层委托,对日常生产经营活动实施审计检查的监督。

2. 专项监督

专项监督是指在企业发展战略、组织结构、经营活动、业务流程、关键岗位员工等发生较大调整或变化的情况下，对内部控制的某一或者某些方面进行有针对性地监督检查。专项监督的范围和频率应当根据风险评估结果和日常监督的有效性等予以确定。

企业应当综合运用日常监督和专项监督的方法，提高内部控制设计与运行的有效性。日常监督是专项监督的基础，专项监督是日常监督的有效补充。如果发现某些专项监督活动需要经常性地开展，那么企业有必要将其纳入日常监督中，以便进行持续的监控。

二、内部控制缺陷及评价

内部监督的目的是预防和发现内部控制缺陷，以促进内部控制有效运行。所谓内部控制缺陷，是指内部控制的设计或运行中存在的漏洞或偏差，这些漏洞或偏差会导致内部控制体系不能有效防范或不能及时发现和纠正错误和舞弊。按照缺陷的来源，内部控制缺陷包括设计缺陷和运行缺陷。按照缺陷严重程度，内部控制缺陷包括重大缺陷、重要缺陷和一般缺陷。在实务中，企业通常需要制定重大缺陷、重要缺陷和一般缺陷的认定标准，认定标准包括定量标准和定性标准。企业对于监督过程中发现的内部控制缺陷，应当授权内部审计机构（或经授权的其他监督机构）进行整理汇总，分析缺陷的性质和产生的原因，提出整改方案，采取适当的形式及时向董事会、监事会或者经理层报告。对于发现的内部控制重大缺陷，应当追究相关责任单位或者责任人的责任。对于发现的缺陷，企业应拟订整改工作方案，明确整改的目标、内容、期限、程序等，并跟踪这些缺陷整改情况。

内部控制评价是内部控制监督的一种实现形式。《企业内部控制基本规范》第四十六条规定，企业应当结合内部监督情况，定期对内部控制的有效性进行自我评价，出具内部控制自我评价报告。内部控制自我评价的方式、范围、程序和频率，由企业根据经营业务调整、经营环境变化、业务发展状况，实际风险水平等自行确定。内部控制自我评价的目标、原则、范围、内容、程序、方法等，在本书的第十章企业内部控制评价进行详细讲解。

三、内部控制文档记录与保管

《企业内部控制基本规范》第四十七条规定，企业应当以书面或者其他适当的形式，妥善保存内部控制建立与实施过程中的相关记录或者资料，确保内部控制建立与实施过程的可验证性。按照内部控制要素分类，内部控制建设与实施过程的文档记录主要有：

（1）内部环境文档，一般包括组织结构图、权限体系表、岗位职责说明、员工守则、董事会和监事会成员履历、发展战略规划、企业文化手册、人力资源政策等。

（2）风险评估文档，一般包括风险评估流程、风险评估过程记录、风险评估报告、风险矩阵等。

（3）控制活动文档，一般包括资金活动、采购业务、销售业务、资产管理、研究与开发、工程项目、担保业务、业务外包、财务报告等各项流程控制文档。

（4）信息与沟通文档，一般包括客户调查问卷、财务报告、经营分析报告、董事会及专业委员会会议、经理办公会议、举报投诉记录等。

（5）内部监督文档，一般包括往来询证函、资产盘点报告、审计计划、审计意见书、整改情况说明书、专项监督报告等。

按照文档形成过程进行分类，相关文档可以分为控制的设计文档、执行文档和测试文档。设计文档应该按照"谁设计、谁保留"的原则，由设计责任部门保留，保存期限一般为 10 年，其中，企业整体层面的控制设计文档由内部控制机构负责保留。执行文档由执行机构保留，保留期限遵从有关专业要求。测试文档按照"谁设计、谁保留"的原则，由负责测试的部门保留，保存期限一般为 10 年。

复 习 思 考 题

1. 什么是内部环境？内部控制环境要素包含哪些具体内容？

2. 与其他公司相比，上市公司和国有独资企业治理结构设计具有哪些特殊性？

3. 企业发展战略的影响因素有哪些？

4. 简述企业的风险应对策略。

5. 企业利用信息系统实施内部控制应当关注的风险有哪些？

6. 内部监督的方法有哪些？

练 习 题

一、单项选择题（在每小题的备选答案中，选出一个正确的答案）

1. 风险评估的起点是（　　）。

A. 目标设定　　　B. 风险识别　　　C. 风险分析　　　D. 风险应对

2. 在内部环境中居于基础地位的是（　　）。

A. 社会责任　　　B. 组织架构　　　C. 人力资源政策　　D. 企业文化

3. 上市公司的最高权力机构是（　　）。

A. 股东(大)会　　　B. 董事会　　　　C. 监事会　　　　D. 经理层

4. 国有独资公司监事成员不得少于 5 人,其中职工代表的比例不得低于(　　)。

A. 1/2　　　　　　B. 1/3　　　　　　C. 2/3　　　　　　D. 1/4

5. 战略委员会主席通常由(　　)担任。

A. 总经理　　　　　B. 监事长　　　　C. 独立董事　　　　D. 董事长

6. 发展战略拟定后,应由战略委员会提交(　　)进行审批。

A. 股东(大)会　　　B. 董事会　　　　C. 监事会　　　　D. 经理层

7. 风险承受度是指在企业目标实现过程中对差异的可接受程度,也称为(　　)。

A. 风险规避　　　B. 风险消除　　　C. 风险容忍度　　　D. 风险偏好

8. 按照文档形成过程进行分类,相关文档可以分为控制的设计文档、执行文档和测试文档。设计文档应该按照"谁设计、谁保留"的原则,由设计责任部门保留,保存期限一般为(　　)年。

A. 20　　　　　　B. 15　　　　　　C. 5　　　　　　　D. 10

9. 企业应当结合内部监督情况,定期对内部控制的有效性进行自我评价,出具(　　)。

A. 内部控制自我评价报告　　　　B. 内部控制专项说明

C. 内部控制鉴证报告　　　　　　D. 内部控制审计报告

10. (　　)或董事会授权的其他机构负责企业反舞弊的指导工作。

A. 审计委员会　　　　　　　　　B. 战略委员会

C. 薪酬委员会　　　　　　　　　D. 提名委员会

二、多项选择题(在每小题的备选答案中,选出两个或两个以上正确的答案)

1. 在内部控制五个目标中,一般而言,治理结构主要服务于内部控制的战略目标和合法合规目标,内部机构主要服务于内部控制的(　　)。

A. 报告目标　　　　　　　　　　B. 战略目标

C. 合法合规目标　　　　　　　　D. 经营目标

E. 资产安全目标

2. 企业识别内部风险,应当关注的因素有(　　)。

A. 董事、监事、经理及其他高级管理人员的职业操守

B. 组织机构设置

C. 文化传统

D. 财务状况和经营成果

E. 营运安全和环境保护

3. 企业识别外部风险,应当关注的因素有(　　)。

A. 经济形势　　　　　　　　　B. 产业政策

C. 法律法规　　　　　　　　　D. 研究开发投入

E. 自然灾害

4. 人力资源管理中的主要风险包括(　　)。

A. 人力资源缺乏或过剩、结构不合理、开发机制不健全

B. 人力资源使用不恰当,导致物不能尽其用,人不能尽其责

C. 人力资源退出机制不当,可能导致法律诉讼或企业声誉受损

D. 人力资源激励约束制度不合理、关键岗位人员管理不完善

E. 人力资源引进时,只注重企业短期利益,未考虑企业的实际需要

5. 企业文化建设至少应当关注的风险有(　　)。

A. 缺乏积极向上的企业文化

B. 企业文化可能导致企业缺乏凝聚力和竞争力

C. 缺乏开拓创新、团队协作和风险意识

D. 缺乏诚实守信的经营理念

E. 忽视企业间的文化差异和理念冲突

6. 风险评估由(　　)构成。

A. 目标设定　　　B. 风险识别　　　C. 风险分析　　　D. 风险应对

E. 风险控制

7.《企业内部控制基本规范》指出企业应当综合运用(　　),实现对风险的有效控制。

A. 风险规避　　　B. 风险降低　　　C. 风险分担　　　D. 风险承受

E. 风险消失

8. 根据《企业内部控制基本规范》,企业反舞弊工作的重点领域有(　　)。

A. 未经授权或者采取其他不法方式侵占、挪用企业资产

B. 在财务会计报告和信息披露等方面存在的虚假记载

C. 在财务会计报告和信息披露等方面存在的误导性陈述

D. 在财务会计报告和信息披露等方面存在的重大遗漏

E. 董事、监事、经理及其他高级管理人员滥用职权相关机构或人员串通舞弊

9. 企业收集的信息包括内部信息和外部信息。内部信息是指来源于企业内部,由各项经营活动所产生的信息,主要有(　　)。

A. 战略目标　　　　　　　　　B. 人力资源政策

C. 权责分配体系　　　　　　　D. 生产经营信息

E. 竞争对手信息

10. 日常监督按照监督的主体,一般可以分为(   )。

A. 管理层监督

B. 单位监督

C. 内部控制机构监督

D. 内部审计监督

E. 外部审计机构监督

三、判断题(认为正确的在题目的括号内打"√",认为错误的在题目的括号内打"×")

1. 完善的内部环境是企业内部控制的有效性的保障,有效的内部控制又将推进内部环境的不断完善。   (   )

2. 在通常情况下,企业可以授权内部审计机构具体承担内部控制监督检查的职责,也可以授权其他监管机构履行相应的职责,内部监督部门可以与内部控制执行部门相同。   (   )

3. 企业应当对收集的各种内部信息和外部信息进行合理筛选、核对、整合,提高信息的有用性。   (   )

4. 人力资源管理的对象主要包括股东、高管人员、专业技术人员、一般员工、外部审计师。   (   )

5. 风险分担是企业准备借助他人力量,采取业务分包、购买保险等方式和适当的控制措施,将风险控制在风险承受度之内的策略。通过风险分担的方式来应对风险,风险本身并没有减少,只是风险承担者发生了变化。   (   )

6. 在信息系统开发过程中,企业必须制订信息系统开发的战略规划和中长期发展计划,并在每年制订经营计划时制定年度信息系统建设计划,促进经营活动与信息系统协调统一。   (   )

7. 企业所面临的一切风险都是可以规避的。   (   )

8. 根据《企业内部控制应用指引第4号——社会责任》,社会责任主要包括安全生产、产品质量和环境保护三方面内容。   (   )

9. 核心价值观是一个企业的文化核心,是企业在经营过程中坚持不懈、努力使全体员工都必须信奉的信条,体现了企业核心团队的精神,往往也是企业家身体力行并坚守的理念。   (   )

10. 企业应当按照不同业务的控制要求,通过信息系统中的权限管理功能控制用户的操作权限,避免将不相容职责的处理权限授予同一用户。   (   )

第三章 内部控制措施

学习目的与要求

本章旨在阐述控制活动中的基本控制措施,其内容主要包括不相容职务分离控制、授权审批控制、会计系统控制、财产保护控制、预算控制、运营分析控制和绩效考评控制。通过本章的学习,学生应当理解各种内部控制措施的含义,重点掌握内部控制措施的具体内容,达到能够综合运用各种控制措施的要求。

课前预习题

1. 企业常用的内部控制措施有哪些? 这些控制措施之间有什么关系?
2. 不相容职务分离控制在什么情况下可能会失效?
3. "一支笔"审批模式存在哪些弊端? 应如何防范?
4. 什么是"三重一大"事项?
5. 财产保护与财产保全的含义一样吗?

第一节 不相容职务分离控制

不相容职务分离控制能够解决合理的职责分工问题,是组织机构设置和岗位分工的基本要求,在内部控制设计中处于非常重要的地位。

一、不相容职务分离控制的含义

不相容职务是指那些如果由一个人担任既可能发生错误和舞弊行为,又可能掩盖其错误和舞弊行为的职务。对于不相容职务若不实行相互分离的措施,就容易产生错误和舞弊行为。例如,在采购活动中,批准采购与直接经办采购物资就属于两项不相容职务,如果这两项职务由一个人承担,就会出现这名员工既有权决定采购什么、采购多少,又可以选择供应商,决定采购价格、时间等,若没有其他岗位或人员的监督制约,很容易发生舞弊行为。又如,一个企业的出纳人员既负责签发支票,又负责保管支票印章,就存在其擅自利用支票进行提款的隐患。不相容职务分离就是要求将那些不相容职务分别由两个或两个以上人员担任,以利于相互监督,减少错误和舞弊行为发生的可能性。

我国《企业内部控制基本规范》第二十九条规定:不相容职务分离控制要求企业全面系统地分析、梳理业务流程中所涉及的不相容职务,实施相应的分离措施,形成各司其职、各负其责、相互制约的工作机制。

二、不相容职务分离控制的内容

不相容职务分离控制的核心是"内部牵制",即一个人或一个部门不能自始至终地处理一项业务的全过程。它要求企业每项经济业务都经过两个或两个以上的部门或人员的处理,使得一个人或一个部门的工作与其他人或部门的工作相联系,并受其监督和制约。在通常情况下,企业的经济活动一般可以划分为申请、审批、执行、记录四个步骤。如果每一个步骤都由相对独立的人员或部门分别实施或执行,就能够保证不相容职务的分离。根据大部分企业的经营管理特点和一般业务性质,企业需要加以分离的不相容职务主要有以下五种:

(1)授权审批职务与业务执行职务。这是职责权限的垂直分离,如果将投资审批与投资业务执行都交给一个人办理,则投资方式、投资金额、投资权限等决策主观性很大,投资会出现随意、无效的状况,增加了投资失误的风险。

(2)业务执行职务与相应的会计记录职务。这是对交易轨迹的流程分离,如果业务执行人同时对自己所经办的事项进行记录,就可能会降低会计信息的质量。

(3)业务执行职务与财产保管职务。这是保护财产安全的接触分离,在财产到达企业之前,业务执行人员有机会直接接触实物,由专门的财产保管人员对其行为加以监督,可以减少财产发生丢失和毁损的可能性。

(4)会计记录职务与财产保管职务。这是保护财产安全的记录分离,会计记录是反映财产的数量、质量情况的书面证明,财产保管人员若同时负责财产的记录,就会增加篡改会计记录、盗窃财产的可能性。

(5)业务执行职务与审核监督职务。这是对交易活动监督职责的分离,审核监督是对交易的最后控制环节,如果业务执行人同时承担审核职务,就意味着降低了此前所有不相容职务分离措施实施的效果,可能会导致更大的风险。

上述不相容职务分离控制关系如图 3-1 所示。

以上五种不相容职务是普遍存在于各类企业经营管理活动中的不相容职务。事实上,企业实际存在的不相容职务远不止这些。每一家企业所处行业、规模、经

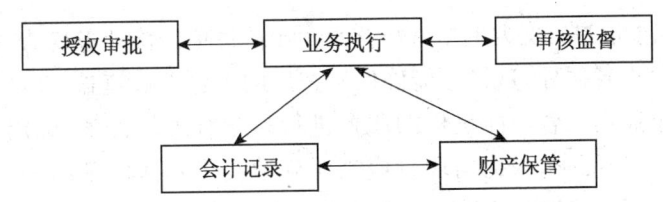

图 3-1 不相容职务分离控制关系图

营性质与特点各不相同,企业应当根据具体业务流程和特点,完整、系统地分析和梳理执行该项业务活动所涉及的不相容职务,并结合岗位职责分工采取分离措施。有条件的企业可以借助计算机信息技术系统,通过权限设定等方式实现不相容职务的相互分离。

不相容职务分离通常围绕着具体的业务流程进行。以采购与付款业务流程为例,这一流程可以分为采购申请、采购审批、采购验收、费用支付申请、费用支付审批、应付账款的审批、应付账款的入账等环节。这些环节中不同职务不相容程度是不一样的,图 3-2 中划"×"的两个岗位完全不能由一个人来担任,如采购申请与采购审批、采购申请与费用支付审批等,而采购申请与验收、采购申请与费用支付申请则可以由同一人兼任。

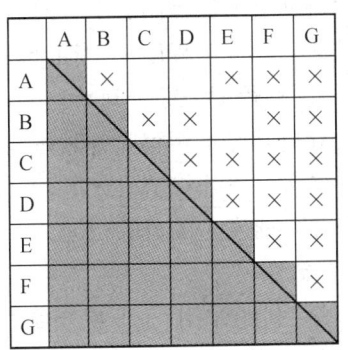

A: 采购申请
B: 采购审批
C: 采购验收
D: 费用支付申请
E: 费用支付审批
F: 应付账款的审批
G: 应付账款的入账

图 3-2 采购与付款业务不相容岗位分离控制图

三、不相容职务分离控制应当注意的问题

企业要做好不相容职务分离控制,要关注以下四个方面的问题。

（一）不相容职务间的检查

做到不相容职务的分离,企业在内部组织机构与岗位的设置中,应考虑设计自动检查和平衡功能。具体包括:①对每项经济业务的发生与完成情况,无论是简单还是复杂,都必须经过两个或两个以上的部门或人员,并保证业务循环中的有关部门和人员之间能够进行必要的检查与核对。②在每项经济业务检查中,检查者不应从属于被检查者领导,这样才能确保检查出的问题不被掩盖,并能够得到及时纠正。③对企业内部各职能机构的职责进行科学合理的分解,确定具体岗位的名称、职责和工作要求,权力与职责应当明确地授予具体的部门和人员,并对岗位职责进行恰当的描述和说明。④对于重要的权力的行使必须接受定期独立的检查。

（二）推行职务不兼容制度

用制度约束不相容职务的兼任对企业来说是一种有效的方法,通过制度在企业中的制定与实施,杜绝高层管理人员交叉任职,如董事长和总经理为同一人、董事会成员和经理层人员重叠等。交叉任职可能导致权责不清、制衡力度减弱等不利后果。如果关键人员大权独揽,集决策权、执行权于一身,在缺少有效监督的情况下,很容易造成权力的滥用,出现一个人操纵的现象。在许多企业内部控制失效的案例中,资金调拨、资产处置、对外投资、关联交易等方面出现的重大欺诈或舞弊行为,非常重要的原因就在于交叉任职、董事会缺乏应有的独立性。

（三）不相容职务分离的程度

企业要根据各项业务量、业务复杂程度等因素考虑职责分离的合适度。职责分离可避免舞弊和错误的风险,但同时又会增加控制成本,影响经营效率。在实务中,具体判断哪些职务必须分离以及职责的分离程度,应当由具有丰富经验的专业人员从发生错误或舞弊的可能性及其影响程度来综合判断。

对于人员较少、业务简单而无法分离某些不相容职务时,企业应当制定切实可行的替代控制措施。例如,小企业中许多职责往往缺乏分离,就可由拥有股份的经理人员实行监督,可在一定程度上避免可能发生的舞弊行为。

（四）建立岗位轮换和强制休假制度

为了更好地发挥不相容职务分离控制的作用,企业应当结合岗位特点和重要程度,明确关键岗位员工轮岗的期限和有关要求,建立规范的岗位轮换制度。岗位轮换是指对员工在企业内部进行不同工作岗位的轮换。因为员工长期在某个岗位工作,制度对其的威慑力就会逐渐削弱,容易引发员工的舞弊行为,并且由于长时间在一个岗位工作的员工容易积累很多资源并形成个人垄断资源,对企业利益产生潜在威胁。通过岗位轮换,可以防范并及时发现岗位职责履行过程中可能存在的重要风险,强化职责分工的有效性。

对于关键岗位的员工,企业可以实行强制休假制度。在休假期间,员工的工作由其他人员暂时接替,其工作会受到他人的监督,则舞弊被发现的概率会大大增加,员工实施并掩盖舞弊的机会将大大减少,舞弊的动机也会大大减弱。

【案例3-1】　　世界500强企业出纳侵吞1100万元①

《法制晚报》报道,世界500强企业美国高通公司的在华公司,曝出出纳侵占公司款1100余万元案。高通公司在中国设有两家外商独资企业,即高通无线通信技术(中国)有限公司和高通无线半导体技术有限公司,两家公司的财务均由前者的财务人员负责。2011年12月6日,高通公司的开户行的工作人员告知该公司,其账户内余额不足,已经无法正常扣缴税款。接到电话后,该公司高级财务经理黄某要求会计和出纳一起和自己去银行了解情况,但在前往银行途中,出纳丁某借故离开。经过核实,高通公司财务人员发现,公司的四个账户内"消失"了1100余万元,且"消失"的1100余万元不是银行的"记账错误",很可能有人冒用公司名义转款。当天是周二。周五,出纳丁某投案自首。丁某于2006年4月进入高通公司工作,现金和支票业务都由他负责。平时,他可以接触到公司财务章和法人人名章等财务凭证。丁某承认,他从2010年7月开始通过互联网赌球,后来深陷其中,在输光了自己的近20万元积蓄后,又把手伸向了公司的资金,他承认共侵占公司资金1100余万元,而这些钱也全部输掉了。

丁某向公安机关交代了他侵占公司资金的方法:因为公司的收支业务都是他一人负责,他去银行办理业务时,曾经多买了一本转账支票。他先在网上找好能"串支票"的人,然后通过虚构公司的业务支出项目如采购设备、礼品等开出支票,支票的收款方是"串支票"的人安排好的公司,后者把支票兑成现金,对方除去0.7%～1%的手续费,再把剩下的钱打入丁某的账户。为了掩盖犯罪,丁某伪造了3枚银行柜员的人名章、1枚银行的业务专用章,因为银行会定期给公司发对账单,公司也会向银行询问支出的情况。通过使用伪造的印章,丁某可以在公司的询证函上加盖银行的业务章和人名章,直接发回,这样公司就不会发现问题了。此外,丁某还伪造过银行对账单,他交代:"给公司的对账单都是我用公司电脑自己打印的。""公司有审计制度,但由我负责。"直到2011年下半年,高通公司发现收到的银行对账单上的余额,与公司的财务记录不符。高级财务经理黄某曾向丁某询问,丁某称是因为银行系统升级,寄过来的对账单写错了,银行会在系统调试后更正。之后,丁某向公司提供了自称是其本人从银行打印的真实的对账单。黄某表示,虽然上面没有银行公章,但大家还是相信了丁某的话,按照丁某提供的对账单进行记账。

此事曝出后,高通公司美国总部十分重视,聘请毕马威会计师事务所进行调查。会计师事务所发现,伪造银行对账单的情况在2010年8月至2011年11月大

---

①　根据毛占宇于2012年12月6日在《法制日报》发表文章"世界500强出纳侵吞1100万"编写。

量出现,很多伪造的银行对账单上连客户名称、银行地址、交易时间等信息都没有,而这些在真实的银行对账单上都是应该有的。经过比对,真实的与伪造的银行对账单有高达 328 处差别,而这些"交易"都来自高通公司最初被用来缴纳税款和通讯服务费的账户。

本案例暴露了高通公司在不相容职务分离控制中存在以下问题:

(1)支票的使用不能由一个人包办。按照签发程序,不论购买什么,都应由领导授权,相关部门找会计审核,最终由出纳开出支票。本案中,丁某居然越过授权、审核过程,直接把公司的钱汇入没有业务往来的其他公司。丁某甚至未经授权和记录就可以自己擅自购买支票。

(2)印章使用不符合不相容职务分离要求。法人章与财务章应当分别由不同人员进行保管,并且对用印过程应当进行记录。而丁某可以同时接触到法人章和财务章两枚印章,并未经授权就擅自使用了这两枚印章。

(3)从不相容职务角度考虑,银行对账单的领取或接受不应该是出纳,应该是除出纳以外的其他财务人员。银行对账单本身就是对公司银行资金余额的核对和监督,是对出纳工作的制约,而很多公司却出于"出纳领取对账单最方便"而由出纳领取对账单,一旦出纳篡改对账单便无人发现,而丁某也的确是利用这一漏洞,掩盖了挪用资金的行为。

(4)出纳丁某同时兼任审计工作,这又是不相容职责未分离。审计本身就是对于业务部门的独立监督,不应当由业务部门兼任,更不应当由属于重点监督对象的高风险岗位人员兼任。

综上所述,高通公司在业务管理中的多个内部控制缺陷都属于未能形成相互牵制、相互制约的职责分离。在实务中,许多企业通常实施削减岗位或一人多岗,以提升经营效率、降低控制成本,但必须要守住"不相容职务岗位分离"的底线。

第二节　授权审批控制

企业对经营活动实行分权管理后就产生了授权问题,而企业各项经营活动的顺利开展也应当通过一定的审批程序才能进行。授权审批控制以职责分工为重要基础,同时又是财产保护控制、预算控制等内部控制措施得以实施的前提条件。我国《企业内部控制基本规范》第三十条规定:授权审批控制要求企业根据常规授权和特别授权的规定,明确各岗位办理业务和事项的权限范围、审批程序和相应责任。

一、授权审批控制的含义

现代企业制度的核心理论是委托代理理论,从委托代理理论来看,现代企业的多层组织结构形成了一个委托代理链:股东将其资产委托给董事会经营,形成第一层委托代理关系。董事会保留一定的决策权后,又将经营权委托给总经理,形成第二层委托代理关系。总经理再将经营权按照部门进行分派,与其下属部门主管形成第三层委托代理关系……以此类推,直至最基层。委托代理理论的核心思想是权力的下放,即自上而下进行授权,在授权的同时明确了相应人员的责任。

授权与审批是企业各项经济活动的起点,授权是根据职责分工,明确各部门、各岗位办理经济业务与事项的权限范围、审批程序和相应责任等内容。审批是对已授权的经济业务和事项的真实性、合规性、合理性和有关资料的完整性所进行的审核与批准。授权审批控制具体可分为授权控制和审批控制。授权审批控制能够确保权力分配与责任界定的相互配合,是实现企业内部控制目标的重要控制措施之一。

二、授权控制

(一) 授权的方式

授权的方式按性质可分为常规授权和特别授权。

1. 常规授权

常规授权也称一般授权,是指企业在日常经营管理活动中按照既定的职责和程序进行的授权。常规授权是对办理常规性经济业务的权力,是一种经常性、连续性的授权,这种权力授予的时间较长,一般没有特别的情况,被授予人可以长期行使。例如,财务部门被授予批准费用报销的权力,采购部门被授予确定采购物资的品种、质量和价格的权力,销售部门被授予确定产品销售价格的权力等。这种授权应当通过编制岗位职责手册或制定专门的权限指引等方式予以明确,提高权限的透明度,强化对权限行使的监督和管理。

2. 特别授权

特别授权是指企业在特殊情况、特定条件下进行的应急性授权。特别授权是对办理例外的、非经常性经济业务的权力,是临时性的,通常是一次有效。例如,在洽谈投资、收购兼并、对外担保等重要经济业务中需要临时做出某项承诺,以及超出常规授权限制的交易,都需要特别授权。特别授权一般采用书面的"一事一授"的方式加以明确。

区分常规授权与特别授权时,应当考虑企业规模的大小、经济业务的性质以及法律、法规的监管要求等因素。对于经常发生的、具有重复性的、涉及金额较小的经济业务采用常规授权,而对于不经常发生的、不具有重复性的、涉及金额较大的经济业务采用特别授权。法律、法规对不同类型企业有着不同的监管要求,如上市公司与其大股东之间的关联交易应属于特别授权,需要经过股东大会决议并采取关联股东回避制度,以确保关联交易的公允性。

（二）授权控制的原则

1. 因事设职授权

授权控制是为了实现内部控制的目标服务的,企业应该本着最有利于实现企业战略目标、有利于资源的合理配置为目的来设置职务并进行授权,而不是仅凭被授权人的能力,因人授权。因人授权虽然充分考虑了被授权人的知识与才能,但却不能保证职权被授予给最合适的人员,不能实现人力资源的合理利用,不利于经营效率的提高,不利于企业目标的实现。

2. 不可越权授权

授权人对下级的授权必须在自己的权力范围内,不能超越自己的权限进行授权。授权应有层级,逐级授权,只能逐级由上往下,由直接上级对其直接下属进行授权,不可越级授权。既不能代替自己的上级把权力授予自己的下属,也不可将自己的权力授予下属的下级,还不能代替下属把权力授给他的下级。被授权者只能在授权的范围内行权,严禁未经授权或超越权限行权。一个组织从最高主管到每一层级下属人员的职权系统越明确,决策与信息沟通越有效。

3. 适度授权

各级管理者授权时要适度,既不能过小,也不能过大。授权过小,就可能会直接影响下级部门工作的积极性,不利于他们尽职尽责;授权过大,则会造成大权旁落,难以控制,甚至出现滥用职权的情况。把握授权的尺度是授权控制成败的关键。合理授权,应做到授权而不失控。权力下放的合理尺度要以有利于企业生产经营活动的顺利进行、有利于控制目标的实现为标准。对于涉及全局性的、重大事项的权限,如决定企业发展战略、重要的人事任免、预算审批等事项,不可轻易下放。

4. 适当监督

绝对的权力必然产生绝对的腐败。因此,对拥有权力的岗位和人员应该给予适当的监督。既不能放任不管,也不能常加干涉。放任不管可能发生越权或滥用职权的行为;常加干涉会使授权形同虚设,挫伤下级部门工作的主动性和创造性。对下级在职权范围内的事,一般不宜干涉,但要防止发生越权行为和“先斩后奏”的行为。对于越权行为一定要有相应的惩罚制度。

5. 必须采用书面授权形式

授权的形式有口头授权和书面授权。口头授权是上级领导用口头语言对下级进行工作交代,或是上下级之间根据会议所产生的工作分配。书面授权是上级领导用文字形式对下级工作的目标、职责与处理规程等内容进行明确的规定,常采用授权书、委托书、制度、备忘录、通知等形式。口头授权容易出现因授权内容与界限不清,造成误解而发生滥用职权或不敢负责的局面,一旦出了问题,更容易发生相互推诿、无法问责的情况。因此,企业应当采用书面方式明确相关人员的权限和责任界限。

三、审批控制

履行审批职责的人员,应当对相关经营业务和事项的真实性、合规性、合理性和有关资料的完整性进行复核与审查,通过签署意见并签字或者签章,做出批准、不予批准或者其他处理。

（一）审批的模式

根据审批主体的不同,审批可以分为"一支笔"审批、分级审批、多重审批、混合审批四种审批模式。

1. "一支笔"审批模式

在"一支笔"审批模式下,一切需要审批的经济业务全部由单位负责人或其授权人员(分管领导)一人审批。"一支笔"审批模式虽然能够克服因多头审批造成的监督失控或审批标准不一致的弊端,但最突出的缺点是没有形成相互制约机制,不符合内部控制的基本要求,权限过于集中,缺乏制约和监督,容易滋生腐败。

2. 分级审批模式

分级审批模式是根据业务范围和金额大小,分级确定审批人员,行使审批权力。如规定分管领导或职能部门的负责人在其主管业务范围和一定金额范围内具有审批权;而对于较重要的经济业务或者金额较大的经济业务,必须由单位负责人审批;重要的经济业务则必须经过集体决策审批(联审会签)。这种按照重要性程度大小,适当分层授权的模式,由于审批人员一般是职能部门负责人或单位分管领导,对于审批范围内的经济业务比较了解,可以提高审批质量,同时避免了权力的过分集中,对审批人员形成了有力的牵制与约束。

3. 多重审批模式

多重审批模式是指所有需审批的经济业务都需要经过两个或两个以上的审批人员共同审批。实务中常见的具体做法有:职能部门负责人先审,单位负责人后审;职能部门负责人先审,分管领导后审,单位负责人最后审批;分管领导先审,单位负责人后审等。这种审批模式符合内部控制的制衡性原则,能够提高审批质量,但审批程序相对繁琐,比较适合大型企业集团采用。

4. 混合审批模式

混合审批模式是以上三种模式的结合运用。在混合审批模式下,一定的业务范围和金额范围内由一人审批,超过一定范围和金额的经济业务必须由两个或两个以上审批人员共同审批。这种审批模式针对不同的经济业务采取不同的审批方式,可以在一定程度上简化审批程序,也加强了对重要项目的控制。但要注意实际运用时,容易被人采用化整为零的办法来逃避双审或多审。

(二)审批控制的原则

1. 不得越权审批和越级审批

越权审批就是超越授权权限进行审批,常常表现为下级行使了上级的权利。例如,人力资源部门招聘员工未经总经理或分管人力资源的副总经理批准,录用不符合条件的人员。越级审批是上级包办代替下级的事务,应该由下级审批的上级包办了。例如,资金的调度权按规定属于财务总监,但总经理未经财务总监同意,直接通知出纳将资金借给其他企业的行为就属于越级审批。

2. 审批应该有依据

审批控制的目的是为了保证企业的经营行为不偏离预定的方向和目标。所以,审批者即使在自己的职权范围内,也不能随意审批。企业各级管理人员要依据法律法规、规章制度、合同、预算、计划、决议等进行审批。例如,生产部门负责人在批准领用材料时,要依据当期的生产计划;设备管理部门在批准购置固定资产时,要依据投资预算等。

3. 采用书面审批形式

审批应该采用在下级的报告上批示、专门行文批示、在有关的凭证上签字批准等书面形式。不可口头批准,以免口说无凭,责任不清。

四、授权审批控制体系

企业应当建立完善的授权审批控制体系,明确授权审批的范围、层次、责任和程序四个方面的内容。

(一)授权审批的范围

企业所有的经营管理活动都应当纳入授权审批的范围,以便于全面预算和全面控制。授权审批的范围不仅要包括控制各种业务的预算制定情况,还要对相应的办理手续、业绩报告、业绩考核等明确授权。总之,不能存在真空区,所有的经营管理活动都应该在授权审批的制度、程序、办法、文件中有明确的规定。

(二)授权审批的层次

授权审批应当是有层次性的,应根据经济业务的重要性和涉及金额大小等情况,将审批权限分配给不同的管理层次。对于重要的、金额大的事项,审批权限应授给董事会、经理层等;对于涉及面小、金额少的具体执行性事项则授权给下级管理层次,如财务、研发、采购、生产、销售、人力资源等职能部门的经理。这样就会在企业内部形成一个严密的、层次清晰的授权审批体系,既可以保证不同管理层次之间的合理分工,又可以充分调动各级管理人员工作的积极性和主动性。

授权审批在层次上应当考虑连续性,要将可能发生的情况全面纳入授权审批体系。同时,应当根据具体情况的变化,不断对有关制度进行修正,适当调整授权层次。

（三）授权审批的责任

在授权审批控制中,授权者和被授权者都应该有明确的责任。在通常情况下,授权者应当承担因授权不当、监督检查不力所导致不良后果的责任。被授权者应当承担因用权不当、工作失误所导致不良后果的责任。

（四）授权审批的程序

企业应当规定每一类经济业务的审批程序,以便按程序办理审批,避免越级审批、违规审批的情况发生。例如,对于货币资金支付业务,企业通常建立的授权审批程序包括支付申请、支付审批、支付复核和办理支付等。

对于重大决策、重大项目安排、重要人事任免、大额度资金运作等事项（即"三重一大"）,企业应当按照规定的权限和程序实行集体决策审批或者联签制度。任何个人不得单独进行决策或者擅自改变集体决策意见。

"三重一大"的具体内容包括如下:

（1）重大决策事项主要包括企业贯彻执行党和国家的路线方针政策,法律、法规和上级重要决定的重大措施,企业发展战略、破产、改制、兼并重组、资产调整、产权转让、对外投资、利益调配、机构调整等方面的重大决策,企业党的建设和安全稳定的重大决策,以及其他重大决策事项。

（2）重大项目安排事项是指对企业资产规模、资本结构、盈利能力以及生产装备、技术状况等产生重要影响的项目的设立和安排,包括年度投资计划,融资、担保项目,期权、期货等金融衍生业务,重要设备和技术引进,采购大宗物资和购买服务,重大工程建设项目,以及其他重大项目安排事项等。

（3）重要人事任免事项是指企业直接管理的领导人员和其他经营管理人员的职务调整事项,主要包括企业中层以上经营管理人员和下属企业、单位领导班子成员的任免、聘用、解除聘用和后备人选的确定,向控股和参股企业委派股东代表,推荐董事会、监事会成员和经理、财务负责人,以及其他重要人事任免事项。

（4）大额度资金运作事项是指超过由企业或者履行国有资产出资人职责的机构所规定的企业领导人员有权调动、使用的资金限额的资金调动和使用,主要包括年度预算内大额度资金调动和使用,超预算的资金调动和使用,对外大额捐赠、赞助,以及其他大额度资金运作事项。

【案例 3-2】　　　　　　　　　　**新星公司盲目授权案**①

新星公司是一家国务院直属培训院校的下属公司,1999 年 8 月,该公司与湖北大冶特殊钢股份有限公司(以下简称"大冶公司")签订了《废钢供需合同》和《2000 年物资订货合同》,约定由新星公司供给大冶公司废钢和生铁,大冶公司支付货款 2 000 万元人民币。后因大冶公司未能履行合同,同年 12 月,湖北高院判决大冶公司支付给新星公司货款 2 800 余万元及利息和滞纳金,此后,大冶公司陆续支付了一部分货款。2002 年 1 月,经新星公司总经理办公会研究决定,全权委托时任公司办公室副主任的朱某前往湖北联系法院追讨大冶公司剩余的欠款本金 1 512 万元,而利息和滞纳金的追讨公司打算由他人负责。朱某向公司提出对该案件清欠实行风险承包后,公司先后给朱某出具了三份授权委托书,授权他作为新星公司诉讼和执行程序的全权代理人,而且还给他提供一些盖有公司印章的空白信笺,但后来查明,其中有些信笺上的公章是他私自盖的。

2002 年 2 月 3 日,朱某到达湖北后,在未经请示新星公司领导的情况下,私自与湖北光明律师事务所孙某签订委托代理协议(经查:协议上所盖的新星公司印章未在该公司公章登记册上登记,为朱某私下所盖),内容是在新星公司向湖北省高级人民法院申请执行大冶公司财产一案中,委托孙某代表新星公司向法院承担举证之责,提供被执行人有履行能力的证据或证据线索,在实现新星公司的债权(1 512 万元)后,能够收回的债务利息作为给付律师的代理费。律师实行风险代理,如果上述债务利息收不回,则律师无偿代理。而这份协议和这个律所在该案中扮演了重要角色。2002 年 2 月 1 日,朱某以新星公司的名义从光明律师事务所借款 5 万元人民币(有借据)。债务执行完毕后,4 月 10 日,朱某以新星公司指定函的形式,擅自指定湖北省高院执行庭将执行回款中的 100 万元人民币汇入光明律师事务所,而后朱某以新星公司名义从光明律师事务所借走 80 万元。经查明,以上 85 万元均被朱某用于个人消费。6 月 6 日,朱某采用同样的手段,擅自指定湖北省高院执行庭将该执行回款中的 153 万元汇入某旅游用品公司(实为光明律师事务所所控制)。后朱某与孙某商定,其中的 85 万元用于归还其先前从律师事务所借出的 85 万元,其余的 68 万元用于支付律师费。至此,朱某手中的授权委托书还剩下最后一封,他用这份授权委托书转走了最大的一笔执行款。6 月 6 日,在未经请示新星公司领导的情况下,他用这份授权委托书擅自指定湖北省高院执行庭将剩

---

①　根据陈虹伟、冀华锋于 2008 年 1 月 13 日在《法制日报》上发表文章"一起'非典型'贪污案件的典型意义"编写。

余的 245 万元执行款汇入与其有关系的山东省莱阳电气厂账户内。该厂收款后，又以背书转让的形式转至该市聋哑学校印刷物资经销处账户（经查：该单位已于1996 年注销，此账户为朱某控制）。而后，朱某以聋哑学校印刷物资经销处现金支票的形式提取现金 25 万元，余款 220 万元分别打入他的三个个人储蓄存款账户，全部据为己有，并用于个人经营活动和消费。8 月 8 日，朱某向湖北省高院提供"执行确认书"证明所有执行款已执行完毕。至此，新星公司的 498 万元利息和滞纳金中，朱某除支付律师费 168 万元外，其余的 330 万元全部落入他自己的口袋。

新星公司要追缴的欠款在朱某的努力下"完璧归赵"，确实出乎公司的预料，但更出乎意料的是欠款的利息和滞纳金（共 498 万元）其实也已经被追回了，但朱某却告诉公司，利息和滞纳金没能追回。对于利息和滞纳金，新星公司其实也没抱多大希望，而且也没有授权他去追讨。于是，货款就这么成功地追回来了，但利息和滞纳金也从此"成功"地失踪了。

本案属于特别授权。企业对特别授权应有严格的限制，授权范围、权限要明确。新星公司总经理办公会研究决定：全权委托朱某前往湖北联系法院追讨大冶公司剩余的欠款本金 1 512 万元，而利息和滞纳金的追讨，公司打算由他人负责。但之后出具的三份授权委托书，授权朱某作为新星公司诉讼和执行程序的全权代理人，其授权的范围尤其是款项内容等没有明确，因湖北高院判决是由大冶公司支付给新星公司货款 2 800 余万元及利息和滞纳金。由此给朱某钻了空子，他利用授权委托书将执行款中的利息和滞纳金让法院划汇到他指定单位的账户，先借用、再挪用最后是贪污。

企业对于授权要进行有效的监督。新星公司在授权朱某去追讨货款时，公司并没有采取事后监督措施，对朱某的行为没有加以管控，对于本可以追讨的利息和滞纳金采取了消极的态度，"促成"了朱某的贪污行为。公司应在授权后与法院取得联系，确认执行款的追讨情况，对于利息和滞纳金也应进行确认。另外，新星公司应让朱某定期向公司领导汇报欠款追缴情况，以便及时掌握货款追讨的进度，方便与法院进行核实。

为防止特别授权被滥用，当企业出现以下情况时，方可办理特别授权：①有一定职位或有批准权的员工在离开办公所在地，时间较长可能影响业务正常进行时，应由其书面授权其副职人员或相关下属人员来完成自己的某些职能。②有一定职位或有批准权的员工，在涉及有个人利益冲突的事情，应由其直接上级或其本人书面授权其副职人员或相关下属人员来完成自己的某些职能。③有一定职位或有批准权的员工，由于各种原因不能执行其职能时，由其直接上级或其本人书面授权其副职人员或相关下属人员来完成自己的某些职能。④当发生偶发事件时，如果授权人认为有必要,由其书面授权其副职人员或相关下属人员在自己不在时,代替自己行使相应的权力。⑤企业发生法律诉讼或处理其他重要公共事务时,可由企业董事会或总经理代表企业给律师、法律顾问、企业发言人或紧急情况处理小组予以适当的授权。企业员工授权保管和使用各种企业印鉴包括操作银行账户用的个人印鉴也属于特别授权。特别授权应当签订特别授权表,经授权人、被授权人和审批人签字确认后,由主管部门对授权表的真实性、合理性进行审核,统一编号盖章后,该授权表方能正式生效。

而当发生以下情形时,企业应当立即终止授权:①授权表中规定的授权期限到期后,如果授权人没有授权展期通知,则该授权自动失效。被授权人有责任向授权人汇报被授权期间的工作和授权使用情况。②授权的条件与预期相比发生变化,造成授权失去意义,由授权人发出授权终止的通知。③被授权人由于各种原因不能很好地处理所授事项,授权人应及时终止授权。④有证据表明被授权人不能公正处理工作,由相关处理人员提出建议,由授权人办理授权终止,如授权人不在,则由授权人的直接上级以上级别(含直接上级)有处理权限的人员办理授权终止。⑤董事会达成新的决议并发布变更对高级管理人员任命通知,原有关授权便自动失效。⑥被授权员工在授权期间内离职或提出辞职申请,该授权应自其提出辞职或离职之日起自动失效。⑦企业成立的特别委员会或工作团队完成特定工作后,其相关授权自动失效。

第三节　会计系统控制

一、会计系统控制的含义

会计系统控制是指利用记账、核对、岗位职责落实和职责分离、档案管理、工作交接程序等会计控制方法,确保企业会计信息真实、准确、完整。会计控制系统既可以为内部控制系统的有效运行提供信息上的支持,成为企业内部控制信息的主要来源,又可以间接地服务于财产保护控制、预算控制等控制措施。因此会计系统控制是一个综合性控制系统,其他许多控制系统和控制方法的实施都离不开会计控制系统。

我国《企业内部控制基本规范》第三十一条明确规定:会计系统控制要求企业严格执行国家统一的会计准则制度,加强会计基础工作,明确会计凭证、会计账簿和财务会计报告的处理程序,保证会计资料的真实完整。

二、会计系统控制的内容

会计系统控制主要包括岗位和人员控制、会计政策管理、会计信息控制和会计档案保管控制四个方面的内容。

（一）岗位和人员控制

企业应当依法设置会计机构,配备数量和素质相当的会计从业人员。会计机构内部应当按照不相容职务分离的原则,结合自身规模大小与核算业务量多少等具体情况设置会计工作岗位。一般大中型企业设置会计主管、出纳、流动资产核算、固定资产核算、投资核算、存货核算、工资核算、成本核算、利润核算、往来核算、总账报表、稽核、综合分析等岗位。小型企业因业务量较少,可以适当合并或减少部分岗位。这些岗位可以一人一岗、一人多岗,也可以一岗多人,但出纳不得兼任稽核、会计档案保管和收入、费用、债权债务账目的登记工作。

从事会计工作的人员,必须取得会计从业资格证书。会计机构负责人(会计主管人员)还应当具备会计师以上专业技术职务资格。大中型企业应当设置总会计师。设置总会计师的企业,不得设置与其职权重叠的副职。总会计师应组织领导企业的财务管理、成本管理、预算管理、会计核算和会计监督等方面的工作,参与本企业重大经济决策,具体组织执行国家有关的财经法律、法规等工作。在聘任会计人员时,要注重其专业素质、胜任能力,同时还要考察其道德修养和职业精神,这是防范会计信息错误和舞弊的重要条件。

（二）会计政策管理

1. 会计准则和会计制度的选择

各单位应当结合本单位具体情况选择适用的会计准则和相关会计制度。例如,企业管理层根据规模和行业性质,分别采用《企业会计准则》、《企业会计制度》、《小企业会计制度》等;事业单位依据其专业性,分别采用《事业单位会计准则》、《事业单位会计制度》和分行业事业单位会计制度。

2. 会计政策的选择

会计政策是企业在会计确认、计量和报告中所选用的原则、基础和会计处理方法。《企业会计准则》给企业的会计处理留下了一定的会计准则选择空间,企业管理层应当以真实、公允地反映企业实际状况为标准选择适当的会计政策,变更会计政策时应经过严格的审批程序,说明合理变更的原因。

3. 会计估计确定

会计估计是企业对其结果不确定的交易或事项以最近可利用的信息为基础所做出的判断。企业管理层要依据最能反映真实情况的信息,做出合理的会计估计。

（三）会计信息控制

会计信息控制要求对企业所有的经济业务都要进行及时、全面、连续、系统的核算与监督,从而保证会计信息的质量。其主要内容如下。

1. 会计凭证控制

会计凭证控制是指在取得或填制凭证时实施的相应控制措施,是确保会计信息真实、可靠的第一道防线。会计凭证控制具体包括:①科学设计凭证格式。各单位应结合自身核算的实际情况,设计适合本单位的会计凭证格式,便于统一核算和控制,做到内容及项目齐全,能够完整地反映业务活动全貌。②统一会计科目。企业应根据会计准则、会计制度的规范要求和经营管理的实际需要,统一设定会计科目。特别是集团公司更有必要统一各子公司、分公司的明细科目,以利于统一口径,统一核算,便于汇总、对比和分析。③连续编号。凭证编号是企业常用的控制方法之一。凭证编号可以控制企业签发的凭证数量,以及相应经济业务涉及的其他文件,如发票、支票、订单、存货收发证明的使用情况,便于查询,避免重复或遗漏。更重要的是,编号的连续性可以在一定程度上减少抽取发票、截取银行收款凭证等手段进行舞弊的可能性。④确定合理的凭证传递程序。各单位应明确会计凭证的取得、填制、审核人员的分工和责任,对凭证应在单位哪些部门之间传递、各部门应办理哪些相关的手续等做出明确的规定。

2. 会计账簿控制

会计账簿控制是指在设置、启用和登记账簿时所实施的相应控制措施。会计账簿控制具体包括:按照规范设置会计账簿;启用账簿应填写"账簿启用表";根据审核无误的会计凭证登记账簿;根据规定的方法和程序登记并进行错账更正;按照规定的方法和时间结账。通过账证核对、账账核对、账表核对,对会计记录的质量进行有效的控制。

3. 财务报告控制

财务报告控制的内容包括:①各单位按照会计准则、会计制度的要求规定财务报告的种类、格式,并按规定内容编制财务报告。②各单位应定期编制、审核和披露财务报告,有效分析利用报告信息。

(四) 会计档案保管控制

会计档案是记录和反映经济业务的重要史料和证据,一般包括会计凭证、会计账簿和财务会计报告等会计核算专业资料,以及其他有关财务会计工作应予集中保管的文件,如经济合同、协议、备忘录、出资证明等重要的法律文书。当年形成的会计档案,在会计年度终了后,可暂由本单位财务会计部门保管1年,期满后,原则上应由财务会计部门编制移交清册给本单位的档案部门统一保管。实行会计电算化的单位,对以磁性介质存储的会计数据在未打印成书面核算资料之前,应妥善保管并留有副本,为防止磁性介质损坏而使会计档案丢失,要做到防磁、防火、防潮、防尘,准备备份或存放在两个以上的不同地点等。

【案例 3-3】　　　上市公司会计系统控制中的常见问题

深圳证监局 2009 年对深圳上市的公司开展了财务会计基础专项监管工作。笔者根据《关于深圳辖区上市公司财务会计基础工作常见问题的通报》,整理、归纳一些上市公司在会计系统控制中主要存在的问题和缺陷。

一、会计岗位和人员控制方面

1. 会计人员缺乏专业胜任能力

(1) 少数公司会计人员没有取得会计从业资格证书,会计机构负责人不具备会计师以上专业职称或从事会计工作不足 3 年。

(2) 在对重大会计问题的判断上,一些会计人员过于依赖注册会计师,缺乏专业判断和处理能力,不能独立编制合并财务报表和财务报表附注。

(3) 不少公司的会计人员培训投入不足,未制定切实可行的培训制度,尤其是对下属子公司会计人员的培训更是严重不足。

2. 会计人员岗位设置不合理、职责不清晰

(1) 未建立完善的会计人员岗位责任制度,对岗位职责、亲属回避、定期轮岗、离职工作交接等未做出明确规定,尤其是部分中小板民营企业,关键岗位人员未实行亲属回避制度,如董事长、总经理的直系亲属担任财务负责人、会计机构负责人、资金业务负责人或者出纳。

(2) 会计人员兼任内部审计工作,公司内部审计部门未独立于财务部门;财务负责人同时担任审计委员会成员,或是担任监事会成员。上述岗位设置影响了审计委员会、监事会以及内部审计部门的独立性。

(3) 财务负责人履职不到位,未能充分发挥会计监督和管理职责。有些公司财务负责人不具备财务会计专业技能,由总经理兼任或兼任职务过多影响其履职;有些公司未将财务负责人作为公司高管人员,财务负责人不能列席董事会会议或参加经营班子会议;有些公司财务负责人未能有效履行职责,未参与重大事项的审核或审核不认真,如未参与审核涉及资金支付的重大事项,未关注重大事项的风险状况,或采取措施进行风险防范,未关注关联交易事项的合规性以及交易价格的公允性。

二、会计政策管理方面

1. 收入确认标准不明确或是不按标准来确认

一些公司未按《企业会计准则第 14 号——收入》的要求确认收入。①有的公司没有针对公司业务的特点制定销售收入确认的具体标准,会计人员对会计准则的理解不到位,导致收入确认方法前后不一致。如销售合同已明确约定需要以货物交付并经买方验收确认作为双方权利和义务转移的标志,但在实际操作中,公司在货物发出但尚未取得买方收货信息的情况下即确认了销售收入。②有的公司已

明确了销售确认的标准,但会计人员在实际操作中不能一贯执行,确认随意销售收入。

2. 成本和存货核算不规范

(1) 有的公司主营业务成本根据每月月初数和月末存货盘点数等倒轧计算得出。

(2) 产品成本核算不规范,如生产多种产品时,制造费用没有在产品间进行分配;库存商品成本仅有总金额,未按产品进行明细核算。

3. 费用核算不准确

(1) 未及时确认费用。如将应于本期计提的奖金、利息等费用推迟至实际支付的期间核算;将费用类支出长期挂在往来账上。

(2) 不按规定标准计提费用,如在依据不足或是没有任何依据的情况下预提销售返利、员工奖金、广告费和研发费等费用。

4. 在建工程核算不规范

例如,在建工程未按项目进行明细核算;未依据实际工程进度确认在建工程成本;未明确达到预定可使用状态的具体标准或标准不合理,结转固定资产不及时等。

5. 固定资产折旧计提不规范

例如,未按照公司固定资产折旧政策计提折旧,随意更改折旧方法和期限;固定资产折旧期限确定不符合会计准则要求,如房屋建筑物折旧年限大于其所在土地使用权年限。

6. 未按会计准则要求进行资产减值测试

这个问题在上市公司中非常突出,一些上市公司对资产减值仅有原则性的规定,而没有可操作性的制度对减值测试的程序、方法等要求做出规定。有的上市公司平时不对资产减值进行测试,仅在年报审计中根据注册会计师的意见进行调整;有的上市公司确定减值金额没有任何客观的依据,仅凭主观判断,随意多提、少提减值准备,以调节利润。

三、会计信息控制方面

1. 会计凭证编制及管理不规范

(1) 原始凭证不齐全、不规范。例如,存货入库单没有验收证明;销售商品收入核算缺少运输方或客户收货证明;存货出入库单、销售客户收货证明、工资和成本计算表、销售合同或订单、借款协议等原始凭证没有附在记账凭证后,或未集中装订单独存放,并与记账凭证建立索引;出库单、领料单、提货单等原始凭证签字不全、未签署日期、未连续编号或即使连续编号也不按编号顺序填制。

(2) 记账凭证编制不规范。例如,未对相关经济业务事项涉及的单据、合同、法律文书等进行复核;将不同内容和类型的经济业务事项反映在一张记账凭证上,会计科目借贷方没有明确的对应关系;记账凭证摘要填写不完整、不准确。

2. 记账、登账、对账不规范

(1)记账不及时的问题比较突出。有不少公司是每周或每月一次集中入账。有的上市公司平时不记账,到下月初要编制财务报表了才一次集中入账。

(2)出纳不登记现金或银行存款日记账,或是以电子表格代替日记账的情况比较普遍,存在随意更改而无法留痕的风险,无法保证记录内容的完整性和真实性。

(3)对账工作不到位。对账包括内部相关部门之间的对账以及外部供应商、客户之间的对账。有的公司存在对账不及时或是以口头沟通代替正式对账的情况,对账结果未得到双方确认。尤其是财务与仓库的对账即存货盘点,存在着盘点表上未记录实盘数量和盘点差异处理情况的说明,财务人员、仓管人员未在盘点表上签名确认,差异的处理未经相关人员审批等问题。

第四节　财产保护控制

一、财产保护控制的含义

合理保证资产安全是我国《企业内部控制基本规范》规定的五个控制目标之一。资产作为企业重要的经济资源,是企业从事生产经营活动并实现发展战略的物质基础。财产保护控制是为了确保企业财产安全完整所采用的各种方法和措施。这里所指的财产主要包括企业的现金、存货和固定资产等,它们在企业资产总额中所占比重较大,同时又极易发生被挪用转移、损失浪费和被侵占盗窃等问题。因此企业应建立健全科学的财产保护控制措施,提高资产管理水平。

我国《企业内部控制基本规范》第三十二条明确规定:财产保护控制要求企业建立财产日常管理制度和定期清查制度,采取财产记录、实物保管、定期盘点、账实核对等措施,确保财产安全。企业应当严格限制未经授权的人员接触和处置财产。

二、财产保护控制的内容

财产保护控制具体包括财产记录控制、限制接近控制、财产清查控制和财产保险控制四个方面的内容。

(一)财产记录控制

建立企业财产记录,能够全面、系统地反映企业各项财产的增减变动,及时掌握财产的管理情况。财产记录控制是指企业应当建立并妥善保管涉及资产的各种文件资料,避免记录受损、被盗、被毁。财产记录控制首先应严格限制接近记录的人员,以保证财产保管、批准和记录不相容职务分离的有效性;其次应妥善保存各种记录,如可以设置专门的档案室、档案柜等保护设施保存财产记录,尽可能减少记录丢失、毁损、被篡改的可能性;最后对于某些重要的信息资料,应当留有备份记录,以便在遭受意外损失或毁坏时重新恢复,这在计算机处理条件下尤为重要。

(二) 限制接近控制

实物资产是企业拥有或控制的有形资产,具有种类繁多、形态各异、存放分散的特点。限制接近主要是指严格限制未经授权人员对有关资产的直接接触,只有经过授权批准的人员才能接触资产。限制接近包括对资产本身的直接接触以及通过文件批准方式使用和处置资产的间接接触。

在一般情况下,货币资金、有价证券、存货等变现能力强的资产必须限制无关人员的直接接触,保证存放的安全。对于现金的收支及库存的管理只限于特定的出纳,出纳要与应收账款、应付账款等债权债务明细账及总账的记账人员相分离,平时将现金存放在保险箱并由出纳保管钥匙;对于支票、汇票、有价证券等其他易变现的非现金资产,应确保两名或两名以上人员同时接近资产的方式加以控制,如由银行等第三方保管或要求两名管理人员共同签名方可处理易变现的资产,限制接近未使用票据并按规定正确注销已使用的票据;对于原材料、半成品、产成品等存货,可以由专职的仓库保管员控制,其他人员不得经管,企业可以通过设置分离、封闭的仓库区域,安装消防和防盗设施,以及工作时间之内和工作时间以外控制进入仓库区域等方式实现。

(三) 财产清查控制

财产清查是定期或不定期对各项财产物资、货币资金和债权债务进行实地盘点和账目核对,将盘点核对的结果与会计记录进行核对,并对差异进行分析和处理的控制措施。

1. 清查资产,与会计记录核对

企业对库存现金、存货、固定资产等进行实地盘点,对银行存款、债权债务进行账目核对,将清查结果与账簿记录进行比较,可以及时发现财产管理中存在的缺陷和漏洞,通过后续的改进措施来防范资产的流失,能够在很大程度上保证资产的安全。

2. 差异调查与调整

财产清查结果与有关会计记录之间差异的调查工作必须由独立于财产保管和

会计记录的人员进行。差异通常表现为盘盈或盘亏,为防止差异再次产生,应详细调查分析差异产生的原因,查明相关人员的责任,并根据资产的性质、差异金额大小等,采取保护性措施。

　　企业应根据具体情况进行定期或不定期财产清查。定期清查是在规定的时间内进行的,盘点的时间一般是在月末、季末和年末。不定期清查属于临时清查,在更换财产保管人员或发生财产损失等情况时进行。对于重要的、容易被侵占的财产,更需要进行不定期清查,以便可以及时发现问题。

　　【案例 3-4】　　　　　　家乐福的周期盘点[①]

　　家乐福运用 ABC 分类法对所有物料进行分类,根据流量大小和移动速度快慢将物料分为 A、B 和 C 三类,其中:A 类物料的特性是流量大、移动快速,在企业物料中最为重要,就会采取严密的管理方式和预测准确的库存计划;B 类物料的特征为流量适中、仅次于 A 类的重要物料品种,采用管理中度的管理方式;C 类的特征为流量低或转移缓慢,相对重要性也较低,采用宽松的管制即可。

　　家乐福利用“周期盘点”代替传统 1 年两次的实地盘点,“周期盘点”是以 1 个月或几星期为一个周期,根据品类管理对物料的分类,同样也对所储存的物料进行盘点周期的分类。每一次盘点若干个储位或料项,根据盘点的结果进行调整,并生成周期盘点的相关报表。采用“周期盘点”可以达到缩短盘点周期、及早发现“人”的问题以及仓储中存在的问题。

　　在家乐福,盘点的计划是由订货部门制订和控制,由财务部门组织,与仓管部门共同负责实施的,每一次的周期盘点都与大盘一样,必须有财务人员的到场。由财务人员来组织参加周期盘点,一方面可以监督周期盘点的正确实施,维持盘点结果的准确性;另一方面也可以在部门与部门之间形成相互牵制、相互监督的关系。

　　在实行了“周期盘点”后,家乐福发现,这种盘点制度能够节省一定的人力、物力、财力,盘点工作的效率得到了提高。

　　家乐福采用的周期盘点制度,运用 ABC 分类法对不同物料分类管理,订货部门、财务部门、仓管部门共同参与。这种盘点制度的优点是:缩短了盘点周期,在提高盘点工作效率的同时,可以及时发现财产管理上存在的漏洞和隐患,相关职能部门共同负责进行盘点,各部门之间形成相互牵制、相互监督的关系,可以保证盘点结果的准确性,确保财产的安全。

　　(四)财产保险控制

　　企业经营环境往往变幻莫测,火灾、洪水、雷击、爆炸等各种自然灾害或意外事

---

　　① 赵琪,张卓,等.制造业的物料管理研究——家乐福存货管理的启示[J].现代管理科学,2005(4).

故常常是不可避免的,一旦发生,轻则影响生产,重则中断生产经营,甚至会破产倒闭。财产保险是一种风险分担的方法,投保人根据合同约定,向保险公司交付保险费,保险公司按保险合同的约定对所承保的财产及其有关利益因自然灾害或意外事故造成的损失承担赔偿责任。

财产保险控制主要是运用财产投保(如火灾险、盗窃险、责任险等),增加实物资产受损后的补偿程度或机会,从而将意外情况发生、资产受损时给企业带来的影响降到最低程度。为企业资产购买保险已成为防范和降低财产运行风险,保证财产安全的重要手段。

第五节 预 算 控 制

一、全面预算与全面预算管理

(一) 全面预算

企业管理中所说的预算,一般是指以金额、数量和其他价值形式综合反映企业未来一定时期(通常为 1 年)业务的详细计划。全面预算是企业根据其战略目标与战略规划,将企业一定期间的经营、投资、财务等各项活动的各个方面、各个环节都纳入预算编制,形成由经营预算、投资预算、筹资预算和财务预算等一系列预算组成的相互衔接和勾稽的综合预算体系。以一般生产性企业为例,经营预算是关于企业采购、生产、销售等日常经营活动所需经济资源以及如何获得和使用这些资源的计划,可进一步细分为采购预算、生产预算、销售预算、成本预算、研发预算、期间费用预算等;投资预算又可细分为权益性投资预算、债券投资预算、固定资产投资预算、无形资产投资预算等;筹资预算又可细分为经营筹资预算、项目筹资预算等;财务预算是在经营、投资、筹资预算的基础上形成的,主要包括现金收支预算、利润预算和资产负债表预算。

(二) 全面预算管理

全面预算管理是指企业为了实现战略规划和经营目标,按照规定程序编制一定期间的经营活动、投资活动和财务活动预算,并以预算为标准,对预算执行过程和结果进行控制、调整、分析、考核等一系列管理控制活动的过程。全面预算管理作为企业内部控制的一种主要方法,自从 20 世纪 20 年代在美国的通用电气、杜邦、通用汽车等公司产生之后,很快就成为许多大型工商企业的标准作业程序。从最初的计划、协调,发展到现在的兼具控制、激励、评价等诸多功能的一种综合贯彻企业经营战略的管理工具,在企业内部控制中日益发挥核心作用。全面预算管理作为一种全方位、全过程、全员参与编制与实施的预算管理模式,凭借其计划、协调、控制、激励、评价等综合管理功能,成为整合和优化配置企业资源,提升企业运行效率,促进实现企业发展战略的重要手段和措施。正如美国著名管理学家戴维·奥利所说的,全面预算管理是为数不多的几个能把组织的所有关键问题融合于一个体系之中的管理控制方法之一。

我国《企业内部控制基本规范》第三十三条明确规定:预算控制要求企业实施全面预算管理制度,明确各责任单位在预算管理中的职责权限,规范预算的编制、审定、下达和执行程序,强化预算约束。

二、全面预算控制的组织架构

全面预算的有效运行,首要应解决的是全面预算的组织问题,即明确谁是预算控制主体。全面预算的组织领导与运行体制健全,是防止预算管理松散、随意,预算编制、执行与考核环节流于形式,预算管理的作用得不到有效发挥的关键。健全的预算管理体制一般应当具备全面预算管理的决策机构、工作机构和执行单位三个层次的基本架构。企业全面预算管理组织基本架构如图3-3所示。

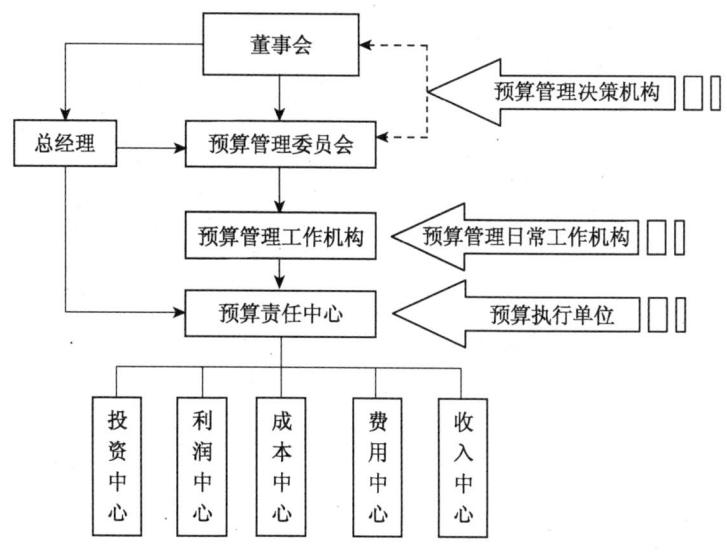

图 3-3　全面预算控制的组织架构图

第一层次是决策机构——预算管理委员会。预算管理委员会是全面预算管理职责的领导和决策机构,作为最高级别的控制主体承担监控职责。预算管理委员会成员由企业负责人及内部相关部门负责人组成,总会计师或分管会计工作的负责人应当协助企业负责人负责企业全面预算管理工作的组织领导。预算管理委员会主要负责拟定预算目标和预算政策,制定预算管理的具体措施和办法,组织编制、平衡预算草案,下达经批准的预算,协调解决预算编制和执行中的问题,考核预算执行情况,督促完成预算目标。

第二层次是工作机构——预算管理工作机构。预算管理工作机构对企业预算执行情况进行日常管理和控制,收集预算执行信息,形成分析报告。预算管理工作机构一般设在财会部门,由总会计师(或财务总监、分管财会工作的副总经理)兼任,工作人员除了财务部门人员以外,还应有计划、人力资源、生产、销售、研发等业务部门人员参加。

第三层次是执行单位——预算责任中心。全面预算执行单位是指根据其在企业预算总目标实现过程中的作用和职责划分的,承担一定经济责任,并享有相应权力和利益的企业内部单位,包括企业内部各职能部门、所属分(子)企业等。企业内部预算责任单位的划分应当遵循分级分层、权责利相结合、责任可控、目标一致的原则,并与企业的组织机构设置相适应。根据权责范围,企业内部预算责任单位可以分为投资中心、利润中心、成本中心、费用中心和收入中心。预算执行单位在预算管理委员会及其工作机构的指导下,组织开展本单位的预算编制上报、预算指标的分解落实、预算执行控制、内部预算考核等工作,执行单位负责人对本单位预算执行结果负责。

三、预算管理控制的内容

企业全面预算管理一般包括预算编制、预算执行和预算考核三个阶段。其中,预算编制阶段包括预算编制、预算审批、预算下达等具体环节;预算执行阶段包括预算指标分解及责任落实、预算执行控制、预算分析和预算调整等具体环节。这些业务环节之间相互关联、相互作用、相互衔接,周而复始地循环,从而实现对企业所有经济活动的进行科学管理与有效控制。企业全面预算的基本业务流程如图 3-4 所示。

(一)预算编制控制

预算编制阶段包括预算编制、预算审批、预算下达等具体环节。

1. 预算编制

预算编制是企业实施全面预算管理的起点。预算编制环节面临的主要风险有:不编制预算或预算不健全,可能导致企业经营缺乏约束或盲目经营;预算目标不合理,编制不科学,可能导致企业资源浪费或发展战略难以实现。为控制预算编制风险,企业应当明确预算编制依据、确定编制程序、选择预算编制方法,具体包括:①明确预算编制依据。企业应当在发展战略和年度经营计划的指导下,以上一期间实际状况为基础,结合本企业业务发展情况,综合考虑预算期内经济政策变动、行业市场状况、产品竞争能力、内部环境变化等因素对生产经营活动可能造成

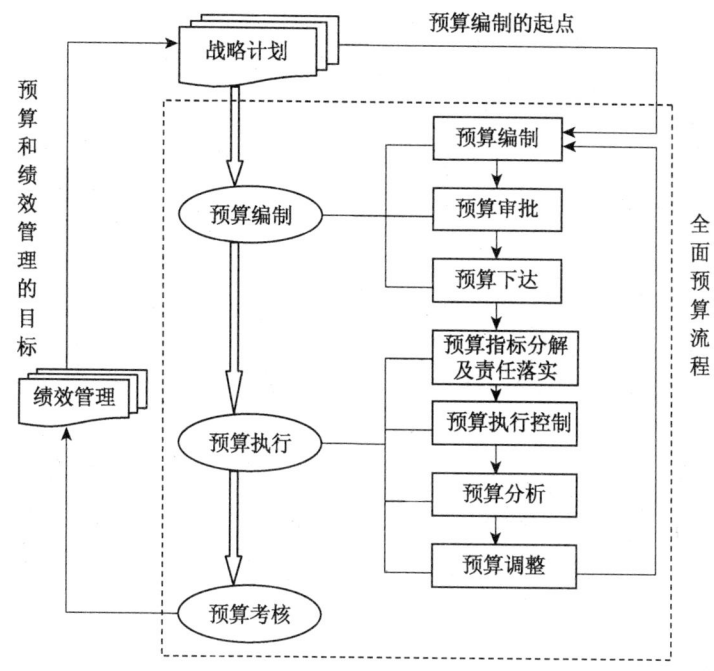

图 3-4 全面预算流程图

的影响,根据自身业务特点和工作实际编制相应的预算。②确定预算编制程序。企业应当按照上下结合、分级编制、逐级汇总的程序,编制年度全面预算。③选择预算编制方法。企业可以选择或综合运用固定预算、弹性预算、滚动预算等方法编制预算。其中:固定预算是根据预算期内正常的、可实现的某一业务量(如生产量、销售量等)水平而编制的预算,是一种最传统、最基本的预算编制方法,适用于业务量水平比较稳定的企业;弹性预算是以预算期间可能发生的多种业务量水平为基础,分别确定与之相应的费用数额,编制出能够适应多种业务量水平预算的一种方法,又被称为变动预算;滚动预算是它的预算期永远保持一个固定期间,是动态的、不断连续更新的弹性预算。

2. 预算审批

为了避免预算未经适当审批或超越授权审批,可能导致预算权威性不够、执行不力,或可能因重大差错、舞弊而导致损失,企业董事会审核全面预算草案,重点关注预算的科学性和可行性,按照《公司法》等相关法律、法规及企业章程的规定报经审议批准。

3. 预算下达

如果预算下达不力,可能导致预算执行或考核无据可查,为此,企业的全面预算经审议批准后应及时以文件形式下达执行。

（二）预算执行控制

预算执行是全面预算的核心环节，是预算目标能否实现的关键。企业在预算执行环节面临的主要风险是预算缺乏刚性、执行不力，可能导致预算管理流于形式。预算执行控制主要包括预算指标分解及责任落实、预算执行控制、预算分析和预算调整四部分。

预算管理委员会以董事会批准的企业年预算为依据，分解预算指标，将整个企业的预算分解为各责任中心的预算，并下达给各责任中心，以此来约束和考评责任主体；各责任中心按下达的预算为依据，安排生产经营活动，并指定专门预算管理员登记预算台账，形成预算执行统计记录，定期与财务部门核对；在预算执行的过程中，对于预算内支出按照预先授权审批，对于预算外支出需要提交预算管理委员会审议；财务部门对各责任中心的日常业务进行财务监督和审核，重点是财务支出的审核，尤其是成本支出和资本支出。企业批准下达的预算应当保持稳定，不得随意调整。由于市场环境、国家政策或不可抗力等客观因素，导致预算执行发生重大差异确需调整预算的，应当履行严格的审批程序。

（三）预算考核控制

预算考核是对企业内部各级责任部门或责任中心预算执行结果进行评价，将预算的评价结果与预算执行者的薪酬相挂钩，实行奖惩制度，即预算激励。

预算考核环节面临的主要风险是预算考核不严。为了提高预算的执行质量和执行效率，企业应当建立严格的预算执行考核制度，对各预算执行单位和个人进行考核，切实做到有奖有惩、奖惩分明。企业预算管理委员会应当定期组织预算执行情况考核，将各预算执行单位负责人签字上报的预算执行报告和已掌握的动态监控信息进行核对，确认各执行单位预算完成情况。必要时，企业还应实行预算执行情况内部审计制度。企业预算执行情况考核工作，应当坚持公开、公平、公正的原则，考核过程及结果应有完整的记录。

第六节　运营分析控制

一、运营分析控制的含义

运营分析控制是依据统计、会计提供的经济核算资料和其他相关资料，采用专门的方法，对企业一定期间的经营管理活动的过程及其结果进行分析研究，旨在掌握企业运营的效率效果，发现经营管理中存在的问题，并不断改进、完善企业经营管理的控制活动。

我国《企业内部控制基本规范》第三十四条明确规定：运营分析控制要求企业建立运营情况分析制度，经理层应当综合运用生产、购销、投资、筹资、财务等方面的信息，通过因素分析、对比分析、趋势分析等方法，定期开展运营情况分析，发现存在的问题，及时查明原因并加以改进。

企业进行运营分析的目的是把握经营管理活动是否朝着预算规定的目标发展，一旦出现偏差和问题就要找出问题所在，并根据新的情况解决问题或调整预算。因此，运营分析控制通常与全面预算控制结合使用，特别是作为预算分析环节的重要补充。

二、运营分析控制的步骤

实施运营分析控制通常包括以下四个步骤。

（一）确定运营分析的对象，制定分析方案

企业运营状况包含的内容非常广泛，运营分析的对象会涉及筹资状况、偿债能力、运营能力、资产管理水平、盈利能力和企业发展状况等内容。企业在分析运营状况之前，要依据运营分析的目标来确定分析的对象、范围和重点。分析目标明确后，要依据分析工作量的大小、分析问题的难度制定详细的分析方案，列出分析项目、进度安排，确定完成内容、完成标准与完成时间。

（二）收集与整理相关信息资料

在确定分析对象后，主要工作是充分收集与分析对象相关的信息资料。这些信息资料既包括企业内部的也包括企业外部的，既包括财务的也包括非财务的资料。内部信息资料主要包括财务、生产经营、资本运作、技术创新、综合管理等内容，企业可以通过财务报告、统计资料、内部管理报表、管理建议书、调研报告、专项信息反馈、会议记录、内部网络等渠道获取。外部信息资料主要包括政策法规、经济形势、市场竞争、行业动态等内容，企业可以通过政府部门、行业协会、中介机构、业务往来单位和传播媒体等渠道获取。在进行运营分析时，一定要广泛收集内容真实、数字正确的资料。

（三）选择适宜的分析方法，分析运营现状

进行运营分析应根据具体的运营分析对象和分析控制的要求，选择相适应的定量分析方法和定性分析方法，全面系统地反映企业各项运营指标的完成情况，揭示偏离标准的原因，找出运营中的存在的问题或薄弱环节，提出改进意见，落实责任单位和责任人。

（四）得出分析结论，撰写分析报告

通常由财务部门对各项运营指标完成情况的分析结果进行综合概括，对经营管理活动的过程及其结果做出正确的评价,撰写书面分析报告,财务部门(或其他管理部门)负责牵头定期召开运营活动分析会议或不定期召开专项经营分析会议,通报企业运营情况,揭示经营管理中存在的问题,提出改进工作的具体措施。

三、运营分析的方法

运营分析方法包括定量分析方法和定性分析方法。定量分析方法是从数量上比较和测定各项经济指标变动的数额,以及影响指标变动原因和影响程度的分析方法,是运营分析最基本的方法。定性分析方法是在定量分析的基础上,根据国家有关法规、政策,结合企业的实际情况进行相互联系的分析研究,考虑各种不可计量的因素加以综合论证,对定量分析的结果进行切合实际的修正,是运营分析的辅助方法。下面重点介绍运营分析常用的比较分析法、比率分析法、因素分析法、趋势分析法和综合分析法等定量分析方法。

(一)比较分析法

比较分析法是运营分析中最常用,也是最基本的方法,是将两个或多个相互联系的指标进行比较,揭示差异,为分析和评价企业的某一方面的运营情况提供依据和指明方向。比较分析法中可选取历史指标、预算指标、行业指标作为比较评价标准。将本期指标与上期、上年同期指标或历史最好水平进行比较,可以揭示企业某一方面的增减变动情况;将实际指标与计划、预算指标进行比较,可以分析考核企业计划、预算的执行情况;将本企业指标与同行业平均指标或先进企业的指标进行比较,可以找出差距与不足。

比较分析法相关指标比较的形式有绝对数比较和相对数比较。绝对数比较是计算两个或两个以上指标增减变动数额;而相对数比较是计算增减变动百分比。相对数比较可消除项目绝对规模因素的影响,有利于得出正确的分析结论。

采用比较分析法时,应注意相比较指标的可比性,对比的指标在性质、计算口径、计价基础和时间上应保持一致;同时还应注意剔除偶然性因素对评价指标的影响,对显著变动的指标要作重点分析。

(二)比率分析法

比率分析法是将财务报表中相互联系的两个项目的金额进行对比,计算出财务比率,据以确定企业经济活动变动程度,考察和评价企业财务状况和经营成果的分析方法。常用的比率指标主要有构成比率、效率比率和相关比率,其中:①构成比率是通过计算某项经济指标的某个组成部分与总体的比率,反映部分占总体的关系,说明经济指标的构成及其发展变化。利用构成比率,可以考察总体中某部分的形成与安排的合理性。②效率比率是通过计算某项经济活动中的所费与所得的比率,反映投入与产出的关系。利用效率比率,可以考察企业的经营成果,评价经济效益。例如,利润与销售收入的比率,可以分析和考察企业的获利能力。③相关比率是将两个不同但又有一定关联的项目加以对比所得的比率,反映有关经济活动的相互关系。利用相关比率,可以考察企业生产经营活动情况。例如,流动资产与流动负债的比率,可以分析企业的短期偿债能力。

比率分析法计算简便,计算结果容易判断分析,而且能够将某些指标在规模不同的企业之间进行比较,可比性强。但在运用比率分析法时应注意以下三个问题:①对比项目应具有相关性。构成比率的分子与分母必须是部分与总体的关系;效率比率的分子与分母必须具有投入与产出的因果关系;相关比率的分子与分母也要有某种内在的联系。②对比项目的计算口径必须一致。计算比率的分子与分母必须在计算时间、范围等方面保持口径一致。③衡量标准要有科学性。在分析、评价比率指标时,要选择科学、合理的标准与之对比,以便对企业的运营情况做出客观评价。通常可根据分析目的的需要,选用预定目标、历史标准和行业标准作为对比标准。

(三)因素分析法

在企业的经营活动中,有些指标是由多种因素共同构成的,每一因素变动对该指标都有影响,只有把该指标分解为具体因素,并确定各个因素对指标的影响,才能找出该指标完成好与差的原因,进而制定改进措施。因素分析法就是确定分析指标的影响因素、测量其影响程度并查明指标变动原因的一种分析方法。因素分析法既可以全面分析若干因素对某一经济指标的共同影响,又可以单独分析其中某个因素对某一经济指标的影响。

因素分析法按分析特点可分为连环替代法和差额分析法。连环替代法是将分析指标分解为各个可以计量的因素,并根据各个因素之间的依存关系,顺次用各因素的比较值(通常即实际值)替代基准值(通常为标准值或计划值),据以测定各因素对分析指标的影响。

假设某一分析指标 M 是由相互联系的 A、B、C 三个因素相乘得到,报告期(实际)指标为 $M_1 = A_1 \times B_1 \times C_1$,基准期(标准)指标为 $M_0 = A_0 \times B_0 \times C_0$,报告期与基准期的总差异是 $M_1 - M_0$。在测定各因素变动对 M 指标影响程度时可按顺序依次进行替代:

基期(计划)指标 $M_0 = A_0 \times B_0 \times C_0$ ……(1)

第一次替代: $A_1 \times B_0 \times C_0$ ……(2)

第二次替代: $A_1 \times B_1 \times C_0$ ……(3)

第三次替代: $A_1 \times B_1 \times C_1$ ……(4)

则各因素变动对 M 指标的影响程度是:

A 因素变动对 M 指标的影响为:(2)-(1)=A1×B0×C0-A0×B0×C0

B 因素变动对 M 指标的影响为:(3)-(2)=A1×B1×C0-A1×B0×C0

C 因素变动对 M 指标的影响为:(4)-(3)=A1×B1×C1-A1×B1×C0

最后将 A、B、C 三大因素各自的影响数相加就应该等于总差异(M1-M0)。

差额分析法是连环替代法的一种简化形式,是利用各个因素的比较值与基准值之间的差额,来计算各因素对分析指标的影响程度。这种方法与连环替代法的原理及运用要求相同,只是在计算上简化一些,两种方法的计算结果也完全相同。

运用因素分析法时应注意以下四个问题:①注意因素分解的关联性。②因素替代的顺序性。一般先替代数量指标,后替代质量指标;在同类指标中先替代实物量指标,后替代价值量指标;若有几个同类指标,则先替代主要因素,后替代次要要素。③顺序替代的连环性,即计算每一个因素变动时,都是在前一次计算的基础上进行,并采用连环比较的方法确定因素变化影响结果。④计算结果的假定性。连环替代法计算的各因素变动的影响数,会因替代计算的顺序不同而有差别,即其计算结果只是在某种假定前提下的结果,因此,分析人员应力求使这种假定合乎逻辑,并具有实际经济意义,这样才不会妨碍分析结果的有效性。

(四)趋势分析法

趋势分析法也称动态分析法,是通过对财务报表中各类相关数字资料,将连续三期或多期的相同指标或比率进行定基对比和环比对比,确定其增减变动的方向、数额或幅度,揭示有关数据变动趋势的一种分析方法。趋势分析可以采用以下几种形式:①若干期资产负债表项目的变动趋势分析。编制横向比较的资产负债表,可以揭示资产、负债及所有者权益增减变动情况,寻找财务状况发生变化的原因。编制纵向比较的资产负债表,通过计算资产负债表中各项目在总资产或总权益中所占的比重,来分析企业资产结构、权益结构及增减变动的合理性。②若干期利润表项目的变动趋势分析。对利润表的横向比较可以揭示不同时期利润额的差异及其产生的原因。而对利润表的纵向比较可以分析利润、成本费用结构及增减变动的合理程度。③若干期财务比率的变动趋势分析。④特定项目(如销售量、营业收入等)若干期数据的变动趋势分析。趋势分析目的在于揭示企业财务状况、经营成果等的变动情况,发现问题,查找原因,同时也可以预测企业未来的发展趋势。

运用趋势分析法时应注意以下三个问题:①用于进行对比的各个时期的指标,在计算口径上必须一致。②要剔除偶发性项目的影响,使作为分析的数据能反映企业正常的运营情况。③应用例外原则,对某项有显著变动的指标作重点分析,研究其产生的原因,以便采取对策,趋利避害。

（五）综合分析法

企业的各项财务活动、各张财务报表、各项财务指标是相互联系、相互影响的，单独分析任何一项或一类财务指标，难以全面评价企业的财务状况和经营成果，因此，需要将企业财务活动看做一个大系统，将不同财务报表和不同财务指标联系起来，对企业整体做出综合的评价。综合分析法是将反映企业偿债能力、营运能力、盈利能力和发展能力等指标纳入一个有机的整体之中，以全面、系统、综合地对企业财务状况、经营成果进行分析与评价。现代财务分析体系中应用较为广泛的综合分析法有杜邦财务分析体系、沃尔评分法、帕利普财务分析体系等。

【案例3-5】　　　　　中国海油特色的财务报告分析[①]

中国海洋石油总公司（以下简称"中国海油"）的集团财务分析工作重点关注：各业务板块的战略是否和集团战略匹配，经营结构和发展方式是否和战略匹配，财务健康状况是否可持续保障战略实施，成长性、回报率是否和战略匹配，成本费用的控制是否得力，资源的配置是否和战略发展匹配等。集团层面的财务分析除反映经营业绩和财务概况外，更侧重于公司财务风险防范、成本费用控制和预算执行情况等方面的内容。

中国海油财务分析的特色突出表现在以下四个方面。

1. 完善的报告分析体系

中国海油的报告分析体系包括人员配备、制度保障、信息收集、信息系统支持、纵向及横向工作协作等。2005年，中国海油财务部门增设了报告分析处，集中负责财务分析报告工作，并在处内按照不同的财务分析内容设置分工，保障分析报告工作的有效进行。同时，中国海油加强集团财务分析工作的纵向、横向支持协作，利用集团总部现有资源和成果，丰富财务分析的资料来源。同时与子公司之间做好交流工作，相互学习，了解行业情况。

2. 报告分析制度系统化

2009年，中国海油财务管理部全面梳理了财务分析制度，推出了《财务分析和报告管理办法》和相关的3个编报细则。该办法和细则建立了财务分析报告体系，明确了集团和各子公司财务分析的职责以及各类财务分析报告的编报范围、工作流程、时间等要求，规范和改进了集团财务报告编报工作，使管理层及其他信息使用者更好地了解和掌握企业各期经营成果和财务状况，并明确了财务分析岗位设置和人员要求。

---

① 孟军，康华华，黄萍. 我们怎样做集团化财务分析[J]. 中国会计报，2011-09-30.
张瑶瑶. 中国海油：财报分析打造自己的财务视角[J]. 中国会计报，2011-09-30.
张瑶瑶. 为财务分析着迷[J]. 中国会计报，2011-09-30.

3. 报告分析内容多元化

中国海油财务分析报告的内容包括快报财务分析、内部管理报告、综合经营业绩报告和财务专题分析报告。其中：①快报财务分析以快报数据为主要依据，由财务和经营指标表、重要辅助经营数据组成，能够及时为管理层提供了解公司经营业绩的第一手资料。②内部管理报告以会计报表和管理报表为主要依据，在快报分析的基础上，进一步充实、深入、全面的财务分析，能够为管理层提供全方位了解公司的财务、经营情况的重要资料。③综合经营业绩报告是在快报分析和内部管理报告的基础上所做的经营业绩分析报告，主要包括宏观经济形势分析、经营业绩概括分析、集团及子公司财务健康状况分析以及业绩对比等内容。综合经营业绩报告每年年中、年末向管理层提交，更为全面展示集团及重要子公司的经营现状、揭示其经营中的亮点和问题、关注其财务风险状况，通过业绩对比分析反映公司主要经营指标在同行业和央企中所处的位置。④财务专题分析报告深入分析并揭示影响公司发展的重大事件、经营趋势及转折性事件，评估对集团经营的影响，从财务管理角度提出经营建议，为集团管理层提供决策支持服务。上述报告从不同角度和深度关注公司的经营业绩、财务状况、财务风险，并提出应对建议，让集团管理层及时、多维度地了解公司现状及未来经营可能的影响或带来的风险，从而起到警示和防范作用。

4. 创新性财务专题分析

中国海油创新性提出要做好财务专题分析工作，深入分析影响公司集团发展的重大事件、经营趋势及转折性事件，评估对集团经营的影响，集团财务部门设专人专岗负责该项工作。

2008 年 8 月底，1 200 万吨惠州炼油一期项目即将正式投产。惠州炼油项目意味着中国海油上下游产业链建设有了标志性的进展，对中国海油整个产业结构都将产生重大影响。在投产之前，报告分析处联合集团下属炼化公司，即项目实体公司的母公司，对该项目投产后对公司业绩的影响做了专题分析报告。专题报告分为要点总结、项目进度、项目盈利影响及项目风险四个部分。在项目对经营业绩影响的评估部分，报告从产品发布→产量计划→板块收入预测等方面对利润实现层层推进。重点选取了对下属炼化公司收入排名、总公司重要财务指标行业对标排名等审阅者重点关注的业绩指标，预测项目对炼化公司和总公司未来业绩表现的影响。专题报告向审阅者及时清晰地提供了惠州炼油项目的高质量数据信息支持，使总公司和炼化公司管理者在进行项目决策或相关运营决策，如新项目投资、产能扩大，或外部油价异常变动时，正确辨识经营风险、科学谨慎地制定运营策略。事实证明，该分析报告中的诸多结论都基本正确，为集团管理层的决策提供了参考和依据。

2008 年全球金融危机发生后,报告分析处客观分析了集团旗下上市公司市值和金融资产增值部分的缩水情况。分析发现,虽然集团整体经营状况良好,但是部分单位已经感到资金紧张。而在公司快速发展、业绩大幅增长的同时,成本费用也在大幅增长。报告分析处通过风险分析,重点提出要在全集团实施"稳健财务运营"和"加强成本管理"的理念。关于金融危机对中国海油经营影响的分析报告像是一场及时雨,中国海油上下掀起了一场控制成本费用的集体行动,并取得了良好的效果。

财务专题报告也关注内部管理报告和综合业绩分析反映出来的重大风险,并进行进一步剖析,如在内部管理报告中发现下属某子公司经营业绩出现较大波动后,及时分析原因及影响,并向集团管理层报告,管理层及时做出应对,避免了在外部市场上的较大负面影响。

第七节　绩效考评控制

一、绩效考评控制的含义

绩效考评是对企业各项经营活动和职能部门当期实现的实际业绩,通过将其与预算、计划目标等进行对比,考核和评价其经营业绩。绩效考评是绩效考核和评价的总称。

我国《企业内部控制基本规范》第三十五条明确规定:绩效考评控制要求企业建立和实施绩效考评制度,科学设置考核指标体系,对企业内部各责任单位和全体员工的业绩进行定期考核和客观评价,将考评结果作为确定员工薪酬以及职务晋升、评优、降级、调岗、辞退等的依据。

绩效考评控制应当与全面预算控制结合使用,特别是作为预算考评环节的重要补充。只有通过科学合理的绩效考评,才能确保全面预算落到实处。

二、绩效考评控制的内容

(一)合理确定考评主体

合理确定考评主体包括两层含义:一是由谁进行考评;二是有多少人进行考评。绩效考评主体主要是董事会和各级管理者,考评客体是各级管理人员和全体员工,当然也涉及对部门的绩效考评。企业在确定考评主体时,要求考评主体必须了解考评客体的工作性质、岗位要求及工作状况等内容,并对考评主体进行包括道德、考评体系、考评资料收集等方面必要的培训。另外,应根据人力资源的实际情况确定考评主体的人数,对于一个考评对象通常不得少于两个考评主体。

（二）确定绩效考评目标

绩效考评目标应当具有针对性和可操作性。企业应当建立以绩效为核心的分配激励制度,将绩效考核与员工薪酬相挂钩,切实做到薪酬安排与员工贡献相协调,既体现效率优先又兼顾公平,杜绝高管人员获得超越其实际贡献的薪酬;同时,要注意发挥企业福利对企业发展的重要促进作用,激励员工、提高员工士气以及员工对企业的认可度与忠诚度。

（三）科学设定绩效考评指标

绩效考评指标通常包括业绩考评指标、能力考评指标、态度考评指标等。它既包括定量指标,以反映评价客体的各种数量特征,又包括定性指标,以说明各项非数量指标的影响,同时,针对不同的评价指标赋予相应的权重,体现各项评价指标对绩效考评结果的影响程度和重要程度。企业在设定绩效考评指标时应和企业战略目标保持一致,结合企业内部经营状况和外部经营环境因地制宜设置公平、有针对性的考评指标。

（四）制定绩效考评标准

考评标准是对考评客体进行绩效评判的基准和尺度。某项指标的考评标准是在一定条件下产生的,随着企业内外部环境的变化,考评标准也要随之发生变化。绩效考评体系目前最为常用的绩效考评标准有预算标准、历史水平标准、行业标准或竞争对手标准。

（五）形成评价结果

依据考评指标和考评标准,采用一定的绩效考评方法对企业内部各责任单位和全体员工的业绩进行定期考核和客观评价,形成评价结果——评价报告。评价报告的编制包括按照考评指标制定与计算、考评指标的实际值与考评标准的差异计量与分析、评价结论的得出、形成评价报告、奖惩建议等几个步骤。

（六）运用考评结果

绩效考评的结果一定要反馈给被考核者,以起到激励和引导的作用。企业应当依据绩效考评结果分配奖金份额,并作为员工职务晋升、评优、降级、调岗、辞退等的依据。

三、绩效考评方法

绩效考评控制的重点和难点是绩效考评方法的确定。绩效考评是针对企业内部各责任单位和每个员工所承担的工作完成的实际效果及其对企业的贡献或价值进行考核和评价。一般而言,选择绩效考评方法应当考虑成本、实际性、工作性质三个要素,考评方法力求目的明确、方法简单、便于控制、易于执行。绩效考评方法按照考核内容特征可以分为结果导向型、行为导向型、特质导向型和战略导向型四种类型方法。

（一）结果导向型绩效考评方法

结果导向型绩效考评方法是在考核过程中先为员工设定一个工作结果的标准，然后再将员工的实际工作结果与标准对照，考评的重点在于产出与贡献，通常适用于工作结果易于表现为客观、具体、可量化的绩效指标的员工，如一线操作工人、销售人员等。常见的结果导向型绩效考评方法有比较法、强制分布法和评级量表法等。

1. 比较法

比较法也被称为排序法，是按照被考核者有关绩效的相对优劣程度确定其相对等级或名次。比较法又分为直接排序法、交替排序法和配对比较法，其中：直接排序法将员工按工作绩效由好到差顺序依次进行排列；交替排序法首先将绩效最好的员工列在名单开首，把绩效最差的员工列在名单末尾，然后再从剩余的被考核者中挑选出绩效最好的列在名单开首第二位，相应的绩效最差的列在名单倒数第二位，以此类推，不断挑选出剩余被考核者群体中绩效最好的和最差的员工，直至排序完成；配对比较法是针对某一绩效评估要素，把每一位员工都与其他员工相比较来判断谁"更好"，记录每一位员工与任何其他员工比较时被认为"更好"的次数，根据次数的多少给员工排序。比较法是最方便的考评方法，考核结果也一目了然，但是采用比较法得出的考核结果无法在不同考核群体之间进行横向比较，也无法找出绩效差距产生的原因，在实务中一般不单独使用。

2. 强制分布法

强制分布法是基于正态分布原理，预先确定评价等级和各等级在总数中所占的百分比，然后按照被考核者绩效的优劣程度将其强制列入其中的相应等级。强制分布法的优点是等级清晰，考核过程简单方便；常常与员工的奖惩联系在一起，强烈的正负激励同时运用；可以避免考核者给所有人中等评价的问题。强制分布法的缺点在于按照考评者的设想对员工进行硬性区分容易引发员工的不满，同时会把一些员工归入不适当的等级中，挫伤员工的工作积极性；只能把员工分为有限的几种等级，难以具体比较员工差别，也不能在诊断工作问题时提供准确可靠的信息；不同部门中不同类型员工的概率可能不一致。

3. 评级量表法

评级量表法是在绩效考评中所采用的最普遍的考评方法，是把员工的绩效分为若干项目，每个项目后设一个量表，由考评人员对员工在每一考评因素上的情况做出评判和记分。这种方法的优点是创造了一种量化考核，可以把员工绩效的每一因素都反映出来，总考核成绩可以被看成绩效增长或被用作提升的依据；考评过程费时少、有效性高。其缺点是考核者容易产生晕圈误差和趋中误差；过于宽大或中庸的考核者，会把每个人的每个项目很快地评为高分或平均分；多数评级量表并不针对某一特别岗位，而是适用于企业的所有单位，因而不具有针对性。

（二）行为导向型绩效考评方法

行为导向型绩效考评方法重点在于甄别与考核员工在工作中的行为表现，关注完成任务的行为方式是否与预定要求相一致，适用于工作成果难以量化或者强调以某种规范行为来完成工作任务的岗位。常见的行为导向型绩效考评方法有关键事件法、行为锚定等级评定法等。

1. 关键事件法

关键事件法是通过被考评人工作中极为成功或极为失败的事件分析和评价来考察被评价者工作绩效的一种方法。关键事件法的优点是：为解释绩效评价结果提供了一些确切的事实证据；能确保在对下属人员进行绩效考察时，所依据的是员工在整个考核期间的表现，而不是员工在最近时期的有关绩效状况倾向；保存一种动态的关键事件记录，可以获得一份关于下属员工是通过何种途径消除不良绩效的具体实例；针对性强，结论不易受主观因素的影响。该种方法的缺点是基层工作量大，需要花费大量的时间去搜集关键事件，并加以概括和分类；关键事件的定义是显著地对工作绩效有效或无效的事件，相应遗漏了平均绩效水平；对于什么是关键事件，并非在所有的经理人员那里都有相同的定义。

2. 行为锚定等级评价法

行为锚定等级评价法是将同一工作可能发生的各种典型行为进行评分度量，建立一个锚定评分表，以此为依据，对员工工作中的实际行为进行测评分级的考评方法。所谓行为锚定，是要针对每类职位的特点编制出一套典型的行为描述词，并设计出与之相配套的评分标准和说明，每一级评分标准与行为描述说明词相对应，即"锚定"。这种方法结合了关键事件法和评级量表法的主要要素，考评者按某一序数值尺度给各项指标打分，评分项目则是某人从事某项职务的具体行为事例，而不是一般的描述。

行为锚定等级评价法侧重于具体且可衡量的工作行为，它将职务的关键要素分解为若干绩效因素，然后为第一绩效因素确定有效果或无效果行为的一些具体事例。其结果可以形成诸如"预测"、"计划"、"实施"、"解决眼前问题"、"贯彻执行命令"和"处理紧急情况"等的行为描述。例如，对于"告诉员工如果有问题随时可以来和他谈"这类的叙述，一位经理对其属下的基层监督人员可以用 5 分制尺度中的 0 分（几乎从不）或者 4 分（几乎总是）做出评价。行为锚定等级评价法是用工作行为的具体事例来反映每种特性的不同绩效水平，这就使得评价结果更有说服力，但开发需花费大量的时间和精力。

（三）特质导向型绩效考评方法

特质导向型绩效考评方法主要适用于考核员工的个性特征,所考核的内容主要是那些抽象的、概念化的个人基本品质,如决策能力、对企业的忠诚度、沟通与协调能力、创新能力等。常用的特质导向型绩效考评方法如述职鉴定法。

述职鉴定法是由岗位员工作述职报告,把自己的工作完成情况和知识、技能等反映在报告内的一种考评方法,主要适用于对企业中、高层管理岗位的考核。述职鉴定法的优点是内容详细,能为考核者提供重要依据。其缺点是主观性较强,难以独立地作为最终考核的结果。述职鉴定法一般不单独使用,通常与其他绩效考评方法结合使用。

（四）战略导向型绩效考评方法

战略导向型绩效考评方法着眼于企业发展战略,是绩效考评的重要方法,常见的战略导向型绩效考评方法有平衡计分卡、关键绩效指标评价法、目标管理法等。

1. 平衡计分卡

平衡计分卡(the balanced score card, BSC)是一种突破了个人绩效局限而基于组织整体战略性激励的绩效考核体系。它是由哈佛商学院教授罗伯特·卡普兰(Robert Kaplan)和复兴全球战略集团创始人兼总裁戴维·诺顿(David Norton)在1992年经过对12家企业绩效考核实践研究设计出来的。平衡计分卡被《哈佛商业评论》评为最具影响力的管理工具之一,它打破了传统的单一使用财务指标衡量业绩的方法。平衡计分卡的核心思想是通过财务、客户、内部运营、学习与成长四个维度的指标之间相互驱动的因果关系展现组织的战略轨迹,实现绩效考核→绩效改进和战略实施→战略修正的目标。平衡计分卡一方面通过财务目标保持对短期业绩的关注,另一方面通过员工学习、服务的创新提高客户的满意度,共同驱动未来的财务绩效。平衡计分卡实质上是基于综合平衡的战略思想,体现了财务、非财务衡量方法之间的平衡,长期、短期目标之间的平衡,外部、内部的平衡,结果、过程的平衡,管理、经营业绩的平衡,因此能反映组织综合经营状况,使业绩评价趋于平衡和完善,利于组织长期发展。但平衡计分卡也有缺陷:一是没有提出支持集团战略与集团下属各战略业务单位战略之间实现动态调整的理论框架;二是无法解决一个战略业务单位内部个人绩效测评的问题。

平衡计分卡的采用取决于企业的管理水平、信息化程度和员工素质水平。实施平衡计分卡应当具备以下四个方面的条件:①企业管理水平高。企业管理要达到程序化、规范化、精细化,使企业战略的每一层次都能有效地实施,达到预期的目标。②信息化程度高。企业应提供自动化的方法,针对纳入平衡计分卡解决方案中的所有数据加以收集与整理,并运用现有的运营、分析及通信工具,使信息准确、可靠、及时。③员工素质水平高。员工素质水平的情况影响平衡计分卡实施的效果,特别是高层、中层管理人员的素质水平尤为关键。④对战略目标的合理分解。对企业战略目标的合理分解是平衡计分卡成功实施的关键。企业战略目标要进行层层分解,转化为一系列可衡量、可实施的具体目标,并在实施中期做合理的调整与修正。

2. 关键绩效指标评价法

20世纪80年代,管理学界开始关注将绩效管理与企业战略相结合,在考核过程中,将结果导向与行为导向相结合,强调工作行为与目标达成并重,在这种背景下,关键绩效指标(key performance indicator, KPI)应运而生。关键绩效指标是通过对组织内部某一流程的输入端、输出端的关键参数进行设置、取样、计算、分析,衡量流程绩效的一种目标式量化管理指标,是把企业的战略目标分解为可操作的工作目标的工具,是企业建立完善的绩效管理体系的基础,是管理中"计划—执行—评价"中的"评价"不可分割的一部分,反映个体与组织关键绩效贡献的评价依据和指标。

关键绩效指标评价法一个重要的管理原理,是"二八原理"。在一个企业的价值创造过程中,存在着"20/80"的规律,即20%的骨干人员创造企业80%的价值;而且在每一位员工身上"二八原理"同样适用,即80%的工作任务是由20%的关键行为完成的。因此,必须抓住20%的关键行为,对其进行分析和衡量,这样就能抓住业绩评价的重心。

关键绩效指标分为定量指标和定性指标两大类。其中:定量指标可以通过数据来体现,主要包括财务指标、服务指标和经营运作指标等;定性指标是那些难以用数学手段进行计算的指标,主要由考评者利用自身的知识和经验,需通过对行为的描述来体现。关键绩效指标是连接个体绩效与组织目标的一个桥梁。关键绩效指标是针对对组织目标起到增值作用的工作产出来设定的,基于这样的关键绩效指标对绩效进行评价,就可以保证真正使得对组织有贡献的行为受到鼓励。

3. 目标管理法

目标管理的概念是1954年由美国著名的管理学家彼得·德鲁克在《管理的实践》一书中提出的。德鲁克认为,目标管理可以把工作和人的需要两者统一起来,综合了人对工作的兴趣和人的价值,从工作中满足人的社会需求。而企业的目的和任务必须转化为目标,确定了企业目标后,必须对其进行有效分解,转化成各个部门及每个人的分目标,根据分目标的完成情况对各个部门和每个人进行考核、评价和奖惩。目标管理是让企业的管理人员和员工亲自参加工作目标的制定,在工作中实行自我控制,并努力完成工作目标。目标管理体现了现代管理的哲学思想,是领导者与下属之间双向互动的过程。目标管理法是由员工与主管共同协商制定个人目标,个人的目标依据企业的战略目标及相应的部门目标而确定,并与它们尽可能一致。目标管理法能够将可观察、可测量的工作结果作为衡量员工工作绩效的标准,以制定的目标作为对员工考评的依据,从而使员工个人的努力目标与组织目标保持一致,减少管理者将精力放到与组织目标无关的工作上的可能性。目标管理法主要通过目标设定、目标实施、结果评价和结果反馈四个步骤来完成。

目标管理法的优点是评价标准直接反映员工的工作内容,结果易于观测,所以很少出现评价失误,也适合对员工提供建议,进行反馈和辅导。由于目标管理的过程是员工共同参与的过程,因此,员工工作积极性大为提高,增强了责任心和事业心。目标管理有助于改进组织结构的职责分工。由于组织目标的成果和责任力图划归一个岗位或部门,容易发现授权不当与职责不清等内部控制缺陷。目标管理法的缺点是有时目标难以具体化和量化,耗时费力;没有在不同部门、不同员工之间设立统一目标,因此难以对员工和不同部门之间的工作绩效进行横向比较,不能为以后的晋升决策提供依据。

复习思考题

1. 什么是不相容职务? 它通常包括哪些职务? 在一般情况下,需要分离的不相容职务有哪几种?

2. 授权审批控制的要求是什么? 它有哪些基本原则和形式?

3. 什么是会计系统控制? 它包括哪些内容?

4. 财产保护控制措施有哪些?

5. 简述全面预算的流程及各环节可能存在的风险。

6. 常用的运营分析方法有哪些?

7. 简述绩效考评控制的主要内容。

练 习 题

一、单项选择题(在每小题的备选答案中,选出一个正确的答案)

1. 不相容职务分离的核心是( )。

A. 各司其职　　B. 各负其责　　C. 协调合作　　D. 内部牵制

2. 下列职务中,相容的是( )。

A. 采购申请与采购审批

B. 采购审批与采购验收

C. 应付账款的审批与费用支付的审批

D. 采购审批与费用支付审批

3. 在资金控制的不相容岗位相互分离中,出纳不得兼任(　　)。

A. 会计档案保管工作　　　　　　B. 会计档案销毁工作

C. 银行存款日记账的登记工作　　D. 固定资产明细账的登记工作

4. 对于重大决策、重大事项、重要人事任免和大额资金支付业务,企业应当(　　)。

A. 由董事长或总经理个人单独进行决策

B. 实行集体决策审批或者联签制度

C. 在紧急情况下可以由个人或少数人临时决定,事后无需向上级报告

D. 以个别征求意见等方式进行决策

5. 现代企业的多层组织结构形成了一个委托代理链,股东将其资产委托给董事会经营,董事会保留一定的决策权后,又将经营权委托给总经理,委托代理理论的核心思想是(　　)。

A. 权力制衡　　　B. 适当授权　　　C. 明确责任　　　D. 有效监督

6. 下列关于会计系统控制的主要内容的说法中,不正确的是(　　)。

A. 依法设置会计机构,配备会计从业人员,建立会计工作岗位责任制

B. 按照规定取得和填制原始凭证

C. 对凭证进行连续编号

D. 按照企业会计制度的要求编制、报送、保管财务会计报告

7. 很多大厦都雇佣保安和利用闭路电视摄像头,这属于(　　)。

A. 不相容职务分离控制　　　　　　B. 授权审批控制

C. 财产保护控制　　　　　　　　　D. 会计系统控制

8. (　　)是全面预算的核心环节,是预算目标能否实现的关键。

A. 预算编制　　　B. 预算审批　　　C. 预算执行　　　D. 预算考核

9. 下列关于运营分析控制的说法中,错误的是(　　)。

A. 通常由财务部门分析运营指标完成情况、评价经营管理活动的过程及结果、撰写书面分析报告

B. 定性分析方法能够对定量分析的结果进行切合实际的修正,是运营分析最基本的方法

C. 运用比率分析法时应注意对比项目应具有相关性、计算口径必须一致、衡量标准要有科学性

D. 运用趋势分析法时要对有显著变动的指标作重点分析,分析原因,以便采

取对策

10. 绩效考评控制的评价主体主要是(　　)。

A. 公司董事会和各级管理者　　　　B. 各个职能部门

C. 各级管理人员　　　　　　　　　D. 全体员工

二、多项选择题(在每小题的备选答案中,选出两个或两个以上正确的答案)

1. 下列行为中,不符合内部控制要求的有(　　)。

A. 不经过审批付款

B. 总账与日记账、明细账由不同人员登记

C. 董事长与总经理分别由不同人担任

D. 支付款项所需印章由一人保管

E. 销售合同的订立人员不负责审批

2. 下列职务中,应予以分离的有(　　)。

A. 授权进行某项业务的职务与执行该项业务的职务

B. 执行某项业务的职务与审核该项业务的职务

C. 执行某项业务的职务与记录该项业务的职务

D. 保管某项财产的职务与记录该项财产的职务

E. 执行购买某项财产的职务与保管某项财产的职务

3. 授权控制应遵循的原则有(　　)。

A. 因人设职授权　　　　　　　　B. 在紧急情况下可以越权授权

C. 适度授权　　　　　　　　　　D. 适当监督

E. 必须采用书面授权形式

4. 下列关于授权审批控制的说法中,正确的有(　　)。

A. 授权按性质可分为常规授权和特别授权

B. 不得超越授权权限进行审批

C. 审批者即使在自己的职权范围内,也不能随意审批

D. 审批应该采用在下级的报告上批示、专门行文批示、在有关的凭证上签字批准等形式

E. 有批准权的员工时间较长离开办公所在地,可能影响业务正常进行时,可由其书面授权其副职人员或相关下属人员来完成自己的某些职能

5. 财产保护控制的具体措施有(　　)。

A. 财产记录　　　B. 限制接近　　　C. 定期盘点　　　D. 财产保险

E. 账账核对

6. 企业全面预算管理组织架构由(　　)构成。

A. 决策机构　　　B. 工作机构　　　C. 控制机构　　　D. 执行单位

E. 监督机构

7. 下列关于企业预算管理内部控制的做法中,正确的有(　　)。

A. 预算管理工作机构设在财会部门

B. 企业按照上下结合、分级编制、逐级汇总的程序,编制年度全面预算

C. 对于工程项目、对外投融资等重大预算项目,密切跟踪其实施进度和完成情况,实行严格监控

D. 预算执行过程中对于预算内支出按照预先授权审批,对于预算外支出需要董事长审批

E. 为了紧密跟随市场经济环境的变化,企业批准下达的预算可以调整,不用再履行审批程序

8. 运营分析方法包括定量分析方法和定性分析方法。常用的定量分析方法有(　　)。

A. 比较分析法　　　B. 比率分析法　　　C. 因素分析法　　　D. 趋势分析法

E. 强制分布法

9. 下列各项中,属于战略导向型绩效考评方法的有(　　)。

A. 平衡计分卡　　　　　　　　　　B. 关键绩效指标评价法

C. 目标管理法　　　　　　　　　　D. 述职鉴定法

E. 行为锚定等级评价法

10. 目前,绩效考评体系最为常用的绩效考评标准有(　　)。

A. 经验标准　　　B. 预算标准　　　C. 历史水平标准　　　D. 行业标准

E. 竞争对手标准

三、判断题(认为正确的在题目的括号内打"√",认为错误的在题目的括号内打"×")

1. 对于人员较少、业务简单而无法分离某些不相容职务时,企业应当遵循成本效益原则,可以不采取控制措施。　　　　　　　　　　　　　　　　　　(　　)

2. "一支笔"审批模式权力过于集中,缺乏制约和监督,可能导致腐败。　(　　)

3. 企业对于重大的业务和事项,应当实行集体决策审批或者联签制度,任何个人不得单独进行决策或者擅自改变集体决策。　　　　　　　　　　　　　(　　)

4. 大中型企业应当设置总会计师,可以设置与其职权重叠的副职,以便相互牵制。　　　　　　　　　　　　　　　　　　　　　　　　　　　　　(　　)

5. 从事会计工作的一般员工,无需取得会计从业资格证书。　　　　　(　　)

6. 限制接近只包括对资产本身的直接接触,而不包括通过文件方式授权使用

和处置资产的间接接触。　　　　　　　　　　　　　　　　　　　（　　）

　　7. 企业应当对凭证进行连续编号，可以避免重复或遗漏，便于对经济业务进行查询，并在一定程度上减少通过抽取发票、截取银行收款凭证等手段进行舞弊的可能性。　　　　　　　　　　　　　　　　　　　　　　　　　　（　　）

　　8. 一般授权是指企业在特殊情况、特定条件下进行的应急性授权。　（　　）

　　9. 运营分析控制通常与全面预算控制结合使用，特别是作为预算分析环节的重要补充。　　　　　　　　　　　　　　　　　　　　　　　　　（　　）

　　10. 绩效考评控制应当与全面预算控制结合使用，特别是作为预算考评环节的重要补充。　　　　　　　　　　　　　　　　　　　　　　　　（　　）

第四章　资金活动控制

学习目的与要求 ∼∼∼∼∼∼∼∼∼∼∼∼∼∼∼∼∼∼∼∼∼∼∼∼∼∼∼∼∼

　　本章旨在阐述资金活动控制,其内容主要包括资金活动控制概述、筹资活动控制、投资活动控制及资金营运活动控制。通过本章学习,学生应当理解资金活动内部控制的总体要求,熟悉筹资活动、投资活动、资金营运活动等资金活动的业务流程,掌握各项资金活动存在的风险、关键控制点及控制措施。

课前预习题 ∼∼∼∼∼∼∼∼∼∼∼∼∼∼∼∼∼∼∼∼∼∼∼∼∼∼∼∼∼∼∼∼∼∼∼∼

　　1. 企业的筹资活动、投资活动与营运活动存在怎样的联系?
　　2. 如何论证企业的筹资方案?
　　3. 如何解决企业集团中同时出现的高存款、高贷款问题?

∼∼∼

第一节　资金活动控制概述

　　资金被视为企业生产经营的血液,是企业生存和发展的重要基础,决定着企业的竞争能力和可持续发展能力,一直受到企业的高度重视。资金活动是企业筹资活动、投资活动和资金营运活动等的总称。

一、资金活动控制的意义

　　加强资金活动的内部控制是为了维护资金的安全完整、防范资金活动的风险、提高资金的使用效益,促进企业健康发展。

　　(一)加强资金活动的内部控制事关企业生死存亡

　　1. 资金活动影响企业生产经营的全过程

　　资金活动与企业生产经营过程密不可分,企业生产经营活动的开展,总是依赖于一定形式的资金支持;生产经营的过程和结果,也是通过一定形式的资金活动体现出来。因此,资金管理一直被视为企业财务管理的核心内容,构成企业经营管理的重要组成部分。

2. 资金活动的内部控制通常是企业内部管理的薄弱环节

由于影响企业资金活动的因素很多,涉及面很广、不确定性很强,企业资金活动的管理和控制面临的困难很大。做好资金活动的风险管控,既需要企业对自身业务活动做出科学的、准确的定位,又需要对企业所处的政治、经济、文化和技术等环境做出客观的、清晰的判断,同时还需要企业相机抉择,合理处理自身与外界的各种关系和矛盾。企业由于受到主、客观条件的限制,很难做到自动对资金活动施以有效控制。而资金活动内部控制的失效,往往会给企业带来致命的打击,轻则带来巨额损失,重则可能将企业的百年基业毁于一旦。资金活动及其内部控制对企业生产经营影响巨大,加强和改进资金活动内部控制,是企业生存和发展的内在需要。

(二)加强企业资金活动的内部控制有利于企业可持续发展

1. 有利于企业防范资金活动风险,维护资金安全

资金活动贯穿企业生产经营的全过程,企业内部各部门、企业外部相关单位和个人都直接或间接参与企业资金活动,其中任何一个环节、任何一个机构和个人出现差错,都可能危及资金安全、导致企业损失。加强资金活动内部控制,有利于企业及时发现问题,防范并化解有关风险。

2. 有利于企业资金的合理使用,提高资金使用效率

企业生产经营活动的有效开展,依赖于资金所具有的合理存量和流量。加强资金活动的内部控制,能够正确评价企业的资源条件和未来前景,科学地进行筹资和投资,并对生产经营中的资金余缺进行合理调剂,有利于资金均衡流动、提高资金的使用效率,获得更好的经济效益。

3. 有利于规范企业经营活动,促进企业可持续发展

由于资金活动与企业生产经营活动紧密结合,加强资金活动的内部控制,实际上是从资金流转的角度对生产经营过程进行控制,有利于促使企业规范地开展业务活动、实现长期可持续发展。

二、资金活动控制的总体要求

企业应当科学确定投融资目标和规划,完善资金的管控制度,对资金活动实施内部控制,需要建立健全相应的内部控制制度,即根据国家和地方有关法律、法规和监管制度的要求,结合企业生产经营的实际需要,设计科学合理、重点突出、便于操作的业务流程,同时还要针对关键控制点及主要风险来源采取相应的控制措施。

(一)科学确定资金管控目标

推进资金管理信息化建设,将资金预算管理与资金适时监控相结合,及时准确

地反映资金运行状况和风险,可以提高决策的科学性,提高资金管理的及时性。具体来说,企业应当根据自身发展战略,综合考虑宏观经济政策、市场环境、环保要求等因素,结合本企业发展实际,科学确定投融资目标和规划。如果目标不明确,决策不正确,控制措施就难以执行到位,资金活动将难以顺利进行。

(二)建立健全资金的管控制度

制度是企业经营管理各项活动顺利开展的基础性保障,企业应当依据《会计法》、《企业内部控制基本规范》、《企业内部控制应用指引第 6 号——资金活动》等法律、法规的要求,结合企业自身的管理需要,建立和完善严格的资金授权、批准、审验等相关管控制度,加强资金活动的集中归口管理,明确筹资、投资、营运等各环节的职责权限和不相容岗位相互分离的要求,建立严格的监督检查和项目后评价制度,跟踪资金活动内部控制的实际运行情况,据以修正制度、改善控制效果。

(三)合理设计资金业务流程

对资金活动实施内部控制,也是对资金业务的控制。企业资金活动内部控制的重点在于科学合理设计业务流程,确定每一个环节、每一个步骤的工作内容和应该履行的程序,并将其落实到具体部门和人员。由于很多资金业务是伴随企业生产经营活动而开展的,因此,在设计资金活动业务流程的同时,要充分考虑相关生产经营活动的特征,根据生产经营活动的流程设计合理的资金控制流程。

(四)抓住关键控制点

在资金活动较为复杂的情况下,资金活动的内部控制不可能面面俱到。因此,企业必须识别并关注主要风险来源和关键风险控制点,以提高内部控制的效率。具体而言,企业应当针对流程中的每一个环节、每一个步骤,认真细致地进行分析,根据不确定性的大小、危害性的严重程度,明确关键的业务、关键的程序、关键的人员和岗位等,从而确定关键的风险控制点;然后针对关键风险控制点制定有效的控制措施,集中精力管控住关键风险。

(五)实行资金集中管理

对于规模较大的企业应首选资金集中管控模式。无论是企业相对其内部部门和分支机构,还是企业集团相对其子公司,都应该加强资金的集中统一管控。企业可以通过建立资金结算中心、财务公司等资金集中管控模式,依托现代化的网络信息技术,实现资金的统一筹集、统一调配、统一管理,及时掌握资金的收入、支出、营运和结存情况,实行有效监督,降低整体资金成本,避免资金沉淀,提高资金使用效率。

(六)严格执行资金的管控制度

设计再科学、再完善的制度,如果得不到严格的执行,也只能流于形式而无法发挥实效。因此,制度的执行到位与否是事关整个资金活动内部控制能否取得实效的关键,只有严格执行资金的各项管理制度,才能保证资金活动控制目标的实现。为了加强对资金活动的管控,促使资金活动内部控制制度得到切实有效的实施,企业财务部门应当负责资金活动的日常管理,参与投融资方案等的可行性研究。总会计师或分管会计工作的负责人应当参与投融资决策过程。

【案例4-1】　　　M集团股份有限公司的资金集中管理

M集团股份有限公司(以下简称"M集团")在全国二十几个省、市、自治区设有分支机构、全资及控股公司,M集团资金分散存放在不同商业银行的几十个银行账户中,分、子公司多头开户现象也较为普遍,M集团无法及时掌握资金存量及其运行状况,不易发现资金运行中的问题和隐患,甚至出现将经营资金违法存放在"小金库"中的现象,建立账外账,资金安全受到严重影响。全集团出现了高存款、高贷款的"双高"现象,有的企业存款闲置浪费而不能有效实施调剂使用,加大了财务费用,而M集团对子公司的担保、抵押等行为无法全面监控和掌握,给资金管理和企业经营增加了不确定的风险因素。

为了提高资金使用效率,确保集团战略目标的实现,M集团对营运资金采用了集中管理管控方法。将集团内各分支机构、全资、控股企业的所有资金纳入集中管理范围。组建集团集中的资金管理中心或者财务公司,统一管理集团全部资金的收、付、存、贷,集中进行资金调拨。资金集中管理的内容包括银行账户管理、资金收支预算、资金收支结算、委托贷款、信贷业务、存贷款利息计算、收益结算与分配。资金集中的原则是收支两条线,所有资金收付全部通过资金中心。

(1)银行账户管理。M集团在商业银行开设总账户,用于对成员单位的收付划拨;成员单位在同一商业银行开设成员单位账户,包括基本收入户和基本支出户,前者只能接受款项收入和向总账户上划资金,不得支付;后者接受总账户划拨资金和日常支付,不得有其他资金收入。成员单位可在同一商业银行开设专用账户,用于信托专户、税务专户、公积金专户等。集团资金中心有权对专户进行监督管理。成员单位在资金中心开设一般结算户和贷款账户,前者用于成员单位内部结算,后者用于成员单位内部贷款。

(2)资金收支预算。成员单位和集团公司都应该编制严密的资金预算(包括月度和年度的资金收支预算),并保证预算的严肃性。所有的资金收入都要纳入预算中。要严格按照资金收支预算,进行资金收支管理,没有纳入预算的支出,一律不得支付。如遇特殊情况,需按规定办理预算调整手续。

(3)集团内部资金结算业务。原则是"谁的钱进谁的账",资金不足时可向集团内部贷款或者成员单位自行筹措。内部资金结算统一在资金中心的成员"一般结算户"进行,严格按结算程序办理。

（4）委托贷款与对外信贷业务。M集团对贷款实现"统借统还"模式，成员单位需要贷款时，应先向集团资金管理中心提出申请，由集团用内部结余资金发放贷款，或者由集团代为向商业银行贷款。集团根据各成员单位的资金需要和内部资金结余情况，对融资需求进行平衡，按规定程序和严格手续，统一办理融资业务；内部贷款优先使用内部结余资金，多余资金及时归还银行贷款，以节约资金成本；内部存贷款利率实行优惠。为提高资金集中管理的吸引力，应尽可能大的扩大存贷款的优惠幅度。

（5）集团资金结算中心收益的分配。集团资金结算中心不以营利为目的，所有发放贷款的收益扣除成本后归成员单位所有。资金结算中心的净收益，以各成员单位的存款积数为依据进行分配。各成员单位分配的净收益，直接划转成员单位的一般结算账户。

M集团通过建立资金管理中心，加强对集团所属企业资金的宏观调控，盘活了存量资金，调剂资金余缺，加速资金周转，降低财务费用，促进资源的优化配置。

第二节　筹资活动控制

筹资是企业根据自身发展战略和生产经营状况，通过一定的渠道，采取适当的方式，获取所需的资金。企业筹资活动是资金活动的起点，也是企业整个经营活动的基础。通过筹资活动，企业取得投资和日常生产经营活动所需的资金，从而使企业投资、生产经营活动能够顺利进行。

筹资活动控制不仅决定着企业能不能顺利筹集生产经营和未来发展所需要的资金，而且决定着企业能以什么样的筹资成本筹集资金，能以什么样的筹资风险筹集资金，并决定着企业所筹集资金最终的使用效益，进而影响到企业的可持续发展。

一、筹资活动控制的目标

1. 遵循国家的法律、法规，合法筹集资金

企业的筹资活动应严格按照《公司法》、《证券法》等相关法律、法规的要求，依法履行法律、法规和筹资合同约定的责任，依法披露信息，维护各方的合法权益。

2. 合理确定资金需要量、安排筹资时间，确保资金供需平衡

企业要准确测算出资金的需要量，合理安排筹资时间，使筹资与用资在时间上衔接，在数量上平衡，并考虑资金市场上的供应能力。

3. 降低筹资成本，控制筹资风险

在筹资过程中，企业要合理选择和优化资本结构，合理的资本结构能够有效控制筹资风险。资本结构是由债务资本和自有资本构成，企业要综合考察各种筹资渠道和筹资方式的难易程度、资金成本，做到长期债务资本与短期债务资本、债务资本与自有资本的最优组合，才能有效地规避和降低筹资中各种不确定性因素给企业带来损失的可能性。

二、筹资活动的业务流程

企业筹资活动的内部控制应当根据筹资活动的业务流程，区分不同的筹资方式，针对业务流程中不同环节可能面临的风险，采取相应的控制措施加以控制。企业的筹资活动通常包括提出筹资方案、筹资方案论证、筹资方案审批、筹资计划编制与执行、筹资活动的评价与责任追究等环节。

（一）提出筹资方案

企业一般由财务部门根据企业经营战略、预算情况与资金现状等因素，提出初始筹资方案。筹资方案主要包括筹资金额、筹资形式、利率、筹资期限、资金用途等内容，要对筹资成本和潜在风险做出充分估计，境外筹资还应考虑所在地的政治、经济、法律、市场等因素。提出筹资方案的同时还应与生产经营相关业务部门沟通协调，保证资金筹集和使用的相互协调。

（二）筹资方案论证

企业应当对初始筹资方案进行充分的可行性论证，重大筹资方案应当形成可行性研究报告，全面反映风险评估情况。企业应当组织相关专家对筹资项目进行可行性论证，可行性论证是筹资活动内部控制的重要环节，一般可以从以下三个方面进行可行性论证。

1. 筹资方案的战略性评估

筹资方案的战略性评估，一是要评估筹资方案是否符合企业整体发展战略。企业应对筹资方案是否符合企业整体战略方向进行严格审核，只有符合企业发展需要的筹资方案才具有可行性；二是要评估筹资规模是否适当。在筹资规模上，一方面不能过于贪多求大，资金充裕是企业发展的重要保障，然而任何资金都是有成本的，企业在筹集资金时一定要有战略考虑，防止盲目筹集过多的资金而给企业造成沉重的债务负担；另一方面也要防止因资金不足，而使企业丧失投资机会或造成经营困难。

2. 筹资方案的经济性评估

筹资方案的经济性评估，主要分析筹资方案是否符合经济性要求，是否以最低的筹资成本获得了所需的资金，是否还有降低筹资成本的空间以及更好的筹资方式,筹资期限是否经济合理,利息、股息等水平是否在企业可承受的范围之内。例如,筹集相同的资金,选择股票方式与选择债券方式,就会面临不同的筹资成本;选择不同的债券种类或者期限结构,也会面临不同的成本,所以企业必须认真评估筹资成本,并结合收益与风险进行筹资方案的经济性评估。

3. 筹资方案的风险性评估

对筹资方案面临的风险进行分析,特别是对于利率、汇率、货币政策、宏观经济走势等重要条件进行预测分析,对筹资方案面临的风险做出全面评估,并有效地应对可能出现的风险。例如,若选择债权方式筹资,其按期还本付息对于企业来说是一种刚性负担,带给企业的现金流压力较大;若选择股权筹资方式,在股利的支付政策上企业有较大的灵活性,且无需还本,因而企业的现金流压力较小,但股权筹资的成本也是比较高的,而且股权筹资可能会使得企业面临较大的控制权风险。因此,企业应在不同的筹资风险之间进行权衡。

(三) 筹资方案审批

筹资方案的审批人员与编制人员、可行性论证人员应适当分离。通过可行性论证的筹资方案,需要在企业内部按照分级授权审批的原则进行严格审批,重点要关注筹资用途的可行性和相应的偿债能力。对于重大的筹资方案,应当按照规定的权限和程序,实行集体决策审批或者联签制度。筹资方案需经有关管理部门批准的,应当履行相应的报批程序。筹资方案发生重大变更的,应当重新进行可行性研究以及履行相应审批程序。

(四) 筹资计划编制与执行

企业应根据审核批准的筹资方案,编制较为详细的筹资计划,经过财务部门批准后,严格按照相关程序筹集资金。

1. 银行筹资要求

通过银行借款方式筹资的,应当与有关金融机构进行洽谈,明确借款规模、利率、期限、担保、还款安排、相关的权利义务和违约责任等内容。双方达成一致意见后签署借款合同,据此办理相关借款业务。

2. 债券筹资要求

通过发行债券方式筹资的,应当合理选择债券种类,如普通债券还是可转换债券等,并对还本付息方案做出系统安排,确保按期、足额偿还到期本金和利息。

3. 股票筹资要求

通过发行股票方式筹资的,应当依照《证券法》等有关法律、法规和证券监管部门的规定,优化企业组织架构,进行业务整合,并选择具备相应资质的中介机构,如证券公司、会计师事务所、律师事务所等协助企业做好相关工作,确保符合股票发行的条件和要求。同时,企业应当选择合理的股利支付方式,兼顾投资者的近期利益与长远利益,调动投资者的积极性,避免分配不足或过度;股利分配方案最终应当经股东大会审批通过,如果是上市公司还必须按信息披露要求进行公告。

此外,企业应通过及时足额还本付息,合理分配和支付股利,保持企业良好的信用记录,这对于企业顺利进行再融资具有重要意义。

（五）筹资活动的评价与责任追究

企业要加强对筹资活动的检查监督,严格按照筹资方案确定的用途使用资金,确保款项的收支、利息和股息的支付、债券和股票的保管等符合有关规定。由于市场环境变化等确实需要改变资金用途的,应当履行相应的审批程序,严禁擅自改变资金用途。筹资活动完成后要按规定进行筹资后评价,对存在违规现象的,严格追究其责任。

企业筹资活动的业务流程如图 4-1 所示。

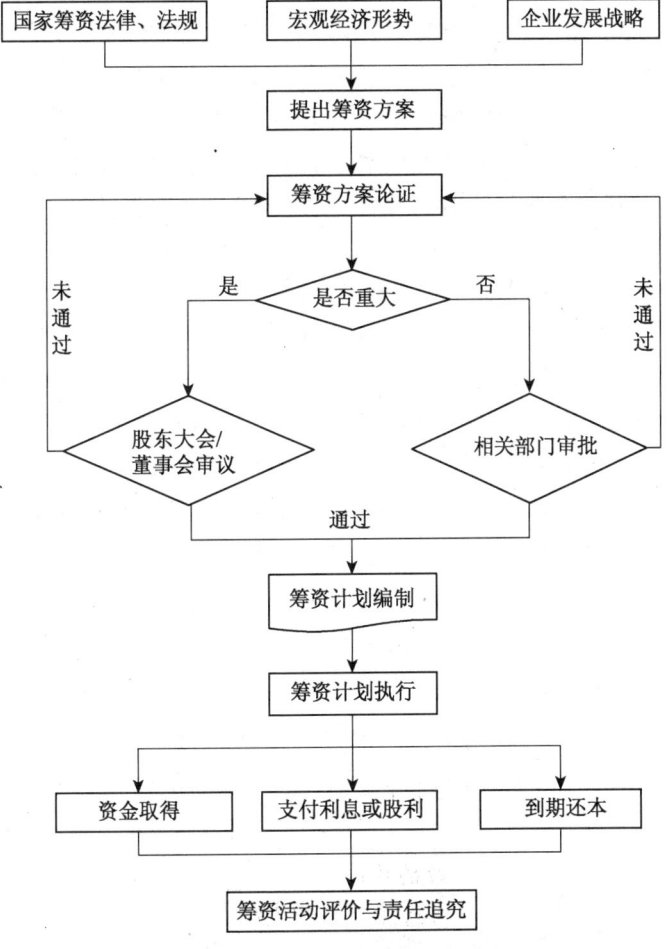

图 4-1 企业筹资活动的业务流程

三、筹资活动的主要风险及其控制措施

（一）筹资活动的主要风险

企业筹资活动可能面临的重要风险类型较多，至少应当关注以下六个方面的风险。

1. 缺乏完整的筹资战略规划导致的风险

在企业具体的筹资活动中，应贯彻既定的资金战略，以目标资本结构为指导，协调企业的资金来源、期限结构、利率结构等，如果忽视战略导向，缺乏对目标资本结构的清晰认识，很容易导致盲目筹资，使得企业资本结构、资金来源结构、利率结构等处于频繁变动中，给企业的生产经营带来巨大的财务风险。

2. 缺乏对企业资金现状的全面认识导致的风险

为了合理规划筹资活动，企业在筹资之前应先全面了解资金现状，并在此基础上结合企业战略和宏观、微观形势等提出筹资方案。如果资金预算和资金管控工作不到位，使得企业无法全面了解资金现状，将使得企业无法正确评估资金的实际需要和期限等，很容易导致筹资过度或者筹资不足。特别是对于大型企业集团来说，如果没有对整个集团的资金现状做一个深入完整的了解，很可能出现一部分企业资金结余，而其他企业仍然对外筹资，使得集团的资金利用效率低下，增加不必要的财务成本。

3. 缺乏完善的授权审批制度导致的风险

筹资方案必须经过完整的授权审批流程方可正式实施，这一流程既是企业上下沟通的一个过程，也是各个部门、各个管理层次对筹资方案进行审核的重要风险控制程序。在审批流程中，每一个审批环节都应对筹资方案的风险控制等问题进行评估，并认真履行审批职责。完善的授权审批制度有助于对筹资风险进行管控，如果忽略这一完善的授权审批制度，则有可能忽视筹资方案中的潜在风险，使得筹资方案草率决策、仓促上马，给企业带来严重的潜在风险。

4. 缺乏对筹资合同的认真审核导致的风险

企业在筹资活动中，都要签订相应的筹资合同、协议等法律文件。筹资合同一般应载明筹资数额、期限、利率、违约责任等内容，企业应认真审核、仔细推敲筹资合同的具体条款，防止因合同条款不当而给企业带来潜在的不利影响，使得企业在未来可能发生的经济纠纷或诉讼中处于不利地位。企业可以借助专业的法律中介机构对合同文本进行审核。

5. 因无法保证支付筹资成本导致的风险

任何筹资活动都需要支付相应的筹资成本。债权筹资的成本是固定的利息费用，作为对资金提供者的报酬，是刚性成本，企业必须按期足额支付，如果企业不能

按期支付筹资利息,将会导致法律诉讼,信誉受损。股权筹资虽然没有固定的利息费用也没有还本的压力,但是企业也不能忽视对投资者的投资回报,应认真制定好股利支付方案,包括股利金额、支付时间、支付方式等,如果因股利支付不足,或者对股东报酬不足,将会导致股东抛售股票,从而使得企业股价下跌,给企业的经营带来重大不利影响。

6. 缺乏严密的跟踪管理制度导致的风险

企业筹资活动的流程很长,不仅包括资金的筹集到位,还包括资金使用过程中的利息、股利等筹资费用的计提支付,以及最终的还本工作。筹资流程一般贯穿企业整个经营活动的始终,是企业的一项常规管理工作。企业在筹资跟踪管理方面应制定完整的管理制度,包括资金到账、资金使用、利息支付、股利支付等,并时时监控资金的动向。如果缺乏严密的跟踪管理,可能会使企业资金管理失控,因资金被挪用而导致财务损失,也可能因此导致利息没有及时支付而被银行罚息,这些都会使得企业面临不必要的财务风险。

(二) 筹资活动的关键控制点及控制措施

筹资活动的流程较长,企业根据筹资业务流程,找出其中的关键风险控制点进行风险控制,提高风险管控的效率。一般来说,筹资活动的关键控制点及控制措施包括以下六个方面的内容。

1. 筹资方案论证

筹资方案的内容是否完整、考虑是否周密、测算是否准确等,直接决定着筹资决策的正确性,关系到整个筹资活动的效率和风险。

2. 筹资方案审批

相关责任部门拟订筹资方案并进行可行性论证以后,股东(大)会或者董事会、高管层应对筹资方案履行严格的审批责任。审批中应实行集体决策审议或者联签制度,避免一人说了算或者拍脑袋行为。

3. 筹资计划编制

根据批准的筹资方案,财务部门应制订严密细致的筹资计划,通过筹资计划对筹资活动进行周密安排和控制,使筹资活动在严密控制下高效、有序进行。

4. 筹资计划执行

筹资计划经层层授权审批之后,就应付诸实施。在实施筹资计划的过程中,企业必须认真做好筹资合同的签订、资金的划拨、使用和跟踪管理等工作,保证筹资活动按计划进行,妥善管理所筹集的资金,保证资金的安全性。

5. 筹资活动评价与责任追究

筹集资金到位以后,企业应该做好筹资费用的计提、支付和会计核算等工作。对于债券类筹资,企业应按时计提并及时支付债务利息,保持良好的信用记录;对于股权类筹资,企业应制订科学合理并能让股东满意的股利支付方案,并严格按方案支付股利。筹资费用的管理事关资金提供者的积极性,对培养企业良好的筹资环境极为重要。

6. 筹资活动的会计系统控制

为了如实反映企业筹资状况,建立有效的筹资会计系统控制,要从以下四个方面入手:一是准确核算筹资业务。企业应按照国家统一的会计准则,对筹资业务进行准确的会计核算与账务处理,通过相应的账户准确进行筹集资金核算、本息偿付、股利支付等经济业务。二是妥善保管筹资业务的会计凭证。企业的财务部门应当妥善保管筹资合同、收款凭证、入库凭证等会计凭证,与筹资活动相关的合同、协议、凭证等重要文件需登记造册、妥善保管,以备查用。三是搞好资金管理,掌握资金情况。企业的财务部门应当编制贷款申请表、内部资金调拨审批表等,严格管理筹资程序和手续;财务部门应通过编制借款存量表、借款计划表、还款计划表等,掌握贷款资金的动向;财务部门还应与资金提供者定期核对账目,以确保资金及时到位与资金安全。四是控制筹资成本。财务部门要协调好企业筹资的利率结构、期限结构等,最大限度地控制筹资费用,降低企业的资金成本。

筹资活动内部控制的关键控制点、控制目标与控制措施如表 4-1 所示。

表 4-1　筹资活动内部控制的关键控制点、控制目标与控制措施

关键控制点	控制目标	控制措施
筹资方案论证	对筹资方案进行可行性论证	(1) 进行筹资方案的战略性评估,包括是否与企业发展战略相符合,筹资规模是否适当。 (2) 进行筹资方案的经济性评估,如筹资成本是否最低,资本结构是否恰当,筹资成本与资金收益是否匹配。 (3) 进行筹资方案的风险性评估,如筹资方案面临哪些风险,风险大小是否适当、可控,是否与收益匹配。
筹资方案审批	选择批准最优筹资方案	(1) 根据分级授权审批制度,按照规定程序严格审批经过可行性论证的筹资方案。 (2) 审批中应实行集体审议或联签制度,保证决策的科学性。
筹资计划编制	制订切实可行的具体筹资计划,科学规划筹资活动,保证低成本、高效率筹资	(1) 根据筹资方案,结合当时经济金融形势,分析不同筹资方式的资金成本,正确选择筹资方式和不同方式的筹资数量,财务部门或资金管理部门制订具体筹资计划。 (2) 根据授权审批制度报有关部门批准。

（续表）

关键控制点	控制目标	控 制 措 施
筹资计划执行	保证筹资活动正确、合法、有效进行	(1) 根据筹资计划进行筹资。 (2) 签订筹资协议,明确权利和义务。 (3) 按照岗位分离与授权审批制度,各环节和各责任人正确履行审批监督责任,实施严密的筹资程序控制和岗位分离控制。 (4) 按照筹资合同或协议,正确计提、支付利息或股利。 (5) 做好严密的筹资记录,发挥会计控制的作用。
筹资活动评价与责任追究	保证筹集资金的正确有效使用,维护筹资信用	(1) 促成各部门严格按照确定的用途使用资金。 (2) 监督检查,督促各环节严密保管未发行的股票、债券。 (3) 监督检查,督促正确计提、支付利息。 (4) 加强债务偿还和股利支付环节的监督管理。 (5) 评价筹资活动过程,追究违规人员责任。

【案例 4-2】 **超日太阳债券违约案**①

2014 年 3 月 5 日,上海超日太阳能科技股份有限公司(以下简称"超日太阳")发布公告称,公司 2012 年 3 月 7 日发行的上海超日太阳能科技股份有限公司 2011 年公司债券(以下简称"11 超日债",期限为 5 年、发行规模为 10 亿元、票面利率为 8.98%),无法按期全额支付第二期 8 980 万元利息,仅能够按期支付 400 万元。消息一出,舆论哗然,超日太阳也成为中国国内债券市场历史上的第一家违约公司。

2003 年 6 月,倪开禄、倪开寿等 6 名自然人以 500 万元货币资金出资成立了上海超日太阳能科技发展有限公司,正式进入太阳能光伏行业,主要生产太阳能电池和组件。2010 年 11 月,超日太阳在深圳中小板上市,募集资金 23.76 亿元,募集资金的投向也由 2009 年的营业收入 6 亿元、年产 100 MW 多晶硅太阳能电池片的一个项目变更为 2010 年的营业收入 12.9 亿元、包括年产 100 MW 多晶硅太阳能电池片、年产 50 MW 单晶硅太阳能电池片和年产 100 MW 晶体硅太阳能电池组件三个项目。

2011 年,超日太阳开始布局全产业链,由中游的组件生产向上游硅料和下游电站延伸,其中转型去海外建设电站成为其转型的重点,超日太阳的海外电站业务通过超日 Sunpeak、超日美国、超日意大利和超日卢森堡等境外投资公司进行,这些投资公司再与其他公司合作建设电站,资金、组件由超日太阳来提供,电站的选址、施工、运行则由合作企业来负责。在这些合资公司中,超日太阳虽然为大股东,

---

① 根据超日太阳的 2010～2014 年相关上市公司公告资料及新浪网站资料整理编写。

却对这些公司不具有控制权且不具有重大影响。通过这种方式,超日太阳实际上实现了自买自卖,将海外投资计入收入,做大业绩,但与此同时,由于电站的投入巨大,对企业的资金形成较大压力,加上电站项目没有结束而无法回款。这导致超日太阳的应收账款和资产负债率逐年增高。其中,应收账款由 2010 年度的 6.5 亿元大幅攀升至 2011 年度的 22 亿元,2012 年第三季度达到 33.42 亿元,而其当季营业收入仅为 10 亿元;在资产负债率方面,2010 年为 31.31%,2011 年为 56.40%,2012 年度则高达 84.21%。与此同时,超日太阳上市时的三大募投项目则纷纷陷入亏损。其中:"年产 100 MW 多晶硅太阳能电池片项目,2011 年亏损 4 873.23 万元、2012 年亏损 6 256.15 万元;"年产 50 MW 单晶硅太阳能电池片项目"和"年产 100 MW 晶体硅太阳能电池组件项目"在 2012 年年底投产后分别亏损 2 466.79 万元和 26 836.25 万元。

为了缓解资金紧张局面,超日太阳启动了 IPO 之后的第二轮融资计划——2012 年 3 月发行 10 亿元规模的"11 超日债"。除了债券融资,超日太阳还大举向银行借债,目前的银行借款达 26.75 亿元,其中短期借款 17.76 亿元,长期借款 8.99 亿元。超日太阳公告称,公司于 2012 年第四季度出现了流动性困难,各生产单位产量大幅下降,因债务逾期,公司陆续受到了供应商、银行及其他债权人的起诉。公司营业收入大幅下降,业绩大幅亏损,营运资金不足,生产线开工率低,经营较为困难,面临较大的债务困境。2013 年 3 月,第一期债券利息到期,通过股东自掏腰包,才支付了 9 000 万元的利息。公司变身 ∗ST 超日。

此外,超日太阳大股东倪开禄、倪娜父女还通过信托融资,将所持有的股权尽数质押。对于这些信托资金,倪开禄并未用在岌岌可危的 ∗ST 超日身上。倪曾对媒体回应称,在信托融资的 8 亿元中,大约 2 亿元用于 ∗ST 超日资金周转,其他 6 亿元用于其个人项目。从 2011 年开始,倪开禄就开始投资一些个人项目,其中包括在河南的房地产项目、在美国购买了一个水厂、在保加利亚投资一个炼油厂和一个 LED 蓝宝石衬底项目,但这些投资"并不太顺利"。以 LED 项目为例,2011 年,受 LED 终端应用市场需求增速减缓的影响,2 英寸蓝宝石衬底的市场报价已从 2010 年年底最高的 38 美元/片暴跌至 2012 年第三季度的 10 美元/片,降幅超过 70%,众多投资者蒙受巨大损失。上市至今,3 年多的时间超日太阳对外融资近 70 亿元,其中包括:上市募资 23.75 亿元,尚欠的银行贷款 26.75 亿元,违约的"11 超日债"10 亿元,股权质押 8 亿元左右。发行股票、债券融资、银行借贷、信托融资,倪开禄和其控制下的 ∗ST 超日几乎用遍了所有的融资模式,资金链异常脆弱。根据 ∗ST 超日 2013 年业绩快报,截至 2013 年年末,公司总资产为 61.92 亿元,负债总额约为 64 亿元,已经资不抵债。

超日太阳筹资方案论证不充分。实际控制人大股东倪开禄承认在公司成立之初,"没有时间去调查论证。我认为,这个新技术有着很好的应用前景,考虑过多,可能就失去机会了"、"这有撞大运的成分"。超日太阳申请上市时,全球光伏组件产能主要受中国非理性发展影响已在可怕的增长之中,2010 年产能为20.5 GW,2011 年则达到 60 多 GW。而光伏组件实际安装量 2010 年为 17 GW,2011 年为27.5 GW,产能严重过剩。因此超日公司 IPO 募投项目是否具有良好的市场前景缺乏合理解释、盈利能力存在较大的不确定性。上市后,超日太阳面对巨额资金,迷失了方向,盲目扩张,贪多求大,效仿行业巨头尚德、赛维公司布局光伏全产业链,向上游硅料和下游电站领域急剧扩张。产业无序扩张的战略决策失误使超日太阳积重难返,不符合企业实际经营能力的盲目筹资,给企业带来巨大财务风险。超日太阳的风险意识也十分淡漠,在上市时募集资金投放的三大项目纷纷陷入亏损、资产负债率由 31.31% 上升到 56.40% 的情况下,不但没有采取积极有效的措施控制风险,又投新的项目,公司实际盈利能力与融资规模严重不匹配,使得资产负债率高达84.21%,债务负担日益沉重,上市 3 年,超日太阳将通过上市募资、发行债券、银行贷款和股权质押方式对外融资近 70 亿元,全部败光,投资者、债权人损失惨重。

因此,企业在制定筹资方案时,筹资规模要适当,要对宏观经济形势、行业环境、经营模式变化等因素进行全面的分析论证,应当充分考虑企业的经营能力、募投项目未来的经济效益、可接受的资金成本水平和偿付能力,对重大筹资方案应当进行风险评估。

第三节　投资活动控制

投资活动是筹资活动的延续,也是筹资的重要目的之一。投资活动作为企业的一种营利活动,对于筹资成本补偿和企业利润创造,具有举足轻重的意义。

一、投资活动内部控制目标

1. 投资活动应当符合国家的法律、法规

企业选择的投资项目必须符合国家的相关法律、法规,绝不能做国家明令禁止的投资项目,投资过程必须严格执行国家的法律、法规,各种投资活动的合同、协议、程序及其会计核算都要合法。

2. 科学决策,严格审批程序

投资活动具有不确定性强、财务风险高的特点,一旦投资决策失误,引发盲目扩张或丧失发展机遇,可能导致资金链断裂或资金使用效益低下。因此,在决策前必须从发展战略、技术、市场、经济等方面进行充分的可行性研究,并按照分级授权审批的原则对投资方案进行严格审批。

3. 确保投资资产的安全完整

企业应以投资项目为对象设立核算账户,规范投资项目核算的方法、内容与程序,定期核对有关投资账目,保护投资资产的安全完整。

二、投资活动的业务流程

企业投资活动的内部控制应当根据投资活动的业务流程,按照业务流程中不同环节面临的风险,采取不同的具体措施加以控制。通常企业的投资活动包括以下主要环节。

（一）拟订投资方案

企业应当根据其发展战略、宏观经济环境、市场状况等因素,提出本企业的投资项目规划。在对投资规划进行筛选的基础上,确定投资项目。

（二）投资方案可行性论证

企业应对投资项目进行严格的可行性研究与论证,以防范投资的风险。可行性研究要对投资目标、规模、方式、资金来源以及风险和收益等做出客观的评价,重点关注投资战略是否符合企业的发展战略、是否有可靠的资金来源、能否取得稳定的投资收益、投资风险是否处于可控或可承受范围内、投资活动的技术可行性、市场容量与前景等内容。

（三）投资方案决策

企业按照规定的权限和程序对投资项目进行决策审批,要通过分级审批、集体决策来进行,决策者应与投资方案制定者适当分离。重点审查投资方案是否可行、投资项目是否符合投资战略目标和规划、是否具有相应的资金能力、投入资金能否按时收回、预计收益能否实现,以及投资和并购风险是否可控等。对于重大的投资项目,应当报经董事会或股东(大)会批准。投资方案需要经过有关管理部门审批的,应当履行相应的报批程序。

（四）投资计划编制与审批

企业根据审批通过的投资方案,编制详细的投资计划,落实不同阶段的资金投资数量、投资具体内容、项目进度、完成时间、质量标准与要求等,并按程序报经有关部门批准,签订投资合同。

（五）投资计划实施

投资项目往往周期较长,企业需要指定专门机构或人员对投资项目进行跟踪管理,进行有效管控。在投资项目执行过程中,必须加强对投资项目的管理,密切关注投资项目的市场条件和政策变化,准确做好投资项目的会计记录和处理。企业应及时收集被投资方经审计的财务报告等相关资料,定期组织投资效益分析,关注被投资方的财务状况、经营成果、现金流量及投资合同履行情况,发现异常情况的,应当及时报告并妥善处理。同时,在项目实施中,还必须根据各种条件,准确对投资的价值进行评估,根据投资项目的公允价值进行会计记录。如果发生投资减值,应及时提取减值准备。

（六）投资项目的到期处置

对已到期投资项目的处置同样要经过相关审批流程,妥善处置并实现企业最大的经济收益。企业应加强投资收回和处置环节的控制,对投资收回、转让、核销等决策和审批程序做出明确规定。重视投资到期本金的回收;转让投资应当由相关机构或人员合理确定转让价格,报授权批准部门批准,必要时可委托具有相应资质的专门机构进行评估;核销投资应当取得不能收回投资的法律文书和相关证明文件。

企业投资活动的业务流程如图 4-2 所示。

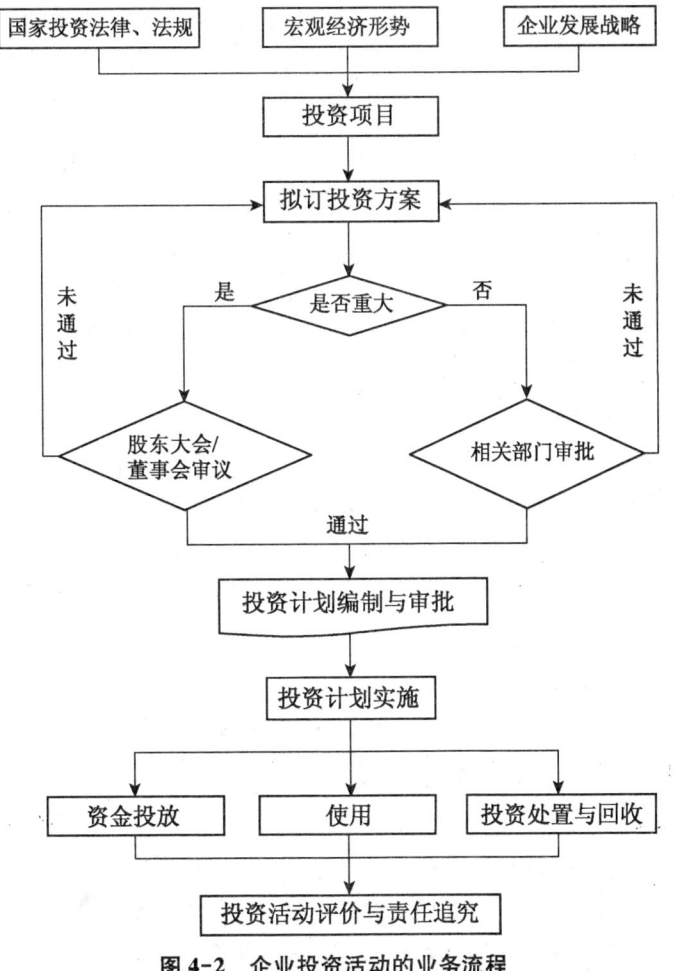

图 4-2　企业投资活动的业务流程

三、投资活动的主要风险及其控制措施

（一）投资活动的主要风险

企业投资活动至少应当关注以下五个方面的风险。

1. 盲目投资的风险

发展战略是企业投资活动、生产经营活动的指南和方向。企业投资活动应该以企业发展战略为导向，正确选择投资项目，合理确定投资规模，恰当权衡收益与风险。要突出主业，谨慎从事股票或衍生金融工具等高风险投资，妥善选择并购目标，控制并购风险。盲目投资会出现贪大求快，乱铺摊子，以及投资无所不及、无所不能的现象，难以形成企业的核心竞争力。

2. 资金短缺的风险

投资活动是筹资活动的延续，投资与筹资在资金数量、期限、成本与收益上应相互匹配。不同的筹资方式，可筹集资金的数量、偿还期限、筹资成本不一样，这就要求投资应量力而行，不能超过企业资金实力和筹资能力进行投资；投资的现金流量在数量和时间上要与筹资现金流量保持一致，以避免财务危机；投资收益要与筹资成本相匹配，保证筹资成本的足额补偿和投资的盈利性。

3. 忽略资产结构与流动性的风险

企业的投资活动会形成特定资产，并由此影响企业的资产结构与资产流动性。对企业而言，资产流动性和盈利性是一对矛盾，这就要求企业在投资中要恰当处理资产流动性和盈利性的关系，通过投资保持合理的资产结构，在保证企业资产适度流动性的前提下追求最大盈利性，这也就是投资风险与收益均衡问题。

4. 缺乏严密的授权审批制度和不相容职务分离制度的风险

授权审批制度是保证投资活动合法性和有效性的重要手段，不相容职务分离制度则通过相互监督与牵制，保证投资活动在严格控制下进行，是堵塞漏洞、防止舞弊的重要手段。没有严格的授权审批制度和不相容职务分离制度，企业投资就会呈现出随意、无序、无效的状况，导致投资失误和企业生产经营失败。同时，企业还应建立严密的责任追究制度，使责权利得到统一。

5. 缺乏严密的投资资产保管与会计记录的风险

投资是直接使用资金的行为，也是形成企业资产的过程，容易发生各种舞弊行为。在严密的授权审批制度和不相容职务分离制度以外，是否有严密的投资资产保管制度和会计控制制度，也是避免投资风险、决定投资成败的重要因素。企业应建立严密的资产保管制度，明确保管责任，建立、健全账簿体系，严格账簿记录，通过账簿记录对投资资产进行详细、动态反映和控制。

（二）投资活动的关键控制点及控制措施

一般而言,投资活动的关键控制点及控制措施主要包括以下六个方面的内容。

1. 投资方案论证

企业应当加强对投资方案的可行性论证,论证投资方案是否符合企业发展战略、是否突出主业;论证投资规模、方向和时机是否适当;论证投资方案技术、市场、财务的可行性,深入分析项目的技术可行性与先进性、市场容量与前景,以及项目预计现金流量、风险与报酬,比较或评价不同项目的可行性。对于重大的投资项目必须委托具有相应资质的专业机构进行可行性研究,提供独立的可行性研究报告。

2. 投资方案审批

为了选择批准最优投资方案,企业应当明确审批人对投资业务的授权批准方式、权限、程序和责任,不得越权审批。企业应当重点审查投资方案是否可行,投资项目是否符合国家的产业政策和相关法律、法规的规定,是否有足够的资金支持,投资能否按时收回,投资风险是否可控等。对于重大的投资项目,应当按照规定的权限和程序实行集体决策或者联签制度。投资方案批准后要与有关被投资方签署投资合同或协议,在投资合同或协议中明确出资时间、金额、方式、双方权利义务与违约责任等内容。

3. 投资计划编制

企业应当根据审批通过的投资方案编制切实可行的具体投资计划,确定不同阶段的资金投放数量、项目进度、完成时间、质量标准与要求等,作为项目投资的控制依据,并根据授权审批权限报有关部门审批。

4. 投资方案实施

为了保证投资活动按计划合法、有序、有效进行,企业应当采取以下控制措施:一是根据投资计划进度,严格分期、按进度适时投放资金,严格控制资金流量和时间;二是以投资计划为依据,按照职务分离制度和授权审批制度,各环节和各责任人正确履行审批监督责任,对投资项目实施过程进行监督和控制,防止各种舞弊行为,保证项目建设的质量和进度要求;三是做好跟踪分析工作,及时评价投资的进展,将分析和评价的结果反馈给决策层,以便及时调整投资策略或制定投资退出策略。

5. 投资资产处置控制

为确保投资资产的处理符合企业的利益,企业应当采取以下控制措施:一是严格按照法定程序处置投资资产,转让投资应当通过专业中介机构,选择相应的资产评估方法,客观评估投资价值,同时确定处置策略;二是投资资产的处置必须经过董事会的授权批准。

6. 投资活动的会计系统控制

企业应当按照会计准则的规定,准确进行投资活动的会计处理。具体控制措施包括以下四个方面：一是准确核算投资业务。企业财务部门必须按照会计准则的要求，对投资项目进行准确的会计核算、记录与报告，确定合理的会计政策，准确反映企业投资的真实状况。二是妥善保管投资合同、凭证等文件资料。企业财务部门对于投资合同、协议、备忘录、出资证明等重要的法律文书应当登记造册、妥善保管，以备查用。三是建立投资管理台账。企业财务部门应当建立投资管理台账，详细记录投资对象、金额、期限等情况，作为企业重要的档案资料以备查用。四是关注投资项目的营运情况。企业应当密切关注投资项目的营运情况，一旦出现财务状况恶化、市价大幅下跌等情形，必须按会计准则的要求，合理计提减值准备。企业必须准确合理地对减值情况进行估计，而不应滥用会计估计，把减值准备作为调节利润的手段。

【案例 4-3】　　　　　中冶集团投资唐山恒通巨亏案①

2007 年 6 月，中国冶金科工集团有限公司（以下简称"中冶集团"）与唐山恒通精密薄板有限公司（以下简称"唐山恒通"，梁士臣为实际控制人）签订协议，双方共同组建薄板及涂层技术研发和中试基地，以及相关冶金装备研发和制造基地。此次中冶集团收购唐山恒通的目的旨在借助工程建设向生产转型，并为日后的集团整体上市扩大资产总额。2007 年 9 月，中冶集团与唐山恒通共同出资设立中冶恒通有限责任公司（以下简称"中冶恒通"），注册资本为 16 亿元，其中：中冶集团现金出资 10.72 亿元，以承债的方式收购这家企业 67％的股权；唐山恒通以实物资产出资 5.12 亿元，占股 32％；自然人梁士臣现金出资 0.16 亿元，占股 1％。截至 2009 年 6 月，中冶恒通的总资产已由 2007 年年底的 70 亿元扩大至 139 亿元，追加的投资几乎全部来自中冶集团，并且没有按照股权比例出资。2009 年 9 月，中冶集团整体改制并境内外上市时，称由于中冶恒通在土地、房屋等资产权属存在法律瑕疵，生产线及设备也不合格，未将其纳入上市公司中国中冶。在中国中冶公布的 A 股招股说明书中，披露中冶恒通 2008 年亏损 5.6 亿元，2009 年上半年亏损 4.9 亿元。中冶集团承诺，在上市后的 24 个月内拟通过转让所持该公司股权等方式予以处置。2010 年 8 月，中冶集团与港中旅集团达成对中冶恒通的托管协议，为了推进这项合作，其他两个小股东退出，中冶恒通成为中冶集团的全资子公司。同时，中冶恒通单方面废除与辽宁钢材贸易公司万雄集团签订的产品分销合同。遭万雄集团起诉后，中冶恒通被沈阳中院冻结现金 3 056 万元，致使资金链彻底断裂，2010 年年底被迫全面停产。港中旅集团也在发现中冶恒通"债务庞杂，资产不符合法律程序，生产设备安排不合理"等问题后，提出"不再托管"并退出。经开元信德会计

---

① 根据刘华于 2012 年在上海财经大学出版社出版的《内部控制案例研究》内容改编。

师事务所审计,自中冶集团 2007 年 9 月重组唐山恒通,成立中冶恒通至 2009 年年底,中冶恒通年年亏损,累计亏损达 46 亿元,2010 年度亏损额再度超过 10 亿元,净资产占总资产的比重不到 5%,总负债超过 120 亿元。

中冶集团投资发生重大亏损,反映出中冶集团漠视投资活动风险,缺乏有效的风险管控措施。在投资方案论证环节,中冶集团没有对投资项目进行必要、充分的可行性研究论证。对于采用并购方式进行投资的项目,企业应当重点关注并购对象的隐性债务、承诺事项、可持续发展能力、员工状况及其与本企业治理层及管理层的关联关系。中冶集团是以承债方式重组成立中冶恒通,而当时唐山恒通早已资不抵债。在对唐山恒通的资产负债和设备、技术情况没有做充分了解,对外部市场因素和企业自身因素没有进行充分、独立评估的情况下,中冶集团就贸然投资 10 多亿元资金全面介入唐山恒通,实属盲目扩张。在决策审批环节,对于重大的投资项目应当实行集体决策或联签制度,发生重大变更的投资方案需要重新进行可行性研究并履行相应的审批程序,并建立责任追究制度。但中冶集团在没有进行有效评估的情况下,由董事会批准了对唐山恒通的收购重组。特别是在中冶恒通暴露出"生产线及设备不合格"和"资不抵债"等问题后,中冶集团仍不断单方面追加投资,这也暴露出中冶集团存在投资项目授权审批制度不完善,审批权限过于集中,对经济业务缺少独立、有效的复核程序,对子公司的管理缺少有效的管控制度等情况。在投资计划实施阶段,企业需要指定专门机构或人员对投资项目进行跟踪管理,密切关注投资项目的市场条件和政策变化,关注被投资方的财务状况、经营成果、现金流量以及投资合同履行情况,发现异常情况,应及时报告并妥善处理。中冶集团对投资项目缺乏有效跟踪管理,当子公司投资 4 年、连续 4 年发生重大亏损时没有及时采取有效措施,及时调整投资策略或制定投资退出策略,造成了中冶恒通持续巨额亏损直至停产的局面。此外,企业应建立投资责任追究制度,对在投资业务中出现重大决策失误的部门及人员,应当追究相应的责任。遗憾的是在 2007 年至 2011 年的 4 年间,中冶恒通的管理层接连换了四任领导,促成该投资项目的关键人物均未受到相应的处罚。

第四节　资金营运活动控制

资金营运活动是指企业日常生产经营中合理组织和调度各类资金,保证各类资金正常循环周转的活动。资金营运活动有广义和狭义之分。广义的资金营运活动是企业筹资活动取得资金以后,进而使用资金营利的过程;狭义的资金营运活动是与企业投资活动相对立的,是企业投资形成项目或资产以后,有效组织项目或资产营运、获取收益的过程,以制造业企业为例,包括采购、生产、销售等环节,资金形态从货币资金开始,依次转化为储备资金、生产资金、成品资金,到经过销售收回货币资金,进行成本补偿和利润分配的全过程。本章的资金营运指的是狭义的资金营运概念。

企业的投资活动为企业生产经营确定了方向和目标,而营运活动则是企业投资形成项目或资产以后,通过合理组织和使用资金来保证投资活动预期目标的达成。因此,营运活动是投资目标能否实现的保证,是投资活动的自然延续。

一、资金营运活动的内部控制目标

企业资金营运活动的内部控制主要包括以下四个控制目标。

1. 保持资金动态平衡

资金平衡是资金营运活动内部控制的基本目标,企业通过加强对营运活动全过程的管理,统筹协调企业内部各部门在生产经营过程中的资金需求,切实做好资金在采购、生产、销售等各环节的综合平衡,做到资金流在数量和时间上的合理配置,保证资金循环周转的顺畅进行,全面提升资金营运效率。

2. 加强资金预算管理

企业应当充分发挥全面预算管理在资金综合平衡中的作用,严格按照全面预算要求组织协调资金调度,确保资金及时收付,实现资金的合理占用和良性循环,严禁资金的体外循环,防范资金营运中的财务风险。

3. 提高资金使用效率

资金只有在不断流动的过程中才能带来价值增值。加强资金营运的内部控制,就是要努力促使资金正常周转,为短期资金寻找适当的投资机会,避免出现资金闲置和沉淀等低效现象。

4. 确保资金安全

资金营运活动大多与货币资金相关,货币资金流动性强,出现错弊的可能性较大,因此,应当采取有效的内部控制措施,防止贪污、侵占、挪用等违法行为的发生,保护企业资金的安全完整。

二、资金营运活动的业务流程

资金营运活动是一种价值运动,为保证资金价值运动的安全、完整、有效,企业资金营运活动应按照设计严密的流程进行控制。资金流入企业从货币资金开始,到销售收回货币资金、成本补偿确定利润、部分资金流出企业为止,形成资金营运的一个完整循环。一个循环结束,下一个新的循环又重新开始。资金的不断循环,构成企业的资金周转。资金营运活动大多与货币资金相关,货币资金是企业流动性最强、盈利性最低的资金占用,是企业资金营运的起点和终点。货币资金收付的业务流程为:收付申请→收付审批→收付复核→资金收付,图 4-3 列示了货币资金收付业务的一般流程。

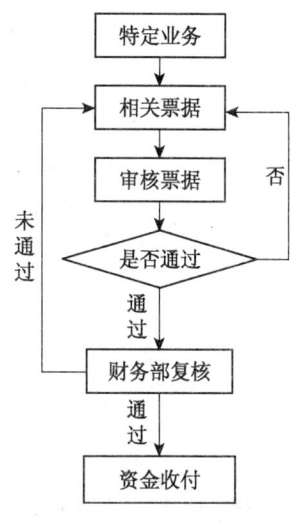

图 4-3　货币资金收付的业务流程

1. 收付申请

企业资金收付需要以业务发生为基础,应该有根有据,不能凭空收款或付款。所有收款或者付款需求,都由特定的业务引起,因此,有真实的业务发生,是资金收付的基础。

2. 收付审批

收款方应该向对方提交相关业务发生的票据或者证明,收取资金。资金支付涉及企业经济利益流出,应严格履行授权分级审批制度。不同责任人应该在自己授权范围内,审核业务的真实性、金额的准确性,以及申请人提交票据或者证明的合法性,严格监督资金支付。

3. 收付复核

财务部门收到经过企业授权部门审批签字的相关凭证或证明后,应再次复核业务的真实性、金额的准确性和相关票据的齐备性,以及相关手续的合法性和完整性,并签字认可。

4. 资金收付

企业应当严格规范资金的收支条件、程序和审批权限。企业在生产经营活动和其他业务活动中取得的资金收入应当及时入账,不得账外设账,严禁收入不入账和设立"小金库"。企业办理资金支付业务,应当明确指出款项的用途、金额、预算、限额、支付方式等内容,并附原始单据或相关证明,履行严格的授权审批程序后,方可安排资金支出。企业办理资金收付业务,应当遵循现金和银行存款管理的有关规定,不得由一人办理货币资金全过程的业务,严禁将办理资金收付业务的相关印章和票据集中一人保管。

三、货币资金收付的主要风险及其控制措施

(一)货币资金收付的主要风险

企业货币资金收付,应当关注货币资金调度不合理和管控不严的风险。

(1)货币资金调度不合理,营运不畅,可能导致企业陷入财务困境或资金冗余。

(2)货币资金管控不严,措施不力,可能导致企业资金被挪用、侵占、抽逃或遭受欺诈。

（二）货币资金收付的关键控制点及控制措施

货币资金收付的关键控制点主要包括以下七个方面。

1. 审批控制

把收支审批作为关键控制点，是为了控制企业资金的流入和流出，审批权限的合理划分是资金营运活动业务顺利开展的前提条件。审批活动的关键点包括：制定资金的限制接近措施，经办人员进行业务活动时应该得到授权审批，任何未经授权的人员不得办理资金收支业务；使用资金的部门应提出用款申请，记载用途、金额、时间等事项；经办人员在原始凭证上签章；经办部门负责人、主管经理和财务部门负责人也应按程序和权限审批并签章。

2. 复核控制

复核控制是减少错误和舞弊的重要措施。根据企业内部层级的隶属关系可以划分为纵向复核和横向复核这两种类型。其中：纵向复核是指上级主管对下级活动的复核；横向复核是指平级或无上下级关系人员的相互核对，如财务系统内部的核对。复核关键点包括：资金营运活动会计主管审查原始凭证反映的收支业务是否真实、合法，经审核通过并签字盖章后才能填制原始凭证；凭证上的主管、审核、出纳和制单等印章是否齐全。

3. 收付控制

资金的收付导致资金流入流出，反映着资金的来龙去脉。收付的控制点包括：出纳按照审核后的原始凭证收付款，并对已完成收付的凭证加盖戳记，并登记日记账；主管会计人员及时准确地记录在相关账簿中，定期与出纳的日记账进行核对。

4. 记账控制

资金的凭证和账簿是反映企业资金流入流出的信息源，如果记账环节出现管理漏洞，很容易导致整个会计信息处理结果失真。记账的控制点包括：出纳根据资金收付凭证登记日记账，会计根据相关凭证登记有关明细分类账；主管会计登记总分类账。

5. 对账控制

对账是账簿记录系统的最后一个环节，也是报表生成的基础，对保证会计信息的真实性起到重要作用。对账的控制点包括：账证核对、账账核对、账表核对和账实核对等。需要强调的是，银行对账单的领取、银行存款余额调节表的编制工作应当授权出纳以外的会计进行。

6. 银行账户管理控制

企业应当严格按照《支付结算办法》等国家有关规定，加强银行账户的管理，严格按规定开立账户，办理存款、取款和结算。企业在银行开立的账户，只供本企业业务经营范围内的资金收付，不准出借、出租或转让给其他单位和个人使用。企业在银行的账户必须用足够的资金保证支付,不准签发空头的支付凭证和远期的支付凭证,不准利用账户进行非法活动。银行账户管理的关键控制点包括银行账户的开立、使用和撤销是否有授权,下属企业或单位是否有账外账。

7. 票据与印章管理控制

企业应当加强与货币资金相关的票据的管理,明确各种票据购买、保管、领用、背书转让、注销等环节的职责权限和程序,并专设登记簿进行记录,防止空白票据的遗失和被盗用。印章是明确责任、表明业务执行及完成情况的标记,经济业务的审批、执行、监督都要留下印章的轨迹,因此应加强印章的管理。印章的保管要贯彻不相容职务分离的原则,企业应当加强银行预留印鉴的管理,预留印鉴就是企业把财务专用章、企业法人章,盖在开户银行的空白纸张上留存印记,开户银行收到企业开出的支票,与预留印鉴核对无误后办理付款业务。企业严禁将办理资金支付业务的相关印章和票据集中一人保管,印章要与空白票据分管,财务专用章要与企业法人章分管。委托他人保管个人印章的要办理授权手续。

货币资金收付的关键控制点、控制目标及控制措施如表 4-2 所示。

表 4-2 货币资金收付的关键控制点、控制目标及控制措施

关键控制点	控制目标	控 制 措 施
审批	合法性	未经授权不得经办资金收付业务;明确不同级别管理人员的审批权限与责任。
复核	真实性与合法性	会计人员对相关凭证进行横向复核和纵向复核。
收付	收入入账完整,支出手续完备	出纳根据审核后的相关收付款原始凭证收款和付款,并加盖戳记。
记账	真实性	出纳根据资金收付凭证登记日记账;会计根据相关凭证登记有关明细分类账;主管会计登记总分类账。
对账	真实性和财产安全	账证核对、账表核对与账实核对。
银行账户管理	防范小金库;加强业务管控	开设、使用与撤销的授权;是否有账外账。
票据与印章管理	财产安全	票据统一印制或购买;票据由专人保管;印章与空白票据分管;财务专用章与企业法人章分管。

【案例 4-4】   银行账户管理中的主要风险与内控应对[①]

2011 年 10 月 25 日上午,京煤集团地质勘探队审计科原科长刘国斌和副科长周和生,因涉嫌贪污、挪用公款在市一中院出庭受审,涉案金额超过千万元。起诉

_____

① 马军生,杨芳.银行账户管理中的主要风险与内控应对[N].中国会计报,2011-12-09.

书显示,1998 年 3、4 月,刘国斌和周和生,时任北京矿务局综合地质工程公司(京煤集团地质勘探队下属公司)计财科科长、副科长。两人擅自将公司账户中的 300 万元公款转出,用于购买国债。随后,又将这笔资金转入两人私设的账户内,并将资金平账后非法占有;1998 年 11、12 月,两人又直接将公司的 170 万元公款和 60 万元公款转入私设账户并平账。此外,两人还于 2000 年 12 月,将公司的 300 万元公款转至某证券营业部,用于购买债券。后两人将该笔资金转至私设账户内,并平账后非法占有。此外,检察机关还单独指控刘国斌于 1998 年 5 月,将 300 万元公款转至朋友股票账户内,供其个人使用。后刘国斌将该笔资金平账,非法占有。除上述贪污指控外,检方还指控刘国斌、周和生涉嫌挪用公款 200 万元。两人于 1998 年 3~9 月,将 200 万元公款转至私设的 10 个账户内,存入 3 个月定期,并获取利息 1.4 万余元,随后两人将钱款归还。

在法庭上,刘国斌认可了全部指控,但他表示,这样做是为单位更好地发展。"1998 年国家开始缩减事业单位的拨款",刘国斌说,为了给单位存一笔钱,以备日后不时之需,才与周和生瞒着单位,私下在银行开设"小金库"。他说,公款并没有落到自己腰包,只是以单位的名义开设了账户,在平账之后将公款隐藏了起来。"我明白,虽然我不是为了自己贪污,但是这样的行为在法律上视同于贪污",刘国斌说,因为当初单位就不掌握这笔钱,一直都是他在暗箱操作,单位一直都不知道有这笔钱的存在,所以他现在也无法证实自己的行为是为了公家。但是,刘国斌的律师坚持认为,刘国斌做了领导的"替罪羊"。他宣读了刘国斌在去年 6 月 22 日在预审期间的供述,称当时刘国斌承认自己是为他人背了黑锅。刘国斌的律师说,刘国斌以单位名义开设账户,需要包括公司法定代表人身份证、财务章、单位开户证明等 7 项手续,刘国斌除了掌握其中的财务章外,其他都需要经过单位相关部门及领导,所以他不可能在单位毫不知情的情况下开设账户,转移大量资金并自行掌控资金出入。周和生对账户的开立、转账等问题的回答,与刘国斌描述相差无几,唯独一点与刘国斌不同的是,他一直称:"公司的钱太多了,有人让我们把钱藏起来"。检方告诉记者,证据显示单位不知道刘国斌和周和生私设账户,两人将钱款拆借给其他公司并从中获利,至于获利多少,由于时间过于久远,目前已经难以调查,但是这些都不影响对两人贪污罪的定性。此案之所以多年没有案发,是因为刘国斌、周和生一直掌控着账户,年底单位查账时,账目是平的,所以一直没有被发现。此后,两人已经不在计财科任职。在年底对账时,由于单位无人知道这些账户,所以没有相关人员到银行对账,银行打来询问电话,此事才暴露。两人被检察院带走调查。

本案例的具体分析与启示如下:

企业的货币资金绝大多数都是通过银行账户进行划转的,企业的经营、筹资、投资活动都离不开银行账户。因此,加强银行账户管理,对保障企业货币资金安全非常重要。从京煤集团的案例来看,员工私设单位银行账户,这些账户的资金活动在企业财务账上没有反映,员工利用这些账户挪用资金和从事不法活动。而且,多年查账也未发现这些账户,也无人去核对,这些都暴露出该企业在银行账户管理上的漏洞。

从银行账户管理来看,企业通常面临的风险有:①银行账户设立及使用不符合法规规定,可能导致遭受外部处罚及法律风险。②私自设立、变更或撤销银行账户,或违反企业规定出租、出借银行账户,导致账户管理混乱,造成资金截留风险。③银行账户设立或撤销未经适当授权批准,造成资金管理风险。④无用或失效的银行账户未及时办理销户,导致账户管理混乱。⑤银行存款的收支业务全程由一人负责办理,无他人监督检查,导致银行存款截留或挪用风险。⑥银行账户资金支付未经审批或审批不当,导致企业资金管理风险。⑦银行收付的原始凭证丢失,影响会计凭证的真实、准确性。⑧出纳领取银行对账单并编制银行存款余额调节表,可能导致伪造银行对账单、挪用企业资金。⑨每月未核对银行存款日记账及银行对账单余额并及时调整未达账项,导致银行存款账实不符。⑩银行预留印鉴未分开保管、网上银行多个密钥未分开保管、网上银行业务交易的执行与审核授权由同一人员操作,导致资金损失风险。⑪资金收付过程中不相容职务未有效分离或串通舞弊,挪用或盗窃银行存款,造成资金损失风险。⑫网银密码、银行账户等信息被盗取或修改,造成交易信息泄露或资金被盗用风险。

为了防范银行账户管理中的风险,企业可从以下方面加强内部控制:①严格银行账户开立程序。所有银行账户的开设应符合经营发展需要,不得随意开设,不得违反规定开立和使用银行账户。企业应明确规定银行账户开户条件、开户申请审批及办理程序,所有银行账户开立应由财务部门办理,填写银行开户申请,并经过公司高层审批(一般应由董事长或总经理审批),审批程序应留下书面痕迹并存档,对集团公司来说,应当严格限制下属子公司新开银行账户,下属公司开户应报集团审批或报集团公司备案。②财务部门应对于已开设未使用或长期不使用的账户及时做出销户处理。银行账户销户按规定操作,经过适当授权并正确反映在会计记录中。销户的银行存款应转入正在使用的银行账户中,并对存、销户凭证及时编制会计记录入账。对已销户的银行账户,应在办理销户后1个月再由经办人员以外的财务人员向银行核实销户情况,确保销户已得到执行。③做好银行账户开户、销户情况记录。企业建立银行账户台账,记录银行账户开户、销户情况,并定期与银行核对,确保所记录的银行账户与实际相符。④加强《银行开户许可证》管理。对开户许可证,建议由财务主管或办公室保管,办理开户时办理借出手续并登记使用情况,开户完毕后及时归还。⑤加强银行预留印鉴管理。银行预留印鉴应分别由不同人员保管,严禁一人保管所有支付预留印鉴。⑥防范网上银行支付风险。实行网上电子支付业务的,应与承办银行签订网上银行操作协议。操作人员应当根据操作授权和密码进行规范操作。实行网上交易,网上支付操作人员的不相容岗位相互分离,银行密钥由不同人员保管,同时还要配备专人加强对交易和支付行为的审核。不得因支付方式的改变或简化,而随意变更或简化支付资金所必需的授权批准程序。⑦由出纳以外的人领取银行对账单,每月末应根据经与银行对账单核对后的存款余额基础上,编制银行存款余额调节表,由编表人以外的人员进行复核,并报财务部门负责人审核;如有不符,应查明原因,及时处理。

复习思考题

1. 资金活动包括哪些内容? 资金活动内部控制的总体要求有哪些?
2. 简述企业筹资活动的一般业务流程。
3. 企业筹资活动存在哪些风险? 应采取哪些控制措施?
4. 简述企业投资活动的一般业务流程及可能存在的风险。
5. 阐述投资活动控制的关键控制点与控制措施。
6. 简述货币资金收付的关键控制点、控制目标及控制措施。

练 习 题

一、单项选择题(在每小题的备选答案中,选出一个正确的答案)

1. 根据《企业内部控制应用指引第 6 号——资金活动》的内容,资金活动不包括(   )。

A. 筹资活动   B. 投资活动

C. 资金营运活动   D. 生产经营活动

2. 筹资活动的关键控制点不包括(   )。

A. 筹资方案论证   B. 筹资方案审批   C. 筹资计划核实   D. 筹资计划实施

3. (   )是企业资金活动的起点,也是企业整个经营活动的基础。

A. 编制资金预算   B. 筹资活动

C. 投资活动   D. 资金营运活动

4. 企业按照国家统一会计准则和制度,设置记录筹资业务的会计凭证和账簿,正确核算和监督资金筹集、本息偿还、股利支付等相关情况,属于(   )。

A. 不相容职务分离控制   B. 授权审批控制

C. 会计系统控制　　　　　　　　　D. 财产保护控制

5. 筹资活动面临的主要风险不包括(　　)。

A. 缺乏严密的跟踪管理制度

B. 缺乏严密的投资资产保管与会计记录

C. 缺乏对筹资协议的认真审核

D. 无法保证支付筹资成本

6. 在资金支付流程中,正确的流程是(　　)。

A. 支付申请→支付审批→办理支付

B. 支付申请→支付审批→支付复核→办理支付

C. 支付申请→支付复核→办理支付

D. 支付发生→支付审批→支付复核→办理支付

7. 投资活动的会计系统控制不包括(　　)。

A. 企业必须按照会计准则的要求,对投资项目进行准确的会计核算、记录与报告

B. 审核投资规模、方向和时机是否适当

C. 企业应当建立投资管理台账,详细记录投资对象、金额、期限等情况

D. 出现财务状况恶化、市价大幅下跌等情形,合理计提减值准备

8. 从银行取回企业的银行对账单的人员应该是(　　)。

A. 出纳　　　　　　　　　　　　　B. 内部审计人员

C. 除出纳外的其他会计人员　　　　D. 会计人员

9. 下列关于资金活动的说法中,错误的是(　　)。

A. 筹资活动是企业资金活动的起点

B. 制造企业的采购、生产、销售等环节属于资金营运活动

C. 投资活动是对企业日常生产经营中的各类资金的组织和调度

D. 投资活动是筹资活动的延续

10. 下列关于资金营运内部控制的说法中,错误的是(　　)。

A. 收支审批是为了确保资金营运的合法性

B. 复核控制是减少错误和舞弊的重要措施

C. 印章的保管要贯彻不相容职务分离的原则

D. 资金营运内部控制的关键控制点不包括收支控制

二、多项选择题(在每小题的备选答案中,选出两个或两个以上正确的答案)

1. 对资金活动内部控制的要求有(　　)。

A. 企业应当根据自身发展战略,科学确定投融资目标和规划

B. 完善严格的资金授权、批准、审验等相关管理制度

C. 加强资金活动的集中管理

D. 明确筹资、投资、资金营运等各环节的职责权限和岗位分离要求

E. 科学合理设计资金的业务流程

2. 下列关于资金活动的说法中,正确的有( )。

A. 资金活动是企业筹资活动、投资活动和资金营运等活动的总称

B. 资金活动的风险管控事关企业生死存亡

C. 加强企业资金管控有利于企业可持续地发展

D. 资金活动内部控制通常是企业内部管理的关键环节

E. 加强资金活动内部控制是为了维护资金的安全与完整

3. 下列关于对筹资方案进行战略性评估的说法中,正确的有( )。

A. 评估筹资方案是否符合企业整体发展战略

B. 评估筹资规模是否适当

C. 评估是否以最低的筹资成本获得了所需的资金

D. 评估利息、股息水平是否在企业可承受的范围之内

E. 评估筹资方案可能面临的风险,如利率、汇率、货币政策、宏观经济走势等

4. 下列关于企业筹资活动的内部控制的说法中,正确的有( )。

A. 企业应当对筹资方案进行严格审批,重大筹资方案应当由企业一把手审批

B. 企业财务部门可以根据市场变化等情况,自行决定是否改变资金用途

C. 企业应当按照筹资方案或合同约定的本金、利率、期限、汇率及币种,准确
计算应付利息,与债权人核对无误后按期支付

D. 企业的股利分配方案应当经过公司董事会批准,并按规定履行披露义务

E. 企业应当建立筹资活动评价与责任追究制度

5. 投资活动的主要业务流程包括( )。

A. 拟订投资方案   B. 投资方案可行性论证

C. 投资计划编制与审批   D. 选定投资计划

E. 投资项目的到期处置

6. 投资活动的主要风险有( )。

A. 投资活动与企业战略不符的风险

B. 投资活动忽略资产结构与流动性的风险

C. 缺乏严密的授权审批制度和不相容职务分离制度的风险

D. 缺乏严密的投资资产保管与会计记录的风险

E. 投资与筹资在资金数量、期限、成本与收益上不匹配的风险

7. 资金营运活动的主要目标有( )。

A. 保持生产经营各环节资金供求的动态平衡

B. 促进资金合理循环和周转,提高资金使用效率

C. 确保资金安全

D. 加强资金活动的集中归口管理

E. 按照全面预算要求组织协调资金调度,严禁资金的体外循环

8. 下列做法中,违背了不相容职务分离要求的有( )。

A. 出纳领取或接受银行对账单

B. 出纳编制银行存款余额调节表

C. 出纳编制收付款记账凭证

D. 出纳先办理费用报销,后由制单会计编制付款记账凭证

E. 出纳登记银行存款日记账

9. 针对资金营运活动的内部控制,下列说法中,正确的有( )。

A. 印章要与空白票据分管

B. 由一人办理资金全过程业务

C. 严禁收款不入账、设立"小金库"

D. 出纳根据资金收付凭证登记日记账

E. 财务专用章要与企业法人章分管

10. 货币资金收付的关键控制点包括( )。

A. 审批　　　　B. 校对　　　　C. 收付　　　　D. 记账

E. 银行账户管理

三、判断题(认为正确的在题目的括号内打"√",认为错误的在题目的括号内打"×")

1. 企业应当加强银行预留印鉴的管理。财务专用章应当由专人保管,个人名章应当由本人或其授权人员保管,不得由一个人保管支付款项所需的全部印章。

( )

2. 筹资的目的就是为企业获得尽可能多的资金。 ( )

3. 只要有好的项目,企业就应该去投资。 ( )

4. 对筹资方案进行经济性评估,要从利率、汇率、货币政策、宏观经济走势等重要条件进行预测分析,并结合收益与风险进行筹资方案的经济性评估。 ( )

5. 只要企业投资出现市价大幅下跌的情况,企业就应该对投资计提减值准备。 ( )

6. 对重大筹资方案应按照企业授权权限,经经理提交方案后,由董事长审批。

( )

7. 可行性论证是筹资业务内部控制的重要环节,可行性论证包括筹资方案的战略性评估、经济性评估和风险评估。　　　　　　　　　　　　　　（　　）

8. 投资资产的处置必须经过董事会的授权批准。　　　　　　　　（　　）

9. 投资方案的拟订、决策与审批不属于不相容职务。　　　　　　（　　）

10. 财务部门收到经过企业授权部门审批签字的相关凭证或证明后,应再次复核业务的真实性,金额的准确性,相关票据的齐备性,以及相关手续的合法性和完整性,并签字认可。　　　　　　　　　　　　　　　　　　（　　）

第五章 采购业务控制

学习目的与要求

本章旨在阐述采购业务的内部控制,其内容主要包括采购业务内部控制目标、总体要求、采购业务基本流程、关键控制点及控制措施。通过本章的学习,学生应当理解采购业务内部控制目标和总体要求,熟悉采购业务的基本流程,掌握采购业务各环节的关键控制点及主要控制措施。

课前预习题

1. 什么是采购预算?

2. 企业采取哪些内部控制措施,可以以最优"性价比"采购到符合需求的物资?

3. 采购业务应当关注的风险有哪些?

第一节 采购业务控制概述

采购是企业生产经营活动的起点,为企业生产经营提供原材料、设备和工具等,是从事生产经营的前提条件。为了保证企业生产经营活动高效、有序地进行,企业应科学地组织、管理采购活动,以确保采购部门能够供应及时、合理储备生产用料。采购业务运作的好坏直接影响到企业经营的成败,决定着企业的竞争能力。为了规范采购行为,防范采购风险,企业应建立健全相关采购管理制度和措施,强化采购业务的控制和监督,提高经营效率与效果。

一、采购业务的概念及内部控制目标

(一)采购业务的概念

采购业务是指企业购买物资(或接受劳务)及支付款项等相关活动。采购不仅

包括对物资,如原材料、辅料、包装物、商品、生产设备、工程物资等实体物品的购买;还包括对无形的物品(或劳务),如技术等的购买。采购业务既是企业的"实物流"的重要组成部分,又与"资金流"密切相关。

由于企业采购的种类、性质差距很大,完全按照统一的控制措施和程序,必将造成采购效率低下,得不偿失。为了保证控制措施的可操作性,企业一般对所购物料进行分类管理。企业可根据自身的情况制定不同的采购管理办法。在一般情况下,企业对大宗商品采购、价值高的商品建立严格的控制制度和措施,对于零星的、价值较低的商品,控制制度和措施相对较为简便,以便于提高采购效率。

（二）采购业务内部控制的目标

采购业务内部控制的总体目标是促进企业合理采购,满足生产经营的需要,同时,企业还要规范采购行为,防范采购风险,提高经济效率。上述目标具体表现如下:

(1) 保障日常材料供应,维持正常生产,降低缺货风险。一旦管理失控,就可能导致企业因原料不足而停工,引起产品供应中断,给企业造成重大的经济损失。

(2) 降低库存,提高资源利用效率。当今世界,消费者需求更加崇尚个性化。为了满足消费者这种消费倾向,生产部门引进柔性生产工艺,根据顾客需求生产各种款式、规格的产品。这种变化客观要求采购部门能够科学地计划原材料的采购需求量及采购进度,及时、高效地满足生产需要。加强采购管理,科学规划采购业务,有助于提高生产效率,降低存货库存,减少材料过期、报废。

(3) 降低采购成本,提高产品的竞争力。作为生产成本的重要组成部分,材料采购成本包括原材料价格、运输费用、保险费用、税费、仓储费用、流动资金占用费用等。如果材料采购费用过高,或者购回材料不合格,将会增大企业生产成本,给企业造成损失。

(4) 规范采购行为,防范采购付款过程中的欺诈和舞弊,合理保证企业采购业务的真实性、合理性及适当的授权,保障企业的合法权益(或资产)不受侵占或控制。

二、采购业务控制的总体要求

（一）制定完善的采购管理制度和措施

企业应当根据实际情况,全面梳理采购业务流程,完善采购业务相关管理制度和措施。第一,明确相关部门的岗位职责和权限,做好请购、审批、购买、验收、记录等不相容职责的分离工作;第二,配备业务素质与职业道德良好的人员;第三,建立严格的授权批准制度,明确授权批准方式、权限、程序、责任范围与工作要求;第四,建立采购登记制度,加强采购过程中的会计控制。

（二）严格执行与监控

企业各部门按照规定的审批权限和程序办理采购业务,落实责任制,建立价格监督机制,定期检查和评价采购过程中的薄弱环节,有针对性地采取改进措施,合理保证物资和劳务采购经济、高效地满足企业生产经营需要,防范采购风险。

三、采购业务流程

在通常情况下,企业要执行一项采购业务,需要完成以下具体的操作步骤。

（一）编制采购预算

采购业务从预算开始。预算是一种用数量来表示的计划,是将企业未来一定时期内经营决策的目标通过有关数据系统地反映出来,是经营决策具体化、数量化的表现。采购业务预算包括需求预算和采购预算。需求部门一般根据生产经营需要向采购部门提出物资需求预算,采购部门根据该需求预算和现有物资库存情况后,统筹安排采购预算。编制采购预算的根本目的是为了保障企业战略计划和作业计划的执行;确保与企业组织目标一致;协调企业各部门之间的合作经营;保证资源分配的效率性;对企业物流成本进行控制、监督。但是,如果企业所有物资采购计划都纳入预算编制,必将影响采购的效率。为了既能保证采购工作效率,又能有效地对采购数量合理规划,企业通常需要对所采购的物资进行分类,分别采用不同的管理方法。

1. 预算内采购

与产品生产直接相关的大宗商品如直接材料、直接人工、固定资产采购一般纳入预算内管理。生产部门根据年度内的目标任务提出的所需采购物资的数量、品种、质量,然后编制需求预算,并结合库存、采购周期、生产耗用量、采购费用、仓储费用等确定采购数量,采购预算一经审批,就需要按预算实施采购。

2. 预算外采购

零星小商品的采购一般作为预算外管理,常由仓储部门根据库存和平均每天耗用情况,估算出物资的实际需求数量,直接编制采购申请报告。

（二）采购申请与审批

采购申请与审批是指企业生产经营部门根据采购计划和实际需要,编制申请报告,提出的采购申请,并经采购部门负责人签字,然后报告给相关有权审批的领导审核、批准后实施采购的过程。采购申请报告应包括采购物品的规格、型号、类别、式样、性能、数量、用途、质量要求以及适用技术标准规范、环保指标、安全性能等。

（三）选择供应商

采购部门取得经审批的请购单后,应及时查询和了解该商品的销售渠道以及主要供应商的相关资料。并根据取得的资料信息,综合考评供应商的经营状况、供货能力、信誉、供货价格、供货质量、供货及时性等因素,初步确定合格供应商的清单。

（四）确定采购方式和采购价格

采购部门应当定期了解、研究大宗通用重要物资的成本构成、市场供求形势、市场价格变动趋势,确定重要物资品种的采购执行价格或参考价格,建立采购价格数据库。采购人员与供应商清单上列示的供应商进行价格协商,确定商品的价格,合理选择采购方式。大宗商品采购应当采用招标方式,明确招投标范围、标准、实施程序和评价规则;一般物资或劳务等的采购可采用询价或定向采购的方式并签订合同协议;小额零星物资或劳务等的采购可采用直接购买等方式。

（五）订立框架协议或采购合同

框架协议是企业与供应商之间为建立长期物资购销关系而做出的一种约定。采购合同是指企业根据采购需要、确定的供应商、采购方式、采购价格等情况与供应商签订的具有法律约束力的协议,该协议对双方的权利、义务和违约责任等情况做出了明确规定（企业向供应商支付合同规定的金额、结算方式,供应商按照约定时间、期限、数量与质量、规格交付物资给采购方）。大宗商品采购具有交易价值高、交易风险较大的特点,采购部门应与供应商签订采购合同或协议,以防违约风险。订立采购合同或协议应当遵守《中华人民共和国合同法》（以下简称《合同法》）的相关规定,在采购合同或协议中明确规定所购物品的名称、品种、规格、数量、价格、交货期、交货地点、运输方式、结算方式、验收方式、质量要求、验收标准和违约责任等项内容,具体条款内容由采购部门与供应商协商一致。

（六）管理供应过程

采购部门在签订合同或协议后,应编制采购订单,并经相关审批人员审批、确认后,转达给供应商。采购部门应定期对采购订单的执行情况进行跟踪,了解供应商的生产进度及送货情况,对可能影响交货的异常情况,除及时为供应商提供协助外,应考虑选用其他替代方案。

（七）验收

验收是指企业对采购物资和劳务进行质量检验与计量验收,以确保其符合合同相关规定或产品质量要求。采购物资到达企业后,采购部门通知企业质检部门和仓储部门进行验收。企业质检部门应参照合同条款或样本对入库的产品进行检验,检验结果需开具质量检验单。检验合格后转由仓储部门对物资数量进行验收。仓储部门人员应当检查入库物资的规格、型号、实际验收数量是否与订购单相符。对验收不合格的物资,应当将原因及处理意见在验收单据上注明,由采购人员办理退换货或索赔事宜。

（八）付款

付款是指企业在对采购预算、合同、相关单据凭证、审批程序等内容审核无误后,按照采购合同规定及时向供应商办理支付款项的过程。财务部门收到供货单位的发票,对相关付款依据或凭证审核无误后,办理结算付款手续。企业付款的形式有多种,如预付款、货到付款、验货后付款等,付款人员应根据合同的规定填制付款单,经审批后支付相关款项。

(九)退货

对于验收不符合标准的货物,企业应根据相应的退货管理制度规定,与供应商沟通退货事宜。退货时,办理货物交运手续后出库。货物发出后,及时收回退货货款。

(十)会计系统控制

财务部门取得采购业务的原始凭证,对原始凭证的真实性、合法性进行审核,按照国家相关会计准则和会计制度编制记账凭证和过账,并定期与仓储部门的存货明细账、与供应商的对账单进行核对,确保会计记录、采购记录与仓储记录一致,与供应商往来款项记录准确无误。

采购业务的基本流程如图 5-1 所示。

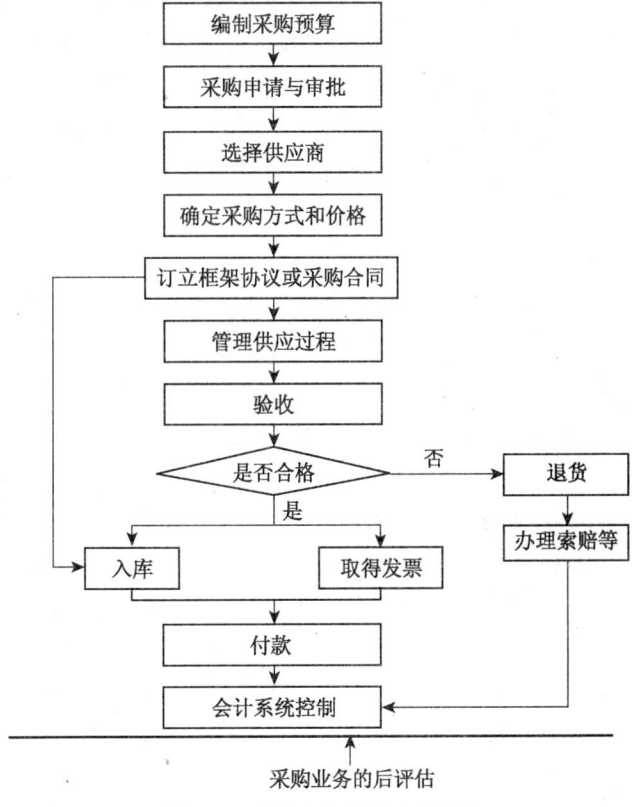

图 5-1　采购业务的基本流程①

———————

①　根据财政部会计司于 2010 年在经济科学出版社出版的《企业内部控制规范讲解(2010)》改编。

【案例 5-1】　　WM 公司材料采购业务流程分析[①]

WM 公司首先由仓库根据库存和生产需要提出材料采购业务申请,填写一份"请购单"。"请购单"交供销科批复。供销科根据事前制订的采购计划,对"请购单"进行审批。如符合计划,便组织采购;否则请示公司总经理批准。决定采购的材料,由供销科填写一式两联的"订购单",其中:一联供销科留存;另一联由采购交供销单位。采购员凭"订购单"与供货单位签订供货合同。供货合同的正本留供销科并与"订购单"核对;供货合同的副本分别转交仓库和财务科,以备查核。

采购来的材料运抵仓库,由仓库保管员验收入库。验收时,将运抵的材料与采购合同副本,供货单位发来的"发运单"相互核对。然后填写一式三份的"验收单":一联仓库留存,作为登记材料明细账的依据;一联转送供销科;一联转送财务科。供销科收到"验收单"后,将"验收单"与采购合同的副本、供货单位发来的发票,其他银行结算凭证相核对,若相符或不相符,以确定此采购业务的完成情况。

财务科接到"验收单"后,由主管材料核算的会计将验收单与采购合同副本、供货单位发来的发票、其他银行结算凭证相核对。以相符或不相符作为是否支付货款的依据。应支付款项的,由会计开出付款凭证,交出纳办理付款手续。出纳付款后在进货发票盖"付讫"章,再转交会计记账。财务科的材料明细账应定期与仓库的材料明细账核对。

针对该公司材料采购业务流程进行评审,发现其存在如下的缺陷:①仓库只填一张"请购单",无法核对供销科所订立的材料是否为本公司所需,也不宜发现供销科未经公司领导批准前是否有自行订货现象。②虽然要求材料采购按计划执行,但并无相应的检查措施,加上对采购业务的批准与执行均由一个部门来负责,因而缺乏必需的控制。③供销科未设立材料明细账,不便于随时掌握材料的收发动态,不便于确定相适当的采购时间。

针对以上缺陷,可采取以下措施进行改进:①仓库填制的"请购单"改为"一式三联"。②采购业务的审批应由生产计划科负责,供销科只负责材料的采购业务。③"请购单"的处理程序调整为:其一,仓库填写"请购单"后,交生产计划科审批。其二,生产计划科审批后,一联留存,一联退回仓库备查,一联交供销科办理订货和采购手续。其三,仓库将批准的"请购单"内容与原采购计划不一致的,由公司领导审查批准。相应增加一份采购合同副本转给生产计划科,以便与批准的"请购单"相核对。供销科增加一套材料明细账,以便随时掌握材料的增减变动。

---

①　本案例转引自育龙网上的案例"内部控制案例分析——材料采购业务",http://kuaiji.china-b. com/gjnss/zcfg/20090721/123305_1. html＃。

四、采购业务应关注的风险

在采购活动中,企业管理层的受托责任是为股东实现资产保值与增值服务,防范采购与付款过程中的差错与舞弊行为,提高采购活动的效率,提供真实、公允的会计信息。但是,在从事采购的过程中,企业面临着内部、外部诸多不确定因素,为了有效防范、降低采购过程中重大风险给企业经营活动带来的重大影响,企业需要对采购中可能发生的各种风险进行识别和评价,以增强企业的风险应对能力和控制能力。一般来看,企业在采购过程中主要存在以下九个方面的风险。

（一）采购预算管理风险

企业采购预算管理是采购环节的源头,缺乏有效的预算编制、执行、监控机制和措施,将导致企业面临重大的采购风险。

采购预算作为企业经营预算的组成部分,其目的是为了实现合理、高效的组织采购活动,降低采购物资的成本。在编制和执行采购预算的过程中,存在诸多不确定因素和风险影响到企业经营预算的实现,如采购预算编制依据不合理,从而导致出现存货积压的可能性;采购预算编制缺少前瞻性,忽略产品的生命周期、消费者需求变化、科学技术进步、生产工艺的改进和新产品的开发更新,导致对特定物资的计划采购数量的预测不准确,盲目采购原料,引起原料积压、变质;采购预算未随着经营环境的变化及时做出修正,严重影响到采购预算的正确实施和考核;采购计划与生产不协调,造成生产延误或材料积压等。另外,企业编制的预算并不一定会得到认真执行,预算管理实施时力度不够,缺乏配套的预算执行和监控机制。

（二）价格风险

在市场经济条件下,物资价格波动是一种必然趋势。当前,世界上各国市场的融合程度不断加深。一个国家、一个地区的经济、社会、政治、环境、金融政策的变化会深刻、广泛地影响到世界其他各国商品价格的变化。这些影响商品价格的因素相互交杂在一起,日趋复杂,引起市场上的商品经常出现重大波动。如果企业对采购价格风险管理不当,将引起采购成本上升,企业利润下滑。

（三）信用风险

信用风险又称违约风险,是指供应商未完全履行合同或协议中的义务而给购买方造成经济损失的风险。供应商的良好信誉是长期合作的重要条件。然而,供应商可能因为各种原因,如质量、延迟交货等,未能全面履行合同规定的义务,给企业造成经济损失。企业应加强对供应商的信用评价,选择信用程度较高的供应商进行采购。在筛选供应商的过程中可能存在以下风险:对供应商的评价、选择没有建立一套完整的流程和考核体系,甚至在没有对供应商的能力和信誉经过认真考察的情况下,直接由某个人做出采购决定;合理防范供应商通过贿赂或不正当关系获取采购合同;资质不符合企业要求的供应商通过弄虚作假取得采购合同等。

（四）合同风险

在《合同法》上,广义的合同风险是指各种非正常的损失,它既包括可归责于合同一方或双方当事人的事项所导致的损失,又包括不可归责于合同双方当事人的事项所导致的损失。常见的合同风险主要有:①合同主体资格风险。与供应商签订合同时,应审查其是否具备签订合同的主体资格。例如,企业各部门/科/室就不具备主体资格,其所签订的合同就是无效的。②欺诈风险。供应商设立虚假的"皮包公司",或者通过非法途径盗取其他单位的公章或合同专用章或空白合同书,在采购商不知情的情形下,为了获取非法利益,而与对方当事人签订买卖合同,骗取采购单位的钱财。③合同条款表述的意思与采购人员真实意思不相一致。在合同签订过程中,由于采购人员的疏忽、过失、能力或者受到欺骗等原因,导致合同中的标的、履约、价款等合同条款存在歧义,没有真实、准确地反映采购方的意思,履行该合同将给企业带来一定程度的不利后果。④合同中没有订立惩罚条款。不论是合同的任何一方,如果不能依照合同的条款履行合同一律被视为违反合同,应承担一定的法律责任,但法律对违约方责任的认定仍需以合同订立的惩罚条款为主要依据。如果合同中缺失惩罚条款,那将加大履约方的违约风险,影响合同的顺利执行。⑤合同条款不完备,未在采购合同内对某些权利和义务做出完整规定,在履行责任时引起法律纠纷。合同的本质在于规范合同双方的权责利,如果合同条款中对此未做出明确、完整的规定,往往会在合同的履行环节中出现种种不畅,如果争议过大,则会加大诉讼风险,引起法律纠纷。

（五）物流风险

在采购商品的运输过程中,特别是从国外运输过程中,可能因台风、暴雨发生毁损,或者出现被偷、被盗等情形。如果运输的货物价值巨大,且企业存在投机、侥幸心理,未对运输的资产进行投保时,可能引起重大损失。例如,某公司从外地采购一大批货物,卸在仓库前的空地上准备验收入库,刚好遇上夏天的雷阵雨,造成货物全部被淋湿报废。

（六）检验风险

验收是检验入库材料的质量、数量的重要环节。如果相关检测人员在工作中粗心大意、串通舞弊,将会给企业造成难以挽回的损失。检验风险包括:①供应商的贿赂。一些供应商为检测人员在检测过程中提供相关便利,或者贿赂质检人员,将潜在不合格物料判定为合格物料。②检测方法不恰当。在检测原材料时,由于选样不科学,或者检测内容不全,或者方法不完善,导致出现误判的情形。③检测、计量设备不准确,导致检测出现误差。④检测水平低下,检测结果有误等情形。

（七）结算风险

采购付款环节既是企业支付货款取得材料的过程,也是容易产生风险的高发区域。结算风险主要包括:①未按合同的要求提高支付货款或质量保证金。②企业没有足够的资金用于支付货款,出现长期拖欠货款,影响企业的信誉。③超过折扣期或到期仍未付款,由此带来支付风险。④货款结算过程中,结算金额出错,出现多付或少付。企业可能会遇到收到的购货发票与采购订单、入库单不相一致的情形,如果企业的付款子系统相对独立,不能及时、准确地对这些单据进行相互核对,则会造成支付金额不正确。⑤采用不恰当的结算方式,导致款项被业务员欺诈、冒领。

（八）信息系统风险

为了便于采购业务流程中的相关人员相互了解采购的进展情况和有关采购事项的信息,明确相关人员各自的责任以及利用会计信息对采购资金进行监控,企业会建立采购活动中的信息系统,企业信息系统可能存在的风险主要包括:①采购信息系统不完善,难以了解采购业务的进展情况。②相关业务部门重复处理或遗漏处理相关信息,导致出现重复采购或者遗漏。例如,采购部门遗失请购部门传递过来的单据,造成遗漏采购;或者将已采购的请购单再次进行采购,造成重复采购。当企业内部缺乏信息沟通渠道时,将难以及时地发现上述采购事项。③会计信息系统录入不完整或者出现错误,导致会计信息系统未能全面真实地记录和反映企业采购各环节的资金流和实物流情况。④信息加工不准确,导致会计记录与相关采购记录、仓储记录不一致。

（九）职业道德风险

采购业务要求员工的每一个行为都应满足企业的长期最佳利益。公正、诚实守信应当是每个员工的自觉行为。然而,在当前市场经济条件下,由于市场竞争激烈,社会诚信体制的不健全等多方面的原因,导致企业人员在采购业务中存在以下情形:①故意高价采购。采购人员与供应商相互串通,高价购回物资,然后从供应商提取回扣、接受礼物等。②以次充好。采购人员将次货混入高等级货物中,或者以次等货冒充高等级货物。③未经审批,超计划采购原材料。④选择与其关系好的供应商供货。⑤仓储保管员、采购人员和供应商相互勾结,对盘盈的物料虚开发票,从供应商处套取现金。

第二节　采购业务控制内容

采购业务流程主要由编制采购预算、采购申请与审批、选择供应商、确定采购方式和采购价格、订立框架协议或采购合同、管理供应过程、验收、付款、退货管理、会计系统控制等环节构成。采购流程的环节虽不很复杂,但出现差错和舞弊的风险却较大。对采购业务进行控制,将有效地降低企业经营风险,合理保证实现企业长期可持续发展目标。因此,企业应根据《企业内部控制应用指引第 7 号——采购业务》的规定,同时结合自身实际情况,梳理采购流程,识别关键风险控制点,并提出针对性的控制措施。

一、编制采购预算

预算管理是指单位内部通过编制预算、执行预算、分析预算差异和考核预算来管理单位的经济活动。采购预算作为企业年度生产经营预算的一部分,是采购部门为配合单位年度销售预测或生产数量,对所需要的原材料、物料、零件、劳务等的数量及成本编制的用货币形式进行具体、系统反映的数量计划。

为了降低诸如需求或采购预算不合理、不按实际需求安排采购或随意超预算采购,甚至与企业生产经营预算不协调等采购预算管理风险,企业应当采取以下具体控制措施:

(1)企业的生产、经营、项目建设等需求部门应当根据实际生产经营需要,准确、及时地编制需求预算,但不能指定或变相指定供应商。对独家代理、专有、专利等特殊产品应提供相应的独家、专有资料,经专业技术部门研讨后,经具备相应审批权限的部门或人员审批。

(2)企业采购部门应根据需求预算和现有库存情况,在充分市场分析的基础上,合理编制采购预算。采购预算按规定的审批权限和程序经相关负责人审批后,作为企业刚性指令严格执行。确因实际情况发生变化需要调整采购预算时,也应按规定的审批权限和程序重新办理审批手续。

(3)企业应当定期对采购预算的执行情况进行分析,调查分析预算与实际差异产生的原因,并提出有针对性的改进措施。

二、采购申请与审批

如果企业缺乏采购申请制度,审批不当或越权审批,以及由于对市场变化预测不准确,而造成库存短缺或积压、生产停滞或浪费等情形,都将使企业采购业务面临较大的风险。企业应当采取以下控制措施,防范请购与审批环节的风险:

(1)企业应当建立采购申请制度,依据购买物资或接受劳务的类型,确定归口管理部门,授予相应的请购权,明确相关部门或人员的职责权限及相应的请购程序。

(2)企业可以根据实际需要设置专门的请购部门,对需求部门提出的采购需求进行审核,并进行归类汇总,统筹安排企业的采购计划。需求部门通常以请购单的形式提出采购需求,具备相应审批权限的部门或人员审核的重点有所不同,如请购部门负责人重点审核所请购的物资品种、质量是否符合生产经营需要,仓储部门负责人应根据库存量核准采购数量,采购部门负责人审核重点是防止发生重复采购、预计采购价格。

（3）具有请购权的部门对于预算内采购项目,应当严格按照预算执行进度办理请购手续,并根据市场变化提出合理的采购申请。对于超预算和预算外采购项目,应先履行预算调整程序,由具备相应审批权限的部门或人员审批后,再行办理请购手续。

三、选择供应商

选择供应商,也就是确定采购渠道。供应商选择不当,可能导致采购物资质次价高,甚至出现舞弊行为。供应商的选择和管理是采购环节中重点监控环节。建立供应商选择和管理制度的根本目的就是加强对供应商的管理,通过多种控制措施,实行采购事前、事中和事后的全程管理。

（一）建立供应商准入制度

企业应当淘汰不合格供应商,对供应商的资金实力、技术条件、资信状况、生产能力条件进行综合评价,判断供应商履行供货合同的能力,为采购业务构建风险预防机制。新增供应商的市场准入和调整供应商物资目录同样要按照规定程序审核批准后,才能修改、调整合格供应商清单。一旦企业建立起合格供应商清单,采购部门就只能向清单中的这些供应商采购大宗重要商品。为了避免企业对个别供应商的过于依赖,对于比较充分竞争的物品采购,还应确定主供应商和辅助供应商及其比例。

（二）供应商的动态评估管理

采购部门应当按照公平、公正和竞争的原则,在防范考评舞弊风险的基础上,对供应商的主体资格、信用状况、产品价格、履约能力、质量等方面进行评估,择优确定供应商,与其签订质量保证协议。明确考评内容、考评方法和考评程序构成的供应商综合评价体系,定期对供应商进行考评。根据考核评价结果,提出供应商淘汰名单,经审批后对合格供应商清单做出合理调整和记录。

（三）建立供应商管理信息系统

由专人负责管理信息系统的维护,且独立于供应商的选择、批准和采购执行。详细记录供应商的经营地址、营业执照、经营状况、联系方式、提供物资或劳务的质量、价格、交货及时性、供货条件等内容。

四、确定采购方式和采购价格

采购方式不当、招投标或定价机制不科学、方式不合理、缺乏对物资价格的跟踪监控、采购价格过高等,都将引致企业面临重大风险。

为了促进采购活动的高效、有序,避免企业内部各物资需求单位分散采购造成组织内部采购价格混乱的局面,企业应将采购业务进行集中管理,避免多头采购或分散采购,选择适当的采购方式和科学的定价机制,以增加企业议价空间,减少采购人员的舞弊,降低采购的成本。

(一)确定采购方式

企业应当根据物品或劳务的性质及市场情况确定采购方式。对于大宗采购应当采用招标方式,合理确定投标的范围、标准、实施程序和评标规则;对于一般物资或劳务等的采购可以采用询价或定向采购的方式并签订合同协议;对于小额零星物资或劳务可以采用直接购买等方式。企业应对例外紧急需求、小额零星采购等特殊采购处理程序做出明确规定。

(二)确定采购价格

企业应当健全采购定价机制,采取协议采购、招标采购、询比价采购等多种方式,科学合理地确定采购价格,实现以最优"性价比"采购到符合需求的物资的目标。

1. 协议采购

协议采购是企业在采购大宗商品的过程中,与供应商发生长期的商业交往,产生较为可靠的商业信用。采购者通过与供应商的协商,建立了长期的、互惠的供货关系,能够有效地降低企业采购成本,提高采购部门的采购效率。

2. 招标采购

招标采购是指采购方作为招标方,事先提出采购的条件和要求,邀请众多企业参加投标,然后由采购方按照规定的程序和标准一次性地从投标人中择优选择交易对象,并与优胜方签订协议的过程。企业应当科学地制定招标的范围、标准、实施程序和评标规则,并根据所购物资的特点以及企业的自身情况决定招标方式。整个招标过程应当做到公开、公正和择优选取投标人。

3. 询比价采购

询比价采购是指向多个供货商(通常至少三家)发出询价单,多家供应商报价后,采购方通过比质比价,选择适当的供应商进行采购交易。采购合同一般授予符合企业采购条件的最低报价的供应商。询比价采购一般适合于采购价格波动较小的商品。

　　大宗采购应当采用招投标方式确定采购价格,其他商品或劳务的采购,应当根据市场行情制定最高采购限价,并对最高采购限价适时调整。企业应当建立采购价格数据库,定期开展重要物资的市场供求形势及价格走势商情分析并加以合理利用。企业内部审计机构应当加强对采购价格的监督和检查。

【案例5-2】　　　　　大厦公司招投标采购电脑①

1. 专人负责采购电脑

　　大厦公司是一家快速扩张的主营厨房小家电生产销售的大型公司。其主要产品深受消费者喜爱。在市场快速增长的同时,公司决定成立客服呼叫中心,进行消费者投诉、满意度调查、电话营销、会员维护等。经过分析,建立客服呼叫中心约需购置300台电脑。经电话呼叫中心的负责人张经理申请,总经理办公会商议,决定进行统一的招投标集中采购,大家讨论后决定这项工作由张经理牵头完成。

2. 邀请招标,比质比价

　　张经理原本在销售部工作,由于工作业绩出色,被委任为作为客服呼叫中心的负责人。但她对电脑配置、技术参数这些技术问题了解不多,因此,她找到了公司信息技术部的副部长王经理,邀请他协助完成招投标采购工作。王经理询问了客服呼叫中心的电脑使用需求,编制了详细的标书,对采购电脑的品牌、型号、配置和保修服务等条款都做了细致的规定。张经理还结合标书,请采购部的同事协助,完成了标底的编制,标底定在105万元。标底编制结束过了2天,王经理还专门来问了问标底,他称赞张经理标底编制得很到位,兼顾了质量和价格。

　　"投标方必须是公司合格供应商名录中的成员",这是大厦公司领导对采购活动的一贯要求。张经理找到采购部,询问公司计算机设备的采购的供应商名录情况。采购部表示,目前公司的合格供应商名录只涉及生产相关的采购,如原材料,零部件等;而对于IT类的办公设备,供应商一直是由信息技术部负责推荐。于是,张经理又找到王经理。王经理很热情地说,他很熟悉本地的计算机供应商,他可以负责推荐几个既有实力又有价格优惠的厂商。时间不长,张经理很快收到了王经理推荐的A、B、C、D、E共5家供应商递交的标书。张经理认真地询问了这几家供应商的资质情况,并做了审核,这几家供应商的一些基本证件等信息也都留档备案,经过查看一些基本的营业证照都是齐全的。

　　为了慎重起见,张经理召集采购部采购专员、王经理等人召开评标会。大家首先剔除了C、E这两家投标书在品牌和型号方面未能满足要求的供应商,剩下3家的各方面技术指标、付款条件和保修条件基本一致,也都完全符合标书的要求。3

_____
　　① 本案例由立信锐思提供资料。

家的报价分别为:A供应商117万元,B供应商104万元,D供应商128万元。经过参与评标会的全体成员投票表决,最终选择B供应商为中标方。

过了2周,300台电脑全部到货,王经理负责进行了验收,抽检的10台机器全部合格,质量优良。

3. 屡屡出错,问题暴露

经过持续1个多月的准备工作,客服呼叫中心的设备、人员全部到位。客服呼叫中心正式开始运转。中心运行了2个多月,经常有操作人员汇报,客服呼叫中心的电脑时有死机情况发生。张经理起初没在意,又过了两三个月,类似问题越来越多,几乎一半的呼叫中心都瘫痪了,大量客户信息丢失无法修复。她不得不请信息技术部的维护专员进行修理,修了也没有修好。张经理询问原因,维护专员称很多机器配置太差,而且作为二手翻新机能运行成这样已经不错了。张经理大惊,新买的高端机型怎么会成了低端机和翻新机?她赶紧去找信息技术部的王经理,却被告知,王经理早在3个月前就办理了离职手续。她只得请来其他专家,对机器进行再次检查。对比采购合同,大家惊人的发现,只有30台机器是符合合同要求的电脑,其余全是包装相同,但包装内全是改装后的低端机和翻新机。张经理再去找供应商,发现供应商也已不知所踪,投标和签合同的资质材料全是伪造的。

现对本案例分析如下:

采用招标集中采购的方式能够在有效提高采购的质量和效率的同时,降低企业的采购成本,而在本案例中,并没能达到预期的效果,反而,使公司蒙受了巨大的损失。从大厦公司采购的流程上看,公司招标采购的流程比较规范:首先,由需求部门(客户呼叫中心)提出采购申请,并且经过相关的决策机构批准;其次,制作了标书并且设置了标底;再次,评标过程也是由三个部门共同参与,并综合考量了供应商的资质和商品规格;最后,采购验收采取抽样验收。然而看似表面规范的流程中,采购的电脑还是发生了质量问题,这主要是该公司采购流程中,仍然存在着公司未能关注到的缺陷:

(1) 不应由请购人或需求人负责采购,应该采购部门负责。

(2) 不应由需求人私自找到信息技术副经理,协助制定标书,可以考虑聘请相关中介机构或咨询行业专家,或公司内部一线负责技术的相关人员进行咨询。

(3) 开标前泄露标底,应该有相应的保密制度,使招投标相关信息仅能以公开方式获取。

(4) 招投标环节没有科学的供应商选择和评价制度,通常应由采购部门、请购部门、财会部门等相关部门共同对供应商进行评价,包括商品质量、价格、交货及时性、付款条件及供应商的资质、经营状况等进行综合评价,并根据评价结果对供应商进行选择;另外应该建立专家评估组,明确供应商选择范围、建立指标评价体系、逐项评估、综合评分并确定供应商。

（5）招投标环节不应仅听取信息部人员的推荐，选择邀请招标方式，通常应该公开招标。

（6）评标环节没有严格审核投标文件的资质。呼叫中心的张经理确实对几家供应商的资质进行了审核，然而事后却发现这些资质文件系供应商伪造的，这说明公司对投标文件的资质审核流于形式，而未对这些资质文件的真实性进行实质性的调查和审核。在招标过程中的资质审核环节，公司法务人员也应该参与其中，对供应商的营业证件以及资质文件进行实质性审查，特别对于新合作的涉及金额较大的供应商还需要到相应的工商局进行查验，到供应商以往的客户处进行摸底等，以确保其经营期限、经营范围、资质文件等信息的真实合法。

（7）验收环节，不能仅由参与采购的信息部副经理负责，要有需求部门、采购单位等其他人员参与验收；建立明确的验收实施细则，不能仅简单抽取 10 台进行检查；考虑验收的专业性，公司也可以指定由其他懂电脑的专业人员或者外部的独立机构进行验收。

五、订立框架协议或采购合同

企业采购物品或劳务应当签订采购合同，除小额零星物品或劳务等的采购可采用口头合同形式外，其他均应采用书面合同形式。框架协议签订不当，可能导致物资采购不顺畅；未订立采购合同或未经授权对外订立采购合同、合同对方主体资格、履约能力等未达到要求、合同内容存在重大疏漏和欺诈，将可能导致企业合法权益受到侵害。为了最大限度地保障企业的权益和采购管理目标的实现，企业应当采取下列控制措施：

（1）企业应当对拟签订框架协议的供应商的主体资格、信用状况等进行风险评估；框架协议的签订应引入竞争制度，确保供应商具备履约能力。

（2）根据确定的供应商、采购方式、采购价格等情况，拟订采购合同，准确描述合同条款，明确双方权利、义务和违约责任，按照规定权限签署采购合同。对于影响重大、涉及较高专业技术或法律关系复杂的合同，应当组织法律、技术、财会等专业人员参与谈判，必要时可聘请外部专家参与相关工作。采购合同的谈判人员、订立人员与采购人员不能由一人同时担任。采购合同应经法定代表人或授权代理人签章。

六、管理供应过程

管理供应过程是指企业建立严格的采购合同跟踪制度，根据生产建设进度和物资的特性，合理选择运输工具和运输方式，办理运输、投保等事宜，实时掌握物资供应过程中的情况。采购部门应负责跟踪合同和订单的执行情况,如果缺乏对采购合同履行情况的有效跟踪管理、运输工具和方式选择不合理等,忽视运输过程保险风险,将造成采购物资损失或无法保证供应。为此,企业应采取以下控制措施:

(1)采购部门依据采购合同中确定的主要条款跟踪合同履行情况,对有可能影响生产或工程进度的异常情况,应出具书面报告并及时提出解决方案,采取必要措施,保证需求物资的及时供应。

(2)对重要物资建立并执行合同履约过程中的巡视、点检和监造制度。对需要监造的物资,择优确定监造单位,签订监造合同,落实监造责任人,审核确认监造大纲,审定监造报告,并及时向技术等部门通报。

(3)根据生产建设进度和采购物资特性等因素,选择合理的运输工具和运输方式,办理运输、投保等事宜。

(4)实行全过程的采购登记制度或信息化管理,确保采购过程的可追溯性。

七、验收

如果验收标准不明确、验收程序不规范、对验收中存在的异常情况不作处理,则可能造成企业账实不符、采购物资损失。企业应当采取以下控制措施,防范验收环节的风险。

(1)企业应当建立健全采购验收管理制度,制定相应的验收程序、验收标准和方法,结合物资特性,确定必检物资目录,规定此类物资出具质量检验报告后方可入库。

(2)验收部门或人员应当根据采购合同及质量检验部门出具的质量检验证明,重点关注采购合同、发票等原始单据与采购物资的数量、质量、规格型号等是否一致。对验收合格的物资,填制入库单,入库单应连续编号,并由采购、仓储、质检等人员签字,登记实物账,及时将入库单传递给财会部门。验收时涉及技术性强、大宗和新、特物资,还应进行专业测试,必要时可委托具有检验资质的机构或聘请外部专家协助验收。

(3)对于验收过程中发现的异常情况,如无采购合同或大额超采购合同的物资、超采购预算采购的物资、毁损的物资等,验收部门或人员应当立即向企业有权管理的相关机构报告,相关机构应当查明原因并及时处理。对于不合格物资,采购部门依据检验结果办理让步接收(如挑选使用、降级使用、返工使用等)、退货、索赔等事宜。对延迟交货造成生产建设损失的,采购部门要按照合同约定索赔。

八、付款

由于涉及货币资金,付款就成为企业重点监控的部分。为了防止因付款审核不严格、付款方式不恰当、付款金额控制不严,可能导致企业资金损失或信用受损,企业应当加强采购付款的管理,完善付款流程,付款应当经过合理授权和审批,付款行为正确合理。同时,建立健全有效的采购付款会计系统控制;在办理付款业务时,严格对采购预算、合同、采购发票、结算凭证、验收证明等相关凭证进行审核,按照《现金管理暂行条例》、《支付结算办法》和《内部控制应用指引第 7 号——采购业务》等规定及时办理采购付款业务。企业应采取以下具体的控制措施:

(1)企业应当严格审查采购发票等票据的真实性、合法性、合规性、完整性,判断采购款项是否确实应予支付。真实性是审查凭证单据的真实性及其反映经济业务的真实性;合法性是审核是否符合国家法律、法规和会计准则制度的规定;合规性是审核是否符合预算、有关合同规定,是否符合有关审批权限和手续;完整性是审查凭证单据的内容是否完整、手续是否齐备、填写项目是否齐全、有关签章是否具备。例如,审查购货发票填制的内容是否与发票种类相符合、发票加盖的印章是否与票据的种类相符合等。发现虚假发票的,应当查明原因,及时报告处理。企业应当重视采购付款的过程控制和跟踪管理,如果发现异常情况,应当拒绝向供应商付款,避免出现资金损失和信用受损。

(2)企业应当根据国家有关支付结算的相关规定和企业生产经营的实际,合理选择付款方式,并严格遵循合同规定,防范付款方式不当带来的法律风险,保证资金安全。除了不足转账起点金额的采购可以支付现金外,采购价款应通过银行办理转账。

(3)企业应当加强预付账款和定金的管理,涉及大额或长期的预付款项,应当定期进行追踪核查,对综合分析预付账款的期限、占用款项的合理性、不可收回风险等情况,发现有疑问的预付款项,应当及时采取措施,尽快收回款项。

九、退货管理

企业如果没有相应的退货管理制度、退货不及时,可能给企业带来损失。为此,企业应当建立退货管理制度,对退货条件、退货手续、货物出库、退货货款回收等做出明确规定。同时,积极与供应商沟通,明确退货事宜,及时收回退货货款。符合索赔条件的退货,在索赔期内及时办理索赔。

十、会计系统控制

采购业务会计系统控制的主要目的是为了全面、真实、完整地记录、反映企业采购各环节的资金流和实物流情况,防止企业财产的流失。企业应当对采购过程各个业务环节进行详细记录,以反映和监控采购业务。采购业务会计系统控制包括:

(1) 企业应当加强对购买、验收、付款业务的会计系统控制,详细记录供应商情况、采购申请、采购合同、采购通知、验收证明、入库凭证、退货情况、商业票据、款项支付等情况,做好采购业务各环节的记录,确保会计记录、采购记录与仓储记录核对一致。

(2) 指定专人通过函证等方式,定期向供应商寄发对账函,核对应付账款、应付票据、预付账款等往来款项,对供应商提出的异议应及时查明原因,报有权管理的部门或人员批准后,做出相应调整。

此外,由于采购业务对企业生存与发展具有重要影响,《企业内部控制应用指引第 7 号——采购业务》强调企业应当建立采购业务后评估制度。因此,企业应当定期对物资需求计划、采购计划、采购渠道、采购价格、采购质量、采购成本、协议或合同签约与履行情况等物资采购供应活动进行专项评估和综合分析,及时发现采购业务薄弱环节,优化采购流程,同时,将物资需求计划管理、供应商管理、储备管理等方面的关键指标纳入业绩考评体系,促进物资采购与生产、销售等环节的有效衔接,不断防范采购风险,全面提高采购效能。

【案例 5-3】   中小企业采购与付款内部控制存在的问题与改进建议[①]

一家中型工业制造企业规定生产部(除技术部指定的关键元器件外)制订采购计划、采购部负责组织采购、原材料仓库负责货物验收、财务部负责货物付款,彼此之间划分了职责、权限,部门之间互相分离、互不隶属、相互监督,防止错误和舞弊。

一、下达采购计划

现状:公司生产部根据销售部下达的生产任务书,编制当月的生产计划,根据生产所需要的原材料,编制原材料采购计划,通知采购部组织实施。采购部根据原材料市场供需情况、价格走势、备货情况、订货起点等适当增加采购数量。

存在问题 1:该项控制没有把核实仓库内原材料置于下达采购计划之前。生产部对原材料库存情况不摸底,贸然下达采购计划可能造成原材料的积压、过期、贬值、变质。该企业属于电气制造企业,电子元器件、半导体元器件用量最大,最近该企业清理了各类积压报废材料 500 多万元,其中电子元器件、半导体元器件就占到了 6 成。

改进建议:生产部在正式下达采购计划前,与原材料仓库沟通、查明库存情况,根据当月生产需要,结合库存情况,编制采购计划。

存在问题 2:未经生产部同意,采购部擅自变更、修改采购计划,造成采购计划失去了科学性、严肃性,可能造成超量采购、资金占压和损失浪费。

---

① 刘瑞启,刘卓卓.中小企业采购与付款内部控制存在的问题与改进建议[J].财务与会计(理财版),2013(2).

改进建议：采购部根据原材料市场供求情况、价格变动趋势、订货起点，与生产部协商，生产部结合生产任务重新修订采购计划，下达给采购部执行。

二、选择原材料供应商

现状：为保证产品质量，技术部对关键元器件指定了品牌和供应商，其余材料由采购部向公司推荐供应商，经公司领导批准后，采购部实施采购。

存在问题1：技术部指定关键元器件供应商，容易造成供应商对降价不感兴趣，采购部只能"照方抓药"，不能发挥采购人员的主观能动性，询价比价作用尽失，企业失去了可能的利益，还有可能产生腐败。

改进建议：技术部可以指定关键元器件品牌和生产商，可以提供相关供应商的信息，但不能指定供应商。采购部通过对同一品牌不同供应商进行询价比价议价，保证企业能够以较为合理的价格买到所需材料。

存在问题2：采购部直接向公司推荐供应商，原材料没有经过技术部的技术把关、质检部的质量把关、生产部的上机实验，没有新产品试用过程，一旦存在质量问题，可能影响产品的质量。采购部通常从价格的角度推荐供应商，公司领导以"更低、更廉"作为遴选供应商的标准，可能对产品品质和公司声誉带来一定程度的损害。

改进建议：建立供应商的评估和准入制度。采购部可以向公司推荐供应商，但需经技术部认可、质检部检测、生产部上机试用，并由质检部对公司产品进行检测，达到国家标准、企业标准后，方能列入合格供应商目录。再由公司对列入目录的供应商进行比质比价，最终确定供应商。公司对合格供应商采取动态管理，定期更新合格供应商目录。

三、参与商务谈判

现状：采购部实行部长负责制，内部实行分工负责制，责任到人、一包到底。采购部长负责钢板、电线电缆等大宗材料采购；电子元器件专员负责电子元器件、半导体元器件采购；外协专员负责周边地区配套原材料采购。

存在问题：所有的商务采购洽商严格按照分工规定，一人负责、一包到底，没有特殊情况，别人很难插手，商务采购谈判没有形成有效的监督和制约，可能产生采购环节的失职、渎职甚至腐败。

改进建议：商务洽谈信息应在采购部内部公开，实现内部工作人员相互监督、相互制约。制定单次或累计采购限额标准，限额以下采购项目，由项目经办人向采购部长汇报项目进度情况；限额以上采购项目，成立由项目经办人参加的、至少两人参与商务谈判的项目组，由项目组向采购部长汇报项目进度情况，必要时直接向公司经理汇报。所有谈判内容均记载于采购人员的工作日志，公开查阅、接受监督。

四、确定采购价格

现状:采购部对列入合格供应商目录的企业,通过电话、电子邮件、传真等方式进行询价,以报价最低作为选定供应商的标准。

存在问题:企业把价格最低作为选择供应商的唯一标准。实际上,该企业常用原材料400多种,其中几种关键元器件技术部已经指定供应商,"价格"基本没有商量,企业议价能力较弱,属于单一来源采购,不适用价格最低这个标准。企业另一部分原材料要求就近维修、方便快捷,也不适用价格最低这个标准。因此,单一标准、单一采购方式的内部控制不能满足企业多种多样的需求。

改进建议:采购部对现有原材料进行梳理,针对不同原材料制定不同的管理方法,制定不同的评价标准。属于单一来源采购的,如电子元器件IGBT,采购部讨价还价的空间很小,但采购人员要努力维护企业自身利益,保留进行商务会谈的相关记录;适宜公开招标采购的,如电线电缆,采购部要做好招投标准备工作,做到公开、公平、公正;要求维修方便、适宜就近采购的,如外协配件,采购部按照就近、就低的原则选择供应商;没有特殊要求的,企业可以采用询价采购方式,但供应商至少在3家以上。通过分类管理,实现采购工作优化。

五、订立采购合同

现状:采购部经过与供应商协商,就采购商品的名称、规格、型号、数量、单价、交货时间、违约责任等达成一致后,利用电话、电子邮件、QQ等方式下达采购订单,有的直接签订书面采购合同,但是合同内容条款都是简明摘写,缺乏严谨性,增加了企业采购风险。

存在问题1:采购部工作人员采用电话、电子邮件、QQ等方式与供应商联系,并用以上方式下达采购订单,上述方式虽方便快捷,但易引起双方理解歧义,一旦发生经济纠纷,很难提供完整的证据。

改进建议:采购部工作人员要增强法律意识,规范经济合同方式,严禁电话下单、电子邮件下单、QQ下单等,采购合同必须采用书面形式。

存在问题2:采购合同条款模糊,缺乏严谨性、科学性。如有的合同中就这样规定:"货到付款"、"款到发货",付款时间、发货时间可能成为别有用心人利用合同"合法"拖延付款时间、发货时间的借口。合同要件缺乏,缺少经办人、授权人、审批人签字、缺少双方公章(或合同章),缺少合同发生效力的条件约定。

改进建议:为加强采购合同管理,减少经济纠纷,由公司统一制定格式规范、要件齐全的制式合同。对于合同标的金额较大、专业性和技术性较强的采购业务,由公司组织技术、法律、经营、采购、财务等方面的专家共同把关,必要时可以聘请社会中介机构参与,避免出现法律漏洞,防范合同风险。

六、货物验收

现状：货物到达公司后，由原材料仓库根据采购预算、采购合同、随货清单、发货票等当场进行验收，办理验收库手续。

存在问题：原材料仓库管理员受水平、能力、知识、设备、工具等方面因素的限制，可能无法准确识别货物品种、规格、型号，更无法准确评估入库原材料是否达到合同规定的质量，只能进行简单的数量验收。因此，原材料仓库管理员无法担当对进场材料全面验收的职责。

改进建议：对公司常用的 400 多种原材料，根据产品的重要性和质量要求，划分为三类：免检产品、必检产品、抽检产品，由质检部进行明确划分和质量检测，出具质量验收报告（质量检测报告），必要时可委托具有资质的社会中介机构检测出具质量验收报告。原材料仓库根据验收合格的质量检测报告，对入库原材料进行数量验收，办理入库手续，在验收过程中采购部给予必要的协助。

七、支付货款

现状：财务部在采购预算、采购合同、购货发票、验收记录核对相符的基础上，经公司领导批准，办理货款支付手续。

存在问题：财务部只要资料核对相符，就可以付款，何时支付货款、支付多少货款由财务部决定，容易造成资金支付与经营需要脱节，从而导致企业资金受损或信誉受损，还可能发生资金支付环节的腐败问题。

改进建议：财务部在采购预算、采购合同、购货发票、验收记录核对相符的基础上，按照采购合同规定的付款时间、付款条件、付款金额及时支付货款；或者按照采购部提交的资金支付计划，及时办理付款手续。

八、与供应商对账

现状：公司财务部门负责与供应商对账，每月进行一次对账，双方签字盖章确认。

存在问题：由于会计凭证传递的时间性，造成财务部掌握和反映的会计信息滞后于采购物资的实物流动，如原材料退换、补货、变价、顶账等工作通常实施完毕数日后相关凭证才能转到财务部；而采购部在采购工作中始终处于主导地位，准确掌握货物的到达、退还、补货、退款等信息，因此财务部负责与供应商对账并非最佳人选。

改进建议：由采购部负责与供应商每月进行一次对账，双方签字盖章确认。财务部每月与采购部进行对账，双方也要签字盖章确认，明确双方责任。

在采购与付款的所有环节中，均存在一个共性问题：就是缺乏有效的采购会计系统控制，如没有电子签章的生产计划、采购计划，没有录音的电话订单，没有领导和经办人签章的采购合同，没有复核人签章的付款凭证，没有制表人签字的财务报表。笔者建议,应加强责任人签字或签章监督,将内部控制机制真正落实到位。

复习思考题

1. 采购业务内部控制的总体要求是什么?
2. 简述采购业务的基本流程。
3. 采购控制有哪些关键风险控制点?应采取哪些具体的控制措施?
4. 简述付款控制的关键风险控制点和主要控制措施。

练 习 题

一、单项选择题(在每小题的备选答案中,选出一个正确的答案)

1. 从事采购业务的岗位不应当(   )。

A. 编制采购预算   B. 询价

C. 选择供应商   D. 验收货物

2. 缺乏对采购合同履行的跟踪管理、运输工具和方式选择不当、忽视投保等,造成采购物资损失或无法供应,这是(   )的主要风险。

A. 订立采购合同   B. 管理供应过程

C. 验收   D. 确定采购方式和采购价格

3. 下列关于采购控制中采购方式的说法中,错误的是(   )。

A. 大宗商品或服务等的采购应当采用招投标方式并签订合同协议

B. 一般物品或服务等的采购应当采用招投标方式并签订合同协议

C. 一般物品或服务等的采购可以采用询价或定向采购方式并签订合同协议

D. 小额零星物品或服务等的采购可以采用直接购买等方式

4. 企业所有采购申请必须先由(   )签名批准。

A. 董事长   B. 总经理

C. 负责采购的副总经理   D. 部门主管

5. 提高采购效率,降低采购成本,堵塞管理漏洞的主要控制措施是(   )。

A. 集中采购   B. 多头采购   C. 分散采购   D. 大额采购

6. 下列关于重要的和技术性较强的采购业务的说法中,正确的是(   )。

A. 由董事长决策和审批

B. 由总经理决策和审批

C. 由专家进行论证,实行集体决策和审批

D. 由请购部门论证、决策和审批

7. 企业财会部门对有验收报告而未有发票的采购项目,应(　　)。

A. 暂不入账　　　　　　　　　B. 付款时入账

C. 暂估入账　　　　　　　　　D. 按预付款金额入账

8. 下列各项中,不属于采购业务风险的是(　　)。

A. 盲目采购或采购不及时,造成物品的超储积压或供应脱节

B. 当企业认为采购价格合理情况下,批量采购,但该种物资可能出现跌价

C. 采购人员选择有回扣的供应商,造成采购材料质量或价格出现问题

D. 企业没有建立合格的存货验收入库制度,导致采购回来的商品积压造成损失

9. (　　)是采购决策最关键的环节,也是最终确定供应商,签订采购合同的依据。

A. 采购方式的选择　　　　　　B. 价格谈判

C. 供应商的选择　　　　　　　D. 验收程序

10. (　　)是企业生产经营活动的起点,它的运作好坏直接影响到企业经营的成败,决定着企业的竞争能力。

A. 采购业务　　　　　　　　　B. 资金活动

C. 财务报告　　　　　　　　　D. 资产管理

二、多项选择题(在每小题的备选答案中,选出两个或两个以上正确的答案)

1. 为合理防范采购付款环节的风险,可以采取(　　)等控制措施。

A. 建立付款凭单制度　　　　　B. 严格的不相容职责分离制度

C. 制定不同的授权权限和授权审批人　D. 规范付款程序

E. 严格审查入库单、发票等原始凭证

2. 采购验收过程中,对于不合格的物资,采购部门可以(　　)。

A. 降级使用　　B. 挑选使用　　C. 返工使用　　D. 索赔

E. 退货

3. 选择供应商环节的主要风险包括(　　)。

A. 缺乏供应商评估和准入制度　　B. 采购物资质次价高

C. 采购回扣　　　　　　　　　　D. 供应商更新维护评估不及时

E. 按供应商目录选择供应商

4. 编制采购预算的根本目的在于(　　)。

A. 保障企业战略计划和作业计划的执行

    B. 确保与企业组织目标一致

    C. 协调企业各部门之间的合作经营

    D. 保证资源分配的效率性

    E. 对企业物流成本进行控制、监督

  5. 企业可以采用的采购方式有(　　)。

    A. 招标采购　　　　B. 询价采购　　　　C. 协议采购　　　　D. 整体采购

    E. 直接采购

  6. 采购业务中,会计系统控制的手段有(　　)。

    A. 详细记录采购申请、验收证明等　　　B. 采用不连续编号的验收单

    C. 经办人员在原始单据上签字确认　　　D. 定期核对

    E. 不保存采购合同(或订单)

  7. 采购业务控制应围绕(　　)环节进行。

    A. 采购申请　　　　B. 合同签订　　　　C. 验收入库　　　　D. 货款结算

    E. 供应商选择

  8. 企业应通过一定的选择标准确定最终供应商,对供应商的评价标准包括(　　)。

    A. 能否满足企业采购标的的质量、数量、价格、服务等基本标准

    B. 资信品质标准

    C. 道德规范标准

    D. 权重调整标准

    E. 供应商的经营状况

  9. 对影响重大、涉及较高专业技术的采购合同,应当由(　　)等专业人员参与。

    A. 企业律师　　　　　　　　　　　　B. 企业专业技术人员

    C. 企业财务人员　　　　　　　　　　D. 外部专家

    E. 公司总经理

  10. 采购业务存在的风险有(　　)。

    A. 采购预算管理风险　　　　　　　　B. 合同风险

    C. 结算风险　　　　　　　　　　　　D. 物流风险

    E. 职业道德风险

三、判断题(认为正确的在题目的括号内打"√",认为错误的在题目的括号内打"×")

  1. 对在验收过程中发现的异常情况,负责验收的部门或人员应当立即查明原

因,及时处理。　　　　　　　　　　　　　　　　　　　　　　　　　　(　　)

　　2. 企业所有的采购必须由企业管理层集体决定审批,再交予采购部门执行。
　　　　　　　　　　　　　　　　　　　　　　　　　　　　　　　　(　　)

　　3. 企业超过一定金额的采购需求,可以由领用部门自行采购。　　(　　)

　　4. 退货验收的人员与退货记录的人员可以是同一个人。　　　　(　　)

　　5. 采购计划安排不合理,市场变化趋势预测不准确,可能导致采购物资质次价高,出现舞弊或遭受欺诈的风险。　　　　　　　　　　　　　　(　　)

　　6. 供应商选择不当,采购方式不合理,可能造成库存积压或短缺。　(　　)

　　7. 付款环节中的不相容职责主要包括申请与审批、支付与记录。　(　　)

　　8. 财务部门在办理付款业务时,不需要对采购合同进行审核核对,仅对入库单、发票和已付款情况审核核对无误后,根据资金安排、使用计划及合同约定办理款项支付手续。　　　　　　　　　　　　　　　　　　　　　(　　)

　　9. 采购预算是采购部门为配合单位年度销售预测或生产数量,对所需的原材料、物料、零件、劳务等的数量进行具体、系统反映的数量计划。　　(　　)

　　10. 验收货物时,采购部门人员必须到场。　　　　　　　　　(　　)

第六章 资产管理控制

学习目的与要求

　　本章旨在阐述企业资产管理内部控制,其内容主要包括资产管理概述、存货管理、固定资产管理和无形资产管理。通过本章学习,学生应当理解资产管理内部控制的总体要求,了解资产管理有关的风险,熟悉存货、固定资产、无形资产管理的业务流程,掌握各项资产管理的关键控制点及控制措施。

课前预习题

　　1. 三洋乳品企业从农场采集了原乳,由于运输过程中温度控制不当,导致原乳入库检查时发现原乳变质不符合加工标准,因此原乳就要被倒掉。你觉得这家乳品企业的处理方式合理吗?为什么?

　　2. 春晓造船厂在为客户建造运输油船过程中,为了保证质量,对涉及焊接的每个焊点和焊缝进行了编号,并细化到每个员工,对焊缝采用探伤测试进行检验,确保焊接质量。请问造船厂这样管理的目的是什么?这种方式是否合理?

第一节　资产管理控制概述

　　资产是企业重要的经济资源,也是企业开展各项经营活动和实现发展战略的物质基础,企业资产的使用效率对战略的实现起着关键作用。企业的每个部门、每个员工的工作都会或多或少地与资产相关,资产管理全面覆盖到全体人员,贯穿企业生产经营的全过程。

一、资产管理的概念

　　《企业内部控制应用指引第 8 号——资产管理》中所称的资产是指企业拥有或

控制的存货、固定资产和无形资产。一般而言,企业的资产管理是规范全体员工开展资产管理活动的制度、方法、措施的总和,也是全体员工严格执行资产管理制度规范、控制风险、提高资产管理效率的行动总称。资产既有一些共同的属性,可以采用通用的内部控制方法;但考虑到上述资产在性质、内容上的区别,就需要企业在对特定资产的管理过程中,有针对性地运用有效的管理方法。

企业的资产管理具有系统性、基础性、战略性的特点。其中:系统性是指企业的资产管理可以涵盖每个部门、岗位和每个员工,既要有全局规划,又需要各部门、不同岗位员工的协调和配合;基础性是指资产管理不能只停留在抽象的管理思想,必须具体化到业务流程、操作规范,必须明确部门职责和岗位的职责,对每个岗位的工作进行清晰、明确的界定,因而也是企业管理基础工作;战略性是指企业的资产管理与企业发展战略紧密相连,资产管理效率和效果为战略实现提供了支撑。

二、资产管理内部控制的总体要求

为促进资产管理目标的实现,企业要结合自身的业务特点和风险水平评估,全面梳理资产管理流程,查找和发现资产管理中的薄弱环节,健全和落实资产管控措施。

(一)全面梳理资产管理流程

资产管理的内部控制一定要具体到业务流程,并细化到岗位。既要关注实物的管理,又要关注资产的价值管理,可以分别按照"实物运动轨迹"和"价值运动轨迹"来梳理资产管理流程:

(1)从实物运动轨迹梳理,关注资产随时间和空间变化的过程。而通常这一过程又是建立在资产的分类管理基础上的。首先,企业梳理资产,应根据管理需要和资产特点建立资产的分类列表。例如,在电力生产企业,资产的一级分类可以包括存货、固定资产和无形资产等;在一级分类的基础上进一步细分为二级分类,如固定资产细分为房屋和建筑物、专用设备、通用设备等;在前两级分类的基础上再进一步细化为三级分类,如专用设备进一步细化为输电线路、配电线路、发电设备、变电设备、配电设备、用电设备等;在前三级分类的基础上再进一步细化为四级分类,如用电设备又包括各种售电计量电度表、表用互感器、定量器等设备等。以此类推,企业资产的细分类可以拓展到五级、六级等,并根据资产的细分类设置资产代码。资产的分类有助于企业根据资产的特点采取有针对性的控制措施。其次,对资产管理过程进行全面梳理。关注在资产管理过程中,相关部门、个人担任角色和操作的程序,与其他业务环节的衔接,以此评判资产管理流程是否科学、是否能够较好地保证物流顺畅、是否能够降低风险或防范舞弊,是否能够不断降低相关成本费用、各项资产是否最大限度地发挥了应有的效能等。

（2）从价值运动轨迹梳理,关注资产随时间和空间变化同时的价值变化过程。重点关注企业是否采取合理、有效的措施,准确记录企业取得资产的初始入账价值,及时反映对后续期间发生的大修理、更新改造、损坏、处置等事项对资产价值影响。

（二）查找和发现资产管理中的薄弱环节

在全面梳理资产管理流程过程中,查找和发现资产管理的薄弱环节,是企业强化资产管理的关键。这些薄弱环节若没有引起重视并及时加以改进,通常引发资产流失或运行风险,或者不能发挥资产应有的效能。通常而言,产品积压或与订单量有较大缺口、材料短缺、生产事故频发、核心技术遭窃,都是资产管理效率低下的表现。一方面,可能是外部市场急剧变化造成的,如 2014 年 6 月开始房地产企业住宅商品房的销售急速萎缩;另一方面,可能是企业产品控制失效造成的,如房地产企业建好的住宅商品房,出现漏水、墙皮脱落等质量问题。因此,企业查找内部控制薄弱环节,不仅仅是关注那些实际上已经对企业造成损失或负面影响的环节,而是包括需要进一步改进、完善的环节,以提高企业的整体运行效率。

（三）健全和落实资产管控措施

企业针对发现内部控制的薄弱环节,要进行归类整理;深入分析,查找原因,健全和落实相关措施。针对制度缺失引起的缺陷,企业要建立有关资产管理制度,为规范资产管理提供依据;针对现行制度的漏洞,应当予以补充完善;针对现行制度执行不到位的薄弱环节,应当加大制度执行力。无论多么完善的内部控制制度,如果执行不到位,甚至不执行,那么就使控制风险变为空谈。在激烈的竞争时代,企业只有科学管理,强化管控措施,确保各项资产安全并发挥效能,才能防范资产风险。而要使控制制度执行到位,企业就要配备合格的人员办理资产业务。

第二节　存货管理控制

存货是指日常经营过程中持有以备出售的产成品、处于生产过程中的在产品、在生产过程中或提供劳务过程中耗用的材料和物资等,主要包括原材料、在产品、半成品、产成品或商品及周转材料等,企业代销、代管、代修、受托加工的存货,虽不归企业所有,也应纳入企业存货管理范畴。

随着市场竞争的日益激烈,企业存货控制效率的高低,成为直接决定着企业收益、风险和价值水平的关键因素。企业建立和完善存货内部控制,必须结合本企业的生产经营特点,针对业务流程中主要风险点和关键环节,制定有效的控制措施;同时,充分利用计算机信息管理系统,使存货管理全过程的风险得到有效控制。

一、存货管理控制的目标

一般而言,企业组织生产的时候涉及的存货的种类多、数量也多,与固定资产相比,价值相对较小,有些企业的存货也具有特殊性,如珠宝企业购进用于加工并销售的珠宝,价值可能相对较高。因而,存货管理与企业的业务紧密相关,应满足以下目标:

(1) 保证存货的供应满足生产经营需要。企业组织生产经营活动,需要大量的存货供应。存货供应如果在时间、品种、数量和质量上出现了问题,轻者会给企业带来经济损失,重者会造成停产或安全事故,甚至会影响企业的持续经营。因此,企业应当从时间、品种、数量和质量上合理保证存货供应。

(2) 保护存货的安全完整。存货具有流动性较强、分布面广、形态不断转换等特点,极易发生浪费、损毁、被侵占、失窃等问题,因此,保护存货安全完整是存货管理的重要内容。企业应加强存货流转的过程管理和制度建设,明确责任,执行到位,确保存货的运动过程轨迹清晰,及时发现和纠正存货业务中的各种错误和舞弊,保证存货的安全完整。

(3) 加速周转,提高存货管理的效率和效果。存货管理的效率与速度相关,通过存货周转天数等指标进行衡量;存货的管理的效果与质量相关,通过存货的合格品率、优等品率等指标进行衡量。购进有瑕疵的原材料导致生产的产品不合格;生产出的疫苗产品保管的温度设置不当,将导致一批疫苗失效。存货的类型不同,质量标准、运输条件、储存环境等都有差异,因而应将存货业务效率、效果指标分解到存货管理业务的相关环节。而管理领域和信息技术的发展,如 20 世纪 60 年代从日本丰田汽车公司开始实施的"即时制"(just in time)存货管理,以及在现代管理领域被应用的敏捷制造、价值链管理和 ABC 管理等,都为存货管理效率的提高创造了条件。

(4) 确保存货计价合理、准确。企业应当按照企业会计准则和会计制度,根据存货的特点及管理需要,合理确定存货的计价方法,及时进行会计核算,反映存货的价值变动。防止通过人为调节存货计价方法操纵当期损益,保证会计信息真实、完整。

二、存货管理的业务流程

存货管理与采购管理、生产管理、销售管理、会计核算系统等紧密相关。不同类型的企业有不同的存货业务特征和管理模式;即使同一企业,不同类型存货的业务流程和管控方式也可能不尽相同。图 6-1 列示了一般生产企业存货管理的业务流程。

一般生产企业的存货业务,从实物运动过程来看,可以分为取得存货、仓储管理、生产管理、销售及处置管理四个阶段,历经取得存货、验收入库、仓储保管、领用

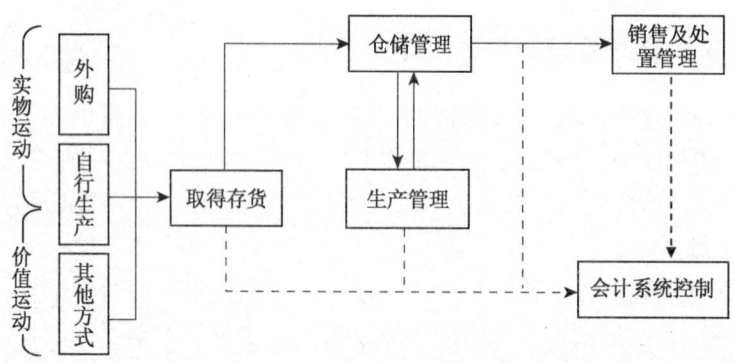

图 6-1　一般生产企业存货管理的业务流程

发出、原料加工、装配包装、盘点清查、销售处置等主要环节。具体到某个特定生产企业,存货业务流程可能较为复杂,不仅涉及上述所有环节,甚至还有更多、更细的流程,且存货在企业内部要经历多次循环。例如,原材料要经历验收入库、领用加工,形成半成品后又入库保存或现场保管、领用半成品继续加工,加工完成为产成品后再入库保存,直至发出销售等过程。也有部分生产企业的生产经营活动较为简单,其存货业务流程可能只涉及上述阶段中的某几个环节。

从存货的价值管理来看,主要反映在存货从进入到退出各个环节的价值变动。企业应该分析存货的成本构成,如材料的采购成本、储存成本、产品的生产成本等;分析影响成本变动的主要因素,采取积极的应对。由于随着技术更新加快和全球经济一体化,材料购买成本和产品销售价格的波动已经为常态,产品被淘汰、替代品出现的速度日益加快,在这种情况下,存货的价值管理就越发重要。例如,食用油生产企业为了稳定生产和锁定大豆等原材料成本,购买大豆期货;航空公司为了稳定成本,购买航油期货,通过套期方法对成本变动进行对冲。进入 21 世纪,云计算等新型计算工具和远期合约、期货等金融工具的发展,为企业开展精细化的存货价值管理提供了可能。

三、存货管理的主要风险及其控制措施

（一）存货管理的主要风险

对于生产企业和商品流通企业,存货取得、验收入库、仓储保管、领用发出、盘点清查、销售处置等是存货管理共有的环节。企业存货管理的责任主体通常包括采购、财务、物流、生产、服务、仓储保管、销售等业务部门。这些责任主体分别承担了存货管理的部分工作:采购部门负责存货的采购;财务部门负责存货的价值管理和核算;物流部门负责材料、产品的运输;生产部门负责在产品的管理;服务部门负责对产品的维修服务;仓储保管部门负责材料、产品的入库和发货、保管;销售部

责产成品的管理等。要形成一个有机的存货管理系统,各部门要互相配合、互相协同,并具体化为一系列的管理制度。例如,企业制定《存货内部控制管理制度》、《仓储人员工作职责》、《资产清查制度》等,通过制度的形式规范存货流程,明确各部门和有关责任人的工作职责,以指导存货业务操作。

存货管理控制过程中的每个环节都可能形成存货管理的风险源,如各部门职责不分、不相容岗位兼任、业务流程不合理或存在漏洞、信息传递不畅、奖惩机制欠缺等。归纳起来,除了关注资产的共同风险,存货管理控制还应关注以下风险:

(1)存货购置不合理的风险。材料的购置应与生产部门、使用部门的需求相匹配。但市场价格的变化,使存货购置的数量面临太多不确定性。购进存货太多,将导致占用资金过多,如果价格高还将增加成本压力;如果购进少,将产生存货短缺,造成停工待料和未按期完成生产任务、延迟供货等,使企业面临违约的风险。

(2)存货储存不当的风险。存货在储存过程中因储存条件不合规、操作不合规,可能导致存货发生破损、腐烂变质、价值贬损等风险。

(3)存货的盗失风险。这主要形成于两种情况:一是由于企业管理不善,导致存货在采购、存储、发出、处置等各环节被盗窃、挪用、侵占造成损失的风险;二是由于发生自然灾害以及其他意外事故,造成存货价值减损而形成的风险。

加强存货管理的内部控制,需要清楚认识到每个业务环节存在的风险,并设置具体的控制目标:在存货取得环节,存货与生产的匹配性管理,避免材料的积压和短缺;在验收存货环节,避免接收不符合技术标准、质量标准、数量不足的存货,对生产、销售等造成负面影响;在仓储保管环节,避免存储条件不符合规定、存储操作不当等,引起存货变质或被盗;在存货发出环节,避免未经审批的发货、发货错误;在存货清查环节,避免账实不符,无法掌握存货的真实情况。

(二)存货管理的关键控制点及控制措施

企业根据存货的业务流程,找出其中的关键控制点进行风险控制,提高存货内部控制的管理水平。一般而言,存货业务的关键控制点及控制措施包括以下内容。

1. 取得存货

企业一般通过外购、自行生产或委托加工等多种方式取得存货,企业应当根据行业特点、生产经营计划和市场因素等综合考虑,遵循成本效益原则,确定不同类型存货的取得方式。根据各种存货采购间隔期和当前库存,充分利用信息系统,合理确定存货采购日期和数量,确保存货处于最佳库存状态。

2. 验收入库

不论是外购原材料或商品,还是本企业生产的产品,都必须经过验收(质检)环节。企业应当对入库存货的来源、数量、品种、质量、技术规格等方面进行检查与验收,保证存货符合采购要求。如果验收程序和方法不规范、标准不明确,可能导致数量短缺、以次充好、账实不符。

（1）对于外购的存货，应当重点关注合同、发票等原始单据与存货的数量、质量、规格等是否一致。外购存货的验收程序一般包括：①验收前的准备工作。采购部门发生采购后，应及时将采购货物有关的信息告知仓储部门，便于仓储部门做好验收准备，如落实验收的责任人、准备存货存储条件（如空间、温度、湿度、专用设备）等。②现场验收。检查订货合同协议、入库通知单、供货企业提供的材质证明、合格证、运单、提货通知单等原始单据与待检验货物之间是否相符；检查交货期与合同协议是否相符。涉及技术含量较高、质量要求高或贵重的采购货物，必要时可委托具有检验资质的机构或聘请外部专家协助验收。根据验收结果，编制书面验收报告，验收报告中列明供应商名称、运货人名称、验收日期、货物名称、规格、数量、技术指标以及验收人、验收情况等内容，由相关负责人签字确认。③验收结果处理。对验收后数量相符、质量合格的货物办理相关入库手续，对经验收不符合要求的货物，应及时办理退货、换货或索赔。

（2）对于拟入库自制半成品、产成品等存货，应当重点关注产品质量。只有符合国家有关的质量标准或工艺要求，才能办理入库手续。拟入库的自制存货的验收程序一般包括：①对未经质检的自制半成品、产成品，查验人员应首先按照国家有关的质量标准或工艺要求进行质检，其次再清点数量，并编制书面质检报告。②对质检合格的半成品、产成品，办理入库手续；对不合格品，应及时查明原因、落实责任，经核准后采取退回生产部门再加工、申请报废、入专门的残次品库等方式处理。③对不经仓储直接投入生产或使用的存货，也应由仓储部门会同生产车间在存货抵达时进行现场验收，或者采取其他适当的方法进行检验。

（3）对于其他方式取得存货，如通过债务重组、非货币性资产交换、投资者投入等方式取得的存货，应当重点关注存货来源、质量状况、实际价值是否符合有关合同或协议的约定，查验程序可以参照外购存货。

3. 仓储保管

一般而言，生产企业为保证生产过程的连续性，需要对存货进行仓储保管；商品流通企业的存货从购入到销往客户之间也存在仓储保管环节。如果存货仓储保管方法不当、监管不严，可能导致损坏变质、价值贬损、资源浪费。企业应当根据自身的生产经营特点，并结合工厂布局、工艺流程、设备摆放、实物流动、信息传递等因素，制定仓储保管制度和工作规程，开展仓储保管工作。具体包括：

（1）存货的存放和管理应指定专人负责，严格限制其他无关人员接触存货。

（2）仓储部门应当建立存货登记表，详细登记存货数量、品种、批次、存放地点、存放要求、存放日期、保管责任人等内容。

（3）不同批次、型号和用途的产品要分类存放。对代管、代销、暂存、受托加工的存货,应单独存放和记录,避免与本单位存货混淆。存货应当按仓储物资所要求的储存条件储存,并建立、健全防火、防潮、防鼠、防盗和防变质等措施。

（4）入库记录不得随意修改,如确需修改入库记录,应当经有效授权批准;对于已售商品退货的入库,仓储部门应根据销售部门填写的产品退货凭证办理入库手续,经批准后,对拟入库的商品进行验收;因产品质量问题发生的退货,应分清责任,妥善处理。对于劣质产品,可以选择修复、报废等措施。贵重物品、生产用关键备件、精密仪器和危险品的仓储,应当实行严格审批制度。

（5）因业务需要分设仓库的情形,应当对不同仓库之间的存货流动办理出入库手续。存货管理的信息变动都要与财务部门进行沟通和定期核对,以便于正确反映存货的价值变动。

（6）生产部门对现场物资负有管理责任,对生产现场的在加工原料、周转材料、半成品等要按照有助于提高生产效率的方式摆放,并应当重视生产现场物资的管理控制,防止浪费、被盗和流失。

（7）仓储部门应对库存物料和产品进行每日巡查和定期抽检,详细记录库存情况;发现毁损、存在跌价迹象的,应及时与生产、采购、财务等相关部门沟通。对于进入仓库的人员应办理进出登记手续,未经授权人员不得接触存货。

（8）结合企业实际情况,加强存货的保险投保,保证存货安全,合理降低存货意外损失风险。

4. 领用与发出

企业生产部门领用原材料、辅料、燃料和零部件等用于生产加工;仓储部门根据销售部门开出的发货单向经销商或用户发出产成品。商品流通领域的批发商根据合同或订货单等向下游经销商或零售商发出商品;消费者凭交款凭证等从零售商处取走商品等,都涉及存货领用发出管理。如果企业对存货领用发出审核不严格、手续不完备,可能导致货物流失。

企业应当根据自身的业务特点,确定适用的存货发出管理模式,制定严格的存货准出制度,明确存货发出和领用的审批权限,健全存货出库手续,加强存货领用记录。特别是大批存货、贵重商品或危险品的发出,均应当实行特别授权。

对于一般的生产企业和商品流通中的批发企业,仓储部门应核对经过审核的领料单或发货通知单的内容,做到单据齐全,名称、规格、计量单位准确;符合条件的准予领用或发出,并与领用人当面核对、点清交付。对于商场、超市等商品流通中的零售企业,在存货销售发出环节应侧重于防止商品失窃、随时整理弃置商品、每日核对销售记录和库存记录等。

5. 盘点清查

企业应当定期对存货进行盘点清查。盘点清查一方面要核对实物的数量,看其是否与相关记录相符、是否账实相符;另一方面也要关注实物的质量,看其是否有明显的损坏。如果盘点清查制度不完善、计划不可行,可能导致盘点工作流于形式、无法查清存货真实状况。

存货盘点清查工作一般包括以下内容:

(1)企业应当建立存货盘点清查工作规程,结合本企业实际情况确定盘点周期、盘点流程、盘点方法等相关内容,定期盘点和不定期抽查相结合,分类盘点和全面清查相结合,企业至少应当于每年年度终了开展全面的存货盘点清查。盘点清查时,应拟订详细的盘点计划,合理安排相关人员,使用科学的盘点方法,保持盘点记录的完整,以保证盘点的真实性、有效性。

(2)盘点清查结果要及时编制盘点表,形成书面报告,包括盘点人员、时间、地点、实际所盘点存货名称、品种、数量、存放情况以及盘点过程中发现的账实不符等内容。对盘点清查中发现的盘盈、盘亏、毁损、闲置等问题,应及时查明原因,落实并追究责任,按照规定权限报经批准后处理。

存货管理的关键控制点、控制目标及控制措施见表6-1。

表6-1　存货管理的关键控制点、控制目标及控制措施

关键控制点	控制目标	控 制 措 施
取得存货	存货采购与生产匹配。	1. 制订明确的存货计划,使存货采购与生产需求匹配。 2. 存货的配置决策要进行授权审批。
验收入库	避免质量不合格的存货入库;避免入库存货与合同不符。	1. 外购存货,根据送货单及采购单验收采购的数量、品种;自制存货,根据生产、质检要求等验收存货的数量、质量、品种、批次等。 2. 编制验收报告,供应商或生产部门、验收日期、存货名称、数量、质量和运货人的名称、购货订单的编号等是否存在问题。 3. 对具有特殊技术要求的存货,还应由技术部门人员参与验收。 4. 对于验收不合格的存货,应及时通知采购经办人员与厂商协调补货、退货或扣款等事宜,并根据合同违约责任进行处理。 5. 对于验收无误入库的存货,应编制入库单,内容包括:存货的名称、数量、质量、存货入库的经办人和入库日期等。
仓储保管	避免保管不规范,造成存货丢失、变质,影响生产及销售。	1. 根据工厂布局、工艺流程、存储条件和设备摆放等因素,对存货进行保管。 2. 应加强对入库单、出库单、存货分类明细账等基础信息的记录和保管。 3. 对所存物料进行定期检查,及时汇报,以便及时采购补充。 4. 坚持对仓库的巡视和对物料的抽查制度,定期清理仓库中的呆滞料和不合格品。 5. 仓储部门的人员执行工作时,应根据有关规定对进入仓库的人员办理进出登记手续,保证存货的安全与完整。

（续表）

关键控制点	控制目标	控 制 措 施
领用与发出	符合存货领用规范；存货发出合规。	1. 领料单应根据生产部门生产的情况、原材料等的需求情况进行编制，内容包括：所需领用的材料的名称、数量及领用的原因等。 2. 发货通知单应根据销售情况和存货存储情况进行编制。 3. 领料单或发货单应由相应的被授权人进行审核。
盘点清查	存货的账实相符。	1. 编制盘点计划，报经授权人员审核，确保盘点计划的真实、可行。 2. 多部门人员共同参与盘点，严格执行盘点计划，认真记录。 3. 根据盘点情况，编制盘点报告，分析差异原因，提出相关处理意见，报经授权人审批。
会计系统控制	及时进行财务核算，确保信息真实、完整。	1. 财务部门根据原始凭证，进行及时入账。 2. 财务部门及时与采购部门、生产部门、仓储部门及时核对，及时调整。 3. 财务部门密切关注存货的市场价值变化，及时做出账务核算。

（3）全面清查时，应当由财务部门、仓储部门、生产部门等多部门人员共同盘点，充分体现相互制衡，严格按照盘点计划，认真记录盘点情况。

6. 会计系统控制

存货的会计系统控制一般包括：财务部门应根据入库单、出库单、盘点报告等原始凭证，对各环节存货的数量、金额及时登记入账；定期与仓储、生产等相关部门等进行核对；对账实不符和减值现象及时做出账务处理。

【案例 6-1】 广西贵糖(集团)股份有限公司的存货管理①

2013 年 4 月 12 日，广西贵糖(集团)股份有限公司(以下简称"贵糖股份")被致同会计师事务所出具了否定意见的内部控制审计报告，成为继新华制药之后我国第二家被出具否定意见内控审计报告的上市公司。致同会计师事务所在内部控制审计报告中指出，贵糖股份蔗渣、原煤等大宗原材料的成本核算基础薄弱，部分暂估入账的大宗原材料缺少原始凭证，影响存货的发出成本结转与期末计价的正确性，与此相关的财务报告内部控制运行失效。上述重大缺陷未包含在贵糖股份 2012 年内部控制评价报告中，且导致贵糖股份 2012 年度未审财务报表的本期数据和前期比较数据中营业成本、应付账款、存货等项目存在重大会计差错，进行追溯更正后，该重大差错调减了 2011 年度净利润 5 251.2 万元，调增 2011 年年初留存收益 11 663.42 万元。此外，贵糖股份在 2014 年 3 月 7 日发布的《关于 2013 年度计提有关资产减值准备的公告》对材料和产成品计提了巨额减值。

---

① 本案例根据贵糖股份 2012 年度内部控制审计报告、年度报告及资产减值公告、2013 年度报告及资产减值公告、证监会对该公司的警示函等资料整理。

贵糖股份的存货管理存在以下问题：

（1）存货积压现象严重，原材料和产成品均存在大量积压，并占用大量资金。一是，部分包装物、备品备件及零配件等物资因公司不断技改、产品更新等而闲置；部分造纸原料因产品价格下跌，出现可变现净值低于成本，2013年度材料应补提减值准备1 390 334.02元，其中因实物已耗用而转销成本7 444 420.88元，因产品售价下跌及成本上升而计提8 834 754.90元。二是，由于近年来造纸行业市场持续低迷，市场竞争激烈，产品价格下降，造成部分纸产品出现了不同程度的积压及可变现净值低于成本，2013年度产成品应补计提减值准备就有2 319 268.16元。

（2）存货验收入库控制管理薄弱。缺乏有效的存货验收入库控制，导致部分暂估入账的大宗原材料缺乏原始凭证，从而使存货计价、成本结转等后续会计业务核算丧失准确性。

（3）存货仓储保管不善，使得存货质量降低。由于保管不善，致使贵糖股份的原材料出现不同程度的毁损，如包装物（塑料糖袋）风化碎裂，造纸原材料浆板因长期不用及露堆垛中风吹雨淋日晒，该浆板出现潮湿返黄、破溶、溶烂现象。

（4）存货会计系统控制不规范，跌价准备计提不及时。企业应该及时关注存货价值的变化，出现减值迹象要及时调整。而贵糖股份却是在2012年财务报告被外审机构提出修改意见后，才对以前年度存货进行追溯调整、集中计提跌价准备，可见该公司并未在期末及时进行资产减值测试，导致跌价准备计提严重滞后。

第三节　固定资产管理控制

固定资产是企业生存和发展的基础，决定了企业的生产和运营能力，也决定着企业的生产规模和产品品质。同时，固定资产的投资对培育企业的核心能力，促进战略实现起着至关重要的作用。

一、固定资产管理控制的目标

固定资产属于企业的非流动资产，价值相对较大，使用周期长，涉及的业务部门多、人员广，对企业的影响大。固定资产管理的内部控制目标包括：

（1）保证固定资产的安全、完整。固定资产业务的全部过程都要符合法律、法规的规定；明确固定资产的使用和运行条件，选配具备相应知识和技术水平的人员进行操作和使用，确保资产的正常使用，并消除影响固定资产安全使用的因素；及时进行会计核算，反映固定资产价值的变动，会计信息真实、完整。

（2）提高固定资产管理的效率和效果。固定资产的投入相对较大，固定资产的使用会对企业整体的运行效率产生重要影响。固定资产的投入与生产经营不匹配,将影响企业的运行效率;加强固定资产的日常运行与维护管理,才能确保固定资产在有效运行期限内提高产能,生产出高质量的产品。

（3）防范固定资产管理过程中的舞弊。固定资产管理业务应该严格按照不相容职务相分离的原则,设置岗位,减少舞弊空间。建立授权审批控制体系,避免出现无正当理由的资产购置、非正常的固定资产处置等情况。

二、固定资产管理的业务流程

固定资产是企业开展正常的生产经营活动必要的物资条件,其安全、完整直接影响到企业生产经营的可持续发展能力。企业的业务特点不同,固定资产种类会有所差异。固定资产通常包括房屋、建筑物、机器、机械、运输工具以及其他与生产经营活动有关的设备、器具、工具等。企业通过融资和经营租赁方式取得的固定资产,尽管不拥有产权,也应纳入企业的固定资产管理。

固定资产管理与企业的每个部门或每个岗位都可能相关,是企业管理的重要组成部分,涵盖从固定资产进入企业到退出的全过程,一般包括固定资产的决策、取得、使用(日常管理、运行维护、更新改造)、处置、会计系统控制等环节。其中:固定资产决策环节是结合企业的外部环境和内部条件,对是否需要新增固定资产,是通过购置、更新改造还是与其他单位进行交换等方式获取固定资产做出恰当的决策;固定资产取得环节,应重点关注取得的固定资产的种类、数量、质量、性能是否符合使用要求;固定资产使用环节,需要对固定资产的日常管理活动进行规范,运行维护是为了获得预期的生产运营能力,更新改造的主要目的是扩大和提升固定资产的使用效能;固定资产处置环节,应关注处置方式是否合理、处置活动是否规范;会计系统控制环节,应关注固定资产的会计信息是否真实、准备、完整。固定资产管理的一般业务流程如图 6-2 所示。

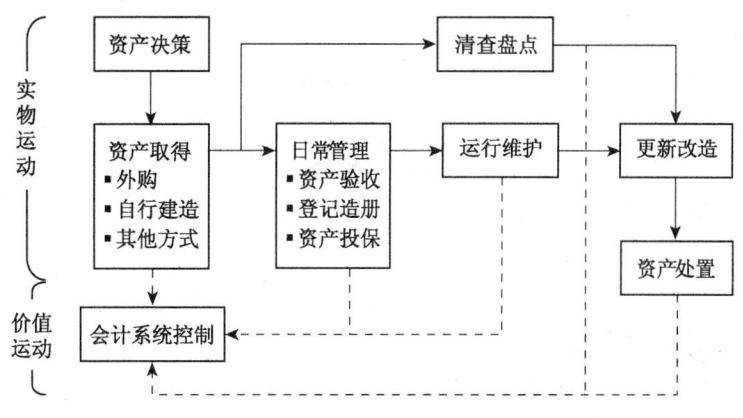

图 6-2　固定资产管理的一般业务流程

三、固定资产管理的主要风险及其控制措施

（一）固定资产管理的主要风险

固定资产被广泛应用于不同的部门，因而，企业每个部门和每个员工都可能与固定资产的业务活动有关。企业固定资产管理的责任主体包括战略、采购、资产管理、财务、生产、其他资产使用部门等。其中：战略部门负责对企业重大设施、设备的决策制定；采购部门负责设备设施的采购；资产管理部门负责资产的日常管理和基本建设项目的组织；财务部门负责固定资产的价值管理和核算；生产部门负责设施设备的使用和维护管理；其他资产使用部门负责资产的日常管理。各部门互相配合、互相协同，才能保证固定资产管理的内部控制系统有效运行，企业通过制定《固定资产内部管理制度》、《资产清查制度》等制度，规范固定资产管理业务流程，明确各部门和相关责任人的工作职责，以指导固定资产的业务操作。

对于固定资产管理，应当关注以下风险：

（1）固定资产的决策风险。固定资产的配置规模应当与企业的战略及发展计划紧密结合。固定资产的投入大，占用的资金多，如果固定资产的购置规模不恰当，既占用了大量资金，又影响了资产的使用效率，给企业生产经营造成负面影响。

（2）固定资产的操作风险。通常一些精密仪器设备、大型设备都需要合格的操作人员，准备合适的工作环境，并严格执行操作规程。如果操作不当或违规使用等，都可能发生安全生产事故或生产出大量的废品，导致价值减损的风险。

（3）固定资产的流失风险。一是由于企业管理不善，导致固定资产在取得、使用、处置等各环节被盗窃、挪用造成损失而形成的风险；二是由于发生自然灾害或非自然灾害，以及其他意外事故，造成资产价值减损而形成的风险。

（二）固定资产管理的关键控制点及控制措施

1. 固定资产取得

为了避免固定资产的决策风险，企业就要进行科学决策，建立固定资产的预算制度。企业应在对现有资产的使用情况进行客观分析的基础上，结合对经济形势、产品和服务市场的变化，提出合理的资产购置需求。对于重大的固定资产投资项目，应当考虑聘请独立的中介机构或专业人士进行可行性研究与评价，并由企业实行集体决策和审批，防止出现决策失误而造成严重损失。

2. 固定资产验收

固定资产如果验收程序不规范，可能导致资产质量不符合要求，影响资产运行效果。企业应当建立严格的固定资产交付使用验收制度，确保固定资产数量、质量等符合使用要求。企业可以根据资产的类型、技术要求、专业化程度的差异，采取

不同的验收程序。一般而言,办公家具、电脑、打印机等标准化程度较高的固定资产验收过程较为简化。复杂的大型生产设备、高精密仪器、建筑物的竣工验收则需要规范、严密的验收程序。固定资产验收环节应当采取以下控制措施:

(1) 外购的固定资产,应根据合同、供应商发货单等对所购固定资产的品种、规格、数量、质量、技术要求和其他内容进行验收,出具书面验收报告。

(2) 自建的固定资产,应由建造部门、固定资产管理部门、使用部门共同验收,编制验收书面报告。经验收合格的,填制固定资产移交使用单,移交使用部门投入使用。

(3) 不需要安装的固定资产,经验收合格后即可交付有关部门投入使用;需要安装的固定资产,收到固定资产经初步验收后进行安装调试,安装完成后必须进行第二次验收,合格后才可以交付使用。

(4) 未通过验收的不合格资产,不得接收,必须按照合同等有关规定办理退换货或其他弥补措施。

(5) 对于具有权属证明的固定资产,取得时必须有合法的权属证书。对于需要办理权属登记的固定资产,应及时办理权属关系的手续和相关证明材料。固定资产权属证书或证明材料等,需妥善保管,并设立登记簿备查。

企业对投资者投入、接受捐赠、债务重组、企业合并、非货币性资产交换和其他方式取得的固定资产均应办理相应的验收手续。企业对经营租赁、借用、代管的固定资产应设立登记簿记录备查,避免与本企业财产混淆,并应及时归还。

3. 登记造册

企业取得的每一项固定资产均应进行详细登记,编制固定资产目录,建立固定资产卡片,便于固定资产的统计、检查和后续管理。如果登记内容不完整,可能导致资产流失、资产信息失真、账实不符。固定资产的登记造册环节应当采取以下控制措施:

(1) 企业应根据国家及行业有关要求和自身经营管理的需要,确定固定资产分类标准和管理要求,并制定和实施固定资产目录制度;根据固定资产的定义,结合自身实际情况,制定适合本企业的固定资产目录。

(2) 企业按照单项资产建立固定资产卡片,资产卡片应在资产编号上与固定资产目录保持对应关系,详细记录各项固定资产的编号、名称、种类、所在地点、使用部门和责任人、数量、账面价值、使用年限、折旧、损耗,发生的运转、维修、改造、盘点等相关内容,便于固定资产的有效识别。

(3) 固定资产目录和卡片均应定期或不定期复核,保证信息的真实和完整。

4. 固定资产投保

通过固定资产投保,可以在一定程度上避免或减少因人为事故、自然灾害造成的损失。如果投保制度不健全,可能造成应投保资产未投保、索赔不力等问题。投保环节应当采取的控制措施包括:

（1）企业应当根据固定资产的性质和特点，确定固定资产投保范围和政策。投保范围和政策应足以应对固定资产因各种原因发生损失的风险。

（2）企业应当严格执行固定资产投保范围和政策，对应投保的固定资产项目按规定程序进行审批，办理投保手续。

（3）对于重大固定资产项目的投保，应当考虑采取招标方式确定保险公司。已投保的固定资产发生损失的，应当及时办理相关的索赔手续。

5. 固定资产运行维护

如果固定资产操作不当、失修或维护不到位，可能造成资产使用效率低下、产品残次率高，或资源浪费，甚至发生生产事故。企业应当建立固定资产的维修、保养制度，保证固定资产的正常运行，提高固定资产的使用效率。固定资产运行维护环节应当采取以下控制措施：

（1）固定资产使用部门会同资产管理部门负责固定资产日常维修、保养，将资产日常维护流程体制化、程序化、标准化，定期检查，及时消除风险，提高固定资产的使用效率，切实消除安全隐患。

（2）固定资产使用部门及管理部门建立固定资产运行管理档案，并据以制订合理的日常维修和大修理计划，并经主管领导审批。

（3）企业生产线等关键设备的运作效率与效果将直接影响企业的安全生产和产品质量，操作人员上岗前应由具有资质的技术人员对其进行充分的岗前培训，特殊设备实行岗位许可制度，需持证上岗，必须对资产运转进行实时监控，保证资产使用流程与既定操作流程相符，确保安全运行，提高使用效率。

6. 固定资产更新改造

企业需要定期或不定期对固定资产进行升级改造，以便不断提高产品质量，开发新品种，降低能源资源消耗，保证生产的安全环保。固定资产更新有部分更新与整体更新两种情形，部分更新的目的通常包括局部技术改造、更换高性能部件、增加新功能等方面，需权衡更新活动的成本与效益综合决策；整体更新主要指对陈旧设备的淘汰与全面升级，更侧重于资产技术的先进性，符合企业的整体发展战略。为了避免固定资产更新改造不够，可能造成企业产品线老化、缺乏市场竞争力。固定资产更新改造环节应当采取以下控制措施：

（1）定期对固定资产技术先进性评估，结合盈利能力和企业发展可持续性，资产使用部门根据需要提出技改方案，与财务部门一起进行预算可行性分析，并且经过管理部门的审核批准。

（2）为了实现可持续发展，企业应当充分利用国家有关自主创新政策，加大技改投入，淘汰落后设备，不断促进固定资产技术升级，切实保障本企业固定资产技术的先进性。

（3）管理部门需对技改方案实施过程适时监控、加强管理，有条件的企业建立技改专项资金并进行定期或不定期审计。

7. 固定资产盘点清查

企业应建立固定资产清查制度，定期对固定资产进行盘点，至少每年进行一次全面清查，保证固定资产账实相符、及时掌握资产盈利能力和市场价值。固定资产盘点清查环节应当采取以下控制措施：

（1）财务部门需组织固定资产使用部门和管理部门定期进行清查，明确资产权属，确保实物与卡、财务账表相符，在清查作业实施之前编制清查方案，经过管理部门审核后进行相关的清查作业。

（2）在清查结束后，清查人员需要编制清查报告，管理部门需就清查报告进行审核，确保真实性、可靠性。

（3）清查过程中发现的盘盈（盘亏），应分析原因，追究责任，妥善处理，报告审核通过后及时调整固定资产账面价值，确保账实相符，并上报备案。

8. 固定资产抵押质押

抵押是指债务人或者第三人不转移对财产的占有权，而将该财产抵押作为债权的担保，当债务人不履行债务时，债权人有权依法以抵押财产折价或以拍卖、变卖抵押财产的价款优先受偿。质押也称质权，是债务人或第三人将其动产移交债权人占有，将该动产作为债权的担保，当债务人不履行债务时，债权人有权依法就该动产卖得价金优先受偿。企业有时因资金周转等原因以其固定资产作抵押物或质押物向银行等金融机构借款，如到期不能归还借款，银行则有权依法将该固定资产折价或拍卖。如果固定资产抵押制度不完善，可能导致抵押资产价值低估和资产流失。固定资产抵押质押环节应当采取以下控制措施：

（1）应当加强固定资产抵押、质押的管理，明晰固定资产抵押、质押流程，规定固定资产抵押、质押的程序和审批权限等，确保资产抵押、质押经过授权审批及适当程序。同时，应做好相应记录，保障企业资产安全。

（2）财务部门办理资产抵押时，如需要委托专业中介机构鉴定评估固定资产的实际价值，应当会同金融机构有关人员、固定资产管理部门、固定资产使用部门现场勘验抵押品，对抵押资产的价值进行评估。对于抵押资产，应编制专门的抵押资产目录。

9. 固定资产处置

企业应当建立、健全固定资产处置的相关制度，区分固定资产不同的处置方式，采取相应控制措施，确定固定资产处置的范围、标准、程序和审批权限，保证固定资产处置的科学性，使企业的资源得到有效的运用。固定资产处置环节应当采取以下控制措施：

（1）对于使用期满、正常报废的固定资产，应由固定资产使用部门或管理部门填制固定资产报废单，经企业授权部门或人员批准后对该固定资产进行报废清理。

（2）对于使用期限未满、非正常报废的固定资产，应由固定资产使用部门提出报废申请，注明报废理由、估计清理费用和可回收残值、预计处置价格等。企业应组织有关部门进行技术鉴定，按规定程序审批后进行报废清理。

（3）对于拟出售或投资转出及非货币性资产交换的固定资产，应由有关部门或人员提出处置申请，对固定资产价值进行评估，并出具资产评估报告。报经企业授权部门或人员批准后予以出售或转让。企业应特别关注固定资产处置中的关联交易和处置定价，固定资产的处置应由独立于固定资产管理部门和使用部门的相关授权人员办理，固定资产处置价格应报经企业授权部门或人员审批后确定。对于重大固定资产处置，应当考虑聘请具有资质的中介机构进行资产评估，采取集体审议或联签制度。涉及产权变更的，应及时办理产权变更手续。

（4）对于出租的固定资产由相关管理部门提出出租或出借的申请，写明申请的理由和原因，并由相关授权人员和部门就申请进行审核。审核通过后应签订出租或出借合同，包括合同双方的具体情况、出租的原因和期限等内容。

（5）对于固定资产的内部调拨，应填制固定资产内部调拨单，明确固定资产调拨时间、调拨地点、编号、名称、规格、型号等，经有关负责人审批通过后，及时办理调拨手续。固定资产调拨的价值应当由企业财务部门审核批准。

10. 会计系统控制

固定资产的会计系统控制一般包括：财务部门应对固定资产的增加、更新改造、处置等环节进行及时入账，结合实际情况制定折旧和减值政策，准确反映固定资产的价值变动情况。

固定资产管理的关键控制点、控制目标及控制措施见表 6-2。

表 6-2 固定资产管理的关键控制点、控制目标及控制措施

关键控制点	控制目标	控 制 措 施
取得	避免盲目购置；取得合格的资产。	1. 制订明确的固定资产配置计划，使固定资产配置与企业发展需求匹配。 2. 固定资产的配置决策要进行授权审批。 3. 工程项目交付使用前应办理竣工决算和工程验收，购入固定资产也必须办理验收手续。 4. 对技术要求高、精度高的特殊资产要由技术人员或聘请专业人士参与验收。 5. 对于竣工和购入的固定资产编制验收报告，列明固定资产数量、型号、供应商或建造商、送到时间或竣工时间、质量等内容，经审核后交付使用。

（续表）

关键控制点	控制目标	控　制　措　施
登记造册	进行资产分类管理；信息完整。	1. 建立固定资产分类目录、固定资产卡片和账簿,进行资产管理。 2. 固定资产卡片的编号应与固定资产目录保持一致,内容包括来源、验收盘点等。 3. 目录与卡片均应定期或不定期复核。
投保	避免或减少人为事故或自然灾害造成的损失。	1. 固定资产部门根据需要拟订固定资产投保方案,报主管部门审批。 2. 根据特定原则选择合适的保险公司,并与其签订保险合同。 3. 投保期发生的损失,相关部门形成书面报告,经审核后办理索赔。
运行维护	保持资产的正常使用状态。	1. 对固定资产进行日常维修、保养,定期检查,及时消除风险和隐患。 2. 开展基础设施建设的施工单位必须具有相应资质;配置技术标准高的固定资产,需要由具备专业资质的人员进行操作。 3. 定期对固定资产进行检查,排除隐患,编制检查分析记录。
更新改造	保持和提升固定资产的使用效率。	1. 资产使用部门根据需要提出技改方案,并经过管理部门审核。 2. 重大更新改造项目应进行充分论证。 3. 管理部门需对更新改造过程进行适时监控、加强管理。
盘点清查	确保固定资产的账实相符。	1. 建立定期和不定期盘点和清查计划,经过管理部门审核后进行相关的清查作业。 2. 由财务部门和资产使用部门的人员共同参与资产的盘点清查工作。 3. 在清查结束后,清查人员需要编制清查报告,管理部门需就清查报告进行审核,确保真实性、可靠性。 4. 清查过程中发现的盘盈(盘亏),应分析原因,报告审核通过后及时调整固定资产账面价值,确保账实相符,并上报备案。
抵押质押	避免资产被低估和流失。	1. 抵押申请应包括资产数量、名称、型号、存放地等内容,并经主管部门审批。 2. 办理抵押时,应委托专业机构对固定资产进行价值评估。 3. 固定资产抵押合同应详细说明抵押当事人双方情况、抵押资产名称、类型、担保范围等,经审查和批准后签订正式合同。
处置	避免违规处置资产。	1. 相关管理部门提出资产处置申请,说明处置理由和原因,并由授权人员和部门进行审批。 2. 处置资产时,应对拟处置资产的质量、效能、价值等要进行评估。 3. 固定资产处置合同应详细说明交易当事人双方情况、处置资产名称、类型、担保状态等,经审查和批准后签订正式合同。 4. 涉及产权变更的要及时办理产权变更手续。
会计系统控制	及时进行财务核算,信息真实、完整。	1. 财务部门根据原始凭证,进行及时入账。 2. 根据实际情况确定固定资产的折旧和减值准备的计提方法,并定期进行检查、核对,确保资产实际金额与账面金额相符。

【案例 6-2】　　　　　**M 公司的固定资产管理缺陷**

　　M 公司是 2010 年 4 月成立的一家玩具生产企业。该公司的客户主要面对0～15 岁的儿童。经过几年的发展,M 公司实现了快速的成长,资产规模从成立之初的 1 000 万元增长到 2.5 亿元;员工从创立之初的 50 人增加到了 350 人。

　　为了进一步规范和促进公司的发展,2013 年 6 月,M 公司聘请咨询公司开展内部控制评价。经过调查,咨询公司发现公司成立以来在某些业务管理中存在以下问题:

　　(1) 流水线投资。为了进一步扩大生产,2012 年,M 公司决定扩大产品的生产规模,于 2013 年年底从韩国购进一条二手的大型生产线。二手的流水线的价格为 3 000 万元,价格低廉,仅是同类新生产线的 5 折。但投产 3 个月以来,该流水线所生产产品的废品率居高不下,达到 30%。且流水线投产以来,先后经历了 2 次大修理,累计修理的支出已达到购买价格的 1/5。咨询公司认为该项重大投资,没有利用专业的管理团队,投资过于匆忙,没有进行系统的可行性分析。

　　(2) 离职交接。玩具设计师小李 2014 年 5 月份离职。6 月份,财务部门盘点的时候发现,小李带走了 2013 年年底公司刚给她配置的 IBM 电脑一台,价值为1.2 万元。同时,设计部门反馈,小李在职期间担任了一个设计小组的负责人,组织设计了近 60 款产品。小李离职时带走了全部产品设计方案。小李离职后 2 周,设计部经理反馈,小李带走的 60 款产品方案中有 15 种,公司的设计部没有完整的设计底稿。

　　(1) 在流水线投资的业务中,不适当的内部控制体现在以下方面:①流水线的决策环节。该项业务的投资金额为 3 000 万元,属于重大投资。公司应该结合产业发展趋势、国家有关政策、目前竞争情况等,对该项投资进行充分论证;充分分析购建新流水线和购买二手的流水线的两个决策的差异及对企业的财务影响。流水线决策应由公司董事会进行集体讨论并做出决策;流水线决策应与企业的预算结合。②流水线使用环节。公司应对废品率居高不下和发生大修理的原因进行调查,生产部门是否对员工进行过技术培训,使其具备操作能力;流水线投产后,废品率高和发生大修理,是否可以向流水线的销售方追偿,或者由流水线的销售方负责修理。

　　(2) 离职交接。小李离职说明公司的固定资产、无形资产管理都存在控制缺陷。公司应建立固定资产的领用和交回程序,必须在员工离职前将资产交还给公司,才能进一步办理离职手续。此外,本案例也说明公司对无形资产保全措施执行不到位,应加强对关键技术人员对重要技术及重要设计资料保密工作;在公司的用工协议中加入有关技术保密的要求,对出现的违规事项,应及时向当事人追偿损失或追究法律责任。

第四节　无形资产管理控制

无形资产是企业拥有或控制的没有实物形态的可辨认非货币性资产,通常包括专利权、非专利技术、商标权、著作权、特许权、土地使用权等。企业自行研究开发的无形资产,也可以纳入无形资产的管理。企业应当加强对无形资产的管理,建立、健全无形资产分类管理制度,保护无形资产的安全,提高无形资产的使用效率,充分发挥无形资产对提升企业创新能力和核心竞争力的作用。

一、无形资产管理控制的目标

无形资产涵盖企业的专利、非专利技术、著作权、版权等,与企业的核心技术优势密切相关,属于企业的商业秘密。因而,结合无形资产的特殊性,无形资产管理的目标包括:

(1) 保证无形资产的安全、完整。无形资产业务的全部过程都要符合法律、法规的规定;明确无形资产的权属,建立严格的保密制度,实施严格的保密程序,控制无形资产被盗用、侵权的风险;及时进行会计核算,反映无形资产价值变动,会计信息真实、完整。

(2) 提高无形资产的效率和效果。新技术、新产品等研发活动,对企业获得竞争优势具有关键作用。从技术开发、购进等决策环节开始,就要关注该项无形资产投入是否有助于实现企业发展战略,能否有效提升企业核心竞争力,从而保证无形资产效能的发挥。

(3) 防范无形资产管理过程中的舞弊。无形资产管理业务应该严格按照不相容职务相分离的原则,设置岗位,减少舞弊空间。建立授权审批制度,避免出现技术被盗、侵权等情况的发生。

二、无形资产管理的业务流程

无形资产属于企业的非流动资产,是体现企业核心竞争能力的重要方面。无形资产管理的基本流程包括无形资产取得、落实权属、安全防范、技术升级与更新换代、资产处置等环节,具体如图6-3所示。无形资产决策是结合企业的外部环境与内部条件,对是否需要新增无形资产,获取方式是外购、自行开发还是与其他单位交换等重要问题做出恰当的决策。取得无形资产环节,重点关注取得的无形资产是否合格;落实权属环节,需要对无形资产进行专利注册等权属确认;安全防范环节,是为了保护本企业的商业秘密应采取的必要措施;技术升级与更新换代环节,主要目的是维护和提升无形资产的使用效能,在市场竞争中处于优势地位;资

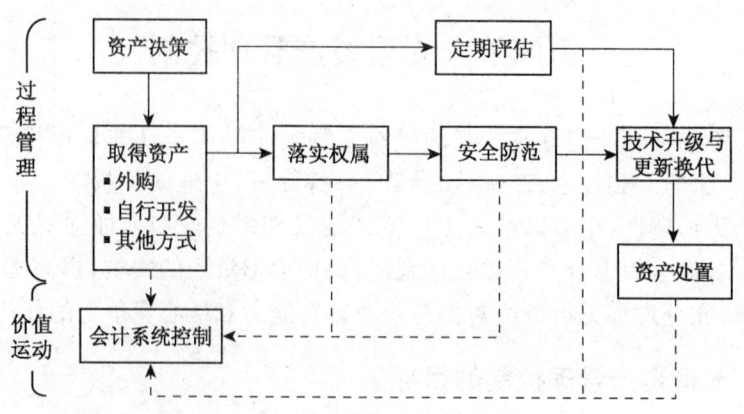

图6-3　企业无形资产管理的业务流程

产处置环节,重点关注处置活动是否规范。

三、无形资产管理的主要风险及其控制措施

（一）无形资产管理的主要风险

企业无形资产管理的责任主体包括战略、采购、资产管理、研发、财务等部门。这些责任主体分别承担了无形资产管理的相关工作:战略部门负责对企业重大技术、专利等无形资产的决策制定;采购部门负责无形资产的采购;资产管理部门负责无形资产的日常管理;研发部门负责研发活动的组织;财务部门负责无形资产的价值管理和核算。无形资产管理具有系统性,需要各部门相互配合,并具体化为一系列的管理制度。例如,企业通过制定《无形资产管理制度》,以制度形式规范无形资产管理流程,明确各部门和有关责任人的工作职责,以指导无形资产业务操作。

无形资产管理应当关注以下风险:

（1）无形资产的法律风险。没有先进技术自主权、无形资产的权属不清、取得无形资产不具有先进性,可能导致企业资源浪费或引发法律诉讼。

（2）无形资产的盗失风险。由于未建立或执行严格的保密制度,使商标、核心技术、关键生产环节等无形资产疏于管理,而导致其他企业侵权,严重损害企业利益。

（3）未能及时更新导致丧失领先优势的风险。无形资产内含的技术未能及时升级换代,导致技术落后或存在重大技术安全隐患。

（4）使用及处置不当导致丧失价值的风险。由于无形资产长期闲置或低效使用而逐渐失去其使用价值;无形资产处置不当,往往造成企业资产流失。

结合无形资产管理业务,分析每个业务流程中存在的风险,并设置具体的控制目标:在取得与验收环节,关注是否能够取得合格的无形资产,避免权属不清或技术落后,与企业的战略不符、实际情况不符;在使用与保护环节,建立和执行严格的保密措施,避免其他企业的侵权行为;技术升级与更新换代环节,及时对技术进行更新、换代,保持无形资产的领先优势;在无形资产处置环节,避免不恰当的处置或处置过程存在的舞弊。

(二)无形资产管理的关键控制点及控制措施

1. 无形资产取得与验收

企业应当建立严格的无形资产交付使用验收制度,明确无形资产的权属关系,及时办理产权登记手续。无形资产取得与验收的控制措施包括:

(1)企业外购无形资产,必须仔细审核有关合同协议等法律文件,及时取得无形资产所有权的有效证明文件,同时特别关注外购无形资产的技术先进性。

(2)企业自行开发的无形资产,应由研发部门、无形资产管理部门、使用部门共同填制无形资产移交使用验收单,移交使用部门使用。

(3)企业购入或者以支付土地出让金方式取得的土地使用权,必须取得土地使用权的有效证明文件。当无形资产权属关系发生变动时,应当按照规定及时办理权证转移手续。

2. 无形资产的使用与保护

企业应当强化无形资产使用过程的风险管控,充分发挥无形资产对提升企业产品质量和市场影响力的重要作用。无形资产的使用与保护的控制措施一般包括以下内容:

(1)建立健全无形资产核心技术保密制度。严格限制未经授权人员直接接触技术资料,对技术资料等无形资产的保管及接触应保有记录,实行责任追究,保证无形资产的安全与完整。

(2)对侵害本企业无形资产的,要积极取证并形成书面调查记录,提出维权对策,按规定程序审核并上报。

3. 无形资产的技术升级与更新换代

企业应当定期对专利、专有技术等无形资产的先进性进行评估。发现某项无形资产给企业带来经济利益的能力受到重大不利影响时,应当考虑淘汰落后技术,加大研发投入,不断推动企业自主创新与技术升级,确保企业在市场经济竞争中始终处于优势地位。

4. 无形资产的处置

企业应当建立无形资产处置的相关管理制度,明确处置的范围、标准、程序和审批权限等要求。无形资产的处置应由独立于无形资产管理部门和使用部门的其他部门或人员按照规定的权限和程序办理。合理确定无形资产处置价格,并报经企业授权部门或人员审批。重大的无形资产处置,应当委托具有资质的中介机构进行资产评估。

5. 会计系统控制

无形资产的会计系统控制一般包括:财务部应对无形资产的增加、技术升级与更新改造、处置等环节及时入账,结合实际情况制定摊销和减值政策,准确反映无形资产的价值变动情况。

无形资产管理的关键控制点、控制目标及控制措施见表 6-3。

表 6-3　无形资产管理的关键控制点、控制目标及控制措施

关键控制点	控制目标	控 制 措 施
取得与验收	避免盲目购置;取得合格的资产。	1. 制订明确的无形资产配置计划计划,使固定无形配置与企业发展需求匹配。 2. 取得无形资产时要特别关注技术的先进性和资产的权属情况。 3. 无形资产的使用、管理部门依据外购通知单、到货通知单、无形资产清单、合同和国家及行业相关标准组织鉴定验收工作。
使用与保护	严格保密。	1. 无形资产使用部门提交领用申请,经授权部门和人员审批。 2. 无形资产使用审批后移交,并编制转置凭证。 3. 使用部门应根据转置凭证建立无形资产保护卡,并定期核对。 4. 建立和执行严格的保密程序,未经授权的人员不得接近或使用无形资产。
技术升级与更新换代	保持领先优势。	跟踪相关技术领域的发展与变化,及时进行技术升级。
资产处置	避免违规处置资产。	1. 相关管理部门提出无形资产处置申请,说明处置理由和原因,并由授权人员和部门进行审批。 2. 对拟处置资产的质量、效能、价值等要进行评估,根据不同的处置业务进行授权审批。 3. 固定资产处置合同应详细说明交易当事人双方情况、资产名称、类型、担保状态等,经审查和批准后签订正式合同。 4. 涉及产权变更的要及时办理产权变更手续。
会计系统控制	及时进行会计核算,信息真实、完整。	1. 财务部门根据原始凭证,进行及时入账。 2. 根据实际情况确定无形资产的摊销和减值准备的计提方法,并定期进行检查、核对,确保资产实际金额与账面金额相符。

【案例6-3】　　　　潜能恒信的无形资产管理①

德益能源技术股份有限公司(以下简称"潜能恒信")位于北京,主要采用地震成像技术为石油公司提供油气勘探过程中的地震数据处理和解释服务,协助石油公司节省找油成本。这是一家仅仅只有60余人的民营公司,但却在近几年创造出巨大的效益。公司2003年设立之时,注册资本为3 000万元,无货币资金出资,仅用一项名为"三维AVO技术"的非专利技术与实物出资;该项非专利技术没有经过相关政府部门的高新认证,仅靠评估数字就作价2 000万元。公司实际控制人周锦明持股76.1%,为公司董事长兼总经理,其家族持有拟上市公司发行前股本的95.1%,对公司有过度控制的风险。公司一直到正式启动上市进程的2010年3月,才匆忙递交两项专利申请,至今仍未获得批复。糟糕的是公司不仅拿钱炒股买房,并在上市前多次大额分红,董事长及实际控制人竟从公司借钱买房又转卖给公司。从中获利700余万元。

注:AVO(振幅随偏移距离的变化)是一项经常用于石油勘探领域的专门技术,其原理是利用振幅随偏移距离的变化,分析和识别岩石性质和油气藏处的地震勘探技术,其已有20多年的研究历史。现在各油气勘探公司和专业技术公司的AVO研发成果载体基本上是公司自行开发的核心软件模块,这是一项通用技术。公司的"三维AVO技术"仅向国家版权局申请了软件著作权,而非专利。

现对该案例分析如下:

(1)该项无形资产的获得属于投资者投入,但在获得时并未正确对其价值做出估计。而是自己雇佣了一家机构进行评估,后期亦没有为其申请专利。对于一项迟迟没有拿到专业机构和部门进行认定的改良型通用技术,能否获得2 000万元的评估价值值得商榷。

(2)该项技术已有20多年的研究使用历史,是一项通用技术,企业并未结合实际,确定该项无形资产摊销范围、年限、残值等,造成无形资产内部控制的严重违规。

复习思考题

1.企业的资产管理可能涉及哪些部门和岗位?这些部门和岗位在资产管理过程中的职责有什么区别?

---

①　本案例根据搜狐证券及华讯财经等网站有关潜能恒信的新闻报道整理。

2. 简述存货管理的业务流程、关键控制点及控制措施。

3. 简述固定资产管理的业务流程、关键控制点及控制措施。

4. 简述无形资产管理的业务流程、关键控制点及控制措施。

5. 企业所处的行业或业务性质会对其资产管理产生什么影响？请说明乳品生产、造船和会计培训这三家公司在实施资产管理时的相同点和不同点。

练 习 题

一、单项选择题(在每小题的备选答案中,选出一个正确的答案)

1. 企业采取资产记录、实物保管、定期盘点、账实核对等措施,确保资产安全完整。这些属于内部控制方法中的(   )。

A. 财产保护控制   B. 会计系统控制

C. 运营分析控制   D. 财产清查控制

2. 企业的重大固定资产处置,应采用(   )方式。

A. 董事长审批   B. 财务总监审批

C. 管理层集体讨论通过   D. 资产管理部门负责人审批

3. 仓储部门的产成品发出记录,应定期与(   )部门核对。

A. 采购   B. 生产   C. 财务   D. 维修

4. 企业处置固定资产时,正确的控制措施是(   )。

A. 资产管理部门负责审批所有固定资产的决策

B. 处置资产价值由财务部门与交易双方协商

C. 涉及权属变更的,应办理权属变更手续

D. 出售固定资产使生产能力降低,需要同时采取裁员措施

5. 企业负责组织重大固定资产、无形资产投资决策的是(   )部门。

A. 战略   B. 生产   C. 仓储   D. 财务

6. 存货盘点表应交给(   )部门。

A. 生产   B. 采购   C. 管理   D. 财务

7. 对于企业重大固定资产、无形资产购置决策,不应考虑的因素是(   )。

A. 外部经济环境   B. 合格员工

C. 可行性论证   D. 企业发展战略

8. 企业财务部门按照国家统一的会计准则、制度的规定,及时确认固定资产的购买或建造成本。这种行为属于(   )控制措施。

A. 会计系统   B. 财产保护   C. 内部稽核   D. 授权审批

9. 维修零部件的采购申请应由( )部门提出。

A. 生产　　　　　B. 采购　　　　　C. 财务　　　　　D. 维修

10. 企业应当限制未经授权人员直接接触技术资料等无形资产,这属于( )。

A. 会计系统控制　　　　　　　　B. 财产保护控制

C. 授权审批控制　　　　　　　　D. 不相容职务分离控制

二、多项选择题(在每小题的备选答案中,选出两个或两个以上正确的答案)

1. 固定资产业务的不相容岗位主要包括( )。

A. 预算申请与审批　　　　　　　B. 采购与验收

C. 保管与会计记录　　　　　　　D. 处置申请与审批

E. 预算与付款

2. 下列各项中,属于存货管理业务流程的有( )。

A. 存货验收　　　B. 存货保管　　　C. 存货领用　　　D. 存货购置

E. 存货处置

3. 发出时需要经过特别授权的物资有( )。

A. 个人消费品　　　B. 贵重商品　　　C. 大批存货　　　D. 危险品

E. 设备

4. 无形资产的基本业务流程包括( )。

A. 取得与验收　　　　　　　　　B. 使用与保护

C. 技术升级与更新换代　　　　　D. 处置

E. 会计系统控制

5. 企业固定资产验收业务环节,应当采取的控制措施有( )。

A. 制订明确的验收计划

B. 明确验收程序

C. 明确验收标准

D. 仓储部门自行组织,无需其他部门参与

E. 验收发现固定资产不合格,直接返回供货方

6. 企业加强无形资产的内部控制,针对专利和技术应当采用的措施包括( )。

A. 所有的核心技术都应申请专利

B. 重要的技术、专利等都应由专人保管

C. 涉及重要的技术、专利等无形资产的岗位都应签署保密协议

D. 严格限制未经授权人员直接接触技术资料

E. 购买专利技术前应确定权属及有效期限

7. 固定资产卡片应反映的信息有(　　)。

A. 编号、名称、种类
B. 所在地点

C. 使用部门和责任人
D. 账面价值

E. 出租、出借等使用状态

8. 资产管理过程中,应关注的风险有(　　)。

A. 资产业务违反国家法律、法规,造成对企业信誉的负面影响

B. 资产核算的会计重大差错

C. 对经济形势误判,做出重大资产购进决策

D. 生产设备维护不当,生产效率大幅降低

E. 资产信息不真实、完整,可能导致企业资产账实不符或资产损失

9. 下列对企业固定资产投保措施的描述中,正确的有(　　)。

A. 根据企业实际情况,明确投保资产范围和投保政策

B. 对企业通过经营租赁方式租入、租期为 3 年的大型仪器设备投保

C. 对应投保的固定资产项目按规定程序进行审批,办理投保手续

D. 对重大固定资产项目的投保,应当考虑采取招标方式确定保险公司

E. 已投保的固定资产发生损失的,应当及时办理相关的索赔手续

10. 外购存货入库前一般应经过的验收程序有(　　)。

A. 准备存货应存储的条件

B. 检查订货合同协议、入库通知单、供货企业提供的材质证明、合格证、运单、提货通知单等原始单据与待检验货物之间是否相符

C. 对拟入库存货的交货期进行检验,确定外购货物的实际交货期与订购单中的交货期是否一致

D. 对待验货物进行数量复核和质量检验,必要时可聘请外部专家协助进行

E. 对于存货购买时所应给予的回扣是否实现

三、判断题(认为正确的在题目的括号内打"√",认为错误的在题目的括号内打"×")

1. 仓库管理人员应对拟入库的材料的交货期进行检查,为材料准备存放条件,通知生产部门一同参与验收。　　　　　　　　　　　　　　　　　　(　　)

2. 月末由仓库管理人员根据财务部门的要求对存货进行盘点,并编制存货盘点表,将存货盘盈、盘亏的情况报给财务部门。　　　　　　　　　　　　(　　)

3. 对于重大的固定资产投资项目,企业必须通过咨询公司进行可行性研究与评价,以防止出现决策失误而造成严重损失。　　　　　　　　　　　　(　　)

4. 公司应制定财产保险制度,对价值较大或风险较高的固定资产规定财产保险的政策和程序。　　　　　　　　　　　　　　　　　　　（　　）

5. 由于资产使用部门最了解哪种资产最符合工作需要,因而应由资产使用部门在提出申请的同时负责采购。　　　　　　　　　　　　　　　（　　）

6. 企业拟出售一项重要的专利技术,由资产管理部门代表本企业经与购买方协商,以 200 万元出售。　　　　　　　　　　　　　　　　　　（　　）

7. 对于尚未及时办理竣工验收手续,但已达到预定可使用状态的固定资产,及时将在建工程转为固定资产核算。　　　　　　　　　　　　　（　　）

8. 固定资产抵押只有在单位确实有资金调度的需求时,经相关部门负责人授权批准,才可以与金融机构商定贷款意向,议定贷款金额及期限,进行担保贷款。

　　　　　　　　　　　　　　　　　　　　　　　　　　　　　（　　）

9. 企业实施资产控制时,实物控制要比价值控制更重要。　　　（　　）

10. 某饮料生产企业申请的产品包装专利受法律保护,而一款市场销量非常好的饮料配方未申请专利,因此在开展内部控制时,把包装专利纳入内部控制管理,饮料配方可以由生产企业的质量员管理。　　　　　　　　　（　　）

第七章　销售业务控制

学习目的与要求

　　本章旨在阐述销售业务的内部控制,其内容主要包括企业销售业务内部控制目标、总体要求、销售业务的基本流程、各环节主要风险和控制措施。通过本章学习,学生应当理解销售业务内部控制目标和总体要求,熟悉销售业务的基本流程,掌握销售业务各环节的关键控制点及控制措施。

课前预习题

1. 什么是企业的销售业务? 一般企业销售业务流程主要包括哪些环节?
2. 销售业务内部控制的目标是什么?
3. 销售业务应关注哪些风险?

第一节　销售业务控制概述

　　销售是企业取得收入、获得利润的前提条件,是形成一定时期经营成果的重要基础。销售业务是企业经营活动的重要环节。

一、销售业务概念及内部控制目标

（一）销售业务概念

　　销售业务是指企业出售商品(或提供劳务)及收取款项等相关活动。根据销售发货与收款时间,销售业务可以分为预收货款销售、现销与赊销三种类型,其中:预收货款销售是要求客户在签订合同时预先支付全部或部分货款;现销是在销售时,采取现款缴纳全部货款,在小额或对新客户的销售中多采取此种形式;赊销是指企业接受订单后,根据客户的授信要求,在对客户进行资信调查并获得授信批准的基础上,与客户签订销售合同,企业先发货,在合同约定的期限内收回货款。

销售业务具有以下三个特点：①销售过程较为复杂，不仅需要调查客户的信用状况，全力组织客户需要的货物，灵活处理销售折让和销售退回，还可能出现许多事前无法预知的情况。②销售业务存在较大的风险，商品发出后，可能无法收回全部或部分货款，处理不当，很容易使企业陷入财务危机，影响企业的生存发展。③随着销售确认条件和要求越来越高，面对复杂的实际销售情况，销售业务的会计处理越来越复杂。

（二）销售业务内部控制的目标

销售业务内部控制的目标包括：

（1）保证销售业务的合规性。销售业务必须遵守国家法律、法规，符合企业销售及资金内部控制制度规定，按照规定的程序和权限进行。

（2）保证销售商品的安全性。交付已销售的商品应当数量准确，出库货物应同购买方的订单或合同要求一致，运送商品应保证在运输途中安全、质量不变、数量完整。

（3）保证销售业务及销售收入的真实、完整性和会计处理的合理性。确保企业发生的所有销售收入都及时、准确地加以记录，完整反映销售全过程，防止少记、不记或漏记实现的销售收入或虚增销售收入。

（4）保证货款及时足额地收回。如果货款无法及时足额收回，轻者导致企业通过增加负债方式弥补资金缺口，重者会使企业形成大量呆账、坏账，导致资金链断裂。因此，应当保证货款及时完整地收回。

（5）保证销售退回的合理性、折扣与折让的适度性。当发生销售退回、折扣与折让时，企业应检查理由是否恰当、是否适度、金额是否正确，保证退回、折扣与折让手续齐备，并在相关会计资料中予以体现。

二、销售业务内部控制总体要求

（一）全面梳理销售业务流程

企业完善销售业务内部控制，应当先从全面梳理销售业务流程入手。一般企业销售业务流程包括销售计划管理、客户开发、信用管理、销售定价、订立销售合同、发货、收款、售后服务等环节。在实务中，企业应当充分结合自身规模大小、业务特点和管理要求，构建和优化销售业务流程，确保管理流程科学合理，保证销售顺畅进行。

（二）完善相关管理制度

企业应当完善销售业务的相关管理制度，包括销售、发货、收款等方面的管理制度，通过制度的形式明确销售、财务、信用管理等部门与人员的工作职责，指导销售业务操作,有效防范经营风险。

（三）清理薄弱环节

在全面梳理相关业务流程的基础上,企业应当定期检查、分析销售过程的薄弱环节,采取有效控制措施,确保销售目标实现。在销售业务的一系列活动中都存在着风险,根据销售业务的特点,企业应重点关注以下风险:销售政策和策略不当、市场预测不准确、销售渠道管理不当等,可能导致销售不畅、库存积压、经营难以为继;客户信用管理不到位、结算方式选择不当、账款回收不力等,可能导致销售款项不能收回或遭受欺诈;销售过程存在操纵价格等舞弊行为,可能导致企业利益受损。

三、销售业务流程

销售业务流程主要包括销售计划管理、客户开发与信用管理、销售定价、订立销售合同、发货、收款、客户服务和会计系统控制等环节。图 7-1 综合了不同类型企业形成的销售业务基本流程,具有普适性。

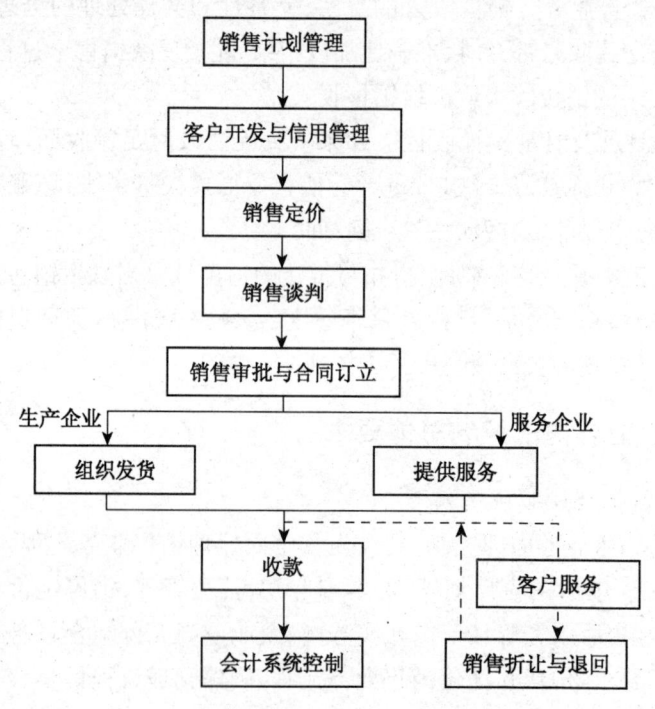

图 7-1　销售业务的基本流程

（一）销售计划管理

销售计划是在进行销售预测的基础上,结合企业生产能力,设定总体目标额及不同产品的销售目标额,进而为能实现该目标而设定具体的营销方案和实施计划,以支持未来一定期间内销售额的实现。

（二）客户开发与信用管理

客户开发是业务人员通过调查初步了解市场和客户情况,对有实力和有意向的客户进行重点沟通,最终完成目标区域的客户开发计划。信用管理包括建立客户信用档案、划分不同的信用等级、按信用等级采取不同的销售策略等内容。

（三）销售定价

销售定价是指商品价格的确定、调整及相应审批。企业应当建立销售定价控制制度,制定价目表、折扣政策,明确销售价格确定、调整的审批权限。

（四）订立销售合同

销售合同是办理销售业务的重要依据,是确立购销双方权利与义务的法律文件。企业需要指派专门人员与客户就销售品种、数量、价格、销售政策、发货及收款方式等具体事项进行业务洽谈、磋商和谈判,以便能与客户签订销售合同。销售合同的主要条款应当包括合同标的、数量、质量、价款、结算方式、履行期限、地点、双方的权利与义务、违约责任等内容。销售合同一般先拟订合同草案,经合同双方有审批权限的部门和人员审批同意后,企业授权有关人员与客户签订正式销售合同。销售合同经双方代表签字并加盖双方企业合同专用章后正式生效。

（五）发货

企业的销售部门应当根据经批准的销售合同开具销售通知单,仓储部门得到有批准权限人员签字认可的销售通知单,按销售通知单要求的发货品种、数量、时间、方式等组织发货。

（六）收款

收款是指企业经授权发货后与客户结算、回笼资金的环节,是体现销售业务成果的关键环节。按照发货时是否收到货款,可分为预收、现销和赊销。对于赊销方式形成的应收账款,销售部门应当与财会部门密切配合,按照销售合同条款及时、足额催收货款。

（七）客户服务

客户服务是在企业与客户之间建立信息沟通机制,对客户提出的问题,企业应予以及时解答或反馈、处理,不断改进商品质量和服务水平,以提升客户满意度和忠诚度。

（八）会计系统控制

企业要利用记账、核对、岗位职责落实和互相分离、档案管理等会计控制方法,正确核算销售业务和销售货款收取情况,确保会计信息真实、准确、完整。

第二节　销售业务控制内容

对于销售业务的内部控制,企业应当在促进销售额增长、扩大市场份额的基础上,根据《企业内部控制应用指引第 9 号——销售业务》的规定,结合自身实际情况,全面梳理销售业务流程,关注销售业务的主要风险,并提出针对性的控制措施。

一、销售计划管理

销售计划不仅是销售部门开展销售活动的目标和依据,也是企业制订生产计划、采购计划等经营计划的基础和依据,因此编制销售计划是整个销售业务的首要环节。该环节的主要风险是:销售计划缺乏或不合理,或未经授权审批,导致产品结构和生产安排不合理,难以实现企业生产经营的良性循环。

为了防范上述风险,企业应当采取以下主要的控制措施:

(1)企业应当根据发展战略和年度生产经营计划,结合企业实际情况,制订年度销售计划,在此基础上,结合客户订单情况,制订月度销售计划,并按规定的权限和程序审批后下达执行。

(2)企业应定期对各产品(商品)的区域销售额,进销差价、销售计划与实际销售情况等进行分析,结合生产现状,及时调整销售计划,调整后的销售计划需履行相应的审批程序。

二、客户开发与信用管理

企业应积极开拓市场份额,加强现有客户维持,开发潜在目标客户,对有销售意向的客户进行资信评估,根据企业自身风险接受程度确定具体的信用等级。

该环节存在的主要风险是:①现有客户管理不足、潜在市场需求开发不够,可能导致客户丢失或市场拓展不利。②客户档案不健全,缺乏合理的资信评估,可能导致客户选择不当,销售款项不能收回或遭受欺诈,从而影响企业的资金流转和正常经营。

为了防范上述风险,企业应当采取的主要控制措施如下:

(1)针对客户开发:企业应当在进行充分市场调查的基础上,合理细分市场并确定目标市场,根据不同目标群体的具体需求,确定定价机制和信用方式,灵活运用销售折扣、销售折让、信用销售、代销和广告宣传等多种策略和营销方式,促进销售目标实现,不断提高市场占有率。

(2)针对信用管理:企业应当建立和不断更新维护客户信用动态档案,由与销售部门相对独立的信用管理部门对客户付款情况进行持续跟踪和监控,提出划分、调整客户信用等级的方案。根据客户信用等级和企业信用政策,拟定客户赊销限额和时限,经销售、财会等部门具有相关权限的人员审批。对于境外客户和新开发客户,应当建立严格的信用保证制度。

【案例 7-1】 客户信用失控案例①

据 2003 年 5 月 20 日的《新民晚报》报道,2003 年 4 月初,上海火车站附近的一家电脑公司,在正常的营销业务中接到一笔生意,一家自称上海可旭科贸有限公司要购买他们所经销的电脑产品,并要求星期五下午送货上门,以支票的形式付款。然而就在一切交易手续办理完毕后不久,却发生了意想不到的事情。3 天后,该电脑公司接到银行通知,支票为空头支票。价值 45 800 元的 6 台电脑就这样被骗走了。无独有偶,1 天后上海徐家汇的另一家电脑公司与一家名为凌玉科技有限公司签订了一份购销电脑合同。当天 12 时左右,电脑公司将价值 17 300 元的两台笔记本电脑送了过去,支票解缴到银行。第二天下午银行通知支票在银行无法兑现,支票上所有印章与支票应该所属的单位不符合,是张空头支票。被骗单位立即向警方报案。徐家汇警方便展开了缜密的侦查。经过多天的侦查,最终将诈骗团伙的骨干成员韦某和苏某抓获,随后设套追捕其他同伙,一举摧毁了这个诈骗团伙。原来这个诈骗团伙自 2002 年以来流窜于上海市各个区,共作案 10 余起。每次行骗前,每个人按事先商定的分工开始"工作"。不法分子先化名找到房子后哄骗房东,先付少量定金,几天后再签合同付房租。然后以打扫卫生和搬家具为名,从房东手中骗得钥匙。随后,有专人负责刻假图章和购买办公用品。一切准备就绪后,不法分子就开始用假身份证联系客户了。根据广告,他们找到电脑公司,由对 IT 行业较为熟悉的同伙与电脑公司销售人员进行接触,同电脑公司利用传真签订购货合同,然后要求电脑公司先发货,货到给支票。电脑一旦到手以后,他们便逃之夭夭。

本案中不法分子精心策划好的骗局,造成了多家电脑经销公司受骗。如果企业能够在自己的销售环节有完善的内部控制的话,相信不法分子不会轻松得手。先来看看一般企业的赊销业务。企业对于赊销业务应该制定授权批准制度。只有通过了赊销业务的信用批准,企业销售部门才能够接受客户的订单,否则,只能拒绝客户赊销。企业应对每个新客户进行信用调查,要求信用管理部门人员在销售单上签署赊销意见。设计信用批准控制的目的是为了降低坏账风险。如果经过信用管理部门对新客户评价后,决定不授予信用额度,那么对于该新客户只能现销。此外,销售合同的签订在企业里也应该有专门的内部控制程序。单位在销售合同

---

① 朱荣恩. 企业内部控制规范与案例 应用篇系列连载九——销售业务内部控制应用, http://ckzx. czj. sh. gov. cn/lcyy/glp/201301/t20130116_140836. html.

订立前,应当指定专门人员就销售价格、信用政策、发货及收款方式等具体事项与客户进行谈判。虽然本案中所涉及的货物金额较小,但简化程序的后果将是不必要的损失,企业应该引起注意。本案给我们敲了警钟,企业销售要认真审核买方的信用状况,更要防止买方在票据上造假。

三、销售定价

定价是重要的销售业务环节,企业要确定产品或服务的价值,将其与利润目标结合确定价格。定价的失误将导致企业利润减少,失去市场竞争力和丢失市场份额。该环节的主要风险是:①定价或调价不符合价格政策,未能结合市场供需状况、盈利测算等进行适时调整,造成价格过高或过低、销售受损。②商品销售价格未经恰当审批,或存在舞弊,可能导致损害企业经济利益或企业形象。

为了防范上述风险,企业应当采取的主要控制措施如下:

(1)企业应当根据有关价格政策、综合考虑企业财务目标、营销目标、产品成本、市场状况及竞争对手情况等多方面因素,确定产品基准定价。定期评价产品基准价格的合理性,定价或调价需经具有相应权限人员的审核批准。

(2)在执行基准定价的基础上,针对某些商品可以授予销售部门一定限度的价格浮动权,销售部门可结合产品市场特点,将价格浮动权向下实行逐级递减分配,同时明确权限执行人。价格浮动权限执行人必须严格遵守规定的价格浮动范围,不得擅自突破。

(3)销售折扣、销售折让等政策的制定应由具有相应权限的人员审核批准。销售折扣、销售折让授予的实际金额、数量、原因及对象应予以记录,并归档备查。

【案例7-2】　　　　　　　　销售定价案例①

某消费品生产企业每年要对其价格政策予以复核,结合企业财务目标、营销目标、产品成本、市场状况及竞争对手等多方面因素,进行必要的更新。在此基础上,确定各产品、不同客户类型的基准定价、折扣、折让等事项,经总经理批准后,由销售部门文员录入销售系统中。

销售人员在与客户进行合同谈判时,需在销售系统中填写合同申请单,说明客户名称、代码、销售价格、折扣等主要条款信息。系统自动根据客户代码检查客户所属类型,以及该类型下的基准价格和折扣。如果合同价格低于系统中的基准价格和折扣,系统会提示错误,同时该合同申请单自动改为"冻结"状态。如果需要将冻结的合同审批单解冻,需由销售人员提出申请,详细说明其理由,按公司审批权

---

① 财政部会计司.企业内部控制规范讲解2010[M].北京:经济科学出版社,2010.

限表交相关领导审批。每月月末,企业总经理会对当月的合同申请汇总报告进行审阅,结合相关产品销售及回款情况等,分析原因,研究对策。

在本案例中,该企业针对销售定价环节加强了以下方面的管控:

(1)综合考虑企业自身情况和市场状况,确定并及时调整商品价格。目的是防止销售定价偏离实际,不符合市场供需状况或企业的营销目标。

(2)定价和调价需经恰当审批,并嵌入企业的销售系统。目的是确保商品价格在企业内部得到统一有效的执行,防范有关人员任意调价、与客户串通舞弊等情况发生,以免损害企业经济利益或企业形象。

(3)不符合销售价格、折扣等事项的合同申请单由销售系统自动冻结,如需解冻,需要由销售人员提出申请,由具有相关权限的人员进行审批。目的是保证销售定价原则性与灵活性的统一,在某些特定情况下,经过恰当审批后允许突破既定的基准价格和折扣条件。

四、订立销售合同

企业与客户订立销售合同,明确双方权利和义务,以此作为开展销售活动的基本依据。企业必须重视销售合同的订立。

该环节的主要风险是:①企业合同内容存在重大疏漏和欺诈,未经授权对外订立销售合同,可能导致企业合法权益受到侵害。②销售价格、收款期限等违背企业销售政策,可能导致企业经济利益受损。

为了防范上述风险,企业应当采取的主要控制措施如下:

(1)订立销售合同前,企业应当指定专门人员与客户进行业务洽谈、磋商或谈判,关注客户信用状况,明确销售定价、结算方式、权利与义务条款等相关内容。谈判人员应有两人以上,并与订立合同的人员相分离。重大的销售业务谈判还应当吸收财会、法律等专业人员参加,并形成完整的书面记录。

(2)企业应当建立健全销售合同订立及审批管理制度,明确必须签订合同的范围,规范合同订立程序,确定具体的审核、审批程序和所涉及的部门人员及相应权责。审核、审批应当重点关注销售合同草案中提出的销售价格、信用政策、发货及收款方式等。重要的销售合同,应当征询法律专业人员的意见。

(3)销售合同草案经审批同意后,企业应授权有关人员与客户签订正式销售合同。

五、发货

发货是根据销售合同的约定向客户提供商品的环节。该环节的主要风险是:未经授权发货或发货不符合合同约定,无论多发还是少发,都可能导致货物损失或客户与企业的销售争议,甚至致使销售款项不能收回。

为了防范上述风险,企业应当采取的主要控制措施如下:

(1) 销售部门应当按照经审批后的销售合同开具相关的销售通知单交仓储部门和财会部门。

(2) 仓储部门应当落实出库、计量、运输等环节的岗位责任,对销售通知单进行审核,严格按照所列的发货品种和规格、发货数量、发货时间、发货方式、接货地点等,按规定时间组织发货,形成相应的发货单据,并应连续编号。

(3) 企业应当以运输合同或条款等形式明确运输方式、商品短缺、毁损或变质的责任、到货验收方式、运输费用承担、保险等内容,货物交接环节应做好装卸和检验工作,确保货物的安全发运,由客户验收确认。

(4) 企业应当做好发货环节的记录,填制相应的凭证,建立全过程的销售登记制度,并加强销售计划、销售合同、销售通知、发运凭证、销售发票等文件和凭证的相互核对工作。

六、收款

收款是销售业务的关键环节,只有款项及时、足额地收回,企业的盈利目标才能实现,下一步的生产及销售计划才能顺利进行。如果收款环节的内部控制薄弱或者缺失,则可能令销售业务功亏一篑。收款环节之前各环节的内部控制缺陷会不同程度地传递到此环节来,例如,信用管理不善致使赊销失误,或发货错误带来客户纠纷,其直接后果就是形成坏账。收款环节自身也存在内部控制不足而形成坏账的情形,如长期不对账、逾期应收账款不及时催收、现金收款私设"小金库"等。经常性的坏账损失严重威胁到企业的经营活动现金流,最终体现为企业资金"断流"的高度财务风险。概括来说,收款环节的主要风险是:①货款回收缺乏科学、规范的内控制度,企业信用管理不到位,可能存在客户拖欠货款、客户赖账以及客户破产的风险。②结算方式选择不当而形成回款困难。③票据管理不善而形成逾期无法兑现,导致销售款项不能收回或遭受欺诈。④货款回收过程中存在私设账户截留回款等舞弊行为,使得企业经济利益受损。

为了及时足额收回销售货款、防范收款中的风险,企业应当采取以下五个方面的控制措施:

(1) 结合公司销售政策,选择恰当的结算方式,加快款项回收,提高资金的使用效率。银行结算是货款结算最主要的方式,具体包括转账支票、本票、委托收款等。通常,企业会选用支票结算,则需要控制支票的使用风险。当企业收到购买方交来的支票,要谨防对方提供的是空头支票或者加盖的图章与预留银行印鉴不符。委托收款结算方式下,付款人可以按自己的意愿决定是否支付所托收的款项,付款单位开户银行也不负责审查拒付理由,因此,企业应慎重选择。

(2)建立票据管理制度,特别是加强商业汇票的管理。具体包括:①对票据的取得、贴现、背书、保管等活动予以明确规定。②应收票据的审核。企业应当按照《票据法》和《支付结算办法》中对商业汇票的具体规定,严格审查票据的真实性和合法性,防止票据欺诈。③应收票据的保管。应当由专人负责保管应收票据,保管应收票据的人员不得经办会计记录,严格限制其他人员对票据的接触;动态管理应收票据信息,定期核对盘点,及时办理即将到期的应收票据托收业务。④票据贴现、背书批准手续。票据的贴现、背书应当由保管票据以外的会计主管人员的书面批准。⑤制定逾期票据追踪监控和冲销管理制度,已贴现但仍承担收款风险的票据应在备查簿中登记,以便日后追踪管理。

【案例7-3】　　　　G公司收到大额虚假票据①

2013年7月11日,G公司发布"关于销售收到假票据的公告":公司销售业务接收银行承兑汇票,在回收货款过程中,发现一份银行承兑汇票是假票。2013年7月9日,公司为防范风险,对该票据及其他银行承兑汇票进行了鉴别,发现还有其他假票据,合计金额6 896万元。公司称,该事项可能会对2013年半年报业绩产生一定影响,但具体数据仍无法确定。公司一季度营业收入收为4.85亿元,6 896万元票据占其营业收入的14%。公告还显示,经初步核查发现,涉及的假票据是由G公司某业务员提供。7月10日,公司已向警方申请立案。同时也已启动核查程序,核查假票据涉及的业务及往来情况,以确定存在损失可能性。实际上,根据G公司2008年10月颁布的《企业内部财务管理制度》中规定:一是收到购货单位交来的银行承兑汇票后,公司市场部应认真审核,及时填制银行承兑汇票签收单,经往来核算岗位确认后移交银行,不能及时移交的交由公司财务部销售管理岗位保管,并建立暂保管台账;二是公司财务部与市场部共同认定可采用银行承兑汇票结算的客户名单;三是建立银行承兑汇票结算手续制度,收到票据认真审核并通过开户银行及时查询。可以看出,该公司对银行承兑汇票管理是有明确规定的,对银行承兑汇票结算设有两道关口,分别是市场部和财务部。但如今出现假票据,说明两道关口均已失控。对此,公司解释:"由于假票据仿真度较高,所以没当即发现"。

G公司在制度方面对承兑汇票的验收和查验是有明确制度规定的,但从公告来看,有几处关键性信息:一是假票据不止一张,涉及金额巨大;二是所有假票据都是由某个业务员提供,可见并非偶发事件,说明G公司内控系统存在疏漏。重点分析案例中的风险及其防范措施如下:①票据的确认。在本案例中,企业在从其业务员手中收到承兑汇票时,并未对票据的真实性和合法性进行查验,可能就给了舞弊人员可乘之机。在这方面可由对方直接邮寄承兑汇票的方式解决业务员代领汇票这一情况,如必须由业务员代领时,在收到承兑汇票时,企业财务应与对方企业财务取得联系,确认承兑汇票的真实性。在收到承兑汇票时,财务人员与业务人员也应共同对票据的真实性与合法性进行初步审查。同时,企业可定期组织财务人员与业务人员的培训,以帮助其能够初步辨别承兑汇票的真实性。②定期与客户核对往来账。企业应与对方公司建立定期对账的机制,定期核实双方债务债权,避免业务员从中途替换或伪造票据的风险。③大额承兑汇票应及时去银行查验。案例中公告显示,该企业是在回收货款时,才发现一张承兑汇票为假票,从而再对其他票据进行查验,发现近 7 000 万元巨额虚假票据。如此大额的汇票,为何只在兑付时才去查验真实性呢? 银行一般会提供票据真实性与合法性的查验服务,企业对于收到的大额或者是小银行的承兑汇票,应及时联系银行进行真伪的查验,有效防止票据欺诈,保证资金的安全。

(3) 企业应当加强对赊销业务的管理。具体包括:①赊销业务应遵循销售政策和信用政策的规定,批准赊销的依据是客户的信用等级。对于需要赊销的商品,应由企业信用管理部门按照客户信用等级审核,并经具有相应权限的人员审批。②赊销商品一般应取得客户的书面确认,必要时,要求客户办理资产抵押、担保等收款保证手续。③企业应当完善应收款项管理,建立应收账款账龄分析制度和逾期应收账款催收制度。销售部门负责应收款项的催收工作,按照客户设置应收账款台账,及时维护每个客户的应收账款信息及其信用额度使用情况,催收记录(包括往来函电)应妥善保存。财会部门应定期分析应收账款账龄,督促销售部门加紧催收,建立风险预警程序,预警接近诉讼时效的应收账款。对催收无效的逾期应收账款可以通过申请支付令、申请财产保全和起诉等法律手段予以解决,最低程度降低应收账款形成坏账的风险。④落实责任、严格考核、实行奖惩。企业应当严格区分并明确收款责任,对销售人员既要分配销售指标,又要同时核定应收账款的回收率。建立科学、合理的清收奖励制度以及责任追究和处罚制度,以有利于及时清理催收欠款。

【案例 7-4】　　　　　　应收账款管理失控①

BBC 公司是从事机电产品制造和兼营家电销售的国有中型企业,近年来企业应收账款居高不下,营运指数连连下滑,已到了现金枯竭、举步维艰、直接影响生产

---

① 企业内部控制编审委员会. 企业内部控制配套指引解读与案例分析[M]. 上海:立信会计出版社,2010.

经营的地步。造成上述状况除了商业竞争的日益加剧外,企业自身内部控制不健全是主要原因。会计师事务所在对 BBC 公司财务报表进行审计中发现,公司资产总额为 4 000 万元,其中,应收账款为 1 020 万元,占总资产额的 25.5%,占流动资产的 45%。注册会计师根据获取的不同审计证据将该公司 1 020 万元的应收账款作了如下分类:

(1) 已经被骗损失尚未作账务处理的应收账款 60 万元。

(2) 账龄长且原销售经办人员已调离,其工作未交接,债权催收难以落实,可收回金额无法判定的应收账款 300 万元。

(3) 账龄较长收回有一定难度的应收款项 440 万元。

(4) 未发现重大异常,但期后能否收回,还不确定的应收款项 220 万元。

企业对应收账款规模的管理能力,是体现企业内部控制水平的重要指标。应收账款居高不下,且占资产总额比例较高,反映了企业在销售过程缺乏应有的内部控制。

(1) BBC 公司领导对销售部门和销售人员考核过于强调利润指标,而没有设置应收账款回收率指标,一旦发生坏账,则已实现的利润就会落空。由于企业产品销售不畅,为了扩大销量,完成利润指标,企业一味奖励销售人员"找路子"促销产品,而对货款能否及时收回无所顾忌,一时间应收账款一路攀升,甚至出现个别销售人员在未与客户订立合同的情况下,"主动"送货上门,加大了坏账风险,同时大量资金被客户白白占用。

(2) 企业没有明确规定应收账款管理的责任部门,没有建立起相应的管理方法,缺少必要的合同、发运凭证等原始凭证的档案管理制度,导致对应收款项损失或长期难以收回的无法追究责任。公司财务每年年度过账时抄陈账、抄死账,尤其是当销售人员调离公司后,其经手的应收账款更是无人问津或互相推诿,即使指派专人去要账,也经常因为缺失重要的原始凭证,导致要账无据而无功而返。由于上述原因企业对造成发生坏账损失以及资金长期难以回笼的责任人无法追究其责任。

(4) 加强代销业务款项的管理,及时与代销商结算款项。代销是企业在销售活动中借助市场力量扩大货物销售的一种积极行为,是指企业将商品委托他人进行销售,但商品所有权仍归本企业的销售方式,委托代销商品销售后,受托方与企业进行结算并开具正式销售发票,代销业务的控制活动主要是代销商的选择与管理和代销货款的回收管理。企业应与受托方订立代销合同,规定受托方在代销商品后及时、定期或至少按月报送已销商品清单。清单中载明售出商品的名称、数量、销售单价和销售金额,应扣的代交税金和代销手续费等,并将代销货款净额及时汇交委托方。

（5）企业应当按照《现金管理暂行条例》、《支付结算办法》、《企业内部控制应用指引第 6 号——资金活动》的规定，办理销售收款。收取的现金、银行本票、汇票等应及时缴存银行并登记入账，不得擅自坐支现金。以银行转账方式办理的销售收款，应当通过企业核定的账户进行结算。企业应当防止由销售人员直接收取现金货款，如必须由销售人员收取的，应由财会部门加强监控。

七、客户服务

客户服务包括产品维修、销售退回、维护升级等。该环节的主要风险有：客户服务水平低，消费者满意度不足，影响公司品牌形象，造成客户流失。

为了防范上述风险，企业应当采取的主要控制措施如下：

（1）结合竞争对手客户服务水平，建立和完善客户服务制度，包括客户服务内容、标准、方式等。

（2）企业可以设专人或部门进行客户服务和跟踪。有条件的企业可以按产品线或地理区域建立客户服务中心。加强售前、售中和售后技术服务，实行客户服务人员的薪酬与客户满意度挂钩。

（3）建立产品质量管理制度，加强销售、生产、研发、质量检验等相关部门之间的沟通协调。

（4）做好客户回访工作，定期或不定期开展客户满意度调查；建立客户投诉制度，记录所有的客户投诉，并分析产生原因及解决措施。

（5）加强销售退回控制。销售退回需经具有相应权限的人员审批后方可执行。销售退回的商品应由质检部门检验和仓储部门清点后方可入库。质检部门应当对客户退回的货物进行检验并出具检验证明；仓储部门应当在清点货物、注明退回货物的品种和数量后填制退货接收报告；财会部门应当对检验证明、退货接收报告以及退货方出具的退货凭证等进行审核后办理相应的退款事宜；企业应对退货原因进行分析并明确有关部门和人员的责任。

八、会计系统控制

销售业务的会计系统控制包括销售收入的确认、应收款项的核算、坏账准备的计提和冲销、销售退回的会计处理等内容。该环节的主要风险是：缺乏有效的销售业务会计系统控制，未能全面真实地记录和反映销售业务各环节的资金流和实物流情况，可能导致企业账证不符、账账不符、账实不符、账表不符，影响销售收入、销售成本、应收款项等会计核算的真实性和可靠性。

为了防范上述风险，企业应当采取的主要控制措施如下：

（1）企业应当加强对销售、发货、收款业务的会计系统控制，详细记录销售客户、销售合同、销售通知单、发运凭证、商业票据、款项收回等情况，确保会计记录、销售记录与仓储记录核对一致。具体内容包括：财会部门在开具发票时，应当依据相关单据（计量单、出库单、货款结算单、销售通知单等）并经相关岗位审核，依据已批准的商品价目表填制销售发票，检查销售发票计价和计算的正确性、发运凭证和经批准的销售通知单等是否齐全，将发运凭证上的商品总数与相应的销售发票上的商品总数进行比对，销售发票必须预先连续编号，有专人管理，尤其是增值税专用发票。开具销售发票应严格遵循有关发票管理规定，严禁开具虚假发票。财会部门对销售报表等原始凭证审核销售价格、数量等，并根据企业会计准则、会计制度确认销售收入，登记入账。财会部门与相关部门月末应核对当月销售数量，保证各部门销售数量的一致性。

【案例 7-5】 **如何监控销售环节与发票管理**[①]

某生物制品厂厂长盛某通过将大量的销售货款截留在代理出口单位甚至转移货款，贪污了销售款 400 多万元。经调查证实，盛某采用的手段是少开发票，截留收入，通过代理出口单位将贪污的货款转移到了其私人开的企业等，从中舞弊。由于该厂财务管理混乱，内部管理失控为盛某贪污行为大开了方便之门。例如，财务科习惯于根据盛某的指令开具销售发票，盛某说开多少就是多少；仓库管理形同虚设，没有完整的库存明细账及货物进出库记录；销售成本结转按估算的毛利率倒算得出；产成品因为只有总账，所以产品存货应该是多少，谁也说不清，以至于通过库存盘点，实物结存数量与按产成品总账计算出的产品单位成本大大超过售价。查账人员也正是通过以上这些不正常现象，顺藤摸瓜，才查清了盛某利用职务之便少计收入与成本从而进行贪污货款的事实。

现对该案例分析如下：

第一，目前，已经发现利用发票进行舞弊，从而转移或隐匿收入的手段五花八门，不胜枚举，例如：①不开发票。这种情况多发生在罚没收入、提供劳务和出售账外物资等活动中，或者按领导旨意不开发票，交存小金库或私自瓜分。②开白发票。这种情况俗称"打白条"，即在白纸上书写证明"收支款项"或"领发货物"的字样。有一些企业以收据代替发票，或以发票存根联、记账联冲作报销单。还有的企业不按规定用途开具发票，用饮食发票代替零售批发的商业发票。③虚开发票。某些企业为了入账方便或个人谋求私利，采取在发票上虚列商品名、虚报价格、数量、日期等以此蒙混过关。④阴阳发票，即大头小尾发票，发票的存根联、记账联、

---

① 李敏.如何监控销售环节与发票管理[J].上海市注册会计师协会内部刊物,2010(6).

收款联、报销联,前后填开不一致的数量和金额,并将差额挪作他用。⑤金蝉脱壳。有些企业,在办理税务登记、领购发票后,经营一段时间后,踪影全无,变成了逃亡户,发票也不知去向。由于发票是税款的变相体现,发票丢失可能意味着税款的流失。⑥开票中介。有的不法商人成立所谓的公司,以出售增值税专用发票为生,赚取一定数额的手续费。⑦拒开发票。有些个体户,在生产经营中,以没有发票为由,拒绝给购买者开具发票;或者以降价手段诱惑消费者,以达到不开发票少缴税款的目的。⑧黑市交易。常常有一些票贩子聚集在车站、码头、地铁等公共场所,私售一些非法发票,种类由餐饮业发票到增值税专用发票,一应俱全,给国家造成严重损失。⑨以假乱真。在黑市交易中,有许多假的增值税专用发票。有些企业无视税法的严肃性,购买一些假发票入账,结果势必给企业带来很大的危害。

第二,销售发票是确认收入的有效凭证和纳税的重要依据。如果对销售发票控制不严,极有可能导致企业财务状况和经营成果核算不实,引发众多的舞弊行为。为此,应特别注意以下几点:①开票时要以有关单据为依据,如客户的购货订单、发货通知单等。②发货通知单上的还需编号,以保证所有发出货物均要开单。③发票开具对象的名称应同主要客户一览表或客户购货定单相对照,以防止"不开发票"或"虚开发票"等舞弊现象。④发票上的数量必须以发货通知单上载明的实际发运的货物数量记录或完成的劳务数量记录为依据,并应受到除记录发运数量的其他有关人员的检查,用以防范"阴阳发票"等现象。⑤发票上的价格必须以信用部门和销售部门批准的金额或价格目录表为依据,并应受到独立于销售职能的其他人员的检查,这主要也是为了防范"阴阳发票"现象。⑥发票上算出的金额和其他内容应受到其他独立于发票编制人的复核,防范"阴阳发票"等情况的出现。⑦发票总额应加以控制,即所有发票应加出合计金额,以便同应收账款或销货合计数相核对。

第三,实践经验证明,健全严密的报销制度,履行完善的审核程序确实可以防范和遏制"虚开发票"等现象的产生,有关部门能够各司其职,全面加强对发票整体的复核将有助于尽早发现假发票等。发票是财务工作最重要的原始凭证之一。发票应向主管税务机关统一领购,领购后应当设立发票登记簿,并定期向税务机关报告发票使用情况,已经开具的发票存根联和登记簿应当保存 5 年,保存期满方可报经税务机关查验后销毁。规范发票领购和使用等手续,可以有效地制止"黑市交易"、"以假乱真"和"金蝉脱壳"等手段。

(2)建立应收款项清收核查制度。销售部门应当定期编制应收款项余额核对表或对账单,与客户通过函证等方式对账,并取得书面对账凭证,以验证应收款项的真实性和正确性。企业应授权专门人员直接控制信函的发送和回收。财会部门负责应收款项总账及明细账的核算和登记工作,办理资金结算并监督款项回收。

（3）及时收集应收账款相关凭证资料并妥善保管;及时要求客户提供担保;对未按时还款的客户,采取申请支付令、申请诉前保全和起诉等方式及时清收欠款。对收回的非货币性资产应经评估和恰当审批。

（4）坏账确认与核销。企业对于可能成为坏账的应收账款,应当按照国家统一的会计准则规定计提坏账准备,并按照权限范围和审批程序进行审批。①对于确定无法收回的应收账款,应当查明原因,追究责任,对有确凿证据表明确实无法收回的应收款项,如债务单位已撤销、破产、资不抵债等,在履行规定的审批程序后,做出核销坏账的会计处理。②对于已做坏账核销的应收账款,应当建立备查登记簿,做到账销案存,仍定期寄送客户对账单和询征函。若已核销的坏账又收回时,应当及时入账,防止形成账外资金。

【案例 7-6】　　　　N 公司销售业务内部控制案例分析①

N 公司是拟上市的综合性药品生产企业,公司想借筹备上市的机会,加强业务环节的内部控制以提升公司综合竞争力。公司聘请了会计师事务所进行内部审计,审计中发现:K 公司是 N 公司 8 月份新开发客户,根据公司客户信用管理委员会的审批,公司商务部记录的对 K 公司的赊销信用额度为 60 万元。9 月,N 公司收到 K 公司 15 万元预付款并根据合同约定以每件 117 元的价格分两个批次向 K 公司发出 5 000 件和 3 000 件产品,并于 10 月底收到 60 万元,其余款项到年底尚未收回。会计师检查时发现这两次发货的销售单信用审核记录上,均经过商务部职员批准发货。上述两次发货都执行了如下程序:仓库均开具了预先连续编号的发货单,并在销售的产品装运后,将凭证的相关副联分送财务部、物流部和 K 公司。财务部负责开票的职员 F 在审核了发货单和销售通知单后开具销售发票,F 将发票副本留存并将相关单据送交财务部职员 G 审核签字,并由 G 核对无误后负责登记主营业务收入明细账和应收账款明细账。注册会计师检查了销售相关单据时发现,有两笔销售业务的单据显示,先发生的销售业务相关单据编号晚于后发生的业务单据编号。N 公司主营业务收入明细账中,9 月 30 日最后一笔交易的发货单编号为 5785 号,10 月 5 日第一笔交易的发货单编号为 5784 号。N 公司财务人员解释,由于 K 公司运输安排原因,上述两笔交易的相关产品均在 10 月 5 日发出,但由于 9 月 30 日最后一笔交易客户要求的发货时间为 9 月 30 日,故将 5785 号发货单日期填制为 9 月 30 日。

现对该案例分析如下:①信用管理中未严格遵守信用额度。公司在发出 3 000

件产品前,对 K 公司授权的剩余赊销信用额度仅为 16.5 万元。因此,在实施此笔销售发货前,除经商务部职员批准外,还需商务部负责人审批。N 公司在此项赊销业务中,年末形成了 18.6 万元的应收账款,债权人是当年新发展客户且无相应的赊销额度,形成坏账损失的风险较大。②会计信息系统控制中的不相容岗位未分离。财务部职员 G 一人同时登记主营业务收入明细账和应收账款明细账。不相容岗位相分离,目的是构成内部控制中的自动交互牵制。③发货凭证未如实记录。首先,公司对内部凭证的随意更改,让相关内部控制效率大打折扣;其次,在发货前确认收入和开具发票,说明在发票管理和会计核算方面存在内控缺陷。公司应对所有的发货单按照实际发货时间填写发货日期。④开具发票前未将销售通知单、发货单、商品价目表三者复核。开票前,相关人员仅对销售部门出具的销售通知单和仓储部门出具的发货单进行核对,却疏漏了一个关键复核单据即商品价目表。这个关键控制点的缺失,可能给销售人员违反公司销售政策操纵价格以可乘之机。

复习思考题

1. 销售计划管理环节的主要风险有哪些？应采取的控制措施有哪些？
2. 客户开发与信用管理环节的主要风险有哪些？相应的控制措施主要有哪些？
3. 销售定价环节内部控制的主要风险有哪些？相应的控制措施主要有哪些？
4. 收款环节的主要风险有哪些？相应的控制措施主要有哪些？
5. 会计系统控制环节的主要风险有哪些？应采取的控制措施有哪些？

练 习 题

一、单项选择题(在每小题的备选答案中,选出一个正确的答案)

1. 下列各项中,不属于销售业务关键控制点的是(　　)。

　A. 销售计划管理　　　　　　　　B. 销售过程管理

　C. 客户信用管理　　　　　　　　D. 订立销售合同

2. 下列各项中,客户服务环节的主要风险是(　　)。

　A. 客户服务水平低,消费者满意度不足

　B. 缺乏有效的销售业务会计系统控制

　C. 客户档案不健全,缺乏合理的资信评估

D. 收款过程中存在舞弊,使企业经济利益受损

3. 企业应当加强(　　)环节的管理,规范商品出库、运输、交接内容,做好装卸和检验工作,确保货物安全发运。

A. 收款　　　　　　B. 客户信用管理　　C. 发货　　　　　　D. 客户服务

4. 企业应当建立应收账款清收核查制度,由(　　)部门应定期与客户对账。

A. 销售　　　　　　B. 内部审计　　　　C. 财会　　　　　　D. 信用管理

5. 对于境外客户和新开发客户,应当建立严格的(　　)制度,防范销售风险。

A. 信用保证　　　　B. 信用评估　　　　C. 信用管理　　　　D. 应收账款

6. 如果某公司有健全的内部控制,则开具销售发票的职能应归属于(　　)。

A. 销售部门　　　　B. 仓储部门　　　　C. 财会部门　　　　D. 信用管理部门

7. 销售业务中收款环节存在的主要风险不包括(　　)。

A. 结算方式选择不当　　　　　　　　B. 信用管理不到位

C. 销售业务会计记录和处理不及时　　D. 票据管理不善

8. 企业应当建立逾期应收账款催收制度,(　　)应当负责应收账款的催收。

A. 销售部门　　　　B. 财会部门　　　　C. 仓储部门　　　　D. 信用管理部门

二、多项选择题(在每小题的备选答案中,选出两个或两个以上正确的答案)

1. 销售业务内部控制的目标包括(　　)。

A. 保证销售商品的安全完整

B. 保证销售业务的合法性

C. 保证销售货款的及时收回

D. 确保销售与收款业务的真实性与完整性

E. 保证销售退回的合理性、折扣与折让的适度性

2. 销售业务的流程包括(　　)。

A. 销售计划管理　　　　　　　　　　B. 客户信用管理

C. 确定定价机制和信用方式　　　　　D. 销售谈判和订立销售合同

E. 发货、收款、客户服务

3. 企业可以根据市场变化,灵活运用(　　)等各种销售策略。

A. 广告宣传　　　　B. 销售折扣　　　　C. 销售退回　　　　D. 销售折让

E. 代销

4. 销售合同控制的内容有(　　)。

A. 销售谈判　　　　B. 合同订立　　　　C. 合同执行　　　　D. 合同审批

E. 组织发货

5. 下列有关甲公司销售业务内部控制的措施中,符合内部控制要求的

有（　　）。

 A. 由专门设立的信用部门批准赊销业务

 B. 负责应收账款的会计人员编制对账单与客户对账

 C. 财会部门负责办理资金结算,监督应收款项回收

 D. 在信用部门不掌握乙客户信用状况的情况下,由总经理特批向乙客户:"见订单发货"

 E. 销售人员根据销售通知单开具销售发票

6. 发货环节的主要控制措施包括（　　）。

 A. 销售部门按照经审核后的销售合同开具相关的销售通知交仓储部门

 B. 销售折扣、销售折让等政策的制定应由具有相应权限人员审核批准

 C. 落实出库、发货、运输的岗位责任,确保货物的安全发运

 D. 做好发货各环节的记录,建立全过程的销售登记制度

 E. 依据发货记录开具销售发票

7. 按内部控制要求,销售退回的货物应当由（　　）部门清点后方可入库。

 A. 财会   B. 仓储   C. 销售   D. 质检

 E. 信用管理

8. 下列做法中,正确的有（　　）。

 A. 企业应当指派至少5人与客户进行销售谈判,且与订立合同的人员相分离

 B. 对于超过企业既定销售政策和信用政策范围的特殊销售业务,应当进行集体决策

 C. 对于已经确定的产品销售基准定价,任何人无权变动

 D. 企业应当根据制定的年度销售计划,结合客户订单情况,编制月度销售计划

 E. 赊销商品一般应取得客户的书面确认

三、判断题(认为正确的在题目的括号内打"√",认为错误的在题目的括号内打"×")

1. 规范销售行为、防范销售风险,可以促进企业扩大销售、拓宽销售渠道、提高市场占有率,对于增加收入、实现企业经营目标和发展战略有重要意义。(　　)

2. 只要企业进行了有效的销售活动,就一定把货款收回,实现收入。(　　)

3. 重大的销售业务谈判应当吸收财会、法律等专业人员参加,但不需要进行书面记录。(　　)

4. 销售合同草案经审批同意后,企业应授权有关人员与客户签订正式销售合同。(　　)

5. 未经授权发货、发货不符合合同约定或者发货程序不规范,可能造成货物损失或发货错误,引发销售争议,影响货款收回。　　　　　　　　（　　）

6. 销售业务内部控制中,销售部门负责人批准客户的赊销信用。　（　　）

7. 销售业务内部控制中,出纳负责记录应收账款总账和明细账。　（　　）

8. 企业发货部门应当对销售合同进行审核,并组织发货。　　　（　　）

9. 财会部门负责应收款项的催收,催收记录(包括往来函电)应妥善保存。

　　　　　　　　　　　　　　　　　　　　　　　　　　　　（　　）

10. 企业应当关注商业票据的取得、贴现和背书,对已贴现但仍承担收款风险的票据以及逾期票据,不需要进行跟踪管理。　　　　　　　　（　　）

第八章 企业其他业务活动控制

学习目的与要求

本章旨在阐述研究与开发、工程项目、担保业务、业务外包和合同管理等业务活动的内部控制,其内容主要包括研究与开发、工程项目、担保、业务外包和合同管理等业务活动的基本流程、主要风险和控制措施。通过本章学习,学生应当熟悉研究与开发、工程项目、担保、业务外包和合同管理等业务活动的基本流程,理解并掌握研究与开发、工程项目、担保、业务外包和合同管理等业务活动各环节的主要风险和控制措施。

课前预习题

1. 企业研究与开发项目的立项阶段存在哪些风险?
2. 企业工程项目管理中,包括哪些不相容岗位?
3. 企业不予担保的情形有哪些?
4. 通常企业对哪些业务可以外包?
5. 企业合同管理包括哪些环节?各环节的主要风险和控制措施有哪些?

第一节 研究与开发控制

一、研究与开发概述

根据《企业内部控制指引第 10 号——研究与开发》,研究与开发是指企业为获取新产品、新技术、新工艺等所开展的各种研发活动。研究与开发是增强企业核心竞争力的源泉,但因为研发活动具有投入大、周期长、不确定性高的特点,研发活动的成败对企业生产经营影响较大,所以,研发业务的内部控制在企业整体内部控制过程中处于重要地位。

企业的研究与开发项目不仅注重目的目标与结果,还要对中间过程建立起有效的管理。建立规范的研究与开发项目管理流程,不仅可以指导和帮助团队成员的研发实践,而且可以降低研发风险,保证研发质量,极大提高研发工作的效率和效益。研究与开发的基本流程主要包括立项、研究过程管理、结题验收、研究成果的开发和保护等环节,研究与开发业务的基本流程如图 8-1 所示。

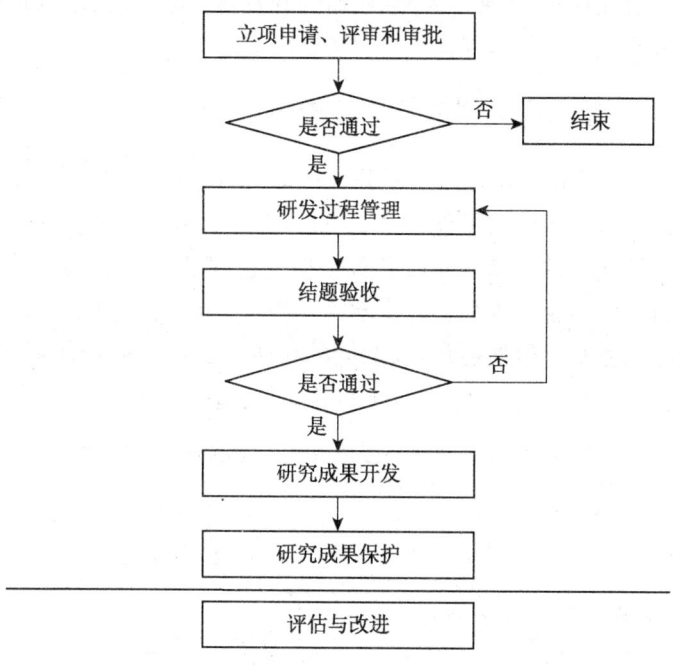

图 8-1　研究与开发业务的基本流程①

二、立项阶段的主要风险及控制措施

　　立项主要包括立项申请、评审和审批。该环节的主要风险有:研发计划与国家(或企业)科技发展战略不匹配,研发承办单位或专题负责人不具有相应资质,研究项目未经科学论证或论证不充分,评审和审批环节把关不严,可能导致创新不足或资源浪费。

　　针对立项环节的主要风险,企业在立项阶段采取的主要控制措施包括:①建立完善的立项、审批制度,确定研究开发计划制订原则和审批人,审查承办单位或专题负责人的资质条件和评估、审批流程等。②企业应当结合发展战略、市场及技术现状,制订研发计划,提出研究项目立项申请,开展可行性研究,编制可行性研究报告。企业可以组织独立于申请及立项审批之外的专业机构和人员进行评估论证,出具评估意见。③研究项目应当按照规定的权限和程序进行审批,重大研究项目

---

　　① 财政部会计司.企业内部控制规范讲解 2010[M].北京:经济科学出版社,2010.

应当报经董事会或类似权力机构集体审议决策。审批应当重点关注研究项目促进企业发展的必要性、技术的先进性以及成果转化的可行性。④制订开题计划和报告,开题计划应经科研管理部门负责人审批,开题报告应对市场需求与效益、国内外在该方向的研究现状、主要技术路线、研究开发目标与进度、已有条件与基础、经费等进行充分论证、分析,以保证项目符合企业需求。

三、研发过程的主要风险及控制措施

研发过程是研发的核心环节。研发可以通过自主研发和研发外包。自主研发是指企业依靠自身的科研力量独立完成项目,包括原始创新、集成创新和在引进消化基础上的再创新三种类型。研发外包根据外包程度不同,分为委托研发和合作研发。委托研发是指企业委托具有资质的外部承办单位进行的研究和开发。合作研发是指合作双方基于研发协议,就共同的科研项目以某种合作形式进行的研究或开发。各种类型研发过程的主要风险和控制措施见表 8-1。

表 8-1　不同类型研发过程的主要风险和控制措施

类型	主 要 风 险	主 要 控 制 措 施
自主研发	(1) 研究人员配备不合理,导致研发成本过高、舞弊或研发失败。 (2) 研发过程管理不善,费用失控或科技收入形成账外资产,影响研发效率,提高研发成本甚至造成资产流失。 (3) 多个项目同时进行时,相互争夺资源,出现资源的短期局部缺乏,可能造成研发效率下降。 (4) 研究过程中未能及时发现错误,导致修正成本提高。 (5) 科研合同管理不善,导致权属不清,知识产权存在争议。	(1) 建立研发项目管理制度和技术标准,建立信息反馈制度和研发项目重大事项报告制度;严格落实岗位责任制。 (2) 合理设计项目实施进度计划和组织结构,跟踪项目进展,建立良好的工作机制,保证项目顺利实施。 (3) 精确预计工作量和所需资源,提高资源使用效率。 (4) 建立科技开发费用报销制度,明确费用支付标准及审批权限,遵循不相容岗位牵制原则,完善科技经费入账管理程序,按项目正确划分资本性支出和费用性支出,准确开展会计核算,建立科技收入管理制度。 (5) 开展项目中期评审,及时纠偏调整;优化研发项目管理的任务分配方式。
研发外包	委托(合作)单位选择不当,知识产权界定不清。 合作研发还包括与合作单位沟通障碍、合作方案设计不合理、权责利不能合理分配、资源整合不当等风险。	(1) 加强委托(合作)研发单位资信、专业能力等方面的管理。 (2) 委托研发应采用招标、议标等方式确定受托单位,制定规范详尽的委托研发合同,明确产权归属、研究进度和质量标准等相关内容。 (3) 合作研发应对合作单位进行尽职调查,签订书面合作研究合同,明确双方投资、分工、权利和义务、研究成果产权归属等。 (4) 加强项目的管理监督,严格控制项目费用,防止挪用、侵占等。 (5) 根据项目进展情况、国内外技术最新发展趋势和市场需求变化,对项目的目标、内容、进度、资金进行适当调整。

四、结题验收的主要风险及控制措施

结题验收是对研究过程形成的交付物进行质量验收。结题验收分检测鉴定、专家评审、专题会议三种方式。其主要风险包括：由于验收人员的技术、能力、独立性等造成验收成果与事实不符；测试与鉴定投入不足导致测试与鉴定的不充分，不能有效降低技术失败的风险。企业应当采取的主要控制措施有：①建立健全技术验收制度，严格执行测试程序。②对验收过程中发现的异常情况应重新进行验收申请或补充进行研发，直至研发项目达到研发标准为止。③落实技术主管部门验收责任，由独立且具备专业胜任能力的测试人员进行鉴定试验，并按计划进行正式的、系统的、严格的评审。④加大企业在测试和鉴定阶段的投入，对重要的研究项目可以组织外部专家参加鉴定。

五、研究成果开发及保护的主要风险和控制措施

研究成果开发是指企业将研究成果经过开发过程转换为企业的生产技术或产品。其主要风险包括：研究成果转化应用不足，导致资源闲置；新产品未经充分测试，导致大批量生产不成熟或成本过高；营销策略与市场需求不符，导致营销失败。企业应当采取的主要控制措施有：①建立健全研究成果开发制度，促进成果及时有效转化。②科学鉴定大批量生产的技术成熟度，力求降低产品成本。③坚持开展以市场为导向的新产品开发消费者测试。④建立研发项目档案，推进有关信息资源共享和应用。

研究成果保护是企业研发管理工作的有机组成部分。有效的研究成果保护，可保护研发企业的合法权益。其主要风险是：未能有效识别和保护知识产权，权属未能得到明确规范，开发出的新技术或产品被限制使用；核心研究人员缺乏管理激励制度，导致形成新的竞争对手或技术秘密外泄。企业应当采取的主要控制措施有：进行知识产权评审，及时取得权属；研发完成后确定采取专利或技术秘密等不同保护方式；利用专利文献选择较好的工艺路线；建立研究成果保护制度，加强对专利权、非专利技术、商业秘密及研发过程中形成的各类涉密图纸、程序、资料的管理，严格按照制度规定借阅和使用，禁止无关人员接触研究成果；建立严格的核心研究人员管理制度，明确界定核心研究人员范围和名册清单并与之签署保密协议；企业与核心研究人员签订劳动合同时，应当特别约定研究成果归属、离职条件、离职移交程序、离职后保密义务、离职后竞业限制年限及违约责任等内容；实施合理有效的研发绩效管理，制定科学的核心研发人员激励体系，注重长效激励。

此外，后评估是研究与开发内部控制建设的重要环节。企业应当建立研发活动评估制度，加强对立项与研究、开发与保护等过程的全面评估，认真总结研发管

理经验,分析存在的薄弱环节,完善相关制度和办法,不断改进和提升研发活动的管理水平。

第二节 工程项目控制

根据《企业内部控制应用指引第 11 号——工程项目》,工程项目是指企业自行或者委托其他单位所进行的建造、安装工程,工程项目主要包括立项、设计、招标、建设和竣工验收等主要流程。工程项目的各个流程存在着不同风险点,针对这些风险点企业应采取相应的控制措施。

一、工程立项环节的控制

工程立项属于项目决策过程,是对拟建项目的必要性和可行性进行技术经济论证,对不同建设方案进行技术经济比较并做出判断和决定的过程。立项决策正确与否,直接关系到项目建设成败。工程立项包括编制项目建议书、可行性研究、项目评审与决策等阶段(见图 8-2)。

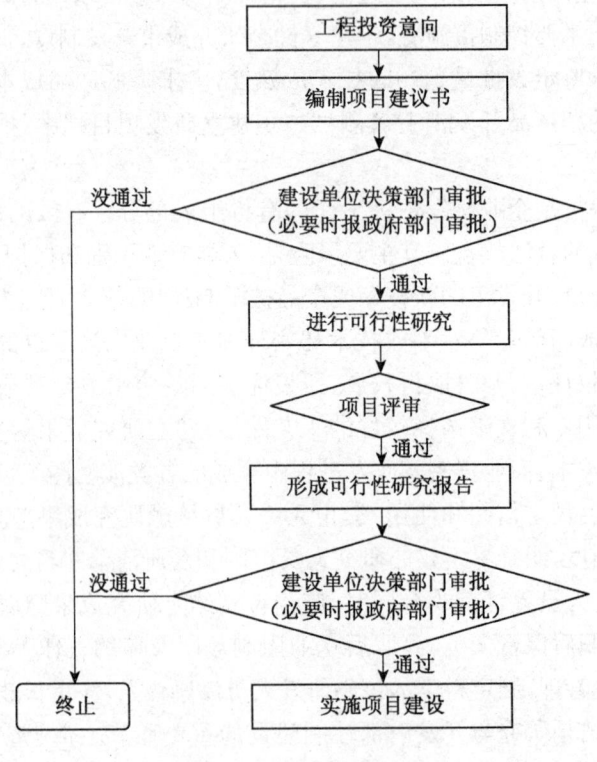

图 8-2 工程立项的流程

（一）编制项目建议书阶段的主要风险及控制措施

项目建议书是企业(项目建设单位)根据工程投资意向、综合考虑产业政策、发展战略、经营计划等提出的建设某一工程项目的建议文件,是对拟建项目提出的框架性总体设想。对于非重大项目,也可以不编制项目建议书,但仍需开展可行性研究。项目建议书的内容一般包括:项目的必要性和依据;产品方案、拟建规模和建设地点的初步设想;投资估算、资金筹措方案设想;项目的进度安排;经济效果和社会效益的初步估计;环境影响的初步评价等。项目建议书编制完成后,应报企业决策机构审议批准,并视法规要求和具体情况报有关政府部门审批或备案。

编制项目建议书环节的主要风险及控制措施见表8-2。

表8-2　编制项目建议书环节的主要风险及控制措施

主要风险	主要控制措施
(1)投资意向与国家产业政策和企业发展战略脱节。 (2)项目建议书内容不合规、不完整,项目性质、用途模糊,拟建规模、标准不明确,项目投资估算和进度安排不协调。	(1)企业应当明确投资分析、编制和评审项目建议书的职责分工。 (2)企业应当全面了解所处行业和地区的相关政策规定,以法律、法规和政策规定为依据,结合实际建设条件和经济环境变化趋势,客观分析投资机会,确定工程投资意向。 (3)企业应当根据国家和行业有关要求,结合本企业实际,规定项目建议书的主要内容和格式,明确编制要求,在编制过程中,要对工程质量标准、投资规模和进度计划等进行分析论证,做到协调平衡。 (4)对于专业性较强和较为复杂的工程项目,可以委托专业机构进行工程投资分析,编制项目建议书。 (5)企业决策机构应当对项目建议书进行集体审议,必要时,可以成立专家组或委托专业机构进行评审;承担评审任务的专业机构不得参与项目建议书的编制。 (6)根据国家规定应当报批的项目建议书必须及时报批并取得有效批文。

（二）可行性研究阶段的主要风险及控制措施

企业应当根据经批准的项目建议书开展可行性研究、编制可行性研究报告。可行性研究报告的主要内容包括:①项目概况。②项目建设的必要性和市场预测。③项目建设选址及建设条件论证。④建设规模和建设内容。⑤项目外部配套建设。⑥环境保护,劳动保护与卫生防疫,消防、节能、节水。⑦总投资及资金来源。⑧经济、社会效益。⑨项目建设周期及进度安排。⑩招投标法规定的相关内容等。项目建议书和可行性研究报告中的投资估算,是项目立项的重要依据,也是研究、分析项目投资经济效果的重要条件。可行性研究报告一经批准,投资估算就是具体项目投资的最高限额,其误差一般应控制在10%以内。

可行性研究环节的主要风险及控制措施见表8-3。

表 8-3　可行性研究环节的主要风险及控制措施

主要风险	主要控制措施
(1) 缺乏可行性研究,或可行性研究流于形式,导致决策不当,难以实现预期效益,甚至可能导致项目失败。 (2) 可行性研究的深度达不到质量标准和实际要求,无法为项目决策提供充分、可靠的依据。	(1) 企业应当根据国家和行业有关规定和本企业实际,确定可行性研究报告的内容和格式,明确编制要求。 (2) 委托专业机构进行可行性研究的,应当制定专业机构的选择标准,确保可行性研究科学、准确、公正。在选择专业机构时,应当重点关注其专业资质、业绩和声誉、专业人员素质、相关业务经验等。 (3) 切实做到投资、质量和进度控制的有机统一,即技术先进性和经济可行性要有机结合。建设标准要符合企业实际情况和财力、物力的承受能力,技术要先进适用,对于拟采用的工艺,既要考虑其对产品质量的提升作用,又要考虑企业营销状况和走势,避免盲目追求技术先进而造成投资损失浪费。

（三）项目评审与决策阶段的主要风险及控制措施

可行性研究报告形成后,企业应当组织有关部门或委托具有相应资质的专业机构,对可行性研究报告进行全面审核和评价,提出评审意见,作为项目决策的重要依据。该环节的主要风险有:项目评审流于形式,误导项目决策;权限配置不合理,或者决策程序不规范,导致决策失误,给企业带来巨大经济损失。

针对这些风险采取的主要控制措施有:①企业应当组建项目评审组或委托具有资质的专业机构对可行性研究报告进行评审。项目评审组成员不得参与可行性研究,委托专业机构进行评审的,该专业机构不得参与项目可行性研究;评审组成员应当熟悉工程业务,并具有较广泛的代表性;评审组的决策机制不能简单采用"少数服从多数"原则,而要充分兼顾项目投资、质量、进度各方面的不同意见;项目评审应实行问责制,评审组成员要对其出具的评审意见承担责任。②在项目评审中,要重点关注项目投资方案、投资规模、资金筹措、生产规模、布局选址、技术、安全、环境保护等方面情况,核实相关资料的来源和取得途径是否真实、可靠,特别要对经济技术可行性进行深入分析和全面论证。③企业应当按照规定的权限和程序对工程项目进行决策,决策过程必须有完整的书面记录,并实行决策责任追究制度。重大工程项目,应当报经董事会或者类似决策机构集体审批,任何个人不得单独决策或者擅自改变集体决策意见。

二、工程设计环节的控制

项目立项后,能否保证工程质量,加快建设进度,节省工程投资,设计工作十分重要。根据国家规定,一般工业项目设计可按初步设计和施工图设计两个阶段进行,对于技术上复杂、在设计时有一定难度的工程,可以按初步设计、技术设计和施工图设计三个阶段进行。对于大型建设项目,如大型矿区、油田等的设计除按上述规定分为三个阶段外,还应进行总体规划设计或总体设计;对于小型工程项目,也可以简化为施工图设计一个阶段。

（一）初步设计环节的主要风险及控制措施

初步设计是整个设计构思基本形成的阶段。建设单位可以自行完成初步设计或委托其他单位进行初步设计。通过初步设计可以明确拟建工程在指定地点和规定期限内建设的技术可行性和经济合理性,同时确定主要技术方案、工程总造价和主要技术经济指标。初步设计阶段的一项重要工作是编制设计概算。设计概算是在投资估算的控制下由设计单位根据初步设计的图纸及说明,利用国家或地区发布的概算指标、概算定额或综合指标预算定额、设备材料预算价格等资料,运用科学的方法计算和确定建筑安装工程全部建设费用的经济文件。设计概算是编制项目投资计划、确定和控制项目投资的依据,也是签订施工合同的基础依据。初步设计环节的主要风险及控制措施见表8-4。

表8-4　初步设计环节的主要风险及控制措施

主要风险	主要控制措施
（1）设计单位不符合项目资质要求。 （2）初步设计未进行多方案比选。 （3）设计人员对相关资料研究不透彻,初步设计出现较大疏漏。 （4）设计深度不足,造成施工组织不周密、工程质量存隐患、投资失控和投产后运行成本过高等。	（1）建设单位应当引入竞争机制,尽量采用招标方式确定设计单位,根据项目特点选择具有相应资质和经验的设计单位。 （2）在工程设计合同中,要细化设计单位的权利和义务,特别是一个项目由几个单位共同设计时,要指定一个设计单位为主体设计单位,主体设计单位对建设项目设计的合理性和整体性负责。 （3）建设单位应当向设计单位提供开展设计所需的详细的基础资料,并进行有效的技术经济交流,避免因资料不完整造成设计保守、投资失控等问题。 （4）建立严格的初步设计审查和批准制度,通过严格的复核、专家评议等制度,层层把关,确保评审工作质量。在初步设计审查中,技术方案是审查的核心和重点,重大技术方案必须进行技术经济分析比较、多方案比选。此外,还应关注初步设计规模是否与可行性研究报告、设计任务书一致,有无夹带项目、超规模、超面积和超标准的问题。

（二）施工图设计环节的主要风险及控制措施

施工图设计主要是通过图纸把设计者的意图和全部设计结果呈现出来,作为施工建造的依据。与施工图设计直接关联的是施工图预算。施工图预算是在施工图设计完成后、工程开工前,根据已批准的施工图纸、现行的预算定额、费用定额和所在地区人工、材料、设备与机械台班等资源价格,按照规定的计算程序确定工程造价的技术经济文件。对建设单位而言,施工图预算是确定工程招标控制价的依据,也是拨付工程款及办理工程结算的依据。对施工单位而言,施工图预算是施工单位投标报价的参考依据,也是安排调配施工力量,组织材料供应的依据。

施工图设计环节存在的主要风险有:概预算严重脱离实际,可能导致项目投资失控;工程设计与后续施工未有效衔接或过早衔接,可能导致技术方案未得到有效落实,影响工程质量,或造成工程变更,发生重大经济损失。

针对这些风险,企业应当采取的主要控制措施有:①建立严格的概预算编制与审核制度。概预算的编制要严格执行国家、行业和地方政府有关建设和造价管理的各项规定和标准,完整、准确地反映设计内容和当时当地的价格水平。建设单位应当组织工程、技术、财会等部门的相关专业人员或委托具有相应资质的中介机构对编制的概算进行审核,重点审查编制依据、项目内容、工程量的计算、定额套用等是否真实、完整和准确。若发现施工图预算超过初步设计批复的投资概算规模,应对项目概算进行修正,并经审批。②建立严格的施工图设计管理制度和交底制度。在对施工图设计进行审查时,应重点关注施工图设计深度能否满足全面施工及各类设备安装要求,施工图设计质量是否符合国家和行业规定,各专业工种之间是否做到了有效配合等。施工图设计基本完成后,应召开施工图会审会议,由建设单位、设计单位、施工单位、监理单位等共同审阅施工图文件,设计单位应进行技术交底,介绍设计意图和技术要求,及时沟通问题,修改不符合实际和有错误的图纸,会议应形成书面纪要。③制定严格的设计变更管理制度。设计单位应当提供全面、及时的现场服务,避免设计与施工相脱节的现象发生,减少设计变更的发生。对确需进行的变更,应尽量控制在设计阶段,采用层层审批等方法,以使投资得到有效控制。因设计单位的过失造成设计变更的,应由设计单位承担相应责任。④建设单位应当严格按照国家法律、法规和本单位管理要求执行各项设计报批要求,上一环节尚未批准的,不得进入下一环节,杜绝出现边勘察、边设计、边施工的"三边"现象,必要时,可以引入设计监理,提高设计质量。

三、工程招标环节的控制

工程招标是指建设单位在立项之后、项目发包之前,依照法定程序,以公开招标或邀请招标等方式,鼓励潜在的投标人依据招标文件参与竞争,通过评标择优选定中标人的一种经济活动。实行招投标是提高工程项目建设相关工作公开性、公平性、公正性和透明度的重要制度安排,是防范和遏制工程领域商业贿赂的有效举措。工程招标一般包括招标、投标、开标、评标和定标五个主要环节,基本业务流程见图 8-3。

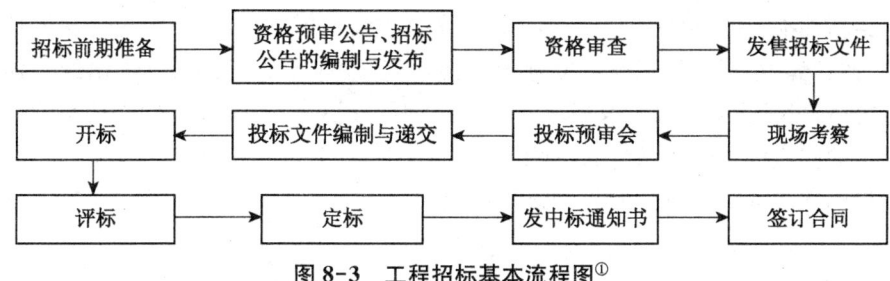

图 8-3　工程招标基本流程图[①]

（一）招标环节的主要风险及控制措施

招标阶段的主要工作包括招标前期准备和招标公告、资格预审公告的编制与发布。在招标前期准备阶段，应确定招标组织方式（自行招标、委托招标）和招标方式（公开招标、邀请招标）等。招标公告、资格预审公告可以由招标人自行编制，也可以委托专业招标机构编制。投标资格的审查可以在投标前审查（资格预审），也可以在开标后审查（资格后审）。

招标环节存在的主要风险有：招标人肢解建设项目，致使招标项目不完整，或逃避公开招标；投标资格条件因人而设，未做到公平、合理，可能导致中标人并非最优选择；相关人员违法违纪泄露标底，存在舞弊行为。

针对上述风险采取的主要控制措施有：①建设单位应当按照《招标投标法》、《工程建设施工招标投标管理办法》等相关法律、法规，结合本单位实际情况，本着公开、公正、平等竞争的原则，建立健全本单位的招投标管理制度，明确应当进行招标的工程项目范围、招标方式、招标程序，以及投标、开标、评标、定标等各环节的管理要求。②工程立项后，对于是否采用招标，以及招标方式、标段划分等，应由建设单位工程管理部门牵头提出方案，报经建设单位招标决策机构集体审议通过后执行。③建设单位确需划分标段组织招标的，应当进行科学分析和评估，提出专业意见；划分标段时，应当考虑项目的专业要求、管理要求、对工程投资的影响以及各项工作的衔接，不得违背工程施工组织设计和招标设计方案，将应当由一个承包单位完成的工程项目肢解成若干部分发包给几个承包单位。④招标公告的编制要公开、透明，严格根据项目特点确定投标人的资格要求，不得根据"意向中标人"的实际情况确定投标人资格要求。建设单位不具备自行招标能力的，应当委托具有相应资质的招标机构代理招标。⑤建设单位应当根据项目特点决定是否编制标底；需要编制标底的，标底编制过程和标底应当严格保密。

（二）投标环节的主要风险及控制措施

投标主要包括项目现场考察、投标预备会、投标文件的编制和递交。招标人可

---

① 财政部会计司.企业内部控制规范讲解 2010[M].北京:经济科学出版社,2010.

以根据招标项目的具体情况,组织投标人考察项目现场,以便投标人更为深入地了解项目情况。招标人可以召开投标预备会,解答投标人对工程项目提出的具体问题。之后,投标人应当按照招标文件的要求编制投标文件,投标文件必须对招标文件提出的实质性要求和条件做出响应。

投标环节的主要风险及控制措施见表 8-5。

表 8-5　投标环节的主要风险及控制措施

主要风险	主要控制措施
(1) 招标人与投标人串通投标,存在舞弊行为。 (2) 投标人的资质条件不符合要求或挂靠、冒用他人名义投标,可能导致工程质量难以达到规定标准等。	(1) 对投标人的信息采取严格的保密措施,防止投标人之间串通舞弊。 (2) 科学编制招标公告,合理确定投标人资格要求,尽量扩大潜在投标人的范围,增强市场竞争性。 (3) 严格按照招标公告或资格预审文件中确定的投标人资格条件对投标人进行实质审查,通过查验资质原件、实地考察,或到工商和税务机关调查核实等方式,确定投标人的实际资质,预防假资质中标。 (4) 建设单位应当履行完备的标书签收、登记和保管手续。签收人要记录投标文件签收日期、地点和密封状况,签收标书后应将投标文件存放在安全保密的地方,任何人不得在开标前开启投标文件。

（三）开标、评标和定标环节的主要风险及控制措施

投标工作结束后,建设单位应当组织开标、评标和定标。开标时间和地点应当在招标文件中预先确定。评标由招标人依法组建的评标委员会负责。评标委员会应当按照招标文件确定的评标标准和方法,对投标文件进行评审和比较,推荐合格的中标候选人。建设单位应当按照规定的权限和程序从中标候选人中确定中标人,向中标人发出中标通知书。

开标、评标和定标环节的主要风险及控制措施见表 8-6。

表 8-6　开标、评标和定标环节的主要风险及控制措施

主要风险	主要控制措施
(1) 开标不公开、不透明,损害投标人利益。 (2) 评标委员会成员缺乏专业水平,或者建设单位向评标委员会施加影响,致使评标流于形式。 (3) 评标委员会成员与投标人串通作弊,损害招标人利益。	(1) 开标过程应邀请所有投标人或其代表出席,并委托公证机构进行检查和公证。 (2) 依法组建评标委员会,确保其成员具有较高的职业道德水平,并具备招标项目专业知识和丰富经验。评标委员会成员名单在中标结果确定前应当严格保密。评标委员会成员和参与评标的有关工作人员不得私下接触投标人,不得收受投标人任何形式的商业贿赂。 (3) 建设单位应当为保证评标委员会独立、客观地进行评标工作创造良好条件,不得向评标委员会成员施加影响,干扰其客观评判。 (4) 评标委员会应当在评标报告中详细说明每位成员的评价意见和集体评审结果,对于中标候选人和落标人要分别陈述具体理由。每位成员应对其出具的评审意见承担个人责任。 (5) 中标候选人是 1 个以上时,招标人应当按照规定的程序和权限,由决策机构审议决定中标人。

（四）签订合同环节的控制措施

中标人确定后,建设单位应当在规定期限内同中标人订立书面合同,双方不得另行订立背离招标文件实质性内容的其他协议。在工程项目的合同管理方面,应特别注意:①建设单位应当制定工程合同管理制度,明确各部门在工程合同管理和履行中的职责,严格按照合同行使权力和履行义务。②建设工程施工合同、各类分包合同、工程项目施工内部承包合同应当按照国家或本建设单位制定的示范文本的内容填写,清楚列明质量、进度、资金、安全等各项具体标准,有施工图纸的,施工图纸是合同的重要附件,与合同具有同等法律效力。③建设单位应当建立合同履行执行情况台账,记录合同的实际履约情况,并随时督促对方当事人及时履行其义务,建设单位的履约情况也应及时做好记录并经对方确认。

【案例8-1】　　　　A公司工程招标管理的控制措施

A公司是一家房地产开发企业,A公司在《公司工程招标管理办法》中对工程招标环节做出了以下规定:

(1)公司建设工程总价在5万元以下(不含5万元)的以议标形式执行,建设工程总价在5万元以上(含5万元)的以实施工程招投标形式。工程建设招标小组包括:工程部、计划管理部、财务部、审计部、计划管理部主管副总、总经理。

(2)建设工程总造价在50万元以上的(含50万元)须有集团总裁参加。集团审计部门负责公司招投标活动的监督管理。

(3)招标分为公开招标和邀请招标。根据公司规定必须进行招标的项目,采用公开招标方式并上报集团公司审计部备案。采用邀请招标方式的,应向3个以上具备承担招标项目能力、资信良好的法人发出投标邀请书。

(4)公司计划管理部根据项目需要,对投标申请人进行资格预审,预审条件在招标公告或者投标邀请书中载明。经资格预审后,计划管理部向资格预审合格的投标申请人发出资格预审合格通知书,并通告获取招标文件的时间、地点和方法。计划管理部不得对潜在投标人提出与招标项目实际要求不符的条件限制或者排斥潜在投标人。

(5)工程招标按照以下程序进行:①根据公司规定必须招标的项目,提出项目招标方式报总经理批准。②编制招标文件,并附合同。③发布招标公告或发出邀请书(单项工程造价10万元以下的,经初选后确定3家单位,10万元以上的,经初选后确定5家单位)。④向招标人递交投标申请。⑤向投标人进行资格审查。⑥向合格的投标人提供招标文件和相关资料,组织投标人进行现场勘查,并对相关问题做出说明。⑦投标人编制投标文件,并按投标文件规定的要求投标。⑧组建评标小组。⑨开标、评标,提交评标报告。⑩按评标小组的意见确定中标人。⑪根据公司规定必须招标的项目在定标后,计划管理部自确定中标人之日起5

日内,向上级领导和监督部门提交招投标情况的书面报告。⑫发出中标通知书,签订合同。

(6)招标文件应载明以下事项:投标邀请书、投标人须知、工程施工合同条款、招标项目适用的技术规范、施工图设计文件、投标文件格式。投标邀请书应载明:招标人的名称和地址,招标项目名称、技术标准、规模、投资情况、工期、实施地点和时间,获取资格预审文件或招标文件的办法、时间和地点,对招标人的资质要求,违约责任。投标人须知应载明评标标准和方法,工期要求,提交投标文件的起止时间、地点和方式,开标的时间和地点。

(7)投标人应具备与招标项目相应的资质条件。投标人对招标文件有疑问需要澄清的,以书面形式向计划管理部提出,计划管理部可以依法在招标文件中对投标人提出疑问的期限做适当规定。

(8)投标人按照招标文件的要求编制投标文件,并对招标文件提出的实质性要求和条件做出响应。投标文件包括下列内容:①投标函。②投标人资质、资信证明文件(营业执照、税务登记证、组织机构代码、法人授权书、安全施工许可证等),要求提供证件为原件及加盖公章的复印件。③投标项目方案及说明。④投标保荐。⑤招标文件要求提供的其他材料。

(9)投标人在招标文件要求提交投标文件的截止时间前,将投标文件密封并在封口加盖法人公章和法定代表印鉴后,送达投标地点。计划管理部收到投标文件后,向投标人出具标明签收时间和签收人的凭证,并妥善保存。在开标前,任何单位和个人不得开启。投标人在招标文件要求提交投标文件截止时间前,可以撤回已提交的投标文件或补充、修改投标文件并书面通知招标人。

(10)投标单位与建设单位、监理单位有隶属关系的不得参与同一建设工程的招标。

(11)开标时,由投标人代表和集团审计部共同检查密封情况,经确认无误后当众拆封,宣读投标人名称、投标价格和投标文件的其他主要内容。招标人设有标底的,启封和公开标底。开标时,计划管理部将收到的所有投标文件当众予以拆封、宣读,计划管理部记录开标过程并存档备查。

(12)投标文件出现下列情形之一的,作为无效投标文件处理,不予参加评标:①投标文件未按规定密封的。②投标文件中的投标函未盖投标人公章及法定表表人或法定代表人委托代理人印章的,或者法定代表人委托代理人没有合法、有效的委托书(原件)的。③投标文件未按照招标文件要求提供投标保证金的。④投标文件未按要求编制,关键内容字迹模糊、无法辨认或者实质上未响应招标文件要求的。⑤投标人在招标截止时间之后送达标书的。

(13)计划管理部根据公司相关规定组建评标小组进行评标,评标小组人数为单数,专业技术人员不得少于3人。评标小组按照招标文件确定的评标标准和办法,对投标文件进行评审和比较,设有标底的,参考标底,并对评标结果签字确认。计划管理部根据评标小组提出的书面评标报告和推荐的中标候选人在开标之日起5日内确定中标人。招标文件要求中标人提交履约担保的,中标人应当提交。

(14) 工程招标过程出现下列情形之一的,计划管理部应重新组织招标:①在招标文件规定提交投标文件截止时间,提交投标文件的投标人少于3家的。②评标小组经评审,认为所有投标人的投标文件不符合招标文件实质要求的。

A公司虽然在《公司工程招标管理办法》中对工程招标环节做出一些规定,但是从内部控制的视角来看,这些规定尚不完善,存在以下有待进一步完善的地方:①开标过程没有委托公证机构进行检查和公证。②没有要求评标小组在评标报告中详细说明每位成员的评价意见和集体评审结果,对于中标候选人和落标人要分别陈述具体理由,评标小组每位成员应对其出具的评审意见承担个人责任。③没有要求评标小组成员名单在中标结果确定前严格保密。④没有说明当中标候选人是1个以上时,计划管理部该如何决定中标人。

四、工程建设环节的控制

工程建设指的是工程建设实施阶段。在工程建设阶段,有几项重要工作穿插在施工过程中,包括工程监理、工程物资采购、施工及施工组织、工程价款结算等。工程建设的基本流程见图8-4。这一阶段的内部控制主要包括:施工质量、进度和安全控制,物资采购控制,工程价款结算控制和工程变更控制等。

(一) 施工质量、进度和安全的主要风险及控制措施

建设单位和承包单位(施工单位)应按设计和开工前签订的合同所确定的工期、进度计划等相关要求进行施工建设,并采用科学规范的管理方式保证施工质量、进度和安全。该环节存在的主要风险有:第一,盲目赶进度,牺牲质量、费用目标,导致质量低劣,费用超支。第二,质量、安全监管不到位,存在质量隐患。

应当采取的主要控制措施有以下几个方面:

在工程进度控制方面:①监理单位应当建立监理进度控制体系,明确相关程序、要求和责任。②承包单位应按合同规定的工程进度编制详细的分阶段或分项进度计划,报送监理机构审批后,严格按照进度计划开展工作。制订的进度计划应当适合建设工程的实际条件和施工现场的实际情况,并与承包单位劳动力、材料、机械设备的供应计划协调一致。确需调整进度的,必须优先保证质量,并同建设单位、监理机构达成一致意见。③承包单位至少应按月对完成投资情况进行统计、分

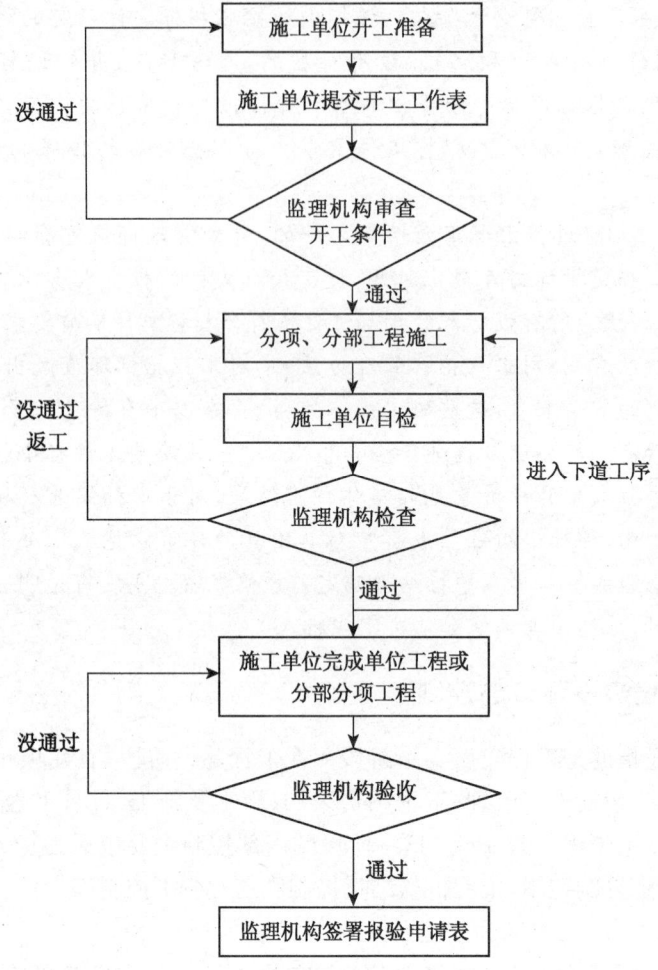

图 8-4 工程建设的基本流程

析和对比,工程的实际进度与批准的合同进度计划不符时,承包单位应提交修订合同进度计划的申请报告,并附原因分析和相关措施,报监理机构审批。

在工程质量控制方面:①承包单位应当建立全面的质量控制制度,按照国家相关法律、法规和本单位质量控制体系进行建设,并在施工前列出重要的质量控制点,报经监理机构同意后,在此基础上实施质量预控。质量控制点中的重点控制对象包括:人的行为,关键过程、关键操作,施工设备材料的性能和质量,施工技术参数,某些工序之间的作业顺序,有些作业之间的技术间歇时间、新工艺、新技术、新材料的应用,对工程质量产生重大影响的施工方法等。②承包单位应按合同约定对材料、工程设备、工程的所有部位及其施工工艺进行全过程的质量检查和检验,定期编制工程质量报表,报送监理机构审查。关键工序作业人员必须持证上岗。

③监理机构有权对工程的所有部位及其施工工艺进行检查验收,发现工程质量不符合要求的,应当要求承包单位立即返工修改,直至符合验收标准为止。对于主要工序作业,只有监理机构审验后,才能进行下道工序。

在安全建设控制方面:①建设单位应当加强对施工单位的安全检查,并授权监理机构按合同约定的安全工作内容监督、检查承包单位安全工作的实施。此外,建设单位不得对承包单位、监理机构等提出不符合建设工程安全生产法律、法规和强制性标准规定的要求,不得压缩合同约定的工期。建设单位在编制工程概算时,应当确定建设工程安全作业环境及安全施工措施所需费用。②工程监理单位和监理工程师应当按照法律、法规和工程建设强制性标准实施监理,并对建设工程安全生产承担监理责任。在实施监理过程中,发现存在安全事故隐患的,应当要求施工单位整改;情况严重的,应当要求施工单位暂时停止施工,并及时报告建设单位。③承包单位应当设立安全生产管理机构,配备专职安全生产管理人员,依法建立安全生产、文明施工管理制度,细化各项安全防范措施。承包单位应当对所承担的建设工程进行定期和专项安全检查,并做好安全检查记录。

（二）物资采购环节的主要风险及控制措施

工程物资包括材料和设备。为了保证项目顺利进行,需要按照施工进度需要,及时购置材料和设备。材料和设备采购一般占到工程总造价的60%以上,对工程投资、进度、质量等具有重大影响。该环节的主要风险有:工程物资采购过程控制不力,材料和设备质次价高,不符合设计标准和合同要求,影响工程质量和进度。

在工程物资采购管理方面,除应当遵循《企业内部控制应用指引第7号——采购业务》的统一要求外,还应当特别关注以下方面:①重大设备和大宗材料的采购应当采用招标方式。②对于由承包单位购买的工程物资,建设单位应当采取必要措施,确保工程物资符合设计标准和合同要求。在施工合同中,建设单位应具体说明建筑材料和设备应达到的质量标准,明确责任追究方式。对于承包单位提供的重要材料和工程设备,应由监理机构进行检验,查验材料合格证明和产品合格证书,一般材料要进行抽检。未经监理人员签字,工程物资不得在工程上使用或安装,不得进行下一道工序施工。运入施工场地的材料、工程设备,包括备品、备件、安装专用工器具等,必须专用于合同工程,未经监理人员同意,承包单位不得运出施工场地或挪作他用。

（三）工程价款结算的主要风险及控制措施

建设单位与承包单位之间的工程价款结算是建设期间的一项重要内容。根据财政部、建设部《建设工程价款结算暂行办法》的规定,工程价款结算是指对建设工程的发包承包合同价款进行约定和依据合同约定进行工程预付款、工程进度款、工程竣工价款结算的活动。施工合同签订后,建设单位一般先向承包单位支付一笔预付款,之后,按周期或项目目标拨付工程进度款。在实际工作中,工程进度款大部分按月结算,年终或工程竣工后进行清算。该环节存在的主要风险在于建设资金使用管理混乱,项目资金不落实,导致工程进度延迟或中断。

应当采取的主要控制措施有:①建设单位应当建立完善的工程价款结算制度,明确工作流程和职责权限划分,并切实遵照执行。财会部门应当安排专职的工程财会人员,认真开展工程项目核算与财务管理工作。②资金筹集和使用应与工程进度协调一致,建设单位应当根据项目组成(分部、分项工程)结合时间进度编制资金使用计划,作为资产管控和工程价款结算的重要依据。③建设单位财会部门应当加强与承包单位和监理机构的沟通,准确掌握工程进度,确保财务报表能够准确、全面地反映资产价值,并根据施工合同约定,按照规定的审批权限和程序办理工程价款结算。建设单位财会部门应认真审核相关凭证,严格按合同规定的付款方式付款,既不应违规预支,也不得无故拖欠。④在施工过程中,如果工程的实际成本突破了工程项目预算,建设单位应当及时分析原因,按照规定的程序予以处理。

(四)工程变更的主要风险及控制措施

工程建设周期通常较长。在建设过程中由于某些情况发生变化,如建设单位对工程提出新要求、出现设计错误、外部环境条件产生变化等,有时需要对工程进行必要变更。工程变更包括工程量变更、项目内容的变更、进度计划的变更、施工条件的变更等,但最终往往表现为设计变更。该环节存在的主要风险在于:现场控制不当,工程变更频繁,导致费用超支、工期延误。

应当采取的主要控制措施有:①建设单位要建立严格的工程变更审批制度,严格控制工程变更;确需变更的,要按照规定程序尽快办理变更手续,减少经济损失。对于重大的变更事项,必须经建设单位、监理机构和承包单位集体商议,同时严加审核文件,提高审批层级,依法需报有关政府部门审批的,必须取得同意变更的批复文件。②工程变更获得批准后,应尽快落实变更设计和施工,承包单位应在规定期限内全面落实变更指令。③如因人为原因引发工程变更,如设计失误、施工缺陷等,应当追究当事单位和人员的责任。④对工程变更价款的支付实施更为严格的审批制度,变更文件必须齐备,变更工程量的计算必须经过监理机构复核并签字确认,防止承包单位虚列工程费用。

五、工程竣工验收环节的控制

(一)竣工验收环节的主要工作

竣工验收是指工程项目竣工后由建设单位会同设计、施工、监理单位和工程质量监督部门等,对该项目是否符合规划设计要求以及建筑施工和设备安装质量进行全面检验的过程。竣工验收一般建立在分阶段验收的基础之上,前一阶段已经完成验收的工程项目在全部工程验收时原则上不再重新验收。竣工验收是全面检验建设项目质量和投资使用情况的重要环节,其基本流程见图8-5。

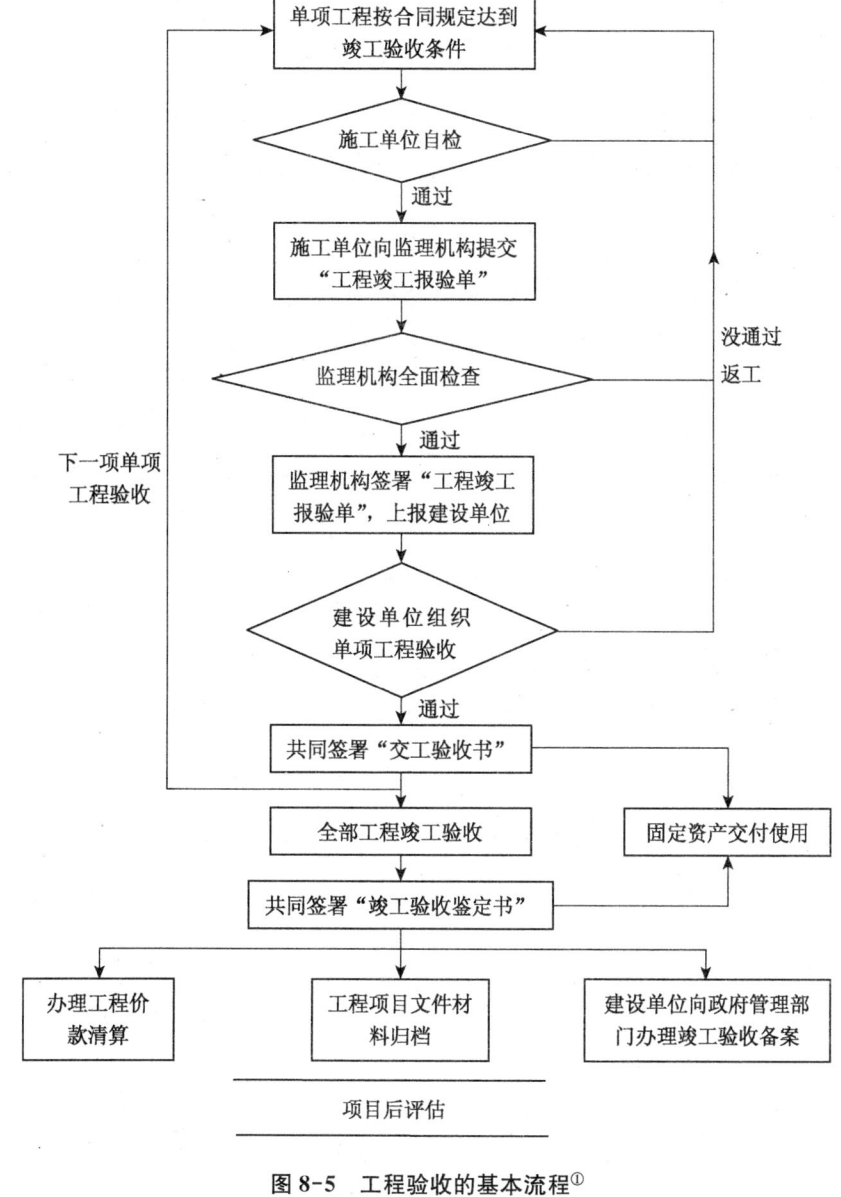

图8-5　工程验收的基本流程①

_____

①　财政部会计司.企业内部控制规范讲解 2010[M].北京:经济科学出版社,2010.

在竣工验收环节,除对工程质量进行验收外,还有竣工结算和竣工决算两项重要工作。竣工结算是指承包单位按照合同规定的内容全部完成所承包的工程,经验收质量合格并符合合同要求之后,与建设单位进行的最终工程价款结算。竣工结算由承包单位编制,建设单位可直接进行审查,也可以委托具有相应资质的工程造价咨询机构进行审查。竣工结算办理完毕,建设单位应根据确认的竣工结算书在合同约定时间内向承包单位支付工程竣工结算价款。竣工决算是以实物数量和货币指标为计量单位,综合反映竣工项目从筹建开始到项目竣工交付使用为止的全部建设费用、财务情况和投资效果的总结性文件。建设单位应在收到工程竣工验收报告后,及时编制竣工决算。竣工决算是办理固定资产交付使用手续的依据。

（二）竣工验收环节的主要风险及控制措施

竣工验收环节存在的主要风险有:竣工验收不规范,质量检验把关不严,可能导致工程存在重大质量隐患;虚报项目投资完成额、虚列建设成本或者隐匿结余资金,竣工决算失真;固定资产达到预定可使用状态后,未及时进行估价、结转。

针对这些风险,建设单位应该采取的主要控制措施有:①建设单位应当健全竣工验收各项管理制度,明确竣工验收的条件、标准、程序、组织管理和责任追究等。②竣工验收必须履行规定的程序,至少应经过承包单位初检、监理机构审核、正式竣工验收三个程序。正式竣工验收前,根据合同规定应当进行试运行的,应当由建设单位、监理单位和承包单位共同参与试运行。试运行符合要求的,才能进行正式验收。正式验收时,应当组成由建设单位、设计单位、施工单位、监理单位等组成的验收组,共同审验。重大项目的验收,可吸收相关方面专家组进行评审。③初检后,确定固定资产达到预定可使用状态的,承包单位应及时通知建设单位,建设单位会同监理单位初验后应及时对项目价值进行暂估,转入固定资产核算。建设单位财务部门应定期根据所掌握的工程项目进度核对项目固定资产暂估记录。④建设单位应当加强对工程竣工决算的审核,应先自行审核,再委托具有相应资质的中介机构实施审计;未经审计的,不得办理竣工验收手续。⑤建设单位要加强对完工后剩余物资的管理。工程竣工后,建设单位对各种节约的材料、设备、施工机械工具等,要清理核实,妥善处理。⑥建设单位应当按照国家有关档案管理的规定,及时收集、整理工程建设各环节的文件资料,建立工程项目档案。需报政府有关部门备案的,应当及时备案。

（三）工程项目后评估

工程项目后评估是指在建设项目已经完成并运行一段时间后,对项目的目的、执行过程、效益、作用和影响进行系统的、客观的分析和总结的一种技术经济活动。项目后评估通常安排在工程项目竣工验收后6个月或1年后,多为效益后评价和过程后评价。工程项目后评估本身就是一项重要的管控措施,建设单位要予以重视并认真用好。建设单位应当建立健全完工项目的后评估制度,对完工工程项目预期目标的实现情况和项目投资效益等进行综合分析与评价,总结经验教训,为未来项目的决策和提高投资决策管理水平提出建议。建设单位还应当采取切实有效措施,保证项目后评估的公开、客观和公正。原则上,凡是承担项目可行性研究报告编制、立项决策、设计、监理、施工等业务的机构不得从事该项目的后评估工作,以保证后评估的独立性。此外,建设单位要严格落实工程项目决策及执行相关环节责任追究制度,项目后评估结果应当作为绩效考核和责任追究的依据。

第三节　担保业务控制

一、担保业务概述

担保制度起源于商品交易活动,但早期的简单商品交易,往往是以物易物,或者是钱货两清的即时交易,交易主体间失信问题不突出,也就没有担保的必要。随着商品交换形式不断发展,非即时交易大量出现,商品和货币的交付有了时间差,债权债务应运而生,随之而来的问题就是,在对债务人没有百分之百信赖的情形下,债权人需要通过某种方式确保债权的实现,而担保制度正好满足了这种需要。在现代市场经济中,担保一方面有利于银行等债权人降低贷款风险,另一方面使债权人与债务人形成了稳定可靠的资金供需关系。

《企业内部控制应用指引第12号——担保业务》中所称担保,是指企业作为担保人按照公平、自愿、互利的原则与债权人约定,当债务人不履行债务时,依照法律规定和合同协议承担相应法律责任的行为。企业办理担保业务,通常包括受理申请、调查评估、审批、签订担保合同、进行日常监控等环节,担保业务的一般流程见图8-6。

二、担保业务的调查评估与审批

（一）受理申请

受理申请是企业办理担保业务的第一步,在此阶段如果企业担保政策和相关管理制度不健全,那么企业将难以对担保申请人提出的担保申请进行初步评价和审核;或者企业虽然建立了担保政策和相关管理制度,但对担保申请人提出的担保申请审查把关不严,也会导致企业申请受理流于形式。针对这些风险,企业应依法制定和完善本企业的担保政策和相关管理制度,明确担保的对象、范围、方式、条件、程序、担保限额和禁止担保的事项,应严格按照担保政策和相关管理制度对担

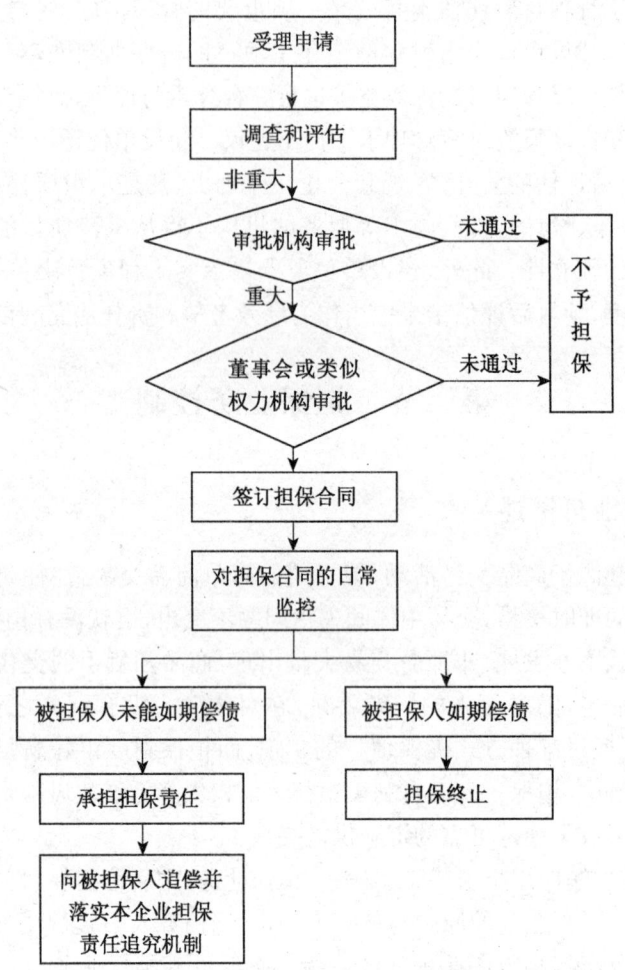

图 8-6 担保业务的一般流程

保申请人提出的担保申请进行审核。对于与本企业存在密切业务关系需要互保的企业、与本企业有潜在重要业务关系的企业、本企业的子公司及具有控制关系的其他企业等，可以考虑提供担保；反之，则必须十分慎重。如果担保申请人实力较强、经营良好、恪守信用，可以考虑接受申请；反之，不应受理。

（二）调查和评估

企业在受理担保申请后对担保申请人进行资信调查和风险评估，是办理担保业务中不可或缺的重要环节，在很大程度上影响甚至决定担保业务的未来走向。在此环节，如果企业对担保申请人的资信调查不深入、不透彻，对担保项目的风险评估不全面、不科学，导致企业担保决策失误或遭受欺诈，为担保业务埋下巨大隐

患。为此,企业应注意从以下五个方面加强内部控制:

第一,企业应委派具备胜任能力的专业人员开展调查和评估。调查评估人员与担保业务审批人员应当分离。担保申请人为企业关联方的,与关联方存在经济利益或近亲属关系的有关人员不得参与调查评估。企业可以自行对担保申请人进行资信调查和风险评估,也可以委托中介机构承担这一工作,同时应加强对中介机构工作情况的监控。

第二,企业对担保申请人资信状况和有关情况进行全面、客观的调查评估。在调查和评估中,应当重点关注以下事项:①担保业务是否符合国家法律、法规和本企业担保政策的要求,凡与国家法律、法规和本企业担保政策相抵触的业务,一律不得提供担保。②担保申请人的资信状况,包括基本情况、资产质量、财务状况、经营情况、信用程度、行业前景等。③担保申请人用于担保和第三方担保的资产状况及其权利归属。④企业要求担保申请人提供反担保的,还应对与反担保有关的资产状况进行评估。企业应当综合运用各种行之有效的方式方法,对担保申请人的资信状况进行调查了解,务求真实准确。比如,在对担保申请人财务状况进行调查时,要深入分析其短期偿债能力、长期偿债能力、盈利能力、资产管理能力和可持续发展能力等核心指标,从而做到胸有成竹、防患于未然。涉及对境外企业提供担保的,还应特别关注担保申请人所在国家和地区的政治、经济、法律等因素,并评估外汇政策、汇率变动等可能对担保业务造成的影响。

第三,对担保项目经营前景和盈利能力进行合理预测。企业整体的资信状况和担保项目的预期运营情况,构成判断担保申请人偿债能力的两大重要方面,应当予以重视。

第四,划定不予担保的"红线",并结合调查评估情况做出判断。《企业内部控制应用指引第12号——担保》明确规定了以下五类不予担保的情形:担保项目不符合国家法律、法规和本企业担保政策的;担保申请人已进入重组、托管、兼并或破产清算程序的;担保申请人财务状况恶化、资不抵债、管理混乱、经营风险较大的;担保申请人与其他企业存在较大经济纠纷,面临法律诉讼且可能承担较大赔偿责任的;担保申请人与本企业已经发生过担保纠纷且仍未妥善解决的,或不能及时足额交纳担保费用的。企业应当将上述情形作为办理担保业务的"高压线",严格遵守、不得突破;同时,可以结合企业自身的实际情况,进一步充实、完善有关管理要求,切实防范为"带病"企业提供担保。

第五,形成书面评估报告,全面反映调查评估情况。企业应当规范评估报告的形式和内容,妥善保管评估报告,并作为日后追究有关人员担保责任的重要依据。

（三）审批

审批环节在担保业务中具有承上启下的作用,既是对调查评估结果的判断和认定,也是担保业务能否进入实际执行阶段的必经之路。这一环节如果授权审批制度不健全,会导致对担保业务的审批不规范;如果审批不严格或者越权审批,则导致担保决策出现重大疏漏,可能引发严重后果;如果审批过程存在舞弊行为,可能导致经办审批等相关人员涉案或企业利益受损。为此,企业应注意从以下几个方面加强内部控制:

第一,建立和完善担保授权审批制度,明确授权批准的方式、权限、程序、责任和相关控制措施,规定各层级人员应当在授权范围内进行审批,不得超越权限审批。企业内设机构不得以企业名义对外提供担保。企业应当加大对分公司对外提供担保的管控力度,严格限制分公司担保行为,避免因分公司违规担保为本企业带来不利后果。

第二,建立和完善重大担保业务的集体决策审批制度。企业应当根据《公司法》等国家法律、法规,结合企业章程和有关管理制度,明确重大担保业务的判断标准、审批权限和程序。上市公司的重大对外担保,应取得董会全体成员 2/3 以上签署同意或者经股东大会批准,未经董事会或者类似权力机构批准,不得对外提供重大担保。

第三,认真审查对担保申请人的调查评估报告,在充分了解掌握有关情况的基础上,权衡比较本企业净资产状况、担保限额与担保申请人提出的担保金额,确保将担保金额控制在企业设定的担保限额之内。

第四,从严办理担保变更审批。被担保人要求变更担保事项的,企业应当重新履行调查评估程序,根据新的调查评估报告重新履行审批手续。

三、执行与监控阶段

(一)签订担保合同

担保合同是审批机构同意办理担保业务的直接体现,也是约定担保双方权利和义务的基础载体。如果企业未经授权对外订立担保合同,或者担保合同内容存在重大疏漏和欺诈,可能导致企业诉讼失败、权利追索被动、经济利益和形象信誉受损。为此,企业应注意从以下五个方面加强内部控制:

第一,严格按照经审核批准的担保业务订立担保合同。合同订立经办人员应当在职责范围内,按照审批人员的批准意见拟订合同条款。

第二,认真审核合同条款,确保担保合同条款内容完整、表述严谨准确、相关手续齐备。在担保合同中应明确被担保人的权利、义务、违约责任等相关内容,并要求被担保人定期提供财务报告和有关资料,及时通报担保事项的实施情况。如果担保申请人同时向多方申请担保的,企业应当在担保合同中明确约定本企业的担保份额和相应的责任。

第三,实行担保合同会审联签。除担保业务经办部门之外,鼓励和倡导企业法律部门、财会部门、内审部门等参与担保合同会审联签,增强担保合同的合法性、规范性、完备性,有效避免权利义务约定、合同文本表述等方面的疏漏。

第四,加强对有关身份证明和印章的管理。比如,在担保合同签订过程中,依照法律规定和企业内部管理制度,往往需要提供、使用企业法定代表人的身份证明、个人印章和担保合同专用章等。

第五,规范担保合同记录、传递和保管,确保担保合同运转轨迹清晰完整、有案可查。

（二）日常监控

担保合同的签订,标志着企业的担保权利和担保责任进入法律意义上的实际履行阶段。企业应对担保合同执行情况进行日常监控,通过及时、准确、全面地了解掌握被担保人的经营状况、财务状况和担保项目运行情况,最大限度地实现企业担保权益和降低企业担保责任,这是一项艰巨而重要的任务。如果企业重合同签订、轻后续管理,对担保合同履行情况疏于监控或监控不当,导致企业不能及时发现和妥善应对被担保人的异常情况,可能延误处置时机,加剧担保风险,加重经济损失。为此,企业应注意从以下两个方面加强内部控制:

第一,指定专人定期监测被担保人的经营情况和财务状况,对被担保人进行跟踪和监督,了解担保项目的执行、资金的使用、贷款的归还、财务运行及风险等情况,促进担保合同有效履行。企业财会部门要及时,最好是按月或者按季收集、分析被担保人担保期内的财务报告等相关资料,持续关注被担保人的财务状况、经营成果、现金流量和担保合同的履行情况,积极配合担保经办部门防范担保业务风险。

第二,及时报告被担保人异常情况和重要信息。企业有关部门和人员在实施日常监控过程中发现被担保人经营困难、债务沉重,或者存在违反担保合同的其他各种情况,应当按照《企业内部控制应用指引第17号——内部信息传递》的要求,在第一时间向企业有关管理人员报告,以便于及时采取有针对性的应对措施。

（三）会计系统控制

担保业务直接涉及担保财产、费用收取、财务分析、债务承担、会计处理和相关信息披露等,这就决定了会计控制在担保业务经办中具有举足轻重的重要作用。如果此环节会计系统控制不力,可能导致担保业务记录残缺不全,日常监控难以奏效,或者担保会计处理和信息披露不符合有关监管要求,可能引发行政处罚。为此,企业应注意从以下几个方面加强内部控制:第一,健全担保业务经办部门与财会部门的信息沟通机制,促进担保信息及时有效沟通,建立担保事项台账,详细记录担保对象、金额、期限、用于抵押和质押的物品或权利以及其他有关事项,同时,及时足额收取担保费用,维护企业担保权益。第二,企业应当严格按照国家统一的会计准则制度进行担保会计处理,发现被担保人出现财务状况恶化、资不抵债、破产清算等情形的,应当合理确认预计负债和损失,属于上市公司的,还应当区别不同情况依法予以公告。第三,切实加强对反担保财产的管理,妥善保管被担保人用于反担保的权利凭证,定期核实财产的存续状况和价值,发现问题及时处理,确保反担保财产安全完整。第四,加强担保合同基础管理,妥善保管担保合同、与担保合同相关的主合同、反担保函或反担保合同,以及抵押、质押的权利凭证和有关原始资料,做到担保业务档案完整无缺。当担保合同到期时,企业要全面清查用于担保的财产、权利凭证,按照合同约定及时终止担保关系。

（四）代为清偿和权利追索

被担保人在担保期间如果顺利履行了对银行等债权人的偿债义务,且向担保企业及时足额支付了担保费用,担保合同一般应予终止,担保双方可以解除担保权利责任。但在实践中,由于各方面因素的影响,部分被担保人无法偿还到期债务,"连累"担保企业不得不按照担保合同约定承担清偿债务的责任。因此,在代为清偿后依法主张对被担保人的追索权,成为担保企业降低担保损失的最后一道屏障。在此环节,如果企业违背担保合同约定不履行代为清偿义务,可能被银行等债权人诉诸法律成为连带被告,影响企业形象和声誉;如果企业承担代为清偿义务后向被担保人追索权利不力,可能造成较大经济损失。为此,企业应注意从以下几个方面加强内部控制:第一,强化法制意识和责任观念,在被担保人确实无力偿付债务或履行相关合同义务时,自觉按照担保合同承担代偿义务,维护企业诚实守信的市场形象。第二,运用法律武器向被担保人追索赔偿权利,在此过程中,企业担保业务经办部门、财会部门、法律部门等应当通力合作,做到在司法程序中举证有力;同时,依法处置被担保人的反担保财产,尽力减少企业经济损失。第三,启动担保业务后评估工作,严格落实担保业务责任追究制度,对在担保中出现重大决策失误、未履行集体审批程序或不按规定管理担保业务的部门及人员,严格追究其行政责任和经济责任,并深入开展总结分析,举一反三,不断完善担保业务内控制度,严控担保风险,促进企业健康稳健发展。

【案例 8-2】　　　　　ST 澄海担保事件的启事①

上海澄海企业发展股份有限公司(以下简称"ST 澄海")2013 年 8 月 14 日发布公告称,在公司及董事会不知情的情况下,公司实际控制人、董事长鲍崇宪擅自以公司名义为其个人借款提供担保,并因此导致公司名下三处房产被法院查封。

---

① 根据新浪财经、网易财经、东方财富网等网络资料以及 ST 澄海 2013 相关公告整理编写。

公告称,在对公司房产进行自查中发现,公司位于国权路 39 号的 401 室、2117～2128 室,由无锡市中级人民法院司法查封,限制日期为 2013 年 3 月 25 日至 2015 年 3 月 24 日。此外,公司位于国权路 39 号的 2101～2116 室,由无锡市中级人民法院司法查封,限制日期为 2012 年 10 月 1 日至 2014 年 10 月 17 日。公司表示,截止到 2013 年 8 月 14 日,公司房产国权路 39 号的 401 室、2101～2128 室,由无锡中级人民法院司法查封,但公司尚未收到任何关于上述房产诉讼及被查封的正式法律文书。经公司向无锡市中级人民法院承办法官及借款人了解,上述房产被司法查封案件案由系江阴民丰农村小额贷款有限公司诉借款人鲍崇宪、江苏润泰房地产开发有限公司,保证人上海澄海企业发展股份有限公司金融借款合同纠纷一案,诉讼案号:(2012)锡商初字第 0178 号,该案执行案号:(2013)锡执字第 5-1 号,该案标的:本金人民币贰仟壹佰柒拾万元及利息。

公告称公司实际控制人、董事长鲍崇宪先生在公司及公司董事会不知情的情况下,擅自以公司名义为其个人借款提供担保,公司已责成鲍崇宪及润泰房产尽快处理,消除该债务对公司的影响,如公司遭受损失,公司将向鲍崇宪及润泰房产追偿,以维护全体股东的利益。

上海澄海企业发展股份有限公司于 2013 年 8 月 23 日收到上海证券交易所关于拟给予公司及相关责任人纪律处分意向书。因公司董事长兼总经理鲍崇宪和监事长王星星自 2012 年 9 月起,对外借款 2 170 万元到期未还,被债权人诉诸法院,公司承担连带担保责任,导致公司房产及银行账户被冻结,上述连带担保事项未履行任何决策程序,并未予以及时披露,违反了《上海证券交易所股票上市规则》的相关规定,上海证券交易所拟给予公司及相关责任人纪律处分。上海澄海企业发展股份有限公司于 2013 年 10 月 22 日,收到上海证券交易所出具的《纪律处分决定书》,决定对 ST 澄海董事长兼总经理鲍崇宪予以公开谴责,并公开认定其 3 年内不适合担任上市公司董事和高级管理人员。2013 年 10 月 24 日,鲍崇宪向董事会递交书面辞职信,申请辞去公司董事、总经理职务。2013 年 10 月 25 日,上海澄海企业发展股份有限公司召开第七届董事会第二十八次会议,会议表决通过了《关于免去鲍崇宪公司董事长、总经理的议案》,公司董事会免去鲍崇宪公司董事长、总经理职务。

现对该案例分析如下:

ST 澄海违规担保案例说明了担保业务的内部控制的重要性。在该案例中,担保业务没有担保前的调查评估,没有担保业务的授权审批,也没有担保业务的日常监控,公司实际控制人、董事长在公司董事会不知情的情况下以公司名义为其个人借款提供担保,说明 ST 澄海担保业务的内部控制至少存在以下可能的重大缺陷:其一,内部控制设计重大缺陷,没有对担保业务制定相应的内部控制制度,或者虽然制定了制度,但是对担保业务的受理、调查评估、审批权限、执行监控等流程没有制定合理的控制措施;其二,内部控制运行重大缺陷,虽然制定了合理的内部控制制度,但是董事长超越了内部控制的约束,致使内部控制运行失败。

第四节　业务外包控制

一、业务外包概述

《企业内部控制应用指引第 13 号——业务外包》所称的业务外包,是指企业利用专业化分工优势,将日常经营中的部分业务委托给本企业以外的专业服务机构或经济组织(以下简称"承包方")完成的经营行为,通常包括研发、资信调查、可行性研究、委托加工、物业管理、客户服务、IT 服务等。业务外包的基本流程主要包括:制订业务外包实施方案、审核批准、选择承包方、签订业务外包合同、组织实施业务外包、业务外包过程管理、验收、会计系统控制等环节,见图 8-7。

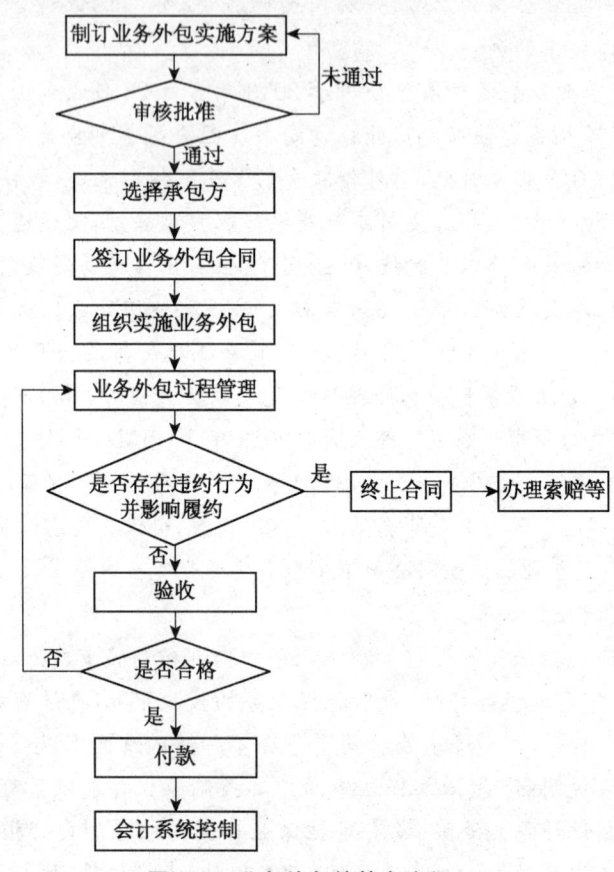

图 8-7　业务外包的基本流程

二、制订业务外包实施方案

制订业务外包实施方案是指企业根据年度生产经营计划和业务外包管理制度,结合确定的业务外包范围,制订实施方案。该环节的风险主要有:企业缺乏业务外包管理制度,导致制订实施方案时无据可依;业务外包管理制度未明确业务外包范围,可能导致有关部门在制订实施方案时,将不宜外包的核心业务进行外包;实施方案不合理、不符合企业生产经营特点或内容不完整,可能导致业务外包失败。

企业通常采用的控制措施主要有:第一,建立和完善业务外包管理制度,根据各类业务与核心主业的关联度、对外包业务的控制程度和外部市场成熟度等标准,合理确定业务外包的范围,并根据是否对企业生产经营有重大影响对外包业务实施分类管理,以突出管控重点,同时明确规定业务外包的方式、条件、程序和实施等相关内容。第二,严格按照业务外包管理制度规定的业务外包范围、方式、条件、程序和实施等内容制订实施方案,避免将核心业务外包,同时确保方案的完整性。第三,根据企业年度预算和生产经营计划,对实施方案的重要方面进行深入评估及复核,包括承包方的选择方案、外包业务的成本效益及风险、外包合同期限、外包方式、员工培训计划等,确保方案的可行性。认真听取外部专业人员对业务外包的意见,并根据其合理化建议完善实施方案。

三、审核批准

审核批准是指企业应当按照规定的权限和程序审核批准业务外包实施方案。该环节的主要风险有:审批制度不健全,导致对业务外包的审批不规范;审批不严格或者越权审批,导致业务外包决策出现重大疏漏,可能引发严重后果;未能对业务外包实施方案是否符合成本效益原则进行合理审核以及做出恰当判断,导致业务外包不经济。

企业通常采用的控制措施主要有:第一,建立和完善业务外包的审核批准制度。明确授权批准的方式、权限、程序、责任和相关控制措施,规定各层级人员应当在授权范围内进行审批,不得超越权限审批。加大对分公司重大业务外包的管控力度,避免因分公司越权进行业务外包给企业带来不利后果。第二,在对业务外包实施方案进行审查和评价时,应当着重对比分析该业务项目在自营与外包情况下的风险和收益,确定外包的合理性和可行性。第三,总会计师或企业分管会计工作的负责人应当参与重大业务外包的决策,对业务外包的经济效益做出合理评价。对于重大业务外包方案,应当提交董事会或类似权力机构审批。

四、选择承包方

选择承包方是指企业应当按照批准的业务外包实施方案选择承包方。该环节的主要风险有：承包方不是合法设立的法人主体，缺乏应有的专业资质，从业人员也不具备应有的专业技术资格，缺乏从事相关项目的经验，导致企业遭受损失甚至陷入法律纠纷；外包价格不合理，业务外包成本过高导致难以发挥业务外包的优势；存在接受商业贿赂的舞弊行为，导致相关人员涉案。

企业通常采用的控制措施主要有：第一，充分调查候选承包方的合法性，即是否为依法成立、合法经营的专业服务机构或经济组织，是否具有相应的经营范围和固定的办公场所。调查候选承包方的专业资质、技术实力及其从业人员的履历和专业技能。考察候选承包方从事类似项目的成功案例、业界评价和口碑。第二，综合考虑企业内外部因素，对业务外包的人工成本、营销成本、业务收入、人力资源等指标进行测算分析，合理确定外包价格，严格控制业务外包成本。引入竞争机制，按照有关法律、法规，遵循公开、公平、公正的原则，采用招标方式等适当方式，择优选择承包方。第三，按照规定的程序和权限从候选承包方中做出选择，并建立严格的回避制度和监督处罚制度，避免相关人员在选择承包方过程中出现受贿和舞弊行为。

五、签订业务外包合同

确定承包方后，企业应当及时与选定的承包方签订业务外包合同，约定业务外包的内容和范围、双方权利和义务、服务和质量标准、保密事项、费用结算标准和违约责任等事项。该环节的主要风险有：合同条款未能针对业务外包风险做出明确的约定，对承办方的违约责任界定不够清晰，导致企业陷入合同纠纷和诉讼；合同约定的业务外包价格不合理或成本费用过高，导致企业遭受损失。

企业通常采用的控制措施主要有：第一，在订立外包合同前，充分考虑业务外包方案中识别出的重要风险因素，并通过合同条款予以有效规避或降低。第二，在合同的内容和范围方面，明确承包方提供的服务类型、数量、成本，以及明确界定服务的环节、作业方式、作业时间、服务费用等细节。第三，在合同的权利和义务方面，明确企业有权督促承包方改进服务流程和方法，承包方有责任按照合同协议规定的方式和频率，将外包实施的进度和现状告知企业，并对存在问题进行有效沟通。第四，在合同的服务和质量标准方面，应当规定外包商最低的服务水平要求以及如果未能满足标准实施的补救措施。第五，在合同的保密事项方面，应具体约定对于涉及本企业机密的业务和事项，承包方有责任履行保密义务。第六，在费用结算标准方面,综合考虑内外部因素,合理确定外包价格,严格控制业务外包成本。第七,在违约责任方面,制定既具原则性又体现一定灵活性的合同条款,以适应环境、技术和企业自身业务的变化。

六、组织实施业务外包

组织实施业务外包是指企业严格按照业务外包制度、工作流程和相关要求,组织业务外包过程中人、财、物等方面的资源分配,建立与承包方的合作机制,为下一环节的业务外包过程管理做好准备,确保承包方严格履行业务外包合同。企业在组织实施业务外包时,应当根据业务外包合同条款,落实双方应投入的人力资源、资金、硬件及专有资产等,明确承包方提供服务或产品的工作流程、模式、职能架构、项目实施计划等内容。该环节的主要风险有:组织实施业务外包的工作不充分或未落实到位,影响下一环节业务外包过程管理的有效实施,导致难以实现业务外包的目标。

企业通常采用的控制措施主要有:第一,按照业务外包制度、工作流程和相关要求,制定业务外包实施全过程的管控措施,包括落实与承包方之间的资产管理、信息资料管理、人力资源管理、安全保密管理等机制,确保承包方在履行外包业务合同时有章可循。第二,做好与承包方的对接工作,通过培训等方式确保承包方充分了解企业的工作流程和质量要求,从价值链的起点开始控制业务质量。与承包方建立并保持畅通的沟通协调机制,以便及时发现并有效解决业务外包过程存在的问题。第三,梳理有关工作流程,提出每个环节上的岗位职责分工、运营模式、管理机制、质量水平等方面的要求,并建立对应的即时监控机制,及时检查、收集和反馈业务外包实施过程的相关信息。

七、业务外包过程管理

根据业务外包合同的约定,承包方会采取在特定时点向企业一次性交付产品或在一定期间内持续提供服务的方式交付业务外包成果。由于承包方交付成果的方式不同,业务外包过程也有所不同,前者的业务外包过程是指承包方对产品的设计制造过程;后者的业务外包过程是指承包方持续提供服务的整个过程。该环节的主要风险有:承包方在合同期内因市场变化等原因不能保持履约能力,无法继续按照合同约定履行义务,导致业务外包失败和本企业生产经营活动中断;承包方出现未按照业务外包合同约定的质量要求持续提供合格的产品或服务等违约行为,导致企业难以发挥业务外包优势,甚至遭受重大损失;管控不力,导致商业秘密泄漏。

企业通常采用的控制措施主要有:第一,在承包方提供服务或制造产品的过程中,密切关注重大业务外包承包方的履约能力,采取承包方动态管理方式,对承包方开展日常绩效评价和定期考核。第二,对承包方的履约能力进行持续评估,包括承包方对该项目的投入是否能够支持其产品或服务质量达到企业预期目标,承包方自身的财务状况、生产能力、技术创新能力等综合能力是否满足该项目的要求。第三,建立即时监控机制,一旦发现偏离合同目标等情况,应及时要求承包方调整改进。对重大业务外包的各种意外情况做出充分预计,建立相应的应急机制,制定临时替代方案,避免业务外包失败造成企业生产经营活动中断。第四,有确凿证据表明承包方存在重大违约行为,并导致业务外包合同无法履行的,应当及时终止合同,并指定有关部门按照法律程序向承包方索赔。第五,切实加强对业务外包过程中形成的商业信息资料的管理。

八、验收

在业务外包合同执行完成后需要验收的,企业应当组织相关部门或人员对完成的业务外包合同进行验收。该环节的主要风险有:验收方式与业务外包成果交付方式不匹配,验收标准不明确,验收程序不规范,使验收工作流于形式,不能及时发现业务外包质量低劣等情况,可能导致企业遭受损失。

企业通常采用的控制措施主要有:第一,根据承包方业务外包成果交付方式的特点,制定不同的验收方式。一般而言,可以对最终产品或服务进行一次性验收,也可以在整个外包过程中分阶段验收。第二,根据业务外包合同的约定,结合在日常绩效评价基础上对外包业务质量是否达到预期目标的基本评价,确定验收标准。第三,组织有关职能部门、财会部门、质量控制部门等的相关人员,严格按照验收标准对承包方交付的产品或服务进行审查和全面测试,确保产品或服务符合需求,并出具验收证明。验收过程中发现异常情况的,应当立即报告,查明原因,视问题的严重性与承包方协商采取恰当的补救措施,并依法索赔。第四,根据验收结果对业务外包是否达到预期目标做出总体评价,据此对业务外包管理制度和流程进行改进和优化。

九、会计系统控制

会计系统控制是指企业应当根据国家统一的会计准则制度,加强对外包业务的核算与监督,并做好外包费用结算工作。该环节的主要风险有:缺乏有效的业务外包会计系统控制,未能全面真实地记录和反映企业业务外包各环节的资金流和实物流情况,可能导致企业资产流失或贬损;业务外包相关会计处理不当,可能导致财务报告信息失真;结算审核不严格、支付方式不恰当、金额控制不严,可能导致企业资金损失或信用受损。

企业通常采用的控制措施主要有:第一,企业财会部门应当根据国家统一的会计准则制度,对业务外包过程中交由承包方使用的资产、涉及资产负债变动的事项和外包合同诉讼等加强核算与监督。第二,根据企业会计准则、制度的规定,结合外包业务特点和企业管理机制,建立完善外包成本的会计核算方法,进行有关会计处理,并在财务报告中进行必要、充分的披露。第三,在向承包方结算费用时,应当依据验收证明,严格按照合同约定的结算条件、方式和标准办理支付。

第五节　合　同　管　理

一、合同管理概述

合同是企业与自然人、法人及其他组织等平等主体之间设立、变更、终止民事权利和义务关系的协议。加强合同管理,有利于规范、约束市场主体交易行为,优化资源配置,维护市场秩序。企业需要建立合同分级管理制度、统一归口管理制度、考核与责任追究制度等一系列制度体系和机制保障,促进合同管理的作用得到有效发挥。企业应当根据经济业务性质、组织机构设置和管理层级安排,建立合同分级管理制度。属于上级管理权限的合同,下级单位不得签署。对于重大投资类、融资类、担保类、知识产权类、不动产类合同上级部门应加强管理。下级单位认为确有需要签署涉及上级管理权限的合同,应当提出申请,并经上级合同管理机构批准后办理。上级单位应当加强对下级单位合同订立、履行情况的监督检查。企业可以根据实际情况指定法律部门等作为合同归口管理部门,对合同实施统一规范管理,具体负责制定合同管理制度,审核合同条款的权利和义务对等性,管理合同标准文本,管理合同专用章,定期检查和评价合同管理中的薄弱环节,采取相应控制措施,促进合同的有效履行等。企业应当健全合同管理考核与责任追究制度,开展合同后评估,对合同订立、履行过程中出现的违法违规行为,应当追究有关机构或人员的责任。在合同管理过程中,公司各业务部门作为合同的承办部门负责在职责范围内承办相关合同,并履行合同调查、谈判、订立、履行和终结责任。公司财会部门侧重于履行对合同的财务监督职责。

合同管理从大的方面可以划分为合同订立阶段和合同履行阶段。合同订立阶段包括合同调查、合同谈判、合同文本拟定、合同审核、合同签署等环节;合同履行阶段涉及合同履行、合同补充和变更、合同解除、合同结算、合同登记等环节,合同管理的基本流程见图8-8。

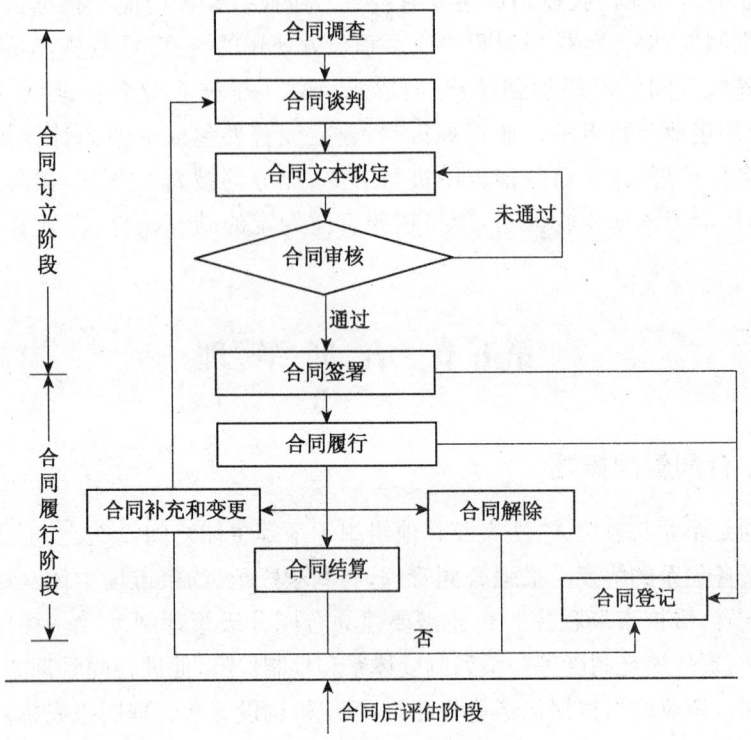

图 8-8　合同管理的基本流程①

二、合同订立

（一）合同调查

合同订立前,企业应当进行合同调查,充分了解合同对方的主体资格、信用状况等有关情况,确保对方当事人具备履约能力。该环节的主要风险有:忽视被调查对象的主体资格审查,准合同对象不具有相应民事权利能力和民事行为能力或不具备特定资质,与不具备代理权或越权代理的主体签订合同,导致合同无效,或引发潜在风险;在合同签订前错误判断被调查对象的信用状况,或在合同履行过程中没有持续关注对方的资信变化,致使企业蒙受损失;对被调查对象的履约能力给出不当评价,将不具备履约能力的对象确定为准合同对象,或将具有履约能力的对象排除在准合同对象之外。

企业通常采用的控制措施主要有:第一,审查被调查对象的身份证件、法人登

---

①　财政部会计司.企业内部控制规范讲解 2010[M].北京:经济科学出版社,2010.

记证书、资质证明、授权委托书等证明原件,必要时,可通过发证机关查询证书的真实性和合法性,关注授权代理人的行为是否在其被授权范围内,在充分收集相关证据的基础上评价主体资格是否恰当。第二,获取调查对象经审计的财务报告、以往交易记录等财务和非财务信息,分析其获利能力、偿债能力和营运能力,评估其财务风险和信用状况,并在合同履行过程中持续关注其资信变化,建立和及时更新合同对方的商业信用档案。第三,对被调查对象进行现场调查,实地了解和全面评估其生产能力、技术水平、产品类别和质量等生产经营情况,分析其合同履约能力。第四,与被调查对象的主要供应商、客户、开户银行、主管税务机关和工商管理部门等沟通,了解其生产经营、商业信誉、履约能力等情况。

(二)合同谈判

初步确定准合同对象后,企业内部的合同承办部门将在授权范围内与对方进行合同谈判,按照自愿、公平原则,磋商合同内容和条款,明确双方的权利义务和违约责任。该环节的主要风险有:忽略合同重大问题或在重大问题上做出不当让步;谈判经验不足,缺乏技术、法律和财务知识的支撑,导致企业利益损失;泄露本企业谈判策略,导致企业在谈判中处于不利地位。

企业通常采用的控制措施主要有:第一,收集谈判对手资料,充分熟悉谈判对手情况,做到知己知彼;研究国家相关法律法规、行业监管政策和产业政策、同类产品或服务价格等与谈判内容相关的信息,正确制定本企业谈判策略。第二,关注合同核心内容、条款和关键细节,具体包括合同标的的数量、质量或技术标准,合同价格的确定方式与支付方式,履约期限和方式,违约责任和争议的解决方法、合同变更或解除条件等。第三,对于影响重大、涉及较高专业技术或法律关系复杂的合同,组织法律、技术、财会等专业人员参与谈判,充分发挥团队智慧,及时总结谈判过程中的得失,研究确定下一步谈判策略。第四,必要时可聘请外部专家参与相关工作,并充分了解外部专家的专业资质、胜任能力和职业道德情况。第五,加强保密工作,严格责任追究制度。第六,对谈判过程中的重要事项和参与谈判人员的主要意见,予以记录并妥善保存,作为避免合同舞弊的重要手段和责任追究的依据。

(三)合同文本拟定

企业在合同谈判后,根据协商谈判结果,拟定合同文本。该环节的主要风险有:选择不恰当的合同形式;合同与国家法律法规、行业产业政策、企业总体战略目标或特定业务经营目标发生冲突;合同内容和条款不完整、表述不严谨准确,或存在重大疏漏和欺诈,导致企业合法利益受损;有意拆分合同规避合同管理规定等;对于合同文本须报经国家有关主管部门审查或备案的,未履行相应程序。

企业通常采用的控制措施主要有:第一,企业对外发生经济行为,除即时结清方式外,应当订立书面合同。第二,严格审核合同需求与国家法律法规、产业政策、企业整体战略目标的关系,保证其协调一致;考察合同是否以生产经营计划、项目立项书等为依据,确保完成具体业务经营目标。第三,合同文本一般由业务承办部门起草,法律部门审核;重大合同或法律关系复杂的特殊合同应当由法律部门参与起草。国家或行业有合同示范文本的,可以优先选用,但对涉及权利和义务关系的条款应当进行认真审查,并根据实际情况进行适当修改。各部门应当各司其职,保证合同内容和条款的完整准确。第四,通过统一归口管理和授权审批制度,严格合同管理,防止通过化整为零等方式故意规避招标的做法和越权行为。第五,由签约对方起草的合同,企业应当认真审查,确保合同内容准确反映企业诉求和谈判达成的一致意见,特别留意"其他约定事项"等需要补充填写的栏目,如不存在其他约定事项时注明"此处空白"或"无其他约定",防止合同后续被篡改。第六,合同文本须报经国家有关主管部门审查或备案的,应当履行相应程序。

（四）合同审核

合同文本拟定完成后,企业应进行严格的审核。该环节的主要风险有:合同审核人员因专业素质或工作态度原因未能发现合同文本中的不当内容和条款;审核人员虽然通过审核发现问题但未提出恰当的修订意见;合同起草人员没有根据审核人员的改进意见修改合同,导致合同中的不当内容和条款未被纠正。

企业通常采用的控制措施主要有:第一,审核人员应当对合同文本的合法性、经济性、可行性和严密性进行重点审核,关注合同的主体、内容和形式是否合法,合同内容是否符合企业的经济利益,对方当事人是否具有履约能力,合同权利和义务、违约责任和争议解决条款是否明确等。第二,建立会审制度,对影响重大或法律关系复杂的合同文本,组织财会部门、内部审计部、法律部、业务关联的相关部门进行审核,内部相关部门应当认真履行职责。第三,慎重对待审核意见,认真分析研究,对审核意见准确无误地加以记录,必要时对合同条款做出修改并再次提交审核。

【案例8-3】　　　B公司合同或协议审核的控制程序

B公司是一家商品流通类企业,为了加强合同管理,B公司根据我国内部控制的相关规范,制定了本公司的合同管理控制制度。其中,B公司对合同或协议审核的控制程序做了如下规定:①承办部门应当将起草的合同协议文本交由合同协议关键条款涉及的专业部门和法律部门(法务专员)会同审核并出具书面意见。②会同审核的重点主要包括以下方面:合同协议内容是否符合公司的经济利益;签约方是否资信可靠,是否有履约能力,是否具备签约资格;合同协议条款是否齐备完整,文字表述是否准确,附加条件是否适当、合法;合同协议约定的权利、义务是否符合公司签约目的;数量、价款、金额等是否标示准确;合同协议有关附件是否齐备,手续是否完备;合同协议的主体、内容和形式是否合法;合同协议订立的程序是否符合规定,会审意见是否齐备;资金的来源、使用及结算方式是否合法,资产动用的审批手续是否齐备。③会审同意后,报相关领导审批。

（五）合同签署

企业经审核同意签订的合同,应当与对方当事人正式签署并加盖企业合同专用章。该环节的主要风险是:超越权限签订合同,合同印章管理不当,签署后的合同被篡改,因手续不全导致合同无效等。

企业通常采用的控制措施主要有:第一,按照规定的权限和程序与对方当事人签署合同。对外正式对外订立的合同应当由企业法定代表人或由其授权的代理人签名或加盖有关印章。授权签署合同的,应当签署授权委托书。第二,严格合同专用章保管制度,合同经编号、审批及企业法定代表人或由其授权的代理人签署后,方可加盖合同专用章。用印后保管人应当立即收回,并按要求妥善保管,以防止他人滥用。保管人应当记录合同专用章使用情况以备查,如果发生合同专用章遗失或被盗现象,应当立即报告公司负责人并采取妥善措施,如向公安机关报案、登报声明作废等,以最大限度地消除可能带来的负面影响。第三,采取恰当措施,防止已签署的合同被篡改,如在合同各页码之间加盖骑缝章、使用防伪印记、使用不可编辑的电子文档格式等。第四,按照国家有关法律、行政法规规定,需办理批准、登记等手续之后方可生效的合同,企业应当及时按规定办理相关手续。

【案例 8-4】　　B 公司合同或协议审核的签署程序

B 公司是一家商品流通类企业,为了加强合同管理,B 公司根据我国内部控制的相关规范,制定了本公司的合同管理控制制度。其中,B 公司对合同或协议签署的控制程序做了如下规定:①对于重要合同协议,原则上应当与合同协议对方当事人当面签订。②对于确需公司先行签字并盖章,然后寄送对方签字并盖章的,应当采用在合同协议各页码之间加盖骑缝章、使用防伪印记等方法对合同协议文书加以控制。③正式订立的合同协议,除即时清结外,应当采用书面形式,包括合同协议书、补充协议、公文信件、数据电文等。④因情况紧急或条件限制等原因未能及时签订书面形式合同协议的,应当在事后采取相关补签手续。

三、合同履行

（一）合同履行

合同订立后,企业应当与合同对方当事人一起遵循诚实信用原则,根据合同的性质、目的和交易习惯履行通知、协助、保密等义务。该环节的主要风险是:本企业或合同对方当事人没有恰当地履行合同中约定的义务;合同生效后,对合同条款未明确约定的事项没有及时协议补充,导致合同无法正常履行;在合同履行过程中,未能及时发现已经或可能导致企业利益受损情况,或未能采取有效措施;合同纠纷处理不当,导致企业遭受外部处罚、诉讼失败,损害企业利益、信誉和形象等。

企业通常采用的控制措施主要有:第一,强化对合同履行情况及效果的检查、分析和验收,全面适当执行本企业义务,敦促对方积极执行合同,确保合同全面有效履行。第二,对合同对方的合同履行情况实施有效监控,一旦发现有违约可能或违约行为,应当及时提示风险,并立即采取相应措施将合同损失降到最低。第三,根据需要及时补充、变更甚至解除合同。一是对于合同没有约定或约定不明确的内容,通过双方协商一致对原有合同进行补充;无法达成补充协议的,按照国家相关法律法规、合同有关条款或者交易习惯确定;二是对于显失公平、条款有误或存在欺诈行为的合同,以及因政策调整、市场变化等客观因素已经或可能导致企业利益受损的合同,按规定程序及时报告,并经双方协商一致,按照规定权限和程序办理合同变更或解除事宜;三是对方当事人提出中止、转让、解除合同的,造成企业经济损失的,应向对方当事人书面提出索赔。第四,加强合同纠纷管理,在履行合同过程中发生纠纷的,应当依据国家相关法律法规,在规定时效内与对方当事人协商并按规定权限和程序及时报告。合同纠纷经协商一致的,双方应当签订书面协议;合同纠纷经协商无法解决的,根据合同约定选择仲裁或诉讼方式解决。企业内部授权处理合同纠纷,应当签署授权委托书。在纠纷处理过程中,未经授权批准,相关经办人员不得向对方当事人做出实质性答复或承诺。

【案例 8-5】　　　　B 公司合同或协议履行的控制程序

沿用[案例 8-4],B 公司的合同管理控制制度中对合同或协议履行的控制程序做了如下规定:

(1)对合同协议已订立,但发现有显失公平、条款有误或对方有欺诈行为等情形,已经或可能导致公司利益严重受损,相关部门(包括合同协议签订或执行部门)应当及时向公司有关负责人报告,并通报法律部门(法务专员)会同采取合法有效措施,制止危害行为的发生或扩大,必要时可以请求仲裁机构或法院对原合同协议予以变更或解除。

(2)变更或解除合同协议应当由合同协议双方达成书面协议,变更或解除合同协议的审核程序与合同协议订立前的审核程序相同。

(3)对合同协议履行结果进行验收,确保合同协议有效履行。财务部应当根据合同协议条款审核执行结算业务。凡未按合同协议条款履约的,或验收未通过的业务,财务部门有权拒绝付款,同时应当将情况通报法律部门(法务专员)。

(4)合同对方违约的情形,合同承办或执行部门应当及时向公司有关负责人报告,并通报合同协议归口管理部门和法律部门(法务专员),会同采取合法有效措施。公司自身违约的情形,合同承办或执行部门应当以书面形式报告公司有关负责人,并通报法律部门(法务专员),会同研究后采取相关措施。

(5)合同协议在履行过程中发生纠纷的,应当依据国家相关法律、法规,在规定时效内与对方协商谈判并向公司有关负责人报告。

(6)经双方协商达成一致意见的合同协议纠纷解决方法,应当签订书面协议,此书面协议的审核程序与合同协议订立前的审核程序相同。由双方法定代表人或其授权人签章并加盖单位印章后生效。

(7)合同协议纠纷经协商无法解决的,应向公司有关负责人报告,咨询法律专员,并依合同协议约定选择仲裁或诉讼方式解决。法务专员会同有关部门研究仲裁或诉讼方案,报公司总经理批准后实施。

(8)纠纷处理过程中,任何单位或个人未经授权,不得向合同协议对方做出实质性答复或承诺。

(二)合同结算

合同结算是合同执行的重要环节,既是对合同签订的审查,也是对合同执行的监督,一般由财会部门负责办理。该环节的主要风险有:违反合同条款,未按合同规定期限、金额或方式付款;疏于管理,未能及时催收到期合同款项;在没有合同依据的情况下盲目付款等。

企业通常采用的控制措施主要有:第一,财会部门应当在审核合同条款后办理结算业务,按照合同规定付款,及时催收到期欠款。第二,未按合同条款履约或应签订书面合同而未签订的,财会部门有权拒绝付款,并及时向企业有关负责人报告。

(三)合同登记

合同登记管理制度体现合同的全过程封闭管理,合同的签署、履行、结算、补充或变更、解除等都需要进行合同登记。该环节的主要风险有:合同档案不全,合同泄密,合同滥用等。

企业通常采用的控制措施主要有:第一,合同管理部门应当加强合同登记管理,充分利用信息化手段,定期对合同进行统计、分类和归档,详细登记合同的订立、履行和变更、终结等情况,合同终结应及时办理销号和归档手续,以实行合同的全过程封闭管理。第二,建立合同文本统一分类和连续编号制度,以防止或及早发现合同文本的遗失。第三,加强合同信息安全保密工作,未经批准,任何人不得以任何形式泄露合同订立与履行过程中涉及的国家或商业秘密。第四,规范合同管理人员职责,明确合同流转、借阅和归还的职责权限和审批程序等有关要求。

四、合同管理的后评估

合同作为企业承担独立民事责任、履行权利和义务的重要依据,是企业管理活动的重要痕迹,也是企业风险管理的主要载体,为此,合同管理内部控制指引强调企业应当建立合同管理的后评估制度。企业应当建立合同履行情况评估制度,至少于每年年末对合同履行的总体情况和重大合同履行的具体情况进行分析评估,对分析评估中发现合同履行中存在的不足,应当及时加以改进。

复习思考题

1. 研发环节的主要风险及控制措施有哪些?
2. 工程招标环节的主要风险及控制措施有哪些?
3. 担保业务调查和评估环节的主要风险及控制措施有哪些?
4. 业务外包承包方选择环节的主要风险及控制措施有哪些?
5. 合同签署环节的主要风险及控制措施有哪些?

练 习 题

一、单项选择题(在每小题的备选答案中,选出一个正确的答案)

1. (   )是指合作双方基于研发协议,就共同的科研项目以某种合作形式进行研究或开发。

　　A. 自主研发　　　B. 委托研发　　　C. 合作研发　　　D. 集成创新

2. 工程立项属于项目(   ),是对拟建项目的必要性和可行性进行技术经济论证,对不同建设方案进行技术经济比较并做出判断和决定的过程。

　　A. 调查过程　　　B. 决策过程　　　C. 执行过程　　　D. 监督过程

3. 可行性研究报告一经批准,投资估算就是具体项目投资的最高限额,其误差一般应控制在(   )以内。

　　A. 20%　　　　　B. 10%　　　　　C. 5%　　　　　　D. 30%

4. (   )主要是通过图纸,把设计者的意图和全部设计结果表达出来,作为施工建造的依据。

　　A. 施工图设计　　B. 初步设计　　　C. 可行性分析　　D. 项目建议书

5. 评标由(   )负责。

A. 股东大会　　　B. 监事会　　　C. 评标委员会　　　D. 董事会

6. 企业在受理担保申请后对担保申请人进行(　　)和风险评估。

A. 日常监控　　　B. 追踪管理　　　C. 资信调查　　　D. 定期监测

7. (　　)是指企业利用专业化分工优势,将日常经营中的部分业务委托给本企业以外的专业服务机构或经济组织完成的经营行为。

A. 研究与开发　　B. 工程项目　　　C. 担保业务　　　D. 业务外包

8. 企业可以根据实际情况指定(　　)等作为合同归口管理部门,对合同实施统一规范管理。

A. 财会部门　　　B. 业务承办部门　　C. 法律部门　　　D. 营销部门

9. 合同结算是合同执行的重要环节,既是对合同签订的审查,也是对合同执行的监督,一般由(　　)负责办理。

A. 财会部门　　　B. 业务承办部门　　C. 法律部门　　　D. 营销部门

10. 合同文本一般由(　　)起草,法律部门审核,重大合同或法律关系复杂的特殊合同应当由法律部门参与起草。

A. 财会部门　　　B. 业务承办部门　　C. 法律部门　　　D. 营销部门

二、多项选择题(在每小题的备选答案中,选出两个或两个以上正确的答案)

1. 自主研发是指企业依靠自身的科研力量独立完成项目,包括(　　)。

A. 委托研发　　　B. 原始创新　　　C. 集成创新　　　D. 再创新

E. 合作研发

2. 结题验收采取的主要控制措施有(　　)。

A. 建立健全技术验收制度,严格执行测试程序

B. 对验收过程中发现的异常情况应重新进行验收申请或补充进行研发,直至研发项目达到研发标准为止

C. 落实技术主管部门验收责任,由独立且具备专业胜任能力的测试人员进行鉴定试验,并按计划进行正式的、系统的、严格的评审

D. 加大企业在测试和鉴定阶段的投入,对重要的研究项目可以组织外部专家参加鉴定

E. 建立健全研究成果开发制度,促进成果及时有效转化

3. 招标环节存在的主要风险有(　　)。

A. 招标人分解建设项目,致使招标项目不完整,或逃避公开招标

B. 投标资格条件因人而设,未做到公平、合理,可能导致中标人并非最优选择

C. 相关人员违法违纪泄露标底,存在舞弊行为

D. 招标人与投标人串通投标,存在舞弊行为

E. 投标人的资质条件不符合要求或挂靠、冒用他人名义投标,可能导致工程质量难以达到规定标准。

4. 工程建设指的是工程建设实施阶段,工程建设阶段的内部控制主要包括(　　)。

A. 工程施工过程中的质量控制

B. 工程施工过程中的进度和安全控制

C. 工程价款结算控制

D. 物资采购控制

E. 工程变更控制

5. 竣工验收环节存在的主要风险有(　　)。

A. 竣工验收不规范,质量检验把关不严,可能导致工程存在重大质量隐患

B. 虚报项目投资完成额、虚列建设成本或者隐匿结余资金,竣工决算失真

C. 质量、安全监管不到位,存在质量隐患

D. 固定资产达到预定可使用状态后,未及时进行估价、结转

E. 盲目赶进度,牺牲质量、费用目标,导致质量低劣,费用超支

6. 下列情形中,属于不予担保的情形的有(　　)。

A. 担保项目不符合国家法律、法规和本企业担保政策的

B. 担保申请人已进入重组、托管、兼并或破产清算程序的

C. 担保申请人财务状况恶化、资不抵债、管理混乱、经营风险较大的

D. 担保申请人与其他企业存在较大经济纠纷,面临法律诉讼可能承担较大赔偿责任的

E. 担保申请人与本企业已经发生过担保纠纷且仍未妥善解决的

7. 担保业务审批环节采用的控制措施主要有(　　)。

A. 建立和完善担保授权审批制度,明确授权批准的方式、权限、程序和相关控制措施

B. 建立和完善重大担保业务的集体决策审批制度

C. 认真审查对担保申请人的调查评估报告

D. 从严办理担保变更审批

E. 严格按照经审核批准的担保业务订立担保合同

8. 业务外包选择承包方环节的主要风险有(　　)。

A. 承包方不是合法设立的法人主体,缺乏应有的专业资质

B. 从业人员不具备应有的专业技术资格,缺乏从事相关项目的经验

C. 外包价格不合理,业务外包成本过高导致难以发挥业务外包的优势

D. 承包方出现未按照业务外包合同约定的质量要求持续提供合格的产品等

违约行为

E. 存在接受商业贿赂的舞弊行为

9. 合同管理可以划分为合同订立阶段和合同履行阶段,合同订立阶段包括( )。

　　A. 合同调查　　　　　　　　B. 合同审批

　　C. 合同文本拟定　　　　　　D. 合同结算

　　E. 合同补充和变更

10. 合同文本拟定完成后,企业应进行严格的审核,合同审查环节企业通常采用的控制措施主要有( )。

　　A. 审核人员应当对合同文本的合法性、经济性、可行性和严密性进行重点审核

　　B. 建立会审制度

　　C. 慎重对待审核意见,认真分析研究

　　D. 按照规定的权限和程序与对方当事人签署合同

　　E. 建立合同文本统一分类和连续编号制度,以防止或及早发现合同文本的遗失

三、判断题(认为正确的在题目的括号内打"√",认为错误的在题目的括号内打"×")

1. 企业应当建立研发活动评估制度,加强对立项与研究、开发与保护等过程的全面评估,不断改进和提升研发活动的管理水平。 ( )

2. 一般而言,对于与本企业存在密切业务关系需要互保的企业、与本企业有潜在重要业务关系的企业、本企业的子公司及具有控制关系的其他企业等,可以考虑提供担保;反之,则必须十分慎重。 ( )

3. 项目建议书是对拟建项目提出的框架性总体设想,对于非重大项目,可以不编制项目建议书,也可以不开展可行性研究。 ( )

4. 招标公告、资格预审公告可以由招标人自行编制,也可以委托专业招标机构编制,投标资格的审查只能在投标前审查。 ( )

5. 工程立项后,对于是否采用招标,以及招标方式、标段划分等,应由建设单位工程管理部门牵头提出方案,报经建设单位总经理审批。 ( )

6. 如果担保申请人为企业关联方的,与关联方存在经济利益或近亲属关系的有关人员不应当参与调查评估。 ( )

7. 上市公司的重大对外担保,应取得董会全体成员 1/3 以上签署同意或者

经股东大会批准,未经董事会或者类似权力机构批准,不得对外提供重大担保。
　　　　　　　　　　　　　　　　　　　　　　　　　　　　（　　　）

8. 企业应当健全合同管理考核与责任追究制度,开展合同后评估,对合同订立、履行过程中出现的违法违规行为,应当追究有关机构或人员的责任。　（　　　）

9. 在合同调查环节,企业应审查被调查对象的身份证件、法人登记证书、资质证明、授权委托书等证明,这些证明如果没有原件,审查其复印件也可以。（　　　）

10. 对外正式对外订立的合同应当由企业法定代表人或由其授权的代理人签名或加盖有关印章,授权签署合同的,应当签署授权委托书。　　　　　（　　　）

第九章　财务报告控制

学习目的与要求

　　本章旨在阐述财务报告内部控制规范,其内容主要包括财务报告内部控制概述、财务报告编制控制、财务报告对外提供控制和财务报告分析利用控制。通过本章学习,学生应当明确财务报告内部控制目标和总体要求,熟悉财务报告的基本流程,掌握财务报告编制、对外提供及财务报告分析利用环节存在的风险、关键控制点及控制措施。

课前预习题

　　1. 财务报告的主要风险有哪些?

　　2. 财务报告的关键控制点有哪些?

　　3. 财务报告对外提供前应当由企业哪些人员进行审核?

第一节　财务报告控制概述

　　财务报告是全面反映企业某一特定日期的财务状况和某一会计期间的经营成果、现金流量的综合性文件,包括财务报表及其附注和其他应当在财务报告中披露的相关信息和资料。财务报表主要包括资产负债表、利润表、现金流量表、所有者权益变动表。财务报告既是对企业经营情况的总结,也是投资者、债权人、政府及其有关部门和社会公众等各方关注的焦点,同时又构成各级财政、其他有关监管部门实施会计监管的重点部位。认真编报年度财务报告是企业应当履行的重要社会责任。[①] 虚假财务报告的曝光给投资者的信心带来了沉重打击,而投资者对财务

---

　　① 刘玉廷. 严格遵守会计准则,提供高质量财务报告,认真履行社会责任[J]. 会计研究,2010(1).

报告真实性、公允性的信心是证券市场有效运作的关键。合理的财务报告内部控制制度有利于实现财务报告内部控制目标,提高会计信息的真实性和可靠性,从而增强投资者的信心。为此,我国《企业内部控制应用指引第 14 号——财务报告》对此进行了规范。

一、财务报告内部控制目标

（一）提高会计信息质量

有效的财务报告内部控制能够防范企业因不当编制与披露行为对财务报告产生的重大负面影响,将财务报告错误表述和违反法律、法规要求的风险降低到恰当的水平,确保财务报告真实可靠,提升会计信息质量。

（二）防范和化解企业法律责任,确保财务报告合法合规

在我国,确保财务报告真实可靠已上升为法律要求,而确保这一目标的途径就是财务报告内部控制。也就是说,保证财务报告合法合规的过程也就是确保财务报告真实可靠的过程。

（三）有效利用财务报告,提高经营效果

财务报告分析是以财务报告资料及其他相关资料为依据,采用一系列专门的分析技术和方法,对企业的偿债能力、营运能力、盈利能力和发展能力等进行评价的经营管理活动。有效利用财务报告,可以及时发现企业经营管理中存在的问题,提高经营效果。

二、财务报告控制的总体要求

（一）规范财务报告控制流程

企业在编制财务报告之前,必须在会计期末编制报表进行结账,并且按照规定清查资产、核实债务、检查会计核算等。按照《企业内部控制应用指引第 14 号——财务报告》的要求,严格执行国家相关会计法律、法规,加强对财务报告编制、对外提供和分析利用的全过程管理;明确财务报告工作流程和要求,如明确年度财务报告编制方法、年度财务报告会计调整政策、披露政策、制定对财务报表可能产生重大影响的交易或事项的判断标准、建立规范的财产物资和结算款项清查制度等。同时,建立岗位责任制,明确相关职责和权限,企业总会计师或分管会计工作的负责人负责组织领导财务报告编制和分析利用工作,企业负责人对财务报告的真实性和完整性承担责任。

（二）健全各环节的授权批准制度

企业应当健全财务报告编制、对外提供和分析利用全过程的授权批准制度。

具体包括编制方案的审批、会计政策与会计估计的审批、重大会计事项的审批,对财务报告内容的审核审批等。

（三）加强信息核对

企业应当建立日常信息核对制度。通过人工分析或利用计算机信息系统自动检查财务报表之间、财务报表各项目之间的对应关系;财务报表本期与上期有关数据的衔接关系;财务报表与附表之间平衡及勾稽关系。保证账证相符、账账相符、账实相符、账表相符等,确保会计记录的数字真实、内容完整、计算准确、依据充分、勾稽关系对应准确、各期数据相互衔接。

（四）充分利用信息技术

企业应当充分利用信息技术,提高工作效率和工作质量,减少或避免编制差错和人为调整因素。同时,企业也应当注意防范信息技术所带来的特有风险。

三、财务报告的业务流程

财务报告的基本流程一般由财务报告编制、财务报告对外提供和财务报告分析利用三个阶段构成,每个阶段包含若干具体环节。财务报告的基本业务流程见图9-1。

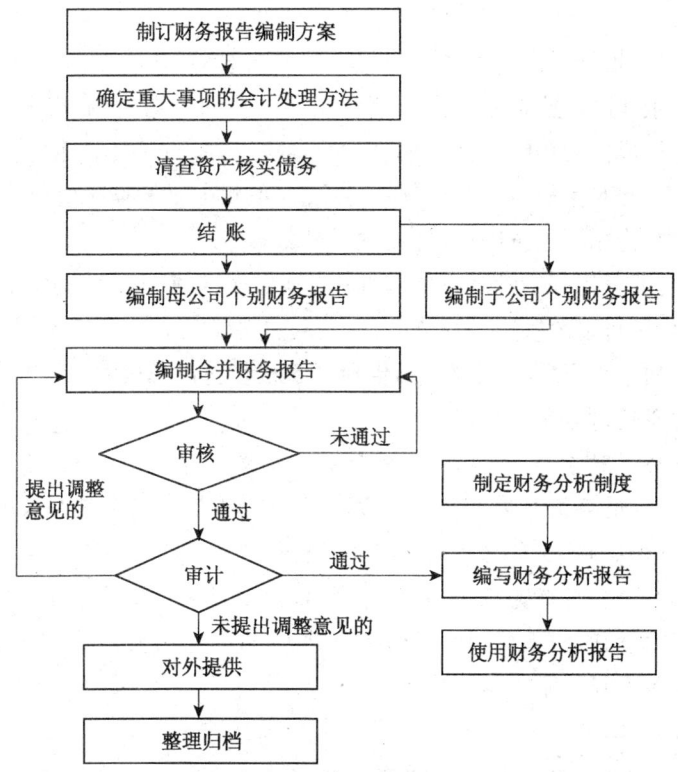

图9-1　财务报告的基本流程

（一）财务报告编制阶段

财务报告编制阶段的主要环节包括：制订财务报告编制方案，明确财务报告编制方法、编制程序、职责分工和时间安排等；确定重大事项的会计处理方法、判断标准和授权审批程序；全面清查资产核实债务，对相关资产进行减值测试、盘点、对账、摊销、收入截止、费用计提与清理、成本结转及结账等；编制个别财务报告及编制合并财务报告等。

制订财务报告编制方案，可以有效地保证财务报告符合国家及国际会计准则和国家财政税收政策的规定，符合企业的会计政策；可以明确财务报告编制工作职责分工；可以使信息准确、及时，符合使用者的要求。在编制方案中应该明确指出编制财务报告的组织原则，包括职责分工、时间要求、口径及合并报表的范围；报送及审核程序。

（二）财务报告对外提供阶段

财务报告的对外提供阶段主要包括财务报告对外提供前的审核、财务报告对外提供前的审计和财务报告的对外提供等环节。企业应当依照法律、法规和国家统一的会计准则制度的规定，及时对外提供财务报告。

（三）财务报告分析利用阶段

通过对财务报告提供的信息资料进行系统分析，可以了解掌握企业经营的实际情况，分析企业的行业地位、经营战略、主要产品的市场、企业技术创新、企业人力资源、社会价值分配等经营特性和企业的盈利能力、经营效率、偿债能力、发展能力等财务能力，并对企业做出综合分析与评价，预测企业未来的盈利情况与产生现金流量的能力，为相关经济决策提供科学的依据。

财务报告的分析利用阶段主要包括制定财务分析制度、编写财务分析报告和根据分析结果进行整改落实等环节。

【案例 9-1】　　三泰公司财务报告业务流程步骤汇总表①

1　制订年度财务报告编制方案

1.1　总公司财务部负责根据国家机关以及总公司有关年度决算的总体原则，制订总公司年度财务报告编制方案。方案必须明确年度财务报告编制方法，年度财务报告会计调整政策、披露政策。报告的时间要求。

1.2　总公司年度财务报告编制方案须报总公司主管领导核准后签发。

1.3　岗位责任：报表编制方案的可行性，报表信息的实用性。

1.4　岗位责任对象。

---

① 刘永泽，池国华.企业内部控制制度设计操作指南[M].大连：大连出版社，2011.

第一责任人:报表业务分管领导;

第二责任人:报表编制人。

2 确定总公司年度合并会计报表合并范围

2.1 各级子公司根据总公司年度财务决算方案的要求,上报合并会计报表的合并范围。

2.2 总公司财务部汇总母子公司的合并会计报表的合并范围,并报董事会核准。

2.3 总公司财务部根据董事会批复,核准并批复子公司合并会计报表的合并范围。

2.4 岗位责任:保证报表合并范围合法性。

2.5 岗位责任对象。

第一责任人:报表编制人;

第二责任人:报表业务分管领导。

3 编制年度合并会计报表

3.1 总公司财务部负责编制母公司年度会计报表。

3.2 子公司收集其所属控制子公司会计报表,并编制子公司年度合并会计报表。

3.3 总公司财务部负责年度会计报表审计招标工作,中标的会计师事务所受总公司委托,负责对总公司各级子公司经营年度会计报表审计。

3.4 子公司在规定的时间内向总公司报告财务报送年度合并会计报表和年度审计报告。

3.5 总公司财务部会同主审会计师事务所对子公司年度会计报表进行审核。

3.6 总公司财务部汇总经审核后的子公司年度合并会计报表及母公司会计报表。

3.7 总公司财务部归集、整理合并抵销基础事项和数据,编制总公司年度会计报表合并工作底稿,并据此编制总公司年度决算预案。

3.8 总公司年度决算预案报经总公司主管领导审批后,报总公司总经理常务会讨论。

3.9 总公司财务部根据总经理常务会讨论通过的年度决算预案,编制总公司年度财务报告,总公司财务部按国家要求上报或对外公布总公司年度财务决算报告。

3.10 岗位责任:按时、合规完成合并报表编制。

3.11 岗位责任对象。

第一责任人:会计报表编制人;

第二责任人：报表工作分管领导。

4 年度财务报告的使用

4.1 财务报告使用单位(部门)需使用总公司年度财务报告时,须向总公司财务部提交申请,说明使用范围、使用目的、使用份数。

4.2 总公司财务部负责审核使用单位的使用申请,并提出意见报财务部总经理审批,经总公司领导核准后,向使用单位(部门)提供财务报告。

4.3 财务部对财务报告使用情况进行登记、备案。

4.4 岗位责任:保证报表存档安全,借用符合程序,按时收回所借出的报表。

4.5 岗位责任对象。

第一责任人：报表保管人;

第二责任人：报表业务分管领导。

5 月度财务报告、半年度财务报告编制

5.1 总公司财务部负责编制月度、半年度母公司财务报告。

5.2 子公司按照制度要求编制子公司月度、半年度母公司财务报告,经子公司财务负责人或子公司负责人签字后上报总公司财务部。

5.3 总公司财务部负责审核子公司月度、半年度财务报告。

5.4 总公司财务部汇总母子公司会计报表,并编制工作底稿,据以编制总公司月度财务报告,经总公司财务部总经理审批后,报总公司主管领导批准。

5.5 经总公司主管领导批准后,总公司财务部向国家机关上报月度、半年度财务报告。

5.6 岗位责任:按时、合规地完成月度和半年度会计报表编制。

5.7 岗位责任对象。

第一责任人：报表编制人;

第二责任人：报表业务分管领导。

四、财务报告内部控制应关注的风险

财务报告是财务会计确认和计量的结果,是连接企业和会计信息使用者的桥梁。然而,企业在编制、对外提供和分析利用财务报告过程中通常隐含着一些重大风险,主要包括以下三个方面。

（一）财务报告编制不合规的风险

企业财务报告编制与披露违反会计法律、法规和国家统一的会计准则制度,可能遭受外部处罚、经济损失,使企业声誉受损;未经过适当审核或越权审批,可能因重大差错、舞弊、欺诈而导致损失。

（二）提供虚假财务报告的风险

企业有关利益各方将主要依据企业对外提供的财务报告进行相关决策。虚假的财务报告不仅会误导财务报告使用者，造成其决策失误，还会影响和干扰市场秩序。另外，财务报告披露程序不当，可能因虚假记载、误导性陈述、重大遗漏和未按规定及时披露导致损失。

（三）财务报告未能有效利用的风险

科学分析财务报告，可以更好地评价企业的财务状况、资产管理水平和获利能力，指导科学预测，从而为企业决策提供可靠的依据。如果财务分析制度不符合企业实际情况，财务分析方法不正确，财务分析流于形式，不能充分的分析和利用财务报告，将难以及时发现企业经营管理中存在的问题，从而引发企业的财务和经营风险。

【案例9-2】　　　　　　两面针公司的利润操纵①

2010年7月16日，两面针公司公告了证监会对其长达3年多的调查结果。在2003年至2005年的3年内，两面针公司利用虚假销售、少计广告费、提前确认股权转让收益等方式虚增利润。其中，2003年，两面针公司通过虚假销售和少计广告费的方式虚增利润0.88亿元，而当年年报披露的净利润为0.41亿元。但公司实际情况是2003年亏损。在蒙混过关后，上市后的2004年、2005年，两面针公司又故伎重演。2004年，通过提前确认股权转让收益和少计广告费的方式，两面针公司虚增利润0.937亿元，年报披露净利润为0.406亿元，两面针公司当年实际仍是亏损。2005年，两面针公司又通过少计广告费用的方式虚增利润0.58亿元，当年披露的净利润为−0.34亿元，公司实际亏损金额更大。

在本案例中，两面针公司通过利用虚假销售、少计广告费、提前确认股权转让收益等方式虚增利润。违背了会计准则、制度和相关法律、法规的规定，受到了监管部门的处罚。

第二节　财务报告编制控制

企业编制财务报告，应当依据真实的交易或事项和完整准确的账簿记录等资料，按照国家会计准则和本企业统一会计政策规定的编制基础、编制依据、编制原则和编制方法进行编制。任何组织和个人不得授意、指使、强令企业违反。

---

① 根据两面针的上市公司公告资料整理编写。

一、财务报告编制阶段的主要风险

（一）制订财务报告编制方案

企业财会部门应在编制财务报告前制订财务报告编制方案，并由财会部门负责人审核。财务报告编制方案应明确财务报告编制方法（包括会计政策和会计估计、合并方法、范围与原则等）、财务报告编制程序、职责分工（包括牵头部门与相关配合部门的分工与责任等）、编报时间安排等相关内容。

该环节的主要风险有：会计政策和会计估计使用不当，不符合有关法律、法规；重要会计政策、会计估计变更未按规定权限审批；会计政策未能有效贯彻、执行；各部门职责、分工不清，导致数据传递出现差错、遗漏、格式不一致等；各步骤时间安排不明确，导致整体编制进度延后，违反相关报送要求。

编制财务报告，重点应关注企业政策和会计估计，以防止企业利用会计政策和会计估计及其变更编制虚假财务报告的风险。

【案例 9-3】　　　　　　　　科龙公司"巧"提准备①

科龙公司在 2002 年主营业务收入仅增加 1.58 亿元的情况下，第一次公布的年报却实现了 2.01 亿元的净利润，这些利润引起了注册会计师的质疑。科龙公司 2001 年计提坏账准备和存货跌价准备高达 6.87 亿元而出现巨额亏损，但 2002 年大量坏账准备及存货跌价准备的冲回，使管理费用从 2001 年的 9.12 亿元骤降至 0.35 亿元。更值得注意的是，原公司第一大股东所欠的 8.62 亿元债务仍然计在"其他应收款"中，未予冲销。考虑到注册会计师的不同意见，科龙公司第二次公布的年报在 24 小时内骤降了 50%，其中包括对 2 500 万元原材料款拨备（即"存货计提"）冲回项的调整。

在本案例中可以看到，科龙公司准备的计提就像游戏一样。会计政策和会计估计的变更应当经过授权人员的审批，该公司随意制定和变更会计政策，违反了会计准则、制度和法律、法规的相关规定。计提的随意性不仅毁掉了会计信息的一贯性和可比性，而且抹杀了会计准则的严肃性。企业通过减值准备这一会计政策实现了虚假财务报告的目的，应引起我们格外关注。

（二）确定重大事项的会计处理

在编制财务报告前，企业应当确认对当期有重大影响的主要事项，确定重大事项的判断标准及其会计计量方法，并按照规定的权限和程序进行审批后下达给各相关单位执行。

---

① 根据科龙公司的上市公司公告资料整理编写。

该环节的主要风险有：重大事项，如债务重组、非货币性交易、公允价值的计量、收购兼并、资产减值等的会计处理不合理，会扭曲会计信息，无法如实反映企业实际情况；未按相应的权限和程序进行审批，影响会计信息质量。

（三）清查资产核实债务

企业应在编制财务报告前，组织财务和相关部门进行资产清查、减值测试和债权债务核实工作。

该环节的主要风险有：资产、负债账实不符，虚增或虚减资产、负债；资产计价方法随意变更；未进行减值测试；提前、推迟甚至不确认资产、负债等。

（四）结账

企业在编制年度财务报告前，应在日常定期核对信息的基础上，完成对账、调账、差错更正等处理；检查相关会计核算是否符合会计准则和企业统一规定；收入、费用确认是否符合截止日的规定；检查实际已发生但未进行结算的费用，经过适当授权审批审核程序后，暂估入账；检查对售后服务等预计负债事项是否充分计提；检查成本结转是否准确，有无随意调节成本的现象等。在此基础上，财务部门实施结账操作。

该环节的主要风险有：账务处理存在错误，导致账证、账账不符；虚列或隐瞒收入，推迟或提前确认收入；随意改变费用、成本的确认标准或计量方法，虚列、多列、不列或者少列费用、成本；结账的时间、程序不符合相关规定；关账后又随意打开已关闭的会计期间等。

（五）编制个别财务报告

企业应当按照国家统一的会计准则制度规定的财务报告格式和内容，根据登记完整、核对无误的会计账簿记录和其他有关资料编制财务报告，做到内容完整、数字真实、计算准确，不得漏报或者任意进行取舍。

该环节的主要风险有：提供虚假财务报告，误导财务报告使用者，造成决策失误，干扰市场秩序；报表数据不完整、不准确；报表种类不完整；附注内容不完整、不真实等。

（六）编制合并财务报告

企业集团应当编制合并财务报告，分级收集合并范围内分公司及内部核算单位的财务报告并审核，对企业集团内部交易进行相互抵销处理后，编制合并全资及控股公司的财务报告，如实反映企业集团的财务状况、经营成果和现金流量。

该环节的主要风险有：合并范围不准确、不完整；合并调整事项不完整；合并抵销处理不准确；合并报表编制不及时，导致信息披露延误或无法满足信息使用者的需求。

二、财务报告编制阶段的关键控制点及控制措施

（一）制订财务报告编制方案

（1）按照国家最新会计准则和会计制度的规定，结合自身情况，制定企业统一的会计政策，并根据会计相关法律法规、规章制度的变化及监管机构的最新规定等，及时对企业的内部会计规章制度和财务报告制度等做出相应调整。

（2）涉及会计政策和会计估计的调整，无论是强制还是自愿，企业均需经过适当授权人员的审批。通常，企业的内部会计规章制度至少要经财会部门负责人审批后生效，财务报告流程、年报编制方案应当经公司分管财务会计工作的负责人核准后签发。

（3）企业应建立完备的信息沟通渠道，将内部会计规章制度和财务流程、会计科目表和相关文件及时有效地传达至相关人员，使其了解相关职责要求、掌握适当的会计知识和会计政策并加以执行。企业还应通过内部审计等方式，定期进行测试，保证会计政策有效执行，且在不同业务部门、不同期间内保持一致性。

（4）企业应明确各部门的职责分工，落实编制质量责任。总会计师或分管会计部门工作的负责人负责组织领导，财会部门负责财务报告编制工作，各部门应当及时向财会部门提供编制财务报告所需的信息，并对所提供信息的真实性和完整性负责。

（5）企业应根据财务报告的报送要求，倒排工时，为各步骤设置关键时间点，并由财会部负责督促和考核各部门的工作进度，及时进行提醒，对未能及时完成的进行相应处罚。

（二）确定重大事项的会计处理

（1）企业明确重大事项的判断标准，建立重大事项的处理流程，报有关管理层审批后，予以执行。重大事项通常包括以前年度审计调整及相关事项对当期的影响、会计准则制度的变化及对财务报告的影响、新增业务和其他新发生的事项及对财务报告的影响、年度内合并（汇总）报告范围的变化及对财务报告的影响等。

（2）及时沟通需要专业判断的重大事项并确定相应的会计处理办法。企业应规定下属各部门、各单位人员及时将重大事项信息报告至上级财会部门，财会部门应定期研究、分析并与相关部门组织沟通重大事项的会计处理办法，逐级报请总会计师或分管会计工作的负责人审批后下达各相关单位执行，特别是资产减值损失、公允价值计量、固定资产折旧等，财会部门应定期与资产管理部门进行沟通。

（三）清查资产核实债务

为了全面有效地查实资产和债务，企业首先应当制订可行的资产、负债核实计

划,明确人员分工、时间安排和实施方法;其次展开核实资产和负债的工作。具体的核实工作如下:

(1) 盘点库存现金、票据;与银行核对存款余额。

(2) 与外部核查结算款项,包括应收款项、应付款项、应交税费等是否存在,与债务、债权单位相应债务、债权金额是否一致。

(3) 盘点检查原材料、在产品、自制半成品、库存商品等各项存货的实存数量与账面数量是否一致,是否有报废损失和积压物资等。

(4) 核查账面投资是否存在,投资收益是否按照国家统一的会计准则制度规定进行确认和计量。

(5) 盘点检查房屋建筑物、机器设备、运输工具等各项固定资产的实存数量与账面数量是否一致,清查土地、房屋的权属证明,确定资产归属。

(6) 核查在建工程的实际发生额与账面记录是否一致等。

企业对清查过程中发现的差异,应当分析原因,提出处理意见,取得合法证据和按照规定权限经审批,将清查、核实的结果及其处理办法向企业的董事会或者相应机构报告,并根据国统一的会计准则制度的规定进行相应的会计处理。

(四) 结账

企业在全面清查资产、核实债务后,开始结账操作。在操作过程中,企业主要实施以下控制措施:

(1) 核对各会计账簿记录与会计凭证的内容、金额等是否一致,记账方向是否相符。

(2) 检查相关账务处理是否符合国家统一的企业会计准则制度和企业制定的会计核算方法。

(3) 检查是否遵循权责发生制调整有关账项,合理确定本期应计收入和应计的费用。例如,计提固定资产折旧、计提坏账准备等;各项应摊销的费用按规定摊配并分别记入本期有关科目;属于本期的应计收益应确认计入本期收入等。

(4) 检查是否存在因会计差错、会计政策变更等原因需要调整前期或者本期相关项目。对于调整项目,需取得和保留审批文件,以保证调整有据可依。

(5) 应当在当期所有交易或事项处理完毕并经财会部门负责人审核签字确认后,进行结账操作。

(6) 如果在结账之后需要重新打开已关闭的会计期间,须填写相应的申请表,经总会计师或分管会计工作的负责人审批后进行。

(五) 编制个别财务报告

企业应当严格按照规定的编制要求、财务报表模板及其填制指引编制财务报

告,保证财务报告的准确、规范和完整。具体实施以下控制措施:

(1) 财会部门编制本单位财务报告编制分工表,并由财会部门负责人审核,确保报告编制范围完整,财会部门报告编制岗位按照登记完整、核对无误的会计账簿记录和其他有关资料对相关信息进行汇总编制。

(2) 校验审核财务报表及其各项目,包括期初数与上年度审计后资产负债表期末数的核对、年度利润表上年同期数与上年度审计后利润表累计发生数核对;对财务报告内有关项目的对应关系进行审核、报表前后勾稽关系进行审核、期末数与试算平衡表和工作底稿核对、财务报告主表与附表之间的平衡及勾稽关系校验、财务报表与财务报表附注对应项目的核对等。

(3) 检查担保、诉讼、未决事项、资产重组等重大或有事项是否在附注中反映和披露。

(4) 财会部门负责人审核报表内容和种类的真实、完整性,通过后予以上报。

(六) 编制合并财务报告

企业应当按照国家统一规定,结合本企业实际情况,制订明确的合并方案,具体包括合并范围、合并方法、合并层级等事项。在此基础上,进行合并处理。在处理中实施适当的控制程序和措施,合理保证合并财务报表的真实性、准确性和完整性。具体控制措施如下:

(1) 财会部门应当依据经同级法律事务部门确认的产权(股权)结构图,确定合并范围、合并层级和合并方法,由财会部门负责人审核、确认,保证合并范围的完整。

(2) 财会部门收集、审核下级单位财务报告,并汇总出本级次的财务报告,经汇总单位财会部门负责人审核。

(3) 财会部门制定内部交易或事项核对表及填制要求,报财会部门负责人审批后下发纳入合并范围内的各单位。财会部门核对本单位及纳入合并范围内各单位之间内部交易或事项和金额,如有差异,应及时查明原因并进行调整。编制内部交易表及内部往来表交财会部门负责人审核。

(4) 合并抵销分录应有相应的标准文件和证据进行支持,由财会部门负责人审核。

(5) 对合并抵销分录实行交叉复核制度,具体编制人完成调整分录后即提交相应复核人进行审核,审核通过后才可录入试算平衡表。通过交叉复核,保证合并抵销分录的真实性和完整性。

第三节　财务报告对外提供控制

财务报告使用者及其利益相关者需要根据财务报告的信息进行决策,而信息具有时效性。因此企业应当依照法律、法规和国家统一的会计准则制度规定,及时完整地提供对外财务报告。

一、财务报告对外提供阶段的主要风险

（一）财务报告对外提供前的审核

财务报告对外提供前,财会部门负责人需按规定程序审核财务报告的准确性并签名盖章;总会计师或分管会计工作的负责人审核财务报告的真实性、完整性、合法合规性,并签名盖章;企业负责人审核财务报告整体合法合规性,并签名盖章。

该环节的主要风险有:在财务报告对外提供前未按规定程序进行审核;对内容的真实性、完整性及格式的合规性等审核不充分。

（二）财务报告对外提供前的审计

财务报告根据规定必须由注册会计师审计的,公司的年度财务报告需依法经会计师事务所审计,审计报告应随同财务报告一并对外提供。因此,公司财会部门根据董事会审计委员会对上年度会计师事务所的评价、选聘意见,确定本年度会计师事务所的选聘标准和程序,上报董事会及审计委员会审议,经股东大会决议批准后,确定实施财务报告审计的会计师事务所。会计师事务所制定审计工作方案,经财务总监、总经理审核后,提交董事会及审计委员会审议。公司财会部门及相关部门按照相关规定和财务报表审计工作方案配合会计师事务所做好审计工作,及时研究审计查出的问题。初步审计意见需由企业财务总监和总经理审阅,并进行沟通。沟通情况及初步意见经财务总监、总经理签字确认后,提交董事会及审计委员会审议。

该环节的主要风险有:财务报告对外提供前未经审计;审计机构不符合相关法律、法规的规定;审计机构与企业串通舞弊。

（三）财务报告的对外提供

一般企业的财务报告经完整审核并签名盖章后即可对外提供。上市公司还需经董事会和股东大会审批通过后方能对外提供。财务报告应与审计报告一同向投资者、债权人、政府监管部门等报送。

该环节的主要风险是:未遵循财务报告对外提供的相关法律、法规规定,导致承担相应法律责任;对外提供的财务报告的编制基础、编制依据、编制原则和方法不一致,影响信息使用者和利益相关者对企业情况做出的判断和经济决策;未能及时对外报送财务报告,导致财务报告信息的使用价值降低;财务报告在对外提供前提前泄露或使不应知晓的对象知悉,导致发生内幕交易等,使投资者或企业本身蒙受损失。

二、财务报告对外提供阶段的关键控制点及控制措施

（一）财务报告对外提供前的审核

企业应严格按照规定的财务报告编制的审批程序，由各级负责人逐级把关，对财务报告内容的真实性、完整性，格式的合规性等予以审核。财务报告在对外提供前应当装订成册，加盖公章，并由企业负责人、总会计师或分管会计工作的负责人、财会部门负责人签名并盖章。企业应保留审核记录，建立责任追究制度。

（二）财务报告对外提供前的审计

在财务报告提供前的审计阶段，企业应当实施以下控制措施：

（1）企业应根据相关法律、法规的规定，结合上年度的审计情况、董事会的评价意见等，按照规定的程序，选择符合资质的会计师事务所对财务报告进行审计。

（2）制订审计工作方案，配合审计人员开展审计工作。

（3）制订会计师事务所与企业管理层治理层的沟通程序。沟通情况及初步意见经财务总监、总经理签字确认后，提交董事会及审计委员会审议。

（三）财务报告的对外提供

（1）企业应根据相关法律、法规的要求，在企业相关制度中明确负责财务报告对外提供的对象，并在相关制度性文件中予以明确并由企业负责人监督，如国有企业应当依法定期向监事会提供财务报告，至少每年一次向本企业的职工代表大会公布财务报告。上市公司的财务报告需经董事会、股东大会审核通过后向全社会提供。

（2）企业应严格按照规定的财务报告编制中的审批程序，由财会部门负责人、总会计师或分管会计工作的负责人、企业负责人逐级把关，对财务报告内容的真实性、完整性，格式的合规性等予以审核，确保提供给投资者、债权人、政府监管部门、社会公众等各方面的财务报告的编制基础、编制依据、编制原则和方法完全一致。

（3）企业应严格遵守相关法律、法规和国家统一的会计准则制度对报送时间的要求，在财务报告的编制、审核、报送流程中的每一步骤设置时间点，对未能按时及时完成的相关人员进行处罚。

（4）企业应设置严格的保密程序，对能够接触财务报告信息的人员进行权限设置，保证财务报告信息在对外提供前控制在适当的范围，并对财务报告信息的访问情况予以记录，以便了解情况，及时发现可能的泄密行为，在泄密后也易于找到相应的责任人。

【案例9-4】 云南绿大地舞弊案①

云南省绿大地生物科技股份有限公司(以下简称"绿大地")被称为信誉度最差的 A 股上市公司,成立于 1996 年,上市前每股净资产为 4.43 元,于 2007 年 12 月 21 日在深圳证券交易所挂牌上市,发行价为 16.49 元,以绿化工程和苗木销售为主营业务,是云南省最大的特色苗木生产企业。它是国内绿化行业第一家上市公司,号称园林行业上市第一股,其复权后股价曾一路飙升到 81.05 元。2010 年 3 月,绿大地因涉嫌信息披露违规被立案稽查。证监会发现该公司存在涉嫌"虚增资产、虚增收入、虚增利润"等多项违法违规行为。2011 年 3 月 17 日,绿大地创始人兼董事长何学葵因涉嫌欺诈发行股票罪被捕,自此股价一路下跌,半年多跌幅超过 75%。由此逐步揭开了绿大地的财务"造假术"。

伴随着一个个"第一"进入公众视野的绿大地,是云南省第一家上市的民营企业、A 股第一家园林上市公司、董事长是云南省女首富等,但就是这么一家头顶众多"第一"光环的企业,为什么最近陷入了财务舞弊的泥潭?

一、五度变更业绩

绿大地的财务手段已经到了一个新的高度,创下了中国证券市场年报变脸新纪录,2009 年 10 月至 2010 年 4 月,对于 2009 年的全年利润变动之快、之频繁,令人咋舌:①2009 年 10 月 30 日,绿大地发布 2009 年第三季季报称,预计 2009 年度净利润同比增长 20%~50%。②2010 年 1 月 30 日,绿大地将 2009 年净利润增幅修正为较 2008 年下降 30% 以内。③2010 年 2 月 27 日,绿大地第三次发布 2009 年度业绩快报,净利润变为 6 212 万元。④2010 年 4 月 28 日,绿大地再次将净利润修正为 −12 796 万元。⑤2010 年 4 月 30 日,绿大地最终发布 2009 年年度报告,披露公司 2009 年净利润为 −15 123 万元。仅仅 2 天,数据又相差了 2 000 多万元。绿大地披露的业绩经过五次反复,由之前的预增过亿元,变更为最后的巨亏 1.5 亿元。正是它"恶搞"般的财务报告,引发了监管部门的注意。

二、舞弊手段

1. 虚增资产

绿大地 2007 年上市时的招股说明书显示,截至 2007 年 6 月 30 日,绿大地的固定资产净额为 5 066.35 万元,该公司在昆明开发区内的办公楼等固定资产额为 942.59 万元,总共 26.5 亩土地,其总部所在地除房屋、道路及庭前绿化外的"外地坪、沟道",也作价 107.66 万元。另一处固定资产"马鸣基地"围墙的固定资产值为 686.9 万元,其招股说明书上显示的该基地 4 块地(原为荒山)共 3 500 亩,如果其

---

① 资料来源于百度文库——云南绿大地案例分析。

围墙只围地块的周长,折算下来,其每米围墙的价格高达 1 268.86 元。此外,马鸣基地的 3 口深水井也造价惊人,计入固定资产 216.83 万元,每口价值为 72.27 万元。而该招股说明书上的另一口深井,金殿基地深水井却只值 8.13 万元,价格相差近 10 倍。多项资产的实际价值存在疑问。昆明市官渡区人民法院判定,2004 年 2 月,绿大地购买马龙县旧县村委会土地 960 亩,金额为 955 万元,虚增土地成本 900 万元;2005 年 4 月,绿大地购买马龙县马鸣土地四宗计 3 500 亩,金额为 3 360 万元,虚增土地成本 3 190 万元;截至 2007 年 6 月 30 日,绿大地在马龙县马鸣基地灌溉系统、灌溉管网价值虚增 797 万元;2007 年 1~3 月,绿大地对马鸣乡基地土壤改良价值虚增 2 124 万元。另外,绿大地 2010 年 6 月 17 日发布的《关于 2010 年一季度报表更正差异的专项说明》显示,其 2010 年一季度的固定资产多计 5 983.67 万元。绿大地对此的解释是,固定资产的差异原因在于"工作失误",将北京分公司的固定资产已包含在本部报表中,又将其列入合并报表,即计算 2 次,造成该项目虚增。

2. 虚增收入

为达到上市目的,被告人赵海丽、赵海艳等人注册了一批由绿大地实际控制的关联公司,采用伪造合同、发票等手段虚构交易业务,虚增资产、收入。

绿大地的苗木采购大户订单,2004 年 1 月至 2007 年 6 月,为公司增加营业收入、净利润做出重要贡献。根据绿大地的招股书,2004~2006 年及 2007 年上半年,绿大地的前六大销售客户分别有昆明鑫景园艺工程有限公司、昆明润林园艺有限公司、昆明滇文卉园艺有限公司、昆明自由空间园艺有限公司、昆明千可花卉有限公司、昆明天绿园艺有限公司等一大批昆明企业和部分成都、北京企业。

但上市后一些曾经的采购大户陆续神秘蒸发。北京都丰培花卉有限公司 2006 年 12 月 25 日被吊销了营业执照;昆明天绿园艺有限公司 2008 年 4 月 15 日被吊销了营业执照;昆明鑫景园艺工程有限公司于 2010 年 2 月 3 日在昆明市工商局办理了工商注销手续;昆明自由空间园艺有限公司 2010 年 3 月 18 日办理了工商注销手续;成都贝叶园艺有限公司与成都万朵园艺有限公司,同时在 2008 年 6 月 5 日进行了工商注销,且两公司均成立于 2005 年 11 月 15 日。

2009~2010 年,绿大地金额巨大的销售退回突然出现。2010 年 4 月 30 日,绿大地披露确认 2008 年苗木销售退回为 2 348 万元;与此同时,绿大地确认 2009 年苗木销售退回金额高达 1.58 亿元。

昆明市官渡区人民法院判定,绿大地在招股说明书披露 2004 年至 2007 年 1~6 月累计收入为 6.26 亿元,虚增收入 2.96 亿元;2007 年绿大地披露的营业收入 2.57 亿元,经鉴定确认其中虚增收入 9 660 万元;2008 年虚增收入 8 565 万元;2009 年虚增收入 6 856 万元。

3. 虚增利润

2009 年 10 月 30 日,该公司发布 2009 年三季报称,预计 2009 年度净利润同比增长 20%～50%(其 2008 年度净利润为 8 677 万元);2010 年 1 月 30 日,该公司发布 2009 年度业绩预告修正公告称,将 2009 年净利润增幅修正为较 2008 年下降 30% 以内,来了个大转折;随后,该公司 2010 年 2 月 27 日第三次发布 2009 年度业绩快报时,净利润却又变为 6 212 万元。3 天后,绿大地又发布 2009 年度业绩预亏及持续旱灾的重大风险提示公告,预计公司 2009 年度经营业绩可能出现亏损。2010 年 4 月 28 日,绿大地又发布 2009 年度业绩快报修正公告,将净利润修正为亏损 1.279 6 亿元,再次大逆转一回。2010 年 4 月 30 日正式公布 2009 年年度报告时,该公司 2009 年净利润定格为亏损 1.512 3 亿元;同一天,绿大地发布第一季度报告,每股收益只有 0.1 元,比 2008 年同期暴跌。绿大地 2010 年 6 月 17 日发布的《关于 2010 年一季度报表更正差异的专项说明》显示,其原一季报的营业收入少计 10 万元,营业利润多计 67.57 万元,净利润多计 52.57 万元。

绿大地公布的报告中,差错不断。其 2010 年一季报中仅合并现金流量项目,就有多达 26 项差错,其中有 8 项差错为几千万元,上亿元的差错多达 12 项。2010 年 4 月 30 日,绿大地发布关于前期会计差错更正情况的专项说明称,公司对 2008 年因销售退回未进行账务处理,本期对该项前期差错进行更正,追溯调整减少 2008 年度合并及母公司营业收入 23 485 195.00 元、追溯调整减少 2008 年度合并及母公司营业成本 11 947 362.81 元、追溯调整增加 2008 年度合并及母公司应付账款 11 537 832.19 元,调减合并及母公司年初未分配利润 10 384 048.97 元,调减合并及母公司年初盈余公积 1 153 783.22 元。

绿大地公司在财务报告内部控制方面主要存在以下缺陷:

(1) 在财务报告编制方面:没有编制方案,没有编制流程,以明确相关工作流程、落实责任制,确保财务报告合法合规,真实完整和有效利用。

(2) 没有财务报告进行编制做准备的规定,按照要求进行必要的资产清查、减值测试和债权债务核实,重大交易或事项应当按照规定的权限和程序进行审批。违反国家会计法律、法规和国家统一的会计准则,在资产、收入和利润方面造假。

(3) 缺乏适当的会计差错更正控制程序。

(4) 在财务报告的报送与披露方面:缺乏相应的管理制度,未能确保信息披露的真实和完整。

第四节 财务报告分析利用控制

企业对外提供的财务报告,主要是为了满足外部信息使用者和利益相关者的需求而编制的,是企业过去经营成果和财务状况的总结。为了更全面地了解企业实际情况,有必要把会计报表中的个别项目有机地联系起来,进行分析研究、比较和综合,更好地预测未来发展趋势。财务报告分析就是以企业的会计报表及其他相关资料为基础,采用专门的分析方法,对企业财务活动和结果研究和评价,以分析企业的经营得失、财务状况及发展趋势,从而评价和改进财务管理工作,优化经济决策。财务报告分析是财务报告编制的继续和深化,是实现财务报告真正价值的必要手段。

一、财务报告分析利用阶段的主要风险

（一）制定财务分析制度

企业财会部门应在对企业基本情况进行分析研究的基础上,提出财务报告分析制度草案,并经财会部门负责人、总会计师或分管会计工作的负责人、企业负责人检查、修改、审批。

该环节的主要风险有:制定的财务分析制度不符合企业实际情况;财务分析制度未充分利用企业现有资源;财务分析的流程、要求不明确;财务分析制度未经审批等。

（二）编写财务分析报告

企业财会部门应根据本企业的财务分析制度定期编写财务分析报告,并通过定期召开财务分析会议等形式对分析报告的内容予以完善,以充分利用财务报告反映的综合信息,全面分析企业的经营管理状况和存在的问题,不断提高经营管理水平。

该环节的主要风险有:财务分析报告的目的不正确或者不明确,财务分析方法不正确;财务分析报告的内容不完整,未对本期生产经营活动中发生的重大事项做专门分析;财务分析仅局限于财会部门,未充分利用相关部门的资源,影响质量和可用性;财务分析报告未经适当审核等。

（三）使用财务分析报告

财会部门应将经过企业负责人审批的报告及时报送各部门负责人,各部门负责人根据分析结果进行决策和整改落实。

该环节的主要风险有:财务分析报告的内容传递不畅,未能及时使有关各部门获悉;各部门对财务分析报告不够重视,未对其中的意见进行整改落实。

二、财务报告分析利用阶段的关键控制点及控制措施

（一）制定财务分析制度

(1) 企业在对基本情况分析时,应重点了解企业的发展背景,包括企业的发展

史、企业组织机构、产品销售及财务资产变动情况等,熟悉企业业务流程。

（2）制定企业财务报告分析制度时,应重点关注:财务报告分析的时间、组织形式、参加的部门和人员;财务报告分析的内容、分析的步骤、分析方法和指标体系;财务报告分析报告的编写要求等。

（3）财务报告分析制度草案经由财会部门负责人、总会计师或分管会计工作的负责人、企业负责人检查、修改、审批之后,根据制度设计的要求进行试行,发现问题及时总结上报。

（4）财会部门根据试行情况进行修正,确定最终的财务报告分析制度条文,并经财会部门负责人、总会计师或分管会计工作的负责人、企业负责人进行最终的审批后执行。

（二）编写财务分析报告

（1）编写财务分析报告要结合报告确定的目标,使用正确的财务分析方法,将各项资料合理分析运用。重点分析:①企业的资产分布、负债水平、所有者权益结构,通过资产负债率、流动比率、资产周转率等指标分析企业的偿债能力和营运能力;企业净资产的增减变化,了解和掌握企业规模和净资产的不断变化过程。②各项收入、费用的构成及其增减变动情况,通过净资产收益率、每股收益等指标,分析企业的盈利能力和发展能力,了解和掌握当期利润增减变化的原因和未来发展趋势。③经营活动、投资活动、筹资活动现金流量的运转情况,关注现金流量能否保证生产经营过程的正常运行,防止现金短缺或闲置。

（2）总会计师或分管会计工作的负责人应当在财务分析和利用工作中发挥主导作用,负责组织领导。财会部门负责人审核财务分析报告的准确性,判断是否需要对特殊事项进行补充说明,并对财务分析报告进行补充说明。对生产经营活动中的重要资料、重大事项以及与上年同期数据相比有较大差异的情况要做重点说明。

（3）企业应定期召开财务分析会,吸收有关部门负责人参加,对各部门提出的意见,财会部门应充分沟通、分析,修改完善财务分析报告。

（4）修订后的分析报告应及时报送企业负责人,企业负责人负责审批分析报告,并据此进行决策,对于存在的问题及时采取措施。

（三）使用财务分析报告

（1）定期的财务分析报告是构成内部报告的组成部分,企业应当充分利用信息技术和现有内部报告体系在各个层级上进行沟通。

（2）根据分析报告的意见,明确各部门职责。责任部门按要求落实改正,财会部门负责监督、跟踪责任部门的落实情况,并及时向有关负责人反馈落实情况。

复习思考题

1. 简述财务报告内部控制的目标和总体要求。
2. 简要描述财务报告的基本流程。
3. 财务报告编制阶段存在哪些风险？如何控制？
4. 简述财务报告对外提供各环节的关键控制点和控制措施。
5. 简述财务报告分析利用各环节的关键控制点和控制措施。

练 习 题

一、单项选择题(在每小题的备选答案中,选出一个正确的答案)

1. 企业编制财务报告,应当重点关注会计政策和(　　)。

A. 会计计量　　　　　　　　　B. 会计准则

C. 会计估计　　　　　　　　　D. 会计方法

2. 下列关于财务报告的说法中,错误的是(　　)。

A. 财务报告是反映企业某一特定日期财务状况和某一期间经营成果、现金流量等会计信息的文件

B. 违反国家关于编制财务报告的相关法律、法规,不会导致企业承担法律责任

C. 提供虚假财务报告,会干扰市场秩序

D. 不能有效利用财务报告,可能难以及时发现企业经营管理中存在的问题

3. 对于涉及会计政策变更的事项,编制人员应提交(　　)审议。

A. 财务总监　　　　　　　　　B. 总经理

C. 董事长　　　　　　　　　　D. 董事会及审计委员会

4. 下列关于财务分析会议的说法中,错误的是(　　)。

A. 财务分析会议应当定期召开

B. 财务分析会议应由总会计师或分管会计工作的负责人发挥主导作用

C. 财务分析会议不需要其他业务部门的负责人参加

D. 财务分析会议的重点在于全面分析企业经营管理现状和存在问题

5. 下列关于选聘会计师事务所的说法中,错误的是(　　)。

A. 财会部门应根据董事会审计委员会对上年度会计师事务所的评价,确定本年度会计师事务所的选聘标准和程序

B. 会计师事务所的选聘标准和程序只需通过董事及审计委员会审议

C. 应根据审议通过后的选聘标准和程序确定会计师事务所

D. 审计委员会审议会计师事务所正式审计报告,评价审计工作情况

6. 会计师事务所选聘由(　　)做出决策。

A. 股东大会　　　　B. 董事会　　　　C. 监事会　　　　D. 审计委员会

7. 会计师事务所制订的审计方案,应提交(　　)审议。

A. 股东大会　　　　　　　　　B. 董事会审计委员会

C. 监事会　　　　　　　　　　D. 财务总监

8. 财务报告控制内部的目标不包括(　　)。

A. 提高会计信息质量

B. 确保财务报告合法和合规

C. 及时发现企业经营管理中存在的问题

D. 资产安全

9. 企业对外提供年度财务报告的截止时间是年度终了后的(　　)个月。

A. 2　　　　　　　B. 3　　　　　　　C. 4　　　　　　　D. 5

10. 编制个别财务报告环节的主要风险不包括(　　)。

A. 报表数据不完整　　　　　　　　B. 报表数据不真实

C. 附注内容完整　　　　　　　　　D. 附注不真实

二、多项选择题(在每小题的备选答案中,选出两个或两个以上正确的答案)

1. 下列各项中,属于企业财务报告内容的有(　　)。

A. 以通用目的为基础编制的财务报表

B. 以特殊目的为基础编制的财务报表

C. 财务报表附注

D. 所有者权益变动表

E. 社会责任报告

2. 企业编制的财务报表,应当(　　)。

A. 数字真实、计算准确

B. 内容完整、编制及时

C. 各种报表的勾稽关系准确

D. 本期与上期报表之间相关数据衔接

E. 报表项目勾稽关系准确

3. 财务报告分析(　　)。

A. 能将财务报表中的各个项目有机联系起来

B. 可以预测企业未来的发展趋势

C. 既能用来发现问题也能解决问题

D. 是财务报告编制的继续和深化

E. 财务报告分析可以帮助企业优化经济决策

4. 财务报告分析的内容主要包括(　　)。

A. 分析资产的分布　　　　　　　　B. 分析企业负债水平和债务结构

C. 分析资产净资产的增减变化　　　D. 分析企业所有者权益结构

E. 分析企业盈利能力和营运能力

5. 企业最终完成的合并财务报表,需经(　　)审核。

A. 总经理　　　　　　　　　　　　B. 母公司财会部门负责人

C. 总会计师　　　　　　　　　　　D. 财务总监

E. 董事长

6. 企业清查资产核实债务包括的内容有(　　)。

A. 与银行核对账单、票据

B. 盘点库存现金

C. 与债务、债权单位核对相应的债务、债权金额是否一致

D. 核查房屋建筑物等各项固定资产的实存数量与账面数量是否一致

E. 核查是否存在或有事项

7. 企业制定的财务报告编制方案包括(　　)。

A. 财务报告编制方法　　　　　　　B. 会计调整政策

C. 披露政策　　　　　　　　　　　D. 报告时间要求

E. 财务报告编制职责分工

8. 编制合并财务报告环节的主要风险有(　　)。

A. 合并范围不完整　　　　　　　　B. 合并方法不正确

C. 内部交易或事项不完整　　　　　D. 合并抵销处理不正确

E. 合并报表编制不及时

9. 财务报告分析利用环节的主要风险包括(　　)。

A. 不重视财务报告的分析和利用　　B. 财务分析不全面

C. 财务分析报告内容不完整　　　　D. 财务分析报告未经审核

E. 财务分析报告中的意见未有效落实

10. 制定企业财务报告分析制度应重点关注(　　)。

A. 财务报告分析的时间和组织形式　B. 参加的部门和人员

C. 财务报告分析的内容和分析的步骤 D. 分析方法和指标体系

E. 财务报告分析报告的编写要求

三、判断题(认为正确的在题目的括号内打"√",认为错误的在题目的括号内打"×")

1. 会计工作的负责人对财务报告的真实性,完整性负责。　　　　(　　)

2. 结账后可以随意对前期财务报告进行修改。　　　　(　　)

3. 企业编制财务报告的过程,不需要按照规定的权限和程序进行审批。

(　　)

4. 企业编制财务报表的前提是进行必要的资产清查、减值测试和债权债务核实。　　　　(　　)

5. 财务报表编制人员需自行判断、决策对财务报表可能产生重大影响的交易或事项。　　　　(　　)

6. 企业财务报告编制完成后,应当装订成册,加盖公章,仅由企业负责人签名并盖章即可。　　　　(　　)

7. 财务报告需经注册会计师审计的,注册会计师及其所在的会计师事务所出具的审计报告必须与企业财务报告分别提供。　　　　(　　)

8. 已经对外提供的财务报告属公开信息,不需要及时整理归档,并按有关规定妥善保存。　　　　(　　)

9. 会计师事务所制订的审计工作方案,由财务总监和总经理审核即可。

(　　)

10. 企业应设置严格的保密程序,对能够接触财务报告信息的人员进行权限设置,保证财务报告信息在对外提供前控制在适当的范围内。　　　　(　　)

第十章　内部控制评价

学习目的与要求

　　本章旨在阐述内部控制评价,其内容主要包括内部控制评价的对象、原则、组织机构及职责、一般程序、主要方法,内部控制缺陷认定和内部控制评价报告。通过本章的学习,学生应当熟悉内部控制评价的对象、原则、组织形式、职责安排、一般程序、主要方法,理解并掌握内部控制缺陷的分类和内部控制缺陷的认定标准,了解内部控制评价报告的内容和格式。

课前预习题

　　1. 董事会、经理层和内部控制评价机构在内部控制评价中发挥怎样的作用?
　　2. 内部控制缺陷是如何分类的?
　　3. 内部控制缺陷的认定标准有哪些?

第一节　内部控制评价概述

一、内部控制评价的对象

　　内部控制评价是对内部控制有效性发表意见。所谓内部控制有效性,是指企业建立与实施内部控制对实现控制目标提供合理保证的程度,包括内部控制设计的有效性和内部控制运行的有效性。

　　(一)内部控制设计有效性

　　内部控制的设计有效性是指为实现控制目标所必需的内部控制要素都存在并且设计恰当。设计有效性的根本判断标准是所设计的内部控制是否能为内部控制目标的实现提供合理保证。对于财务报告目标而言,所设计的相关内部控制是否能够防止或发现并纠正财务报告的重大错报,是判断其设计是否有效的标准;对于合规目标而言,所设计的相关内部控制是否能够合理保证遵循适用的法律、法规,是判断其设计是否有效的标准;对于资产安全目标而言,所设计的内部控制是否能够合理保证资产的安全、完整,防止资产流失,是判断其设计是否有效的标准;对于战略、经营目标而言,由于其实现还受到许多不可控制的因素(尤其是外部因素)的影响,因而判断相关内部控制的设计是否有效的标准,是所设计的内部控制是否能够合理保证董事会和经理层及时了解这些目标的合理性和实现程度,从而调整目标和改进控制措施。

（二）内部控制运行有效性

内部控制的运行有效性是指现有内部控制按照规定程序得到了正确执行。评价内部控制的运行有效性,应当着重考虑以下几个方面:相关控制在评价期内是如何运行的、相关控制是否得到了持续一致的运行、实施控制的人员是否具备必要的权限和能力。评价运行有效性,就是对于设计有效的内部控制,考察其是否按设计的那样一贯执行的过程。如果评价证据表明内部控制在设计上存在缺陷,即内部控制的设计不符合设计有效性标准,那么即使内部控制按照该设计得到了一贯执行,也不能认为其运行是有效的。当然,如果评价证据表明内部控制的设计是有效的,但是没有按照设计的那样得到一贯执行,那么就可以得出其不符合运行有效性的结论。

二、内部控制评价的原则

内部控制评价的原则是开展评价工作应该注意的原则,与内部控制的原则不完全相同。根据《企业内部控制评价指引》第三条规定,企业对内部控制评价至少应当遵循全面性原则、重要性原则和客观性原则。

全面性原则强调的是内部控制评价的涵盖范围应当全面,即内部控制评价工作应当包括内部控制的设计与运行,涵盖企业及其所属单位的各种业务和事项。

重要性原则强调内部控制评价应当在全面性的基础之上,着眼于风险,突出重点。具体来说,主要体现在制定和实施评价工作方案、分配评价资源的过程之中,它的核心要求主要包括两个方面:一是要坚持风险导向的思路,着重关注那些影响内部控制目标实现的高风险领域和风险点;二是要坚持重点突出的思路,着重关注那些重要的业务事项和关键的控制环节,以及重要业务单位。

客观性原则强调内部控制评价工作应当准确地揭示经营管理的风险状况,如实反映内部控制设计和运行的有效性。只有在内部控制评价工作方案制订、实施的全过程中始终坚持客观性,才能保证评价结果的客观性。

三、内部控制评价的组织机构及其职责

《企业内部控制评价指引》第四条规定,企业应当根据评价指引,结合内部控制设计与运行的实际情况,制定具体的内部控制评价办法,规定评价的原则、内容、程序、方法和报告形式等,明确相关机构或岗位的职责权限,落实责任制,按照规定的办法、程序和要求,有序开展内部控制评价工作。

企业内部控制评价办法应当结合《企业内部控制基本规范》第四十四条的规定,具体明确内部控制评价的组织形式,特别明确各有关方面在内部控制评价中的职责安排,处理好内部控制评价和内部监督的关系,定期由相对独立的人员对内部控制有效性进行科学的评价,界定内部控制缺陷认定标准,保证内部控制评价有序地开展。

（一）内部控制评价的组织形式

企业可以授权内部审计机构或专门的内部控制评价机构负责内部控制评价的具体组织实施工作。内部控制评价机构必须具备一定的设置条件:①能够独立行使对内部控制系统建立与运行过程及结果进行监督的权力。②具备与监督和评价内部控制系统相适应的专业胜任能力和职业道德素养。③与企业其他职能机构就监督与评价内部控制系统方面应当保持协调一致,在工作中互相配合、相互制约,在效率和效果上满足企业对内部控制系统进行监督与评价所提出的有关要求。④能够得到企业董事会和经理层的支持,有足够的权威性来保证内部控制评价工作的顺利开展。

企业可根据自身特点,决定是否单独设置专门的内部控制评价机构。由于内部审计机构在企业内部处于相对独立的地位加上其工作内容和业务专长与内部控制评价工作有着密切的联系,因而由内部审计机构来负责内部控制评价的具体组织实施工作是比较合理、可行的选择。对于单独设有专门的内部控制机构的企业,也可以由内部控制机构来负责内部控制评价的具体组织实施工作。一般来说,为了确保评价的独立性,负责内部控制设计与评价的部门应适当分离。

（二）企业各有关方面在内部控制评价中的职责

1. 董事会

董事会是内部控制评价的责任主体,对内部控制评价承担最终的责任。《企业内部控制评价指引》第四条第二款规定,企业董事会应当对内部控制评价报告的真实性负责。董事会可以通过审计委员会来承担对内部控制评价的组织、领导、监督职责。董事会或审计委员会应听取内部控制评价报告,审定内部控制重大缺陷、重要缺陷整改意见,对内部控制部门在督促整改中遇到的困难,积极协调,排除障碍。

2. 监事会

监事会作为企业内部监督机制的重要组成部分,应审议内部控制评价报告,对董事会建立与实施内部控制进行监督。

3. 经理层

经理层负责组织实施内部控制评价,也可以授权内部控制评价机构具体组织实施,并积极支持和配合内部控制评价的展开,创造良好的环境和条件。经理层应结合日常掌握的业务情况,为内部控制评价方案提出应重点关注的业务和事项,审定内部控制评价方案和听取内部控制评价报告,对于内部控制评价中发现的问题或报告的缺陷,要按照董事会或审计委员会的整改意见积极采取有效措施予以整改。

4. 内部控制评价机构

内部控制评价机构根据授权承担内部控制评价的具体组织实施任务,通过复核、汇总、分析内部控制资料,结合经理层要求,拟订合理评价工作方案并认真组织实施;对于评价过程中发现的重大问题,应及时与董事会、审计委员会或经理层沟通,并认定内部控制缺陷,拟订整改方案,编写内部控制评价报告,及时向董事会、审计委员会或经理层报告;沟通外部审计师,督促各部门、所属企业对内、外部内控评价进行整改;根据评价和整改情况拟订内部控制考核方案。

5. 各专业部门

各专业部门负责组织本部门的内控自查、测试和评价工作,对发现的设计和运行缺陷提出整改方案及具体整改计划,积极整改,并报送内部控制机构复核,配合内控机构(部门)及外部审计师开展企业层面的内控评价工作。

6. 企业所属单位

企业所属单位也应逐级落实内部控制评价责任,建立日常监控机制,开展内控自查、测试和定期检查评价,发现问题并认定内部控制缺陷,对内部控制执行和整改情况进行考核。

【案例 10-1】　　风帆股份有限公司内部控制评价的组织形式及职责安排①

风帆股份有限公司隶属于中国船舶重工集团公司。公司前身保定蓄电池厂始建于 1958 年,是"一五"期间国家 156 个重点建设项目之一,2000 年 6 月由中国船舶重工集团公司作为主发起人设立股份公司,"风帆股份"A 股(600482)2004 年 7 月在上海证交所挂牌上市,现总股本为 4.61 亿股。

风帆股份有限公司依据《企业内部控制基本规范》及其配套指引的规定和要

---

①　根据风帆股份有限公司 2012 年内部控制评价报告编写。

求,结合公司制定的内部控制制度和评价办法,在内部控制日常监督和专项监督的基础上,2012 年 12 月 31 日对公司内部控制的有效性做出了评价。其中,公司内部控制评价组织形式及职责安排状况如下:公司董事会授权公司审计部负责内部控制评价的具体组织实施工作,对纳入评价范围的高风险领域和单位进行评价。为保障内控体系的有效运行和评价工作的开展,公司成立以董事长为首、公司高级管理人员和公司各级职能部门领导组成的公司内部控制领导小组、公司内部控制规范办公室及公司内部控制专项工作组。公司内部控制评价的组织体系设置及职责划分为:

(1)公司董事会负责内部控制的建立健全和有效实施,监事会对董事会建立与实施内部控制进行监督,总经理负责组织领导公司内部控制的日常运行。公司审计委员会负责审查公司内部控制体系建设情况,监督内部控制的有效实施和自我评价情况,决定内部控制审计及其他内部控制重大事项。

(2)公司成立内部控制领导小组。内部控制领导小组由公司董事长刘宝生任领导小组组长,常务副总经理甄志军和副总经理韩军担任领导小组副组长,公司其他领导担任领导小组成员。公司内控领导小组主要负责内部控制体系设计、运行和评价方案的审批;负责审批公司内部控制评价报告;负责对内部控制规范办公室工作进行指导、监督、检查、考核;推动公司内控体系的建设、实施和评价,协调和解决内部控制体系建设过程中存在的问题。

(3)公司成立内控规范办公室。公司内部控制规范办公室设在公司审计部,是内部控制领导小组的办事机构。公司内部控制规范办公室主要负责组织实施内部控制体系设计、运行、评价和持续改进工作;负责对专业部门或成员单位的内部控制规范工作进行指导、监督、检查、考核;组织实施公司内部控制审计工作并配合证券管理部门完成公司内部控制评价报告披露工作。

(4)公司专业职能部室及成员单位成立内控工作组。各专业部室内控工作组依据公司内控体系建设方案,负责实施专业管理内部控制体系设计、运行和持续改进工作,配合公司审计部门完成内控自我评价、外部审计工作;各成员单位内控工作组配合实施内部控制体系设计,具体落实内控体系运行和持续改进工作,配合公司审计部门完成内控自我评价、外部审计工作。

公司审计部自主实施内部控制评价,并编制内部控制评价报告。2012 年度公司聘请立信会计师事务所(特殊普通合伙)对公司 2012 年 12 月 31 日的财务报告内部控制的有效性进行审计。

四、内部控制评价的内容

内部控制评价应紧紧围绕内部环境、风险评估、控制活动、信息与沟通、内部监督五要素进行,企业应结合《企业内部控制基本规范》、各项应用指引以及本企业的内部控制制度,确定具体评价内容,对内部控制设计与运行情况进行全面评价。

（一）内部环境评价

内部环境评价应当包括组织架构、发展战略、人力资源、企业文化、社会责任等方面。组织架构评价可以重点从机构设置的整体控制力、权责划分、相互牵制、信息流动路径等方面进行;发展战略可以重点从发展战略的制定合理性、有效实施和适当调整三方面进行;人力资源评价应当重点从企业人力资源引进结构的合理性、开发机制、激励约束机制等方面进行;企业文化评价应从建设和评估两方面进行,从而促进诚信、道德价值观的提升,为内部控制的完善夯实人文基础;社会责任可以从安全生产、产品质量、环境保护与资源节约、促进就业、员工权益保护等方面进行。

（二）风险评估评价

风险评估评价应当对日常经营管理过程中的目标设定、风险识别、风险分析、应对策略等进行认定和评价。

（三）控制活动评价

控制活动评价应对企业各类业务的控制措施与流程的设计有效性和运行有效性进行认定和评价。

（四）信息与沟通评价

信息与沟通评价应当对信息收集、处理和传递的及时性、反舞弊机制的健全性、财务报告的真实性、信息系统的安全性,以及利用信息系统实施内部控制的有效性进行认定和评价。

（五）内部监督评价

内部监督评价应当对管理层对于内部监督的基调、监督的有效性及内部控制缺陷认定的科学、客观、合理进行认定和评价。重点关注监事会、审计委员会、内部审计机构等是否在内部控制设计和运行中有效发挥作用。

具体评价内容确定后,内部控制评价工作应形成工作底稿,详细记录企业执行评价工作的内容,包括评价要素、主要风险点、采取的控制措施、有关证据资料和认定结果等。工作底稿可以通过一系列评价表格加以实现。

【案例 10-2】　　国投新集能源股份有限公司内部控制评价范围①

国投新集能源股份有限公司是以煤炭采选为主、煤电并举的国家大型一档企

---

①　本案例根据国投新集能源股份有限公司 2012 年内部控制评价报告编写。

业,由国家开发投资公司、国华能源有限公司、安徽新集煤电(集团)有限公司发起设立,"国投新集"A股(股票代码:601918)于2007年上市。目前,公司位列全国纳税500强、全国煤炭企业百强。

国投新集能源股份有限公司依据《企业内部控制基本规范》及其配套指引的规定和要求,结合公司制定的内部控制制度和评价办法,在内部控制日常监督和专项监督的基础上,2012年12月31日,对公司内部控制的有效性做出了评价。内部控制评价的范围涵盖了公司及其全部所属投资企业的主要业务和事项。纳入评价范围的业务和事项包括:组织架构、发展战略、人力资源、社会责任、企业文化、资金活动、采购业务、资产管理、销售业务、研究与开发、工程项目、担保业务、业务外包、财务报告、全面预算、合同管理、内部信息传递、信息系统。国投新集能源股份有限公司重点关注的高风险领域见表10-1。

表10-1 公司重点关注的高风险领域

风险类型	风 险 描 述
竞争对手风险	主要竞争者在市场上对公司采取行动,削弱了公司的竞争优势,甚至威胁到公司的生存。
客户需求风险	顾客需求发生变化,对公司现有产品或服务的需求减少,市场占有率降低。
行业风险	在煤炭行业的发展机遇或固有风险有所改变、国家宏观调控政策的变化和其他行业影响因素,都会对公司的吸引力或长期的发展能力带来威胁。
矿产资源风险	公司矿产资源储备不足,或者无法顺利开采与提炼,进而影响企业的长期盈利能力
人力资源风险	(1)人力资源缺乏或过剩、结构不合理、开发机制不健全、可能导致企业发展战略难以实现。 (2)人力资源激励约束制度不合理、关键岗位人员管理不完善,可能导致人才流失、经营效率低下或关键技术、商业秘密和国家机密泄露。 (3)人力资源退出机制不当,可能导致法律诉讼或企业声誉受损。
社会责任风险	(1)促进就业和员工权益保护不够,可能导致员工积极性受挫,影响企业发展和社会稳定。 (2)安全生产措施不到位,责任不落实,可能导致企业发生安全事故。
资金活动风险	投资决策失误,引发盲目扩张或丧失发展机遇,可能导致资金链断裂或资金使用效益低下。

第二节　内部控制评价程序

一、内部控制评价的一般程序

内部控制评价程序一般包括制定评价工作方案、组成评价工作组、了解被评价单位基本情况、确定检查评价范围和重点、开展现场测试、汇总评价结果、编制评价报告、报告反馈和跟踪等,具体分为以下四个阶段。

（一）准备阶段

1. 制定评价工作方案

内部控制评价机构应当根据企业内部监督情况和管理要求,分析企业经营管理过程中的高风险领域和重要业务事项,确定检查评价方法,制订科学合理的评价工作方案,经董事会批准后实施。评价工作方案应当明确评价主体范围、工作任务、人员组织、进度安排和费用预算等相关内容。评价工作方案既可以以全面评价为主,又可以根据需要采用重点评价的方式。

2. 组成评价工作组

评价工作组是在内部控制评价机构领导下,具体承担内部控制检查评价任务。内部控制评价机构根据经批准的评价方案,挑选具备独立性、业务胜任能力和职业道德素养的评价人员实施评价。评价工作组成员应当吸收企业内部相关机构熟悉情况、参与日常监控的负责人或业务骨干参加。企业应根据自身条件,尽量建立长效的内部控制评价培训机制。

（二）实施阶段

1. 了解被评价单位基本情况

评价工作组充分与被评价单位沟通,了解其经营业务范围、企业文化和发展战略、组织机构设置及职责分工、领导层成员构成及分工等基本情况。

2. 确定检查评价范围和重点

评价工作组根据掌握的情况进一步确定评价范围、检查重点和抽样数量,并结合评价人员的专业背景进行合理分工。检查重点和分工情况可以根据需要进行适时调整。

3. 开展现场检查测试

评价工作组根据评价人员分工,综合运用各种评价方法对内部控制设计与运行的有效性进行现场检查测试,按要求填写工作底稿、记录相关测试结果,并对发现的内部控制缺陷进行初步认定。

（三）汇总评价结果、编制评价报告阶段

评价工作组汇总评价人员的工作底稿，初步认定内部控制缺陷，形成现场评价报告。评价工作底稿应进行交叉复核签字，并由评价工作组负责人审核后签字确认。评价工作组将评价结果及现场评价报告向被评价单位进行通报，由被评价单位相关责任人签字确认后，提交企业内部控制评价机构。

内部控制评价机构汇总各评价工作组的评价结果，对工作组现场初步认定的内部控制缺陷进行全面复核、分类汇总；对缺陷的成因、表现形式及风险程度进行定量或定性的综合分析，按照对控制目标的影响程度判定缺陷等级。

内部控制评价机构以汇总的评价结果和认定的内部控制缺陷为基础，综合内部控制工作整体情况，客观、公正、完整地编制内部控制评价报告，并报送企业经理层、董事会和监事会，由董事会最终审定后对外披露。

（四）报告反馈和跟踪阶段

对于认定的内部控制缺陷，内部控制评价机构应当结合董事会和审计委员会要求，提出整改建议，要求责任单位及时整改，并跟踪其整改落实情况；已经造成损失或负面影响的，企业应当追究相关人员的责任。

【案例 10-3】　　沈阳金山能源股份有限公司内部控制评价程序①

沈阳金山能源股份有限公司内部控制评价工作严格遵循基本规范、评价指引及公司内部控制评价办法规定的程序，主要包括以下五个步骤：第一，成立内部控制检查评价工作组，制订内部控制评价实施计划；第二，实施内部控制评价工作，填制评价测试底稿；第三，对测试结果进行分析、评估内部控制缺陷重要性，编制内部控制缺陷列表，提出整改建议、制定整改措施、时间表、确认岗位责任；第四，对整改结果进行再次评价测试，复核确认并出具现场评价结论；第五，编制内部控制评价报告、报告与披露。具体流程见图 10-1。

二、内部控制评价的主要方法

《企业内部控制评价指引》第十五条规定，内部控制评价工作组应当对被评价单位进行现场测试，综合运用个别访谈、调查问卷、穿行测试、抽样、实地查验、比较分析、专题讨论等方法，充分收集被评价单位内部控制设计和运行是否有效的证据，按照评价的具体内容，如实填写评价工作底稿，研究分析内部控制缺陷。

（一）个别访谈法

个别访谈法主要用于了解企业内部控制的现状，在企业层面评价及业务层面

①　根据沈阳金山能源股份有限公司 2012 年内部控制评价报告编写。

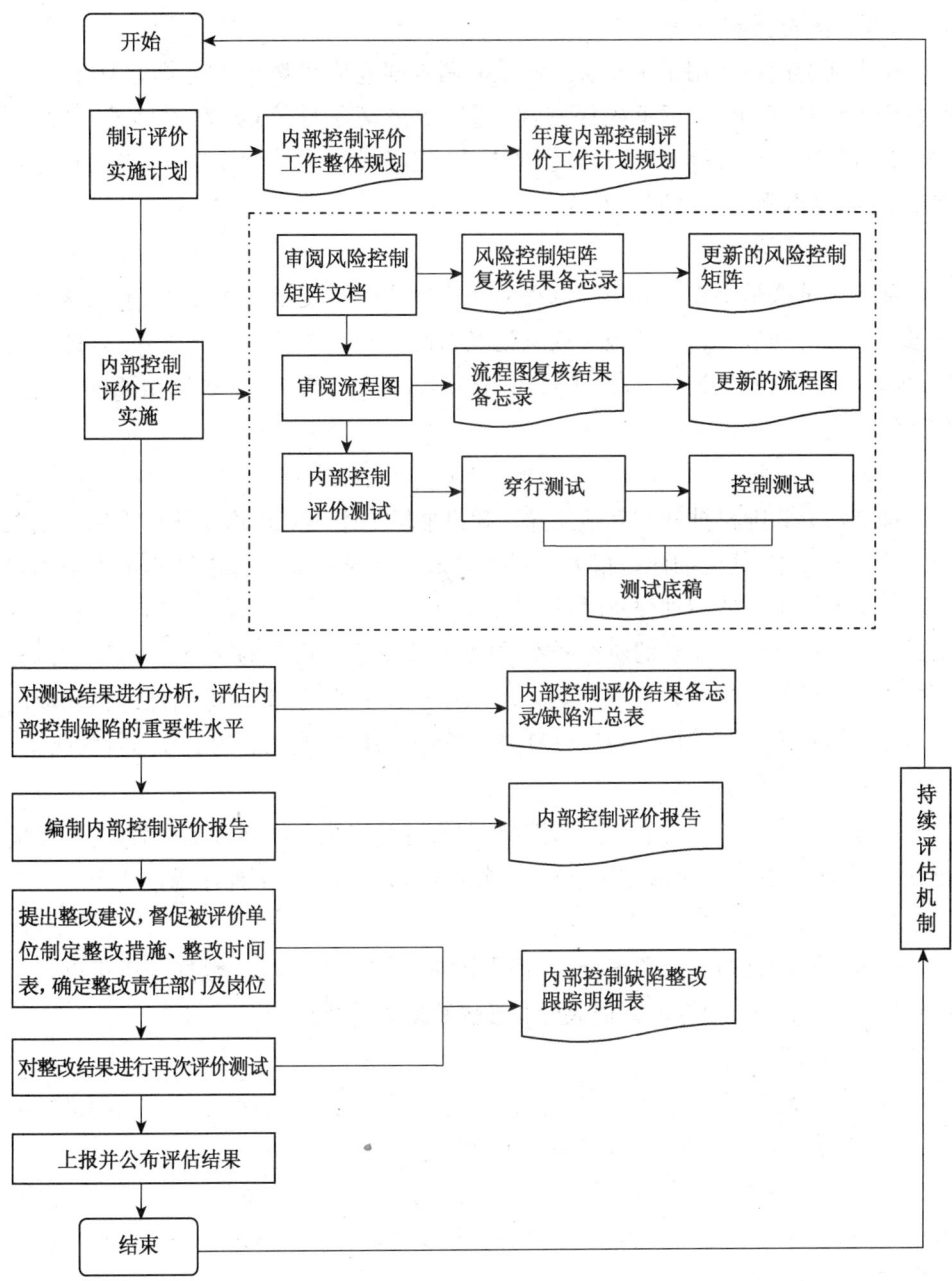

图 10-1　沈阳金山能源股份有限公司内部控制的评价流程

评价的了解阶段经常使用。访谈前应根据内部控制评价需求形成访谈提纲,撰写访谈纪要,记录访谈的内容。对于同一问题应注意不同人员的解释是否相同,如分别访谈人力资源部和关键岗位员工,是否有员工流失现象。

（二）调查问卷法

调查问卷法主要用于企业层面评价。调查问卷应尽量扩大对象范围,包括企业各个层级员工,应注意事先保密性,题目尽量简单易答（如答案只需为"是"、"否"、"有"、"没有"等等）。例如,"你是否认同本企业文化?""你在本企业工作是否有幸福感,是否受到一视同仁?"等。

（三）穿行测试法

穿行测试法是指在内部控制流程中任意选取一笔交易作为样本,追踪该交易从最初起源直到最终在财务报告或其他经营管理报告中反映出来的过程,即该流程从起点到终点的全过程,以此了解控制措施设计的有效性,并识别出关键控制点的方法。

（四）抽样法

抽样法分为随机抽样和其他抽样。随机抽样是指按随机原则从样本库中抽取一定数量的样本;其他抽样是指人工任意选取或按某一特定标准从样本库中抽取一定数量的样本。使用抽样法时,测试人员首先要确认样本库的完整性,即样本库是否包含了符合测试要求的所有样本;其次要确定选取样本的充分性和适当性,充分性是指测试的证据的数量应当能合理保证相关控制的有效;适当性是指获取的证据应当与相关控制的设计与运行有关,并能可靠地反映控制的实际运行状况。

（五）实地查验法

实地查验法主要针对业务层面控制,它通过使用统一的测试工作表,与实际的业务、财务单证进行核对的方法进行控制测试,如实地盘点某种存货。

（六）比较分析法

比较分析法是指通过数据分析,识别评价关注点的方法。数据分析可以是与历史数据、行业（公司）标准数据或行业最优数据等进行比较。

（七）专题讨论法

专题讨论法主要是集合有关专业人员就内部控制执行情况或控制问题进行分析,既可以是控制评价的手段,也是形成缺陷整改方案的途径。

此外,还可以使用观察、重新执行等方法,也可以利用信息系统开发检查方法,或利用实际工作和检查测试经验。对于企业通过系统采用自动控制、预防控制的,应在方法上注意与人工控制、发现性控制的区别。

【案例 10-4】　　国投新集能源股份有限公司内部控制评价方法[①]

沿用[案例 10-2],国投新集能源股份有限公司采用"五个步骤"展开内部控制

———————————

① 本案例根据国投新集能源股份有限公司 2012 年内部控制评价报告编写。

检查评价工作。在评价过程中,采用了个别访谈、调查问题、专题讨论、穿行测试、实地查验、抽样和比较分析等适当方法,广泛收集公司内部控制设计和运行是否有效的证据,如实填写评价工作底稿,分析、识别内部控制缺陷。公司在评价单位现场测试时,根据不同的测试阶段及测试对象,采取了不同的评价方法(见表10-2)。

表10-2　公司不同测试阶段的评价方法

测试阶段	评价方法
检查前	比较分析、个别访谈、预抽样
实施检查	抽样、穿行测试、实地查验、个别访谈、比较分析
疑难问题	专家讨论会
佐证不足、怀疑结果	重新执行、扩大抽样

对内部控制的测试原则上采取"随机抽样"的方法。同时兼顾以下原则:

(1) 时间分布比较均匀:如涉及的经济业务在检查区间内各月基本均匀发生。

(2) 品种比较齐全:如销售业务应包括各种产品样本。

(3) 金额分布合理:包括大中小金额。

(4) 业务对象分布合理:如采购、销售业务尽量覆盖全部供应商或客户,款应覆盖各币种、各银行的借款。

(5) 业务发生单位分布合理:指被检查企业如果有很多单位都发生同一类经济业务,应尽量覆盖。

第三节　内部控制缺陷的认定

一、内部控制缺陷的分类

内部控制缺陷是内部控制在设计和运行中存在的漏洞,这些漏洞将不同程度地影响内部控制的有效性,影响内部控制目标的实现。内部控制缺陷可以按照不同标准分类。

(一) 按照内部控制缺陷成因或来源分类

按照内部控制缺陷成因或来源,内部控制缺陷包括设计缺陷和运行缺陷。①设计缺陷是指企业缺少为实现控制目标所必需的控制,或现存控制设计不适当,即使正常运行也难以实现控制目标的内部控制缺陷。②运行缺陷是指设计有效(合理且适当)的内部控制由于运行不当(包括由不恰当的人执行、未按设计的方式运行、运行的时间或频率不当、没有得到一贯有效运行等)而形成的内部控制缺陷。

内部控制存在设计缺陷和运行缺陷,会影响内部控制的设计有效性和运行有效性。

（二）按照影响内部控制目标实现的严重程度分类

按照影响企业内部控制目标实现的严重程度,内部控制缺陷分为重大缺陷、重要缺陷和一般缺陷。①重大缺陷是指一个或多个控制缺陷的组合,可能导致企业严重偏离控制目标的内部控制缺陷。当存在任何一个或多个内部控制重大缺陷时,应当在内部控制评价报告中做出内部控制无效的结论。②重要缺陷是指一个或多个控制缺陷的组合,其严重程度低于重大缺陷,但仍有可能导致企业偏离控制目标的内部控制缺陷。重要缺陷的严重程度低于重大缺陷,不会严重危及内部控制的整体有效性,但也应当引起董事会、经理层的充分关注。③一般缺陷是指除重大缺陷、重要缺陷以外的其他内部控制缺陷。

将内部控制评价中发现的内部控制缺陷划分为重大缺陷、重要缺陷和一般缺陷,需要借助一套可系统遵循的认定标准,认定过程中还需要内部控制评价人员充分运用职业判断。一般而言,如果一个企业存在的内部控制缺陷达到了重大缺陷的程度,就不能说该企业的内部控制是整体有效的。

（三）按照具体影响内部控制目标的具体表现形式分类

按照具体影响内部控制目标的具体表现形式,可以将内部控制缺陷分为财务报告内部控制缺陷和非财务报告内部控制缺陷。①财务报告内部控制缺陷是指不能及时防止或发现并纠正财务报告错报的内部控制缺陷。②非财务报告内部控制缺陷是指与内部控制战略目标、经营目标、资产安全目标和合规目标相关的内部控制缺陷。

二、内部控制缺陷的认定标准

《企业内部控制评价指引》第十六条规定,企业对内部控制缺陷的认定,应当以构成内部控制的内部监督要素中的日常监督和专项监督为基础,结合年度内部控制评价,由内部控制评价机构进行综合分析后提出认定意见,按照规定的权限和程序进行审核,由董事会予以最终确定。首先,内部控制评价从属于内部监督,是监督结果的总体体现。在企业正常的生产经营中,内部控制评价倚重内部监督;其次,在充分利用日常监督与专项监督结果的基础上,至少每年由内部控制评价机构对内部控制的五要素相对独立地进行评价,全面、综合地分析,提出认定意见,报董事会审定;再次,企业应当根据评价指引,结合自身情况和关注的重点,自行确定内部控制重大缺陷、重要缺陷和一般缺陷的具体认定标准。最后,根据具体认定标准认定企业存在的内部控制缺陷,由董事会最终审定。企业在确定内部控制缺陷的认定标准时,应当充分考虑内部控制缺陷的重要性及其影响程度。

由于内部控制缺陷的重要性和影响程度是相对于内部控制目标而言的。按照对财务报告目标和其他内部控制目标实现的影响的具体表现形式,区分财务报告内部控制缺陷和非财务报告内部控制缺陷,分别阐述内部控制缺陷的认定标准。

（一）财务报告内部控制缺陷的认定标准

财务报告内部控制是指针对财务报告目标而设计和实施的内部控制。由于财务报告内部控制的目标集中体现为财务报告的可靠性,因而财务报告内部控制缺陷主要是指不能合理保证财务报告可靠性的内部控制设计和运行缺陷,即不能及时防止或发现并纠正财务报告错报的内部控制缺陷。

将财务报告内部控制的缺陷划分为重大缺陷、重要缺陷和一般缺陷,所采用的认定标准直接取决于由于该内部控制缺陷的存在可能导致的财务报告错报的重要程度。这种重要程度主要取决于两个方面的因素:其一,该缺陷是否具备合理可能性导致企业的内部控制不能及时防止或发现并纠正财务报告错报。合理可能性是指大于微小可能性(几乎不可能发生)的可能性,确定是否具备合理可能性涉及评价人员的职业判断。其二,该缺陷单独或连同其他缺陷可能导致的潜在错报金额的大小。另外,出现以下迹象之一的,通常表明财务报告内部控制可能存在重大缺陷:董事、监事和高级管理人员舞弊;企业更正已公布的财务报告;注册会计师发现当期财务报告存在重大错报,而内部控制在运行过程中未能发现该错报;企业审计委员会和内部审计机构对内部控制的监督无效。

如果企业的财务报告内部控制存在一项或多项重大缺陷,就不能得出该企业的财务报告内部控制有效的结论。因此,对财务报告内部控制重大缺陷的认定非常关键。一般而言,如果一项内部控制缺陷单独或连同其他缺陷具备合理可能性,导致不能及时防止或发现并纠正财务报告中的重大错报,就应将该缺陷认定为重大缺陷。重大错报中的"重大",涉及企业管理层确定的财务报告的重要性水平。重要性水平可以采用绝对金额法和相对比例法。绝对金额法是直接将某一绝对金额作为重要性水平的方法,如规定金额超过 10 000 元的错报应当认定为重大错报)。相对比例法是将某一总体金额的一定比例作为重要性水平的方法,如规定超过资产总额1%的错报应当认定为重大错报。

如果一项内部控制缺陷单独或连同其他缺陷具备合理可能性,导致不能及时防止或发现并纠正财务报告中虽然未达到和超过重要性水平、但仍应引起董事会和管理层重视的错报,就应将该缺陷认定为重要缺陷。不构成重大缺陷和重要缺陷的内部控制缺陷,应认定为一般缺陷。

（二）非财务报告内部控制缺陷的认定标准

非财务报告内部控制缺陷是指除了财务报告目标之外的与其他控制目标相关

的内部控制缺陷,包括战略内部控制缺陷、经营内部控制缺陷、资产安全内部控制缺陷和合规内部控制缺陷。非财务报告内部控制缺陷的认定具有涉及面广、认定难度大的特点。尤其是战略内部控制缺陷和经营内部控制缺陷,因为战略和经营目标的实现往往受到企业不可控的诸多外部因素的影响,企业的内部控制只能合理保证董事会和管理层了解这些目标的实现程度。因而,在认定与这些控制目标相关的内部控制缺陷时,不能只考虑最终的结果,而主要应该考虑企业制定战略、开展经营活动的机制和程序是否符合内部控制要求,以及不适当的机制和程序对企业战略和经营目标实现可能造成的影响。

企业可以根据风险评估的各项工作,对《企业内部控制应用指引》中每一篇应用指引所阐述的风险,根据自身的实际情况、管理现状和发展要求,加以细化或按内部控制原理补充,参照财务报告内部控制缺陷的认定标准,合理确定定性和定量的认定标准,根据其对内部控制目标实现的影响程度认定为重大缺陷、重要缺陷和一般缺陷。其中:定量标准(即涉及金额大小)既可以根据造成直接财产损失的绝对金额制定,也可以根据其直接损失占本企业资产、销售收入及利润等的比率确定;定性标准(即涉及业务性质的严重程度)可根据其直接或潜在的负面影响的性质、影响的范围等因素确定。

以下迹象通常表明非财务报告内部控制可能存在重大缺陷:国有企业缺乏民主决策程序,如缺乏"三重一大"决策程序;企业决策程序不科学,如决策失误,导致并购不成功;违犯国家法律、法规,如环境污染;管理人员或技术人员纷纷流失;媒体负面新闻频现;重要业务缺乏制度控制或制度系统性失效;内部控制评价的结果特别是重大缺陷或重要缺陷未得到整改。

为避免企业操纵内部控制评价报告,非财务报告内部控制缺陷认定标准一经确定,必须在不同评价期间保持一致,不得随意变更。

财务报告缺陷与非财务报告缺陷其实难以进行严格的区分,如内部环境、重大安全事故等。如果对一项缺陷应属于财务报告缺陷还是非财务报告缺陷难以准确区分,制定标准时应本着是否影响财务报告目标的原则来区分。

三、内部控制缺陷的报告与整改

(一)内部控制缺陷报告的格式和途径

《企业内部控制评价指引》第十九条规定,企业内部控制评价机构应当编制内部控制缺陷认定汇总表,结合日常监督和专项监督发现的内部控制缺陷及其持续改进情况,对内部控制缺陷及其成因、表现形式和影响程度进行综合分析和全面复核,提出认定意见(针对财务报告内部控制的缺陷,一般还应当反映缺陷对财务报告的具体影响),并以适当的形式向董事会、监事会或者经理层报告。重大缺陷应当由董事会予以最终认定。企业对于认定的重大缺陷,应当及时采取应对策略,切实将风险控制在可承受度之内,并追究有关部门和相关人员的责任。

内部控制缺陷报告应当采取书面形式,可以单独报告,也可以作为内部控制评价报告的一个重要组成部分。内部控制的一般缺陷、重要缺陷应定期(至少每年)报告,重大缺陷应立即报告。对于重大缺陷和重要缺陷及整改方案,应向董事会(审计委员会)、监事会或经理层报告并审定。如果出现不适合向经理层报告的情形,如存在与管理层舞弊相关的内部控制缺陷或存在管理层凌驾于内部控制之上的情形,应当直接向董事会(审计委员会)、监事会报告。对于一般缺陷,可以向企业经理层报告,并视情况考虑是否需要向董事会(审计委员会)及监事会报告。

(二)内部控制缺陷整改方案及期限

企业对于认定的内部控制缺陷,应当及时采取整改措施,切实将风险控制在可承受度之内,并追究有关机构或相关人员的责任。

企业内部控制评价机构应当就发现的内部控制缺陷提出整改建议,并报经理层、董事会(审计委员会)、监事会批准。获批后,应制订切实可行的整改方案,包括整改目标、内容、步骤、措施、方法和期限。整改期限超过 1 年的,整改目标应明确近期和远期目标以及相应的整改工作内容。在整改工作中遇到协调困难甚至阻碍的,内部控制机构有权直接向董事会(审计委员会)报告,董事会(审计委员会)应给予足够的支持和帮助。

【案例 10-5】　　黑龙江北大荒农业股份有限公司 2012 年度内部控制缺陷及整改措施①

黑龙江北大荒农业股份有限公司成立于 1998 年 11 月 27 日。2002 年 3 月,黑龙江北大荒农业股份有限公司 A 股在上海证券交易所正式上市,股票名称及代码为"北大荒,600598"。公司下辖友谊、七星、八五二等 16 家农业分公司和浩良河化肥分公司,控股北大荒米业有限公司、北大荒纸业有限公司、北大荒龙垦麦芽有限公司、北大荒希杰食品科技有限责任公司、北大荒鑫亚经贸有限责任公司、北大荒鑫都房地产开发有限责任公司、北大荒鑫都建筑工程有限责任公司和黑龙江北大荒投资担保公司。根据财政部、证监会等五部委联合发布的《企业内部控制基本规范》及《企业内部控制评价指引》的要求,黑龙江北大荒农业股份有限公司董事会对2012 年度内部控制的有效性进行了自我评价。在内部控制评价报告中,该公司详细报告了公司存在的内部控制缺陷及整改措施。

一、内部控制缺陷认定标准

公司董事会根据《企业内部控制基本规范》、《企业内部控制评价指引》对重大

---

①　根据黑龙江北大荒农业股份有限公司 2012 年内部控制评价报告编写。

缺陷、重要缺陷和一般缺陷的认定要求,结合公司规模、行业特征、风险偏好和风险承受度等因素,研究确定了适用本公司的内部控制缺陷具体认定标准。

(一)财务报告内部控制缺陷的认定标准

1. 定性标准

具有以下特征的缺陷,至少定为重大缺陷:发现董事、监事和高级管理人员的任何程度的舞弊;已经发现并报告给管理层的重大内部控制缺陷在经过合理的时间后,并未加以改正;外部审计发现当期财务报告存在重大错报,而公司内部控制在运行过程中未能发现该错报;公司审计委员会和内部审计机构对内部控制的监督无效。

2. 定量标准

公司财务报告错报(包括漏报)重要程度的定量标准见表 10-3。

表 10-3 公司财务报告错报(包括漏报)重要程度的定量标准

项 目	一般缺陷	重要缺陷	重大缺陷
利润总额潜在错报	错报<利润总额的 2.5%	利润总额的 2.5%≤错报<利润总额的 5%	错报≥利润总额的 5%
资产总额潜在错报	错报<资产总额的 0.5%	资产总额的 0.5%≤错报<资产总额的 1%	错报≥资产总额的 1%
经营收入潜在错报	错报<经营收入总额的 0.5%	经营收入总额的 0.5%≤错报<经营收入总额的 1%	错报≥经营收入总额的 1%
股东权益(所有者权益)潜在错报	错报<股东权益总额的 0.5%	股东权益总额的 0.5%≤错报<股东权益总额的 1%	错报≥股东权益总额的 1%

(二)非财务报告缺陷的认定标准

1. 定性标准

涉及业务性质的严重程度,根据直接或潜在负面影响的性质、影响的范围等因素确定。内部控制有下列情形之一的,即可能存在重大缺陷:缺乏"三重一大"决策程序;决策程序不科学,导致决策失误;违犯国家法律、法规;影响公司声誉的重大事项,如媒体负面新闻频现;重要业务缺乏制度或制度系统性失效;内部控制评价结果特别是重大缺陷或重要缺陷在合理的时间内未得到整改。

2. 定量标准

公司根据造成直接财产损失绝对金额确定的非财务报告缺陷的重要程度定量标准见表 10-4。

表 10-4　公司非财务报告缺陷的重要程度定量标准

缺陷等级	直接财产损失金额	重大负面影响
一般缺陷	10 万(含)～100 万元	受到省级(含省级)以下政府部门处罚但未对本公司定期报告披露造成负面影响。
重要缺陷	100 万(含)～500 万元	受到省级以上政府部门或监管机构处罚但未对本公司定期报告披露造成负面影响。
重大缺陷	500 万元(含)及以上	已经对外正式披露并对本公司定期报告披露造成负面影响。

上述标准按照每起事故事件进行认定。出现多起事故事件的,按照各自造成的直接财产损失及其影响程度分别认定缺陷等级。直接损失金额以外部审计、总部部门、被检查单位已经认定的为准;如尚无处理结论,则由内控评价工作组现场认定。

二、内部控制缺陷具体内容

公司在 2012 年内部控制评价期间,发现诸多内部控制重大缺陷和重要缺陷,在 2012 年《内部控制评价报告》中,公司将内部控制缺陷作为一个重要内容予以披露。根据公司内部控制缺陷认定标准,结合内部控制日常监督和专项监督情况,公司 2012 年度发现的内部控制重大缺陷和重要缺陷如下。

(一)公司缺乏发展战略

截至 2012 年 12 月 31 日,公司尚未根据自身发展的需要制定相关的发展战略。缺乏经集体讨论并决策的发展战略,可能导致公司在发展过程中未能明确战略方向和前景,造成盲目投资决策(如为了追求快速的投资收益而忽略行业风险和政策风险,涉足与主业不相关的资本密集型行业如房地产行业),从而损害公司的长远利益,影响公司的健康发展。

(二)管理层逾越管理权限,大额资金运作审批程序执行不充分

拆借资金、对外提供财务资助超过总经理的审批权限,应提交董事会审批,但管理层未将该事项提交董事会审议。存在人为拆分同类交易,逾越内部控制的行为;借款金额大,应履行而未履行总经理办公会集体决策程序。资金支付未严格按照规定权限履行审批程序,容易导致资金管理混乱,给公司造成资金损失。由于截至 2012 年 12 月 31 日,公司拆借给子公司的资金余额大,并且存在 3.08 亿元拆借资金还款逾期的可能,资金风险已经凸显。

(三)违规向公司的控股股东提供借款

报告期内违反了证监会《关于规范上市公司与关联方资金往来及上市公司对外担保若干问题的通知》的相关规定,可能对其他股东和投资者的利益造成损害。

（四）总经理办公会会议机制落实不到位

截至 2012 年 12 月 31 日，公司共召开 12 次总经理办公会。会议纪要显示有 5 次会议仅有两位管理层成员出席并且未说明其他管理层成员缺席的原因，会议议程涉及公司经营管理重要事项并形成了相关决策意见，但管理层成员出席人数不足半数，且没有证据显示会议缺席的管理层其他成员对会议决策意见表达了意见，不符合总经理办公会议事机制的集体决策原则。

（五）公司对子公司未实施有效管理

1. 子公司董事会运行情况未充分履行备案手续

部分子公司召开董事会后未及时向公司履行董事会决议和会议记录的备案手续，部分子公司 2012 年未召开董事会，违反了公司《子公司管理办法》的规定。子公司董事会运行情况未及时履行备案手续，子公司重大决策信息不能及时传递到公司层面，导致公司难以全面掌握子公司的经营和发展情况，不能为公司整体决策提供有效支持。

2. 子公司重大经营决策未履行审批程序或审批程序不充分

评价期间，公司的控股子公司存在重大经营决策未履行审批程序或审批程序不充分的情况。单个或少数管理人员逾越董事会（及股东会）进行重大经营决策，可能导致相关经营事项出现重大风险，造成公司利益的损失，还可能因相关信息未能及时传递，造成公司无法及时履行信息披露义务，违反市场监管规定。

3. 对子公司的资金营运缺乏管控

评价期间，公司及控股子公司均存在对外提供借款但未实施有效管控的情况：2012 年 4 月，公司向龙垦麦芽公司提供两笔借款，截至 2012 年 12 月 31 日已经逾期超过 7 个月，龙垦麦芽公司尚未偿还，公司亦未采取有效措施回收资金，亦未追究当事人的责任；截至 2012 年 12 月 31 日，米业集团和龙垦麦芽公司对外提供的借款，部分已经逾期，但上述子公司没有明确的资金回收计划，公司亦未督促子公司采取有效措施进行催收；2012 年，鑫亚经贸公司向其子公司提供大额资金借款，由于鑫亚经贸公司提供借款未与借款人签订借款协议，还款期限难以界定，导致资金被长期占用，而子公司未制定明确的资金回收计划，存在资金损失的风险。

（六）公司未及时履行信息披露义务

2012 年，公司发生了以下重大事件，未能及时履行信息披露义务：2012 年，公司的控股子公司龙垦麦芽公司分两次通过关联方——二九一农场拆借资金给秦皇岛弘企房地产开发有限公司 2 000 万元，未及时披露；2012 年 1～8 月，公司控股子公司黑龙江北大荒投资担保公司（以下简称"担保公司"）由于生产经营需要接受公司控股股东——北大荒集团拆借资金累计 8 000 万元，未及时披露；2011 年 5 月至

2012 年 8 月,担保公司向北大荒集团下属单位格球山农场提供担保 1 100 万元,属于控股子公司为上市公司的关联方提供担保,未及时披露。

(七) 子公司"三会"①运行不规范

1. 子公司股东会未有效运作

2012 年,米业集团、龙垦麦芽、鑫亚经贸、鑫都房地产、北大荒纸业和北大荒担保等 6 家子公司均未召开股东会,不符合子公司自身章程和公司《子公司管理办法》的规定,导致股东会的法定职责未能有效行使。

2. 米业集团董事会成员构成不符合企业章程的规定

米业集团董事会共有 9 名成员,其中 5 人在米业集团担任高级管理人员,超过了半数,不符合米业集团章程的规定。

(八) 关联交易未按制度规定履行审批程序

公司的控股子公司与关联方发生交易未按公司《关联交易管理办法》履行相应的审批程序,亦未进行信息披露。关联交易未按规定履行审批程序,可能因关联交易的对象选择(因控股股东的影响)及定价不合理等因素而损害公司利益。关联交易信息未及时披露,则违反证券市场监管规定,可能导致公司受到监管机构的处罚,给公司造成损失。

(九) 重大信息内部报告制度未有效执行

公司制定了《重大信息内部报告制度》,要求公司各部门及分、子公司负责人及时报告所在单位发生的重大事项。评价过程发现,分、子公司发生的对外借款、关联交易、对外担保、重大经营变化、计提大额资产减值准备、委托理财等按照制度规定应报告的重大事项未及时向公司董事会秘书和董事会工作部报告。

(十) 公司行业管理部门未充分履行职责

公司设置工业经济部、农业生产部和经贸流通部,实行公司工业、农业和经贸流通板块业务经营的行业归口管理,对其评价期间工作的检查发现,上述部门未充分履行行业管理职责。主要表现为:工业经济部、农业生产部和经贸流通部均未参与编制公司年度预算;各分、子公司的固定资产(基本建设)投资计划直接报送发展计划部,发展计划部未向三部门征求意见,固定资产(基本建设)投资项目均由发展计划部直接负责管理,三部门未参与;工业经济部和农业生产部未对分、子公司的重大合同进行审查。构成非财务报告内部控制的重要缺陷。

(十一)《岗位职责说明书》未明确任职资格要求

对公司《岗位职责说明书》的检查发现,截至 2012 年 12 月 31 日,在公司制定的《岗位职责说明书》中,除财务部和审计部的岗位任职资格中有关于"从业经验"

---

① 指股东大会、董事会、监事会。

和"技能技巧"的描述之外,其他岗位均未对任职资格要求做出明确的规定。构成非财务报告内部控制的重要缺陷。

（十二）未实施关键岗位人员的定期轮换

评价期间,公司制定了《关键岗位轮换制度》,但截至 2012 年 12 月 31 日,公司尚未划定关键岗位的范围,也没有实施关键岗位人员轮换。未实施关键岗位人员定期轮换,增加了员工长期任职某个关键岗位形成利益纽带而发生舞弊行为的风险,构成非财务报告内部控制的重要缺陷。

（十三）分、子公司未定期上报预算执行情况说明

2012 年,各分、子公司仅通过财务报表系统上报财务预算执行情况的统计数据,并未上报对预算执行情况进行分析的附加说明,构成非财务报告内部控制的重要缺陷。

公司已经根据《企业内部控制基本规范》、《企业内部控制评价指引》及其他相关法律、法规的要求,对公司截至 2012 年 12 月 31 日的内部控制设计与运行的有效性进行了自我评价。虽然公司已经建立了内部控制体系,但鉴于此次评价过程发现的缺陷,董事会认为,2012 年公司内部控制执行的有效性不足,未能按照《企业内部控制基本规范》和相关规定在所有方面保持有效的内部控制,未能完全实现内部控制的目标。

三、内部控制缺陷的整改措施

针对上述内部控制重大缺陷和重要缺陷,北大荒公司提出了相应的整改措施。

（一）完善公司治理结构

公司通过完善法人治理、强化内部管理来加强科学决策和内部控制,并不断完善公司规范运作和法人治理水平。公司主要将从以下几个方面进一步完善公司治理结构:更加注重股东权利保护,并从强化程序规制上加以保障;董事忠实义务和董事会责任的强化;强调独立董事的作用,独立董事被看作是保护小股东利益的主要机制之一;完善业绩考核和激励约束机制;致力于提高公司透明度和强化信息披露。2012 年,公司聘请北京信永方略管理咨询有限公司对公司现有的治理制度进行了梳理和重新修订,并形成公司治理项目成果(初稿),修订的公司治理制度将在2013 年提交公司董事会、股东大会审议通过并执行。

（二）开展全公司的内部控制自查整改

公司 2012 年 5 月下发《关于认真开展自查整改加强内控体系建设的通知》,在全公司范围内开展自查整改活动。自查整改内容包括:公司及各子公司治理结构的设置及运行情况;公司及各子公司对外投资决策程序的设计与执行情况;公司在信息披露状况;公司派驻到各子公司的董事、监事勤勉尽职情况、公司及各子公司资金管理审批程序情况、各子公司《子公司管理办法》执行情况等。

（三）对公司及分子公司内部控制有效性进行预审

2012年9月，公司聘请中瑞岳华会计师事务所对公司总部及分、子公司进行内部控制审计预审工作，审计范围包括公司总部及所属的分、子公司，审计内容包括公司及分、子公司内部控制设计与运行的有效性。对预审中发现的问题，公司按照不少于3个月整改期的监管要求，要求各分、子公司及公司总部各部门针对注册会计师与管理层沟通函中提出的内部控制设计和执行中存在的缺陷，结合本单位、本部门自查结果，及时开展内部控制整改工作。各单位、各部门要将内部控制整改报告上报公司，整改报告需经本单位董事长、总经理及各部门负责人签字确认。公司要求将各责任单位和全体员工实施内部控制的情况纳入绩效考评体系，公司对整改工作不力、影响公司内控建设与实施整体工作进度、给公司造成重大负面影响和经济损失的，将严肃追究相关责任人的责任。

（四）强化分子公司内部控制相关措施的执行力度

新一届领导班子履职后，为切实加强经营管理、有效防范经营风险、增强公司对分、子公司的管控能力，出台了北大荒公司股份"管控二十条"，内容包括对分子公司的生产经营管控、人力资源管控、财务资金管控、股权投资管控、产品销售管控、债权库存管控。对于需要公司审批的项目，各分、子公司要以文件形式上报公司，按决策程序经公司总经理办公会、董事会、股东大会审议或批准后执行。各级纪检、审计、内控部门及公司向各单位派驻的董事、监事、财务总监要加大检查监督力度，对于违反上述规定的单位领导和当事人要严肃追究责任。为了加强对亏损企业的管控，建立健全企业扭亏机制，推动企业走上良性发展轨道，公司制定了亏损企业"八不准"规定。内容包括：亏损企业不准发放绩效工资和各种单项奖金，连续3年亏损、且未完成公司下达的利润指标的企业，全体管理人员的基薪从下年开始减半发放；亏损企业不准购置和更新小汽车，也不得以抵账等方式变相购置和更新小汽车；亏损企业不准参加企业外部或内部组织的公费出国学习、考察活动；亏损企业不准新建、改建、扩建、装修办公楼（房屋），也不得购买高档办公家具和办公设备；亏损企业不准突破公司核定的招待费等管理费用指标，也不得超标准进行消费；亏损企业主要领导不准参加公司年度综合评优、评先活动；亏损企业主要领导不准晋升职务；亏损企业不得开展年金业务，已经开始实施的企业暂停该项业务，待扭亏后接续。对于有令不行、有禁不止的单位，公司将严肃追究企业主要领导和财务总监的责任。

（五）将内部控制建立与实施的有效性纳入绩效考评体系

2013年，公司将建立内部控制实施的激励约束机制，将各责任单位和全体员工实施内部控制的情况纳入绩效考评体系，促进内部控制的有效实施。

第四节　内部控制评价报告

内部控制评价报告是内部控制评价的最终体现,按照编制主体、报送对象和时间,分为对外报告和对内报告。对外报告的内容、格式等强调符合披露要求,时间具有强制性;对内报告则主要以符合企业董事会(审计委员会)、经理层需要为主,编制主体层级更多、内容上更加详尽、格式更加多样,时间可以定期或不定期。《企业内部控制评价指引》第二十条规定,企业应当根据《企业内部控制基本规范》、《企业内部控制应用指引》和本指引,设计内部控制评价报告的种类、格式和内容,明确内部控制评价报告编制程序和要求,按照规定的权限报经批准后对外报出。

一、内部控制评价报告的内容和格式

《企业内部控制评价指引》第二十一条和第二十二条规定了对外披露的内容,内部控制评价对外报告一般包括以下内容:

(1)董事会声明。声明董事会及全体董事对报告内容的真实性、准确性、完整性承担个别及连带责任,保证报告内容不存在任何虚假记载、误导性陈述或重大遗漏。

(2)内部控制评价工作的总体情况。明确企业内部控制评价工作的组织、领导体制、进度安排,是否聘请会计师事务所对内部控制有效性进行独立审计。

(3)内部控制评价的根据。说明企业开展内部控制评价工作所依据的法律、法规和规章制度,一般包括《企业内部控制基本规范》、《企业内部控制应用指引》、《企业内部控制评价指引》、企业制定的内部控制及相关制度、评价办法等。

(4)内部控制评价的范围。描述内部控制评价所涵盖的被评价单位、纳入评价范围的业务事项,以及重点关注的高风险领域。内部控制评价的范围如有遗漏的,应说明原因,并说明其对内部控制评价报告真实完整性产生的重大影响等。

(5)内部控制评价的程序和方法。描述内部控制评价工作遵循的基本流程,以及评价过程中采用的主要方法。

(6)内部控制缺陷及其认定。描述适用本企业的内部控制缺陷具体认定标准,并声明与以前年度保持一致或做出的调整及相应原因;根据内部控制缺陷认定标准,确定评价期末存在的重大缺陷、重要缺陷和一般缺陷。

(7)内部控制缺陷的整改情况。对于评价期间发现、期末已完成整改的重大缺陷,说明企业有足够的测试样本显示,与该重大缺陷相关的内部控制设计合理且运行有效。针对评价期末存在的内部控制缺陷,企业拟采取的整改措施及预期效果。

(8)内部控制有效性的结论。对不存在重大缺陷的情形,出具评价期末内部

控制有效结论;对存在重大缺陷的情形,不得做出内部控制有效的结论,并需描述该重大缺陷的性质及其对实现相关控制目标的影响程度,以及可能给企业未来生产经营带来相关风险。自内部控制评价报告基准日至内部控制评价报告发出日之间发生重大缺陷的,企业须责成内部控制评价机构予以核实,并根据核查结果对评价结论进行相应调整,说明董事会拟采取的措施。

根据上述内容,内部控制评价报告的参考格式如下:

××股份有限公司20××年度内部控制评价报告

××股份有限公司全体股东:

根据《企业内部控制基本规范》等法律法规的要求,我们对本公司(以下简称"公司")内部控制的有效性进行了自我评价。

一、董事会声明

公司董事会及全体董事保证本报告内容不存在任何虚假记载、误导性陈述或重大遗漏,并对报告内容的真实性、准确性和完整性承担个别及连带责任。

建立健全并有效实施内部控制是公司董事会的责任;监事会对董事会建立与实施内部控制进行监督;经理层负责组织领导公司内部控制的日常运行。

公司内部控制的目标是:[一般包括合理保证经营合法合规、资产安全、财务报告及相关信息真实完整,提高经营效率和效果,促进实现发展战略]。由于内部控制存在固有局限性,故仅能对达到上述目标提供合理保证。

二、内部控制评价工作的总体情况

公司董事会授权内部审计机构[或其他专门机构]负责内部控制评价的具体组织实施工作,对纳入评价范围的高风险领域和单位进行评价[描述评价工作的组织领导体制,一般包括评价工作组织结构图、主要负责人及汇报途径等]。

公司[是/否]聘请了专业机构[中介机构名称]实施内部控制评价,并编制内部控制评价报告;公司[是/否]聘请会计师事务所[会计师事务所名称]对公司内部控制有效性进行独立审计。

三、内部控制评价的依据

本评价报告旨在根据中华人民共和国财政部等五部委联合发布的《企业内部控制基本规范》(以下简称"基本规范")及《企业内部控制评价指引》(以下简称"评价指引")的要求,结合企业内部控制制度和评价办法,在内部控制日常监督和专项监督的基础上,对公司截至20××年12月31日内部控制的设计与运行的有效性进行评价。

四、内部控制评价的范围

内部控制评价的范围涵盖了公司及其所属单位的各种业务和事项,重点关注下列高风险领域:[列示公司根据风险评估结果确定的前"十大"主要风险]

纳入评价范围的单位包括:[描述公司及其所属单位的明确范围]。

纳入评价范围的业务和事项包括(根据实际情况充实调整):

(一) 组织架构

(二) 发展战略

(三) 人力资源

(四) 社会责任

(五) 企业文化

(六) 资金活动

(七) 采购业务

(八) 资产管理

(九) 销售业务

(十) 研究与开发

(十一) 工程项目

(十二) 担保业务

(十三) 业务外包

(十四) 财务报告

(十五) 全面预算

(十六) 合同管理

(十七) 内部信息传递

(十八) 信息系统

上述业务和事项的内部控制涵盖了公司经营管理的主要方面,不存在重大遗漏。

(如存在重大遗漏)公司本年度未能对以下构成内部控制重要方面的单位或业务(事项)进行内部控制评价:

[逐条说明未纳入评价范围的重要单位或业务(事项),包括单位、或业务(事项)描述、未纳入的原因、对内部控制评价报告真实完整性产生的重大影响等]。

五、内部控制评价的程序和方法

内部控制评价工作严格遵循基本规范、评价指引及公司内部控制评价办法规定的程序执行[描述公司开展内部控制检查评价工作的基本流程]。

评价过程中,我们采用了(个别访谈、调查问题、专题讨论、穿行测试、实地查验、抽样和比较分析等)适当方法,广泛收集公司内部控制设计和运行是否有效的证据,如实填写评价工作底稿,分析、识别内部控制缺陷[说明评价方法的适当性及证据的充分性]。

六、内部控制缺陷及其认定

公司董事会根据基本规范、评价指引对重大缺陷、重要缺陷和一般缺陷的认定要求,结合公司规模、行业特征、风险水平等因素,研究确定了适用本公司的内部控制缺陷具体认定标准,并与以前年度保持了一致[描述公司内部控制缺陷的定性及定量标准],或做出了调整[描述具体调整标准及原因]。

根据上述认定标准,结合日常监督和专项监督情况,我们发现报告期内存在[数量]个缺陷,其中重大缺陷[数量]个,重要缺陷[数量]个。重大缺陷分别为:[对重大缺陷进行描述,并说明其对实现相关控制目标的影响程度]。

七、内部控制缺陷的整改情况

针对报告期内发现的内部控制缺陷(含上一期间未完成整改的内部控制缺陷),公司采取了相应的整改措施[描述整改措施的具体内容和实际效果]。对于整改完成的重大缺陷,公司有足够的测试样本显示,与重大缺陷[描述该重大缺陷]相关的内部控制设计且运行有效(运行有效的结论需提供90天内有效运行的证据)。

经过整改,公司在报告期末仍存在[数量]个缺陷.其中重大缺陷[数量]个,重要缺陷[数量]个。重大缺陷分别为:[对重大缺陷进行描述]。

针对报告期末未完成整改的重大缺陷,公司拟进一步采取相应措施加以整改[描述整改措施的具体内容及预期达到的效果]。

八、内部控制有效性的结论

公司已经根据基本规范、评价指引及其他相关法律法规的要求,对公司截至20××年12月31日的内部控制设计与运行的有效性进行了自我评价。

(存在重大缺陷的情形)报告期内,公司在内部控制设计与运行方面存在尚未完成整改的重大缺陷[描述该缺陷的性质及其对实现相关控制目标的影响程度]。由于存在上述缺陷,可能会给公司未来生产经营带来相关风险[描述该风险]。

(不存在重大缺陷的情形)报告期内,公司对纳入评价范围的业务和事项均已建立了内部控制,并得以有效执行,达到了公司内部控制的目标,不存在重大缺陷。

自内部控制评价报告基准日至内部控制评价报告发出日之间(是/否)发生对评价结论产生实质性影响的内部控制的重大变化。[如存在,描述该事项对评价结论的影响及董事会拟采取的应对措施]。

我们注意到,内部控制应当与公司经营规模、业务范围、竞争状况和风险水平等相适应,并随着情况的变化及时加以调整。[简要描述下一年度内部控制工作计划]未来期间,公司将继续完善内部控制制度,规范内部控制制度执行,强化内部控制监督检查,促进公司健康、可持续发展。

董事长(签名)

××股份有限公司

20××年××月××日

二、内部控制评价报告的编制和报送

《企业内部控制评价指引》第二十三条规定,企业应当根据年度内部控制评价结果,结合内部控制评价工作底稿和内部控制缺陷汇总表等资料,按照规定的程序和要求,及时编制内部控制评价报告。

（一）评价报告的编制

1. 内部控制评价报告的编制时间

企业应当根据内部控制评价结果和整改情况,编制内部控制评价报告。内部控制评价报告分为定期内部控制评价报告和非定期内部控制评价报告。企业应该定期进行内部控制评价并发布内部控制评价报告,至少应该每年进行一次内部控制评价并由董事会对外发布内部控制评价报告。年度内部控制评价报告应当以12月31日作为基准日。非定期内部控制评价报告可以是因特殊事项或原因（如企业因目标变化或提升）而对外发布的内部控制评价报告,也可以是企业针对发现的重大缺陷专项内部控制评价等向董事会（审计委员会）或经理层报送的内部报告（即内部控制缺陷报告）。

2. 内部控制评价报告的编制主体

编制主体包括单个企业和企业集团的母公司。单个企业内部控制评价报告指某一企业以自身经营业务和管理活动为辐射范围编制的内部控制评价报告,属于对内报告;企业集团母公司内部控制评价报告是企业集团的母公司在汇总、复核、评价、分析后,以母公司及下属（或控股子公司）的经营业务和管理活动为辐射范围编制的内部控制评价报告,是对企业集团内部控制设计有效性和运行有效性的总体评价,可以是对内或对外报告。

（二）评价报告的报送

《企业内部控制评价指引》第二十四条至第二十六条规定了评价报告及内部控制审计报告对外报送的要求。此外,企业内部控制评价报告应按规定报送有关监管部门。例如,国有控股企业应按要求报送国有资产监督管理部门和财政部门、金融企业应按规定报送银行业监督管理部门和保险监督管理部门、公开发行证券的企业应报送证券监督管理部门。

三、内部控制评价报告的披露和使用

企业的价值创造能力不仅取决于现有的经营基础和目前的盈利水平,更主要取决于企业的决策科学性和管控能力。公众企业必须向社会披露内部控制评估报告,满足投资者及利益相关者了解企业治理水平、管理规范化和抵御各类风险的能力的需要,更好地服务于他们做出投资决策和相关决策。

企业内部控制评价对外报告的使用者包括政府有关监管部门、投资者以及其他利益相关者、中介机构和研究机构等。对内报告的使用者主要是企业董事会(审计委员会)、各层级管理者和有关监管部门。内部控制评价是企业董事会对本企业内部控制有效性的自我评价,具有一定的主观性,在此基础上形成的内部控制评价报告也只能作为有关方面了解企业内部控制设计与运行情况的途径之一。在使用内部控制评价报告时,还应注意与内部控制注册会计师审计报告、内部控制监管信息、财务报告信息等相关信息结合使用,以起到全面分析、综合判断、相互验证的效果。

复习思考题

1. 能够表明财务报告内部控制可能存在重大缺陷的迹象有哪些?
2. 能够表明非财务报告内部控制可能存在重大缺陷的迹象有哪些?
3. 内部控制评价报告的主要内容包括哪些?
4. 内部控制评价的主要内容包括哪些?
5. 董事会、经理层和内部控制评价机构在内部控制评价中的职能作用分别有哪些?

练 习 题

一、单项选择题(在每小题的备选答案中,选出一个正确的答案)

1. 内部控制评价是对(　　)发表意见。
A. 内部控制设计有效性　　　　B. 内部控制运行有效性
C. 内部控制有效性　　　　　　D. 内部控制缺陷

2. (　　)原则强调的是内部控制评价的涵盖范围应当全面,具体来说,内部控制评价工作应当包括内部控制的设计与运行,涵盖企业及其所属单位的各种业务和事项。
A. 客观性　　　B. 全面性　　　C. 重要性　　　D. 成本效益

3. 企业可以授权(　　)负责内部控制评价的具体组织实施工作。
A. 财务部门　　　　　　　　　B. 内部控制评价部门
C. 董事会　　　　　　　　　　D. 监事会

4. (　　)对内部控制评价承担最终的职责。

　　A. 总经理　　　　B. 股东大会　　　　C. 董事会　　　　D. 监事会

5. 评价工作底稿应当进行交叉复核签字,并由(　　)审核后签字确认。

　　A. 总经理　　　　　　　　　　　B. 财务总监

　　C. 董事长　　　　　　　　　　　D. 评价工作组负责人

6. (　　)是指企业缺少为实现控制目标所必需的控制,或现存控制设计不适当,即使正常运行也难以实现控制目标。

　　A. 设计缺陷　　　B. 运行缺陷　　　C. 一般缺陷　　　D. 重要缺陷

7. (　　)是指设计有效的内部控制由于运行不当而形成的内部控制缺陷。

　　A. 设计缺陷　　　B. 运行缺陷　　　C. 一般缺陷　　　D. 重要缺陷

8. 企业对内部控制缺陷的认定,应当以构成内部控制的内部监督要素中的日常监督和专项监督为基础,结合年度内部控制评价,由内部控制评价机构进行综合分析后提出认定意见,按照规定的权限和程序进行审核,由(　　)予以最终确定。

　　A. 财务部门　　　　　　　　　　B. 内部控制评价部门

　　C. 董事会　　　　　　　　　　　D. 监事会

9. 企业年度内部控制评价报告应当以(　　)作为基准日。

　　A. 1 月 1 日　　B. 6 月 30 日　　C. 4 月 30 日　　D. 12 月 31 日

10. 内部控制评价从属于(　　)。

　　A. 内部环境　　　B. 内部监督　　　C. 风险评估　　　D. 信息与沟通

二、多项选择题(在每小题的备选答案中,选出两个或两个以上正确的答案)

1. 根据《企业内部控制评价指引》规定,企业对内部控制评价至少遵循(　　)原则。

　　A. 全面性　　　　B. 可比性　　　　C. 重要性　　　　D. 客观性

　　E. 成本效益

2. 内部环境评价应当包括(　　)等方面。

　　A. 组织架构　　　　　　　　　　B. 发展战略

　　C. 人力资源　　　　　　　　　　D. 风险评估

　　E. 控制活动

3. 信息与沟通评价应当对(　　)进行认定和评价。

　　A. 信息收集、处理和传递的及时性　　B. 反舞弊机制的健全性

　　C. 财务报告的真实性　　　　　　　D. 信息系统的安全性

　　E. 利用信息系统实施内部控制的有效性

4. 内部控制评价程序一般包括(　　)。

A. 制订评价工作方案　　　　　　B. 组成评价工作组

C. 实施现场测试　　　　　　　　D. 汇总评价结果

E. 编报评价报告

5. 内部控制评价的方法一般包括(　　)。

A. 个别访谈　　　　　　　　　　B. 调查问卷

C. 专题讨论　　　　　　　　　　D. 穿行测试

E. 抽样和比较分析

6. 按照影响企业内部控制目标实现的严重程度,内部控制缺陷分为(　　)。

A. 重大缺陷　　　　　　　　　　B. 重要缺陷

C. 一般缺陷　　　　　　　　　　D. 设计缺陷

E. 运行缺陷

7. 非财务报告内部控制缺陷是指与内部控制(　　)相关的内部控制缺陷。

A. 战略目标　　　　　　　　　　B. 经营目标

C. 资产安全目标　　　　　　　　D. 合规目标

E. 财务报告目标

8. 按照内部控制缺陷成因或来源,内部控制缺陷包括(　　)。

A. 非财务报告内部控制缺陷　　　B. 设计缺陷

C. 运行缺陷　　　　　　　　　　D. 财务报告内部控制缺陷

E. 重大缺陷

9. 内部控制评价报告的编制主体包括(　　)。

A. 分支机构　　　　　　　　　　B. 子公司

C. 内部审计机构　　　　　　　　D. 审计委员会

E. 企业集团的母公司

10. 国有控股企业内部控制评价报告应按要求报送(　　)。

A. 保险监督管理部门　　　　　　B. 银行业监督管理部门

C. 财政部门　　　　　　　　　　D. 证券监督管理部门

E. 国有资产监督管理部门

三、判断题(认为正确的在题目的括号内打"√",认为错误的在题目的括号内打"×")

1. 一般来说,为了保证评价独立性,负责内部控制设计和评价的部门应适当分离。　　　　　　　　　　　　　　　　　　　　　　　　　　(　　)

2. 根据《企业内部控制评价指引》规定,内部控制评价工作可以形成工作底稿,也可以不形成工作底稿。　　　　　　　　　　　　　　　　　　(　　)

3. 重大缺陷、重要缺陷、一般缺陷及整改方案都必须向董事会报告并审定。
（　　）

4. 在使用内部控制评价报告时,应与内部控制注册会计师审计报告、内部控制监管信息、财务报告信息等相关信息结合使用,以起到全面分析、综合判断、相互验证的效果。
（　　）

5. 财务报告内部控制缺陷是指不能及时防止或发现并纠正财务报告错报的内部控制缺陷。
（　　）

6. 企业内部控制重大缺陷应当由总经理予以最终认定。
（　　）

7. 企业在确定内部控制缺陷的认定标准时,应当充分考虑内部控制缺陷的重要性及其影响程度。
（　　）

8. 内部控制缺陷的定性标准既可以根据造成直接财产损失绝对金额制定,也可以根据其直接损失占本企业资产、销售收入及利润等的比率确定。
（　　）

9. 与非财务报告内部控制缺陷认定相比,财务报告内部控制缺陷认定具有涉及面广、认定难度大的特点。
（　　）

10. 一般而言,如果一个企业存在的内部控制缺陷达到了重大缺陷的程度,就不能说该企业的内部控制是整体有效的。
（　　）

第十一章　内部控制审计

学习目的与要求

　　本章旨在阐述内部控制审计的基本理论和基本方法,其内容主要包括内部控制审计的概述、内部控制审计的程序及内部控制审计报告的出具等内容。通过本章学习,学生应当了解内部控制审计的目标、业务范围与时间范围,理解内部控制审计与财务报表审计的联系与区别;掌握内部控制审计的基本程序,包括计划审计工作、实施审计工作、评价内部控制缺陷和完成审计工作;掌握内部控制审计报告的意见类型,理解期后事项对内部控制审计报告的影响,为从事内部控制审计工作打下扎实的理论基础。

课前预习题

　　1. 内部控制审计与财务报表审计的联系与区别是什么?

　　2. 什么是整合审计?

　　3. 注册会计师如何在内部控制审计报告中反映企业内部控制缺陷?

第一节　内部控制审计概述

一、内部控制审计的定义

　　内部控制审计是指会计师事务所接受委托,对特定基准日内部控制设计与运行的有效性进行审计。

　　企业内部控制审计基于特定基准日。注册会计师基于基准日(如年末12月31日)内部控制的有效性发表意见,而不是对财务报表涵盖的整个期间(如1年)的内部控制的有效性发表意见。但这并不意味着注册会计师只关注企业基准日当天的内部控制,而是要考察企业一个时期内(足够长的一段时间)内部控制的设计和运行情况。虽然是对企业 12 月 31 日基准日内部控制的设计和运行发表意见,但这里的基准日不是一个简单的时点概念,而是体现内部控制这个过程向前的延续性。注册会计师所采用的内部控制审计的程序和方法,也体现了这种延续性。

二、内部控制审计的目标

我国《企业内部控制审计指引》第四条规定,注册会计师应当对财务报告内部控制的有效性发表审计意见,并对内部控制审计过程中注意到的非财务报告内部控制的重大缺陷,在内部控制审计报告中增加"非财务报告内部控制重大缺陷描述段"予以披露。因此,内部控制审计的目标就是对财务报告内部控制的有效性发表审计意见。财务报告内部控制的有效性根据其目标来理解,即如果企业的财务报告内部控制为财务报告的可靠性和对外财务报表的编制符合公认会计原则提供了合理保证,就可认为有效的。

一般而言,财务报告内部控制的有效性包括设计和运行两个方面。设计有效性是指企业是否恰当地设计了能够防止或发现财务报表中存在重大错报的有关控制政策和程序。如果某项控制由拥有有效执行控制所需的授权和专业胜任能力的人员按规定的程序和要求执行,能够实现控制目标,从而有效地防止或发现并纠正可能导致财务报表发生重大错报的错误或舞弊,则表明该项控制的设计是有效的。如果某项控制正在按照设计运行、执行人员拥有有效执行控制所需的授权和专业胜任能力,能够实现控制目标,则表明该项控制的运行是有效的。

三、内部控制审计的业务范围

内部控制审计的范围主要明确注册会计师是对企业财务报告内部控制进行审计还是对企业所有内部控制进行审计。财务报告内部控制是指企业为了合理保证财务报告及相关信息真实、完整而设计和运行的内部控制,以及用于保护资产安全的内部控制中与财务报告可靠性目标相关的控制。非财务报告内部控制是指除财务报告内部控制在外的其他控制。

确定内部控制审计的范围,需要考虑以下四个因素:

(1) 注册会计师的胜任能力。注册会计师的专长领域主要在会计、审计、税法、财务管理、公司战略、财务报告内部控制等方面。对于其他领域的内部控制,如生产安全内部控制、产品质量内部控制、环境保护内部控制等,超过了注册会计师的知识、技能和经验范围,需要其他领域的专家进行签证。

(2) 成本效益的约束。美国公众公司会计监督委员会(PCAOB)通过对《审计准则第 2 号——与财务报表审计相关的财务报告内部控制审计》实施情况的研究表明,注册会计师对财务报告内部控制的审计带来了巨大的效益,推进了公司治理和内部控制的完善,提高了财务报告质量;但巨大的收益也伴随着巨大的成本,执行财务报告内部控制审计的费用超出了预期,大幅度增加了企业的成本。

(3) 投资者的需求。注册会计师对内部控制进行审计的主要目的是满足投资者等信息使用者的需求,保护投资者权益。如果财务报告内部控制有效,可以使投资者对上市公司财务报告的可靠性有更多的信心,从而帮助投资者进行投资决策。

(4) 对非财务报告内部控制审计的做法。从国外的情况看,内部控制审计主要局限在财务报告内部控制。目前,国际上尚未形成对非财务报告内部控制有效性进行评价的依据或标准,在判断上存在较大的主观因素,其结果缺乏可比性,对投资者的作用也很不确定。

综合国内外的成功经验、注册会计师的胜任能力、审计的标准、成本和效益、投资者需求等因素,内部控制审计只能重点解决内部控制弱化可能产生虚假财务信息的问题。目前,国内外已颁布的内部控制审计相关规范普遍规定,内部控制审计范围应当限于与财务报告有关的内部控制。

依据我国《企业内部控制审计指引》第四条的规定,我国内部控制审计主要针对的是财务报告内部控制,但同时也合理涵盖了非财务报告内部控制。

四、内部控制审计的时间范围

内部控制审计时间的确定,主要有以下三种方式:①对特定基准日内部控制的有效性进行审计,针对特定时点的相关内部控制的有效性发表审计意见。②对特定时期内部控制的有效性进行审计,针对特定时期的相关内部控制的有效性发表审计意见。③对特定时期内部控制设计与运行的有效性进行审计,针对特定基准日的相关内部控制的有效性发表意见。

我国《企业内部控制审计指引》从三种方式中寻求平衡,从程序上要求注册会计师应在特定期间对内部控制进行了解和有限测试,从结果上要求注册会计师针对特点时点的内部控制的有效性发表意见[①]。

因此,注册会计师基于基准日(如年末 12 月 31 日)内部控制的有效性发表意见,而不是对财务报表涵盖的整个期间(如 1 年)的内部控制的有效性发表意见。但这并不意味着注册会计师只关注企业基准日当天的内部控制,而是要考察企业一个时期内(足够长的一段时间)内部控制的设计和运行情况。例如,注册会计师可能在 5 月份对企业的内部控制进行测试,发现问题后提请企业进行整改,如 6 月份整改,企业的内部控制在整改后要运行一段时间(如至少 1 个月),8 月份注册会

---

① 刘明辉.内部控制鉴证:争论与选择[J].会计研究,2010(9).

计师再对整改后的内部控制进行测试。因此,虽然是对企业 12 月 31 日(基准日)内部控制的设计与运行发表意见,但这里的基准日不是一个简单的时点概念,而是体现内部控制这个过程向前的延续性。注册会计师所采用的内部控制审计的程序和方法,也体现了这种延续性。

五、内部控制审计中注册会计师的责任

根据我国《企业内部控制审计指引》的要求,建立、健全和有效实施内部控制,评价内部控制的有效性是企业董事会的责任。在实施审计工作的基础上对内部控制的有效性发表审计意见,是注册会计师的责任。即内控本身是否有效是企业的内控责任,而是否遵循内控审计指引实施内控审计并发表恰当的审计意见是注册会计师的审计责任。因此,注册会计师应对发表的审计意见独立承担责任,其责任不因为利用企业内部审计人员、内部控制评价人员和其他相关人员的工作而减轻。

六、内部控制审计与财务报表审计的关系

(一) 内部控制审计与财务报表审计的联系

我国《企业内部控制审计指引》规定,注册会计师可以将内部控制审计与财务报表审计整合进行(即整合审计),也可以单独进行内部控制审计。因此,一方面,内部控制审计与财务报表审计是两种不同的审计业务,两种审计的目标不同;另一方面,内部控制审计与财务报表审计可以整合起来进行。

整合审计的目的就是在内部控制审计中获得充分、适当的证据,支持注册会计师在财务报表审计中对内部控制的风险评估结果;同时,在财务报表审计中获取充分、恰当的证据支持注册会计师在内部控制审计中对内部控制的有效性发表意见。整合审计的互动关系见图 11-1。

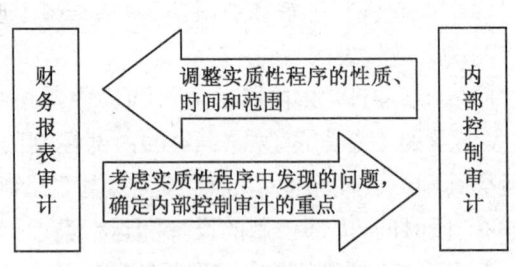

图 11-1　整合审计的互动关系

内部控制审计要求对企业内部控制设计和运行的有效性进行测试,在财务报表审计中,也要求了解企业的内部控制,并在需要时测试控制。

内部控制审计与财务报表审计通常使用相同的重要性水平,在实务中两者难以分开。因为,注册会计师在审计财务报表时需要获得的信息在很大程度上依赖注册会计师对内部控制有效性得出的结论。注册会计师可以利用在一种审计中获得的结果为另一种审计中的判断和拟实施的程序提供信息。

实施财务报表审计时,注册会计师可以利用内部控制审计的结果来修改实质性程序的性质、时间安排和范围,并且可以利用该结果来支持分析程序中所使用的信息的完整性和准确性。在确定实质性程序的性质、时间安排和范围时,注册会计师需要慎重考虑识别出控制的缺陷。

实施内部控制审计时,注册会计师需要评估财务报表审计时实质性程序中发现问题的影响。最重要的是,注册会计师需要重点考虑财务报表中发现的财务报表错报,考虑这些错报对评价内控有效性的影响。

(二)内部控制审计与财务报表审计的区别

内部控制审计与财务报表审计在测试目的、测试范围、测试时间、测试样本量和报告结果等方面存在一定的区别。

1. 了解和测试内部控制的目的不同

内部控制审计了解和测试内部控制的目的是对内部控制设计和运行的有效性发表意见;注册会计师在财务报表审计时了解内部控制是为了评估重大错报风险,测试内部控制是为了进一步证明了解内部控制时得出的初步结论,了解和测试内部控制的最终目的服务于对财务报表发表审计意见的目的。

2. 内部控制测试范围不同

注册会计师进行内部控制审计,对所有重要账户、各类交易和列报的相关认定,都要了解和测试相关的内部控制;在财务报表审计中,只有以下两种情况才强制要求对内部控制进行测试:①在评估认定层次重大错报风险时,预期控制的运行是有效的。②仅实施实质性程序并不能提供认定层次充分、适当的审计证据。其他情况下,注册会计师可以不测试内部控制。

3. 内部控制测试时间不同

注册会计师进行内部控制审计,要对特定基准日内部控制的有效性发表意见,不需要测试整个会计期间,但要测试足够长的期间;在财务报表审计中,一旦确定需要测试,则需测试内部控制在整个所审计期间的运行有效性。

4. 内部控制测试样本量不同

内部控制审计对结论可靠性的要求高,测试的样本量大;财务报表审计对结论可靠性要求取决于计划从控制测试中得到的保证程度,样本量相对要小。

5. 审计报告结果不同

内部控制审计报告要对外披露,同时要以正面、积极的方式对内部控制是否有效发表审计意见；而财务报表审计报告通常不对外披露内部控制的情况，除非内部控制影响到对财务报表发表的审计意见。注册会计师以管理建议书的方式向管理层或治理层报告财务报表审计过程中发现的内部控制重大缺陷，但注册会计师没有义务专门实施审计程序，以发现和报告内部控制重大缺陷。

第二节　内部控制审计程序

一、计划审计工作

合理地计划内部控制审计工作，有助于注册会计师关注重点审计领域、及时发现和解决潜在问题、恰当地组织和管理审计工作；帮助注册会计师对项目组成员进行恰当地分工、指导、监督和复核；有助于协调各方面的审计力量，以最低的成本对重点审计领域实施有效的审计程序，搜集有力的审计证据。

（一）计划审计工作的总体要求

1. 人员安排

注册会计师进行内部控制审计业务，应先恰当地计划内部控制审计工作，配备具有专业胜任能力的项目组，并对助理人员进行适当的督导。整合审计中项目组人员的配备比较关键。在计划审计工作时，项目合伙人需要统筹考虑审计工作，挑选相关领域的人员组成项目组，同时对项目组成员进行培训和督导，以合理安排审计工作。

2. 评估重要事项及其影响

在计划整合审计工作时，注册会计师需要评价下列事项对财务报表和内部控制是否有重要影响，以及有重要影响的事项将如何审计工作：①与企业相关的风险，包括在评价是否接受与保持客户和业务时，注册会计师了解的与企业相关的风险情况以及在执行其他业务时了解的情况。②相关法律、法规和行业概况。③企业组织结构、经营特点和资本结构等相关重要事项。④企业内部控制最近发生变化的程度。⑤与企业沟通过的内部控制缺陷。⑥重要性、风险等与确定内部控制重大缺陷相关的因素。⑦对内部控制有效性的初步判断。⑧可获取的、与内部控制有效性相关的证据的类型和范围。

此外，注册会计师还需要关注与评价财务报表发生重大错报的可能性和内部控制有效性相关的公开信息，以及企业经营活动的相对复杂程度。评价企业经营活动的相对复杂程度时，企业规模并非唯一指标，因为不只是规模较小企业，经营活动比较简单，一些规模较大和较复杂的企业，其某些业务单元或流程也可能比较简单。以下列示的是表明企业经营活动比较简单的因素：①经营范围较小。②经营流程及财务报告系统较简单。③会计职能较为集中。④高级管理人员广泛参与日常经营活动。⑤管理层级较少，每个层次都有较大的管理范围。

（二）风险评估

风险导向审计思路是风险管理思想在审计上的运用。风险的识别、评估和应对是风险管理思想的核心内容。将这一思想具体运用到财务报告内部控制审计中，就要求注册会计师将财务报告内部控制重大缺陷风险的识别、评估和应对作为审计工作主线，在风险评估的基础上，将审计资源投放在高风险领域，以提高审计效率和效果。

在财务报告内部控制审计中，注册会计师需要首先识别内部控制存在重大缺陷的风险，其次有针对性地应对。内部控制是否存在重大缺陷，说到底，是指财务报告内部控制是否足以应对财务报表层次和认定层次的重大错报风险，包括舞弊引起的重大错报风险。

因此，无论对财务报表审计而言，还是对财务报告内部控制审计而言，在了解被审计单位情况的基础上识别和评估财务报表层次和认定层次的重大错报风险是两种审计共同的起点。可以说，两者对风险的评估方法和结果应当相同。《中国注册会计师审计准则第1211号——通过了解被审计单位及其环境识别和评估重大错报风险》对注册会计师实施风险评估程序进行了规范，这里不再赘述。

风险评估程序应当在审计工作的各个方面和各个阶段予以综合考虑，贯穿整个审计工作的始终，而不是仅作为确定审计工作范围的一个步骤。在审计过程中，注册会计师应当随时根据内部控制审计和财务报表审计过程中获取的信息调整拟执行的审计程序。

（三）确定重要性水平

与财务报表审计相同，在计划内部控制审计工作时，注册会计师同样应当确定重要性，以识别重要账户、列报及其相关认定、重大业务流程，并根据所识别的控制缺陷对财务报表的影响程度对缺陷进行评价。在计划内部控制审计工作时，注册会计师应当使用与财务报表审计相同的重要性水平。

（四）制订总体审计策略和具体审计计划

注册会计师应当贯彻风险导向审计的思路，恰当地计划内部控制审计工作。内部控制审计计划分为总体审计策略和具体审计计划两个层次。

1. 总体审计策略的内容

注册会计师应当在总体审计策略中体现下列内容：①确定内部控制审计业务的特征，以界定审计范围。②明确内部控制审计业务的报告目标，以计划审计的时间安排和所需沟通的性质。③根据职业判断，考虑用于指导项目组工作方向的重要因素。④考虑初步业务活动的结果,并考虑对被审计单位执行其他业务时获得的经验是否与内部控制审计业务相关。⑤确定执行内部控制审计业务所需资源的性质、时间安排和范围。

2. 具体审计计划

具体审计计划比总体审计策略更加详细,内容包括项目组成员拟实施的审计程序的性质、时间安排和范围。计划这些审计程序,会随着具体审计计划的制订逐步深入,并贯穿于审计的整个过程。注册会计师应当在具体审计计划中体现下列内容:①了解和识别内部控制的程序的性质、时间安排和范围。②测试控制设计有效性的程序的性质、时间安排和范围。③测试控制运行有效性的程序的性质、时间安排和范围。

(五) 利用其他相关人员的工作

在计划审计工作时,注册会计师需要评估是否利用他人(包括企业的内部审计人员、内部控制评价人员、其他人员和在董事会及其审计委员会指导下的第三方)的工作和利用的程度,以减少可能本应由注册会计师执行的工作。

1. 利用内部审计人员的工作

如果决定利用内部审计人员的工作,注册会计师应当按照《中国注册会计师审计准则第 1411 号——利用内部审计人员的工作》的规定办理。

2. 利用他人的工作

如果拟利用他人的工作,注册会计师则需要评价该人员的专业胜任能力和客观性。专业胜任能力即具备某种专业技能、知识或经验,有能力完成分派的任务;客观性则是公正、诚实地执行任务的能力。专业胜任能力和客观性越高,可利用程度就越高,注册会计师就可以越多地利用其工作。

在内部控制审计中,注册会计师利用他人工作的程度还受到与被测试控制相关的风险的影响。与某项控制相关的风险越高,可利用他人工作的程度越低,注册会计师就需要更多地对该项控制亲自进行测试。

如果其他注册会计师负责审计企业的一个或多个分部、分支机构、子公司等组成部分的财务报表和内部控制,注册会计师应按照《中国注册会计师审计准则第1401 号——对集团财务报表审计的特殊考虑》的规定,确定是否利用其他注册会计师的工作。

二、实施审计工作

在实施审计工作阶段,注册会计师应当按照自上而下的方法实施审计工作。自上而下的方法是注册会计师识别风险、选择拟测试控制的基本思路。自上而下的方法按照以下思路展开。

（一）从财务报表层次初步了解内部控制整体风险

在财务报告内部控制审计中，自上而下的方法始于财务报表层次，以注册会计师对财务报告内部控制整体风险的了解开始，然后，将关注重点放在企业层面的控制上，并将工作逐渐下移至重要账户、列报及其相关的认定。这种方法引导注册会计师将注意力放在显示有可能导致财务报表及相关列报发生重大错报的账户、列报及认定上。随后，注册会计师验证其了解到的业务流程中存在的风险，并就已评估的每个相关认定的错报风险，选择足以应对这些风险的业务层面控制进行测试。确认其对被审计单位业务流程中风险的了解，选择足以应对这些风险的业务层面控制进行测试。在非财务报告内控审计中，自上而下的方法始于企业层面控制，并将审计测试工作逐步下移到业务层面控制。

从财务报表层次初步了解财务报告内部控制整体风险是自上而下方法的第一步。通过了解企业与财务报告相关的整体风险，注册会计师可先识别出为保持有效的财务报告内部控制而必需的企业层面内部控制。

（二）识别、了解和测试企业层面控制

1. 企业层面控制的内容

企业层面控制通常为应对企业财务报表整体层面的风险而设计，或作为其他控制运行的"基础设施"，一般在比业务流程更高的层面上乃至整个企业范围内运行，通常不局限于某个具体认定。企业层面控制包括下列内容：

（1）与内部环境相关的控制。

（2）针对管理层和治理层凌驾于控制之上的风险而设计的控制。

（3）被审计单位的风险评估过程。

（4）对内部信息传递和期末财务报告流程的控制。

（5）对控制有效性的内部监督和自我评价。

2. 企业层面控制对其他控制及其测试的影响

不同的企业层面控制在性质和精确度上存在差异，注册会计师应当从以下三个方面考虑这些差异对其他控制及其测试的影响：

（1）某些企业层面控制，如经营理念、管理层的管理风格等与内部环境相关的控制，对及时防止或发现并纠正相关认定的错报的可能性有重要影响，虽然这种影响是间接的，但这些控制可能影响注册会计师拟测试的其他控制及其对其他控制所执行程序的性质、时间安排和范围。虽然这些与内部环境相关的控制与某个财务报表认定没有直接关联，同时这些控制有效也并不能取代注册会计师为对财务报表认定相关的内部控制的有效性做出结论而所需获得的证据，但是由于这些控制可能会对其他控制的有效运行，以及注册会计师对财务报表是否存在重大错报的风险评估带来普遍性影响,因此,注册会计师可能需要考虑这些控制是否存在缺陷,以制定对其他控制所执行的程序。

(2)某些企业层面控制能够监督其他控制的有效性。管理层设计这些控制旨在识别其他控制可能出现的失效情况。这些控制本身并不能精确到足以及时防止或发现相关认定的重大错报。当这些控制运行有效时,注册会计师可以减少对其他控制的有效性进行的测试。

(3)某些企业层面控制本身能精确到足以及时防止或发现一个或多个相关认定中存在的重大错报。如果一项企业层面控制足以应对评估的重大错报风险,注册会计师可能不必测试与该风险相关的其他控制。一般而言,注册会计师分析某个控制是否有足够的精确度以及时防止或发现财务报表重大错报,需要考虑以下因素:①内部控制对应的重要账户及列报的性质。②对于某些比较稳定或具备预期内在关系的账户,管理层实施的分析对发现重大错报具有足够的精确度。③管理层分析的细化程度。

正是由于企业层面控制的上述作用,注册会计师应当识别、了解和测试对内部控制有效性结论有重要影响的企业层面控制。注册会计师对企业层面控制的评价,可能增加或减少本应对其他控制所进行的测试。此外,由于对企业层面控制的评价结果将影响注册会计师测试其他控制的性质、时间安排及范围,所以注册会计师可以考虑在执行业务的早期阶段对企业层面控制进行测试。在完成对企业层面控制的测试后,注册会计师可以根据测试结果评价被审计单位的企业层面控制是否有效,并且计划需要测试的其他控制及对其他控制所执行程序的性质、时间安排和范围。

(三)识别重要账户、列报及其相关认定

在识别重要账户、列报及其相关认定时,注册会计师应当从定性和定量两个方面做出评价,包括考虑舞弊的影响。

超过财务报表整体重要性的账户,无论是在内部控制审计还是财务报表审计中,在通常情况下被认定为重要账户。一个账户或列报,其金额超过财务报表整体重要性越多,该账户或列报被认定为重要账户或列报的可能性就越大。但是,一个账户或列报的金额超过财务报表整体重要性,并不必然表明其属于重要账户或列报,因为注册会计师还需要考虑定性的因素。同理,定性的因素也可能导致注册会计师将低于财务报表整体重要性的账户或列报认定为重要账户或列报。

从性质上说,注册会计师可能因为某账户或列报受固有风险或舞弊风险的影响而将其确定为重要账户或列报,因为即使该账户或列报从金额上看并不重大,这些固有风险或舞弊风险很有可能导致重大错报(该错报单独或连同其他错报将导致财务报表发生重大错报)。例如,某负债类账户很可能被显著低估,则该负债类账户应被确定为重要账户。对于其他账户而言,由于财务报表使用者的预期,也可能从性质上来看是重要的。

为识别重要账户、列报及其相关认定,注册会计师应当从下列方面评价财务报表项目及附注的错报风险因素:

(1) 账户的规模和构成。

(2) 易于发生错报的程度。

(3) 账户或列报中反映的交易的业务量、复杂性及同质性。

(4) 账户或列报的性质。

(5) 与账户或列报相关的会计处理及报告的复杂程度。

(6) 账户中反映的交易或余额遭受损失的风险。

(7) 账户或列报中反映的活动引起重大或有负债的可能性。

(8) 账户记录中是否涉及关联方交易。

(9) 账户或列报的特征与前期相比发生的变化。

注册会计师不仅应当在重要账户或列报层面考虑风险,而且应当深入账户或列报的明细项目(如"固定资产"账户由机器设备、房屋建筑物等部分组成),如果某账户或列报的各明细项目存在的风险差异较大,被审计单位可能需要采用不同的控制以应对这些风险,注册会计师应当分别予以考虑,并针对各自的风险设计审计程序。

【案例 11-1】   识别重要账户、列报及其相关认定

假设 A 公司的固定资产总额为 2 700 万元。固定资产的确认比较简单,以前年度发生的错报并不重大。其他情况如下:①以前年度未发现与固定资产相关的控制缺陷。②A 公司的内部环境较好。③绝大多数的固定资产较为庞大或无法移动。④固定资产分布于多个组成部分。⑤由于错误或舞弊导致固定资产发生重大错报的固有风险很低。⑥固定资产的增加或减少金额并不重大。⑦固定资产没有减值迹象。

A 公司拥有 7 500 万元的商誉,该商誉是 2 年前通过收购业务形成的,之后 A 公司未发生收购业务。注册会计师确定的财务报表整体重要性为 2 000 万元。

现对该案例分析如下:

综合对定量因素(如固定资产余额并非显著高于财务报表整体重要性,并且固定资产的增加或减少并不重大)和定性因素(如固定资产没有减值迹象,以前年度才发现与固定资产相关的控制缺陷,并且 A 公司的内部环境较好)的分析,注册会计师确定"固定资产"账户不属于重要账户。

注册会计师确定"商誉"属于重要账户,相关认定为计价、列报与披露。

（四）了解潜在错报的来源并识别相应的控制

在内部控制审计中，注册会计师应当实施程序以了解被审计单位流程中可能导致潜在错报的来源和识别管理层为应对这些潜在错报风险而执行的控制。

1. 了解潜在错报的来源

注册会计师应当实现下列目标，以进一步了解潜在错报的来源，并为选择拟测试的控制奠定基础：

（1）了解与相关认定有关的交易的处理流程，包括这些交易如何生成、批准、处理及记录。

（2）验证注册会计师识别出的业务流程中可能发生重大错报（包括由于舞弊导致的错报）的环节。

（3）识别被审计单位用于应对这些错报或潜在错报的控制。

（4）识别被审计单位用于及时防止或发现并纠正未经授权的、导致重大错报的资产取得、使用或处置的控制。

注册会计师应当亲自执行能够实现上述目标的程序，或对提供直接帮助的人员的工作进行督导。

2. 穿行测试

（1）穿行测试概述。穿行测试通常是实现上述目标和评价控制设计的有效性以及确定控制是否得到执行的有效方法。穿行测试是指追踪某笔交易从发生到最终被反映在财务报表中的整个处理过程。

在下列情况下，注册会计师通常实施穿行测试：①存在较高固有风险的复杂领域。②以前年度审计中识别出的缺陷（需要考虑缺陷的严重程度）的领域。③由于引入新的人员、新的系统、收购和采取新的会计政策而导致流程发生重大变化。

如果注册会计师首次接受委托执行内部控制审计，通常预期会对重要流程实施穿行测试。

（2）穿行测试的程序。穿行测试涵盖交易生成、授权、记录、处理和报告的整个过程，以及识别出的重要流程中的控制，包括针对舞弊风险的控制。一般而言，对每个重要流程，选取一笔交易或事项实施穿行测试即可。如果被审计单位采用集中化的系统为多个组成部分执行重要流程，则可能不必在每个重要的组成部分选取一笔交易或事项实施穿行测试。

穿行测试的程序包括：①向实际执行控制的人员进行询问。②观察控制的执行。③查阅在执行控制时使用的或由于执行该控制而生成的文件。④将支持性文件（如销售发票、合同和提货单）与会计记录进行比较。

注册会计师在实施穿行测试时往往综合运用询问、观察、检查和重新执行等测试方法。

（五）选择拟测试的控制

1. 选择拟测试控制的基本要求

注册会计师应当针对每一相关认定获取控制有效性的审计证据，以便对内部控制整体的有效性发表意见，但没有责任对单项控制的有效性发表意见。

注册会计师应当对被审计单位的控制是否足以应对评估的每个相关认定的错报风险形成结论。因此，注册会计师应当选择对形成这一评价结论具有重要影响的控制进行测试。

对特定的相关认定而言，可能有多项控制用于应对评估的错报风险；反之，一项控制可能应对评估的多项相关认定的错报风险。注册会计师没有必要测试与某项相关认定有关的所有控制。

在确定是否测试某项控制时，注册会计师应当考虑该项控制单独或连同其他控制，是否足以应对评估的某项相关认定的错报风险，而不论该项控制的分类和名称如何。

2. 选择拟测试的控制的考虑因素

注册会计师在选取拟测试的控制时，通常不会选取整个流程中的所有控制，而是选择关键控制，即能够为一个或多个重要账户或列报的一个或多个相关认定提供最有效力证据且测试最有效率的控制。每个重要账户、认定和重大错报风险至少应当有一个对应的关键控制。在选择关键控制时，注册会计师需要考虑：①哪些控制是不可缺少的？②哪些控制直接针对相关认定？③哪些控制可以应对错误或舞弊导致的重大错报风险？④控制的运行是否足够精确？

在采用自上而下的方法执行内部控制审计时，如果识别并选取了能够充分应对重大错报风险的控制，则不需要再测试针对同样认定的其他控制。注册会计师在考虑是否有必要测试业务流程、应用系统或交易层面的控制之前，先要考虑测试那些与重要账户的认定相关的企业层面控制的有效性。如果企业层面控制是有效的且得到精确执行，能够及时防止或发现并纠正影响一个或多个认定的重大错报，注册会计师可能不必就所有流程、交易或应用层面的控制的运行有效性获取审计证据。

注册会计师应当选择测试那些对形成内部控制审计意见具有重大影响的控制。对于与所有重要账户和列报相关的所有相关认定，注册会计师都需要取得关于控制设计和运行是否有效的证据。如果存在多个控制均应对相关认定有关的重大错报风险，注册会计师通常会选择那个（些）能够以最有效的方式予以测试的控制。

企业管理层在执行内部控制自我评价时选择测试的控制，可能多于注册会计师认为为了评价内部控制的有效性有必要测试的控制。管理层的这种决定，不影响注册会计师的控制测试决策,注册会计师只需要测试那些对形成内部控制审计意见有重大影响的控制。

　　需要注意的是,自上而下的方法描述了注册会计师在识别风险和拟测试的控制时的连续思维过程,但并不一定是注册会计师执行审计程序的顺序。

三、评价控制缺陷

　　(一)内部控制缺陷的认定

　　内部控制缺陷按其成因分为设计缺陷和运行缺陷;按其影响程度分为重大缺陷、重要缺陷和一般缺陷。注册会计师应当评价其识别的各项内部控制缺陷的严重程度,以确定这些缺陷单独或组合起来,是否构成重大缺陷,但在计划和实施审计工作时,不要求注册会计师寻找单独或组合起来不构成重大缺陷的控制缺陷。

　　财务报告内部控制控制缺陷的严重程度取决于以下两个因素:一是控制缺陷导致账户余额或列报错报的可能性;二是因一个或多个控制缺陷的组合导致潜在错报的金额大小。在评价控制缺陷时,注册会计师应当运用职业判断,考虑并衡量定量因素和定性因素。同时要对整个思考判断过程进行记录,尤其是详细记录关键判断和得出结论的理由。而且,在评价控制缺陷严重程度的记录中,注册会计师应当对"可能性"和"错报金额大小"的判断做出明确的陈述。

　　(二)评价控制缺陷的流程

　　注册会计师评价控制缺陷严重程度的流程,见图11-2。

　　注册会计师在采用上述流程开展控制缺陷评价时,需要考虑如下事项:

　　第一步:考虑发现的控制缺陷与财务报表认定是否直接相关(例如,具有广泛性影响的企业层面控制和特定信息技术一般控制的控制缺陷可能与某一财务报表认定直接相关)。

　　第二步:确定一项或多项缺陷的组合是否可能不能防止或发现并纠正财务报表错报。

　　第三步:确定一项或多项缺陷的组合可能导致的财务报表错报,对财务报表的影响程度是否重大。

　　第四步:评价是否存在补偿性控制并以一定的精确度有效运行,足以防止或发现并纠正中期或年度财务报表重大错报。

　　第五步:评价该项缺陷的重要程度是否足以引起负责监督企业财务报告的人员的关注。

　　第六步:考虑一个足够知情的、有胜任能力的、并且客观地管理人员是否会认为该控制缺陷(或缺陷组合)为重大缺陷。

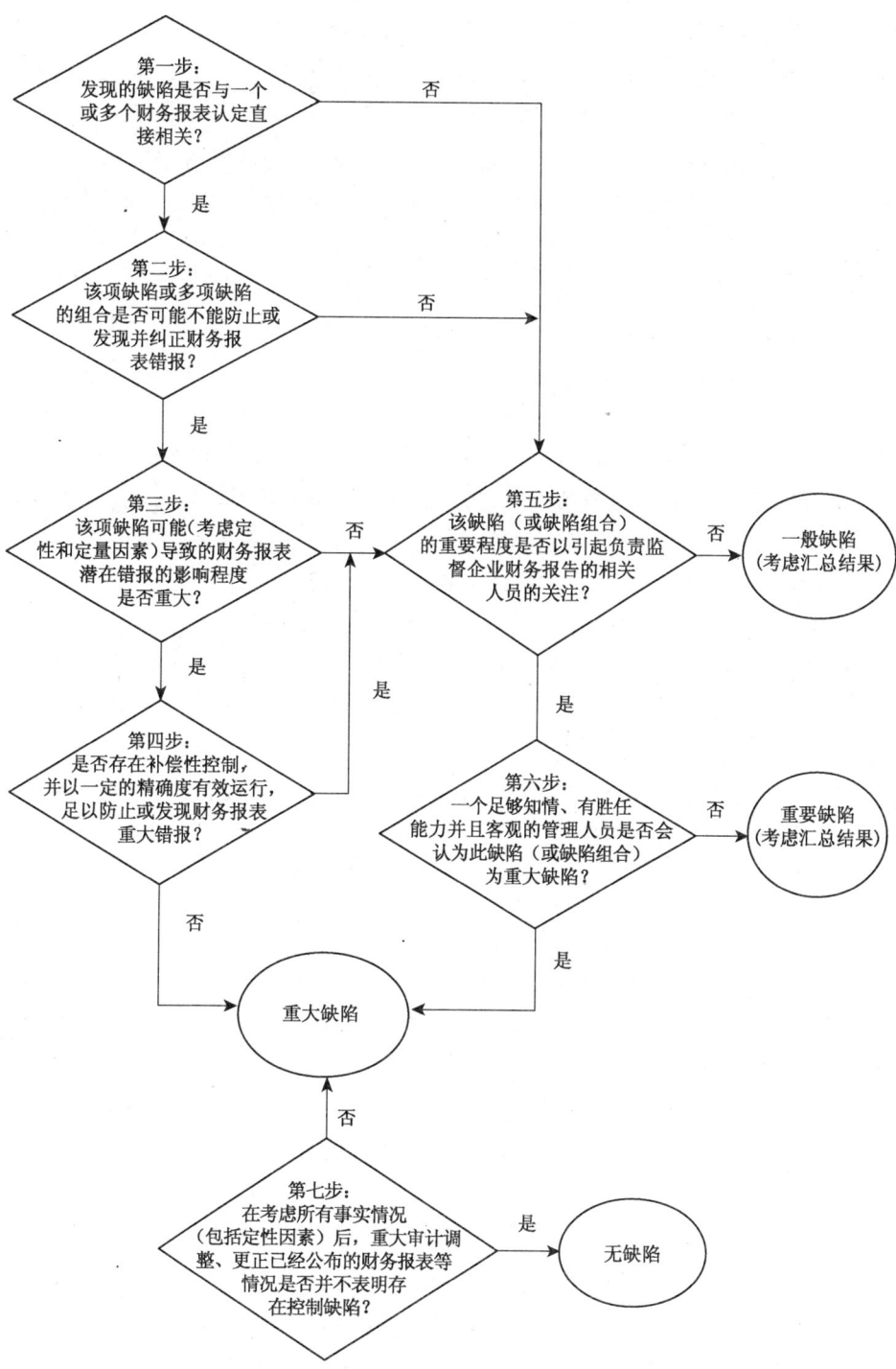

第一步：
发现的缺陷是否与一个或多个财务报表认定直接相关？

否

是

第二步：
该项缺陷或多项缺陷的组合是否可能不能防止或发现并纠正财务报表错报？

否

是

第三步：
该项缺陷可能（考虑定性和定量因素）导致的财务报表潜在错报的影响程度是否重大？

否

是

是

第五步：
该缺陷（或缺陷组合）的重要程度是否以引起负责监督企业财务报告的相关人员的关注？

否

一般缺陷
（考虑汇总结果）

是

第四步：
是否存在补偿性控制，并以一定的精确度有效运行，足以防止或发现财务报表重大错报？

否

第六步：
一个足够知情、有胜任能力并且客观的管理人员是否会认为此缺陷（或缺陷组合）为重大缺陷？

否

重要缺陷
（考虑汇总结果）

是

重大缺陷

否

第七步：
在考虑所有事实情况（包括定性因素）后，重大审计调整、更正已经公布的财务报表等情况是否并不表明存在控制缺陷？

是

无缺陷

图 11-2　评价控制缺陷的流程

第七步:在考虑所有事实情况(包括定性因素)后,判断重大审计调整、更正已经公布的财务报表等情况是否并不表明存在控制缺陷。

【案例 11-2】　　　　　　　　重大缺陷的判定

某注册会计师在执行甲公司财务报告内部控制审计时,将财务报表整体重要性确定为 2 000 万元。在对月度银行对账进行控制测试时,其中一项程序是检查公司每月是否对其付款账户与银行进行对账,这项控制活动与 6 000 万元现金收据及付款相关,选择两笔对账并且确定是否每笔对账都已完成以及是否对所有重大或异常事件进行了调查并及时解决,理想状态下应没有例外。但测试结果表明两笔银行对账都没有完全完成,存在重大的未对账差异(共计 200 万元),且差异存在已超过 1 年。

步骤一:发现的缺陷是否与一个或多个财务报表认定直接相关?

是,涉及银行存款和付款的问题,直接影响财务报表认定。

步骤二:该项缺陷是否可能不能防止或发现并纠正财务报表错报?

是,对账没有完成,有可能导致错误不能及时发现。

步骤三:该项缺陷可能导致财务报表潜在错报的金额大小?

这项控制与交易相关且所涉及金额大于 6 000 万元,超过了重要性。

步骤四:是否存在补偿性控制,并以一定的精确度有效运行,足以防止或发现并纠正财务报表重大错报?

会计经理会对每次银行对账进行审核并签字确认,由于经理没有能够发现这些重大的对账错误,因此补偿性控制也被判断为失效。

根据上述情况,注册会计师确定该缺陷为重大缺陷。

(三)内部控制缺陷处理

1. 财务报告内部控制缺陷的处理

注册会计师在已执行的有限程序中发现财务报告内部控制存在重大缺陷的,应当在内部控制审计报告中对重大缺陷做出详细说明。

2. 非财务报告内部控制缺陷的处理

注册会计师对在审计过程中注意到的非财务报告内部控制缺陷,应区别具体情况予以处理:

(1)注册会计师认为非财务报告内部控制缺陷为一般缺陷的,应当与企业进行沟通,提醒企业加以改进,但无需在内部控制审计报告中说明。

(2)注册会计师认为非财务报告内部控制缺陷为重要缺陷的,应当以书面形式与企业董事会和经理层沟通,提醒企业加以改进,但无需在内部控制审计报告中说明。

（3）注册会计师认为非财务报告内部控制缺陷为重大缺陷的，应当以书面形式与企业董事会和经理层沟通，提醒企业加以改进。同时，应当在内部控制审计报告中增加"非财务报告内部控制重大缺陷描述段"，对重大缺陷的性质及其对实现相关控制目标的影响程度进行披露，提示内部控制审计报告使用者注意相关风险。

四、完成审计工作

（一）形成审计意见

注册会计师应当评价从各种来源获取的审计证据，包括对控制的测试结果、财务报表审计中发现的错报以及已识别的所有控制缺陷，形成对内部控制有效性的意见。在评价审计证据时，注册会计师应当查阅本年度涉及内部控制的内部审计报告或类似报告，并评价这些报告中指出的控制缺陷。

只有在审计范围没有受到限制时，注册会计师才能对内部控制的有效性形成意见。如果审计范围受到限制，注册会计师需要解除业务约定或出具无法表示意见的内部控制审计报告。

（二）获取管理层书面声明

1. 书面声明的内容

注册会计师需要取得经企业认可的书面声明，书面声明需要包括下列内容：

（1）被审计单位董事会认可其对建立健全和有效实施内部控制负责。

（2）被审计单位已对内部控制的有效性做出自我评价，并编制了内部控制评价报告。

（3）被审计单位没有利用注册会计师在内部控制审计和财务报表审计中执行的程序及其结果作为评价的基础。

（4）被审计单位根据内部控制标准评价内部控制有效性得出的结论。

（5）被审计单位已向注册会计师披露识别出的所有内部控制缺陷，并单独披露其中的重大缺陷和重要缺陷。

（6）被审计单位已向注册会计师披露导致财务报表发生重大错报的所有舞弊，以及其他不会导致财务报表发生重大错报，但涉及管理层、治理层和其他在内部控制中具有重要作用的员工的所有舞弊。

（7）注册会计师在以前年度审计中识别出的且已与被审计单位沟通的重大缺陷和重要缺陷是否已经得到解决，以及哪些缺陷尚未得到解决。

（8）在基准日后，内部控制是否发生变化，或者是否存在对内部控制产生重要影响的其他因素，包括被审计单位针对重大缺陷和重要缺陷采取的所有纠正措施。

2. 书面声明的日期和涵盖的期间

注册会计师应当按照《中国注册会计师审计准则第 1341 号——书面声明》的规定,确定声明书的签署者、涵盖的期间以及何时获取更新的声明书等。书面声明的日期应当尽量接近对财务报表出具审计报告的日期,但不得在审计报告日后。

3. 不提供书面声明时的处理

《企业内部控制审计指引》第二十四条规定,企业如果拒绝提供或以其他不当理由回避书面声明,注册会计师应当将其视为审计范围受到限制,解除业务约定或出具无法表示意见的内部控制审计报告。同时,注册会计师需要评价企业拒绝提供书面声明对其他声明(包括在财务报表审计中获取的声明)的可靠性产生的影响。

(三)沟通相关事项

1. 相关要求

对于重大缺陷和重要缺陷,注册会计师应当以书面形式与管理层和治理层沟通。书面沟通应当在注册会计师出具内部控制审计报告之前进行。

注册会计师应当以书面形式与管理层沟通其在审计过程中识别的所有其他内部控制缺陷,并在沟通完成后告知治理层。在进行沟通时,注册会计师无须重复自身、内部审计人员或被审计单位其他人员以前与管理层书面沟通过的控制缺陷。

虽然并不要求注册会计师执行足以识别所有控制缺陷的程序,但是,注册会计师应当沟通其注意到的所有内部控制缺陷。内部控制审计不能保证注册会计师能够发现严重程度低于重大缺陷的所有控制缺陷。注册会计师不应在内部控制审计报告中声明,在审计过程中没有发现严重程度低于重大缺陷的控制缺陷。

2. 整合审计中沟通内部控制缺陷

在财务报表审计中,根据《中国注册会计师审计准则第 1152 号——向治理层和管理层通报内部控制缺陷》的规定,注册会计师应当以书面形式及时向治理层和管理层通报审计过程中识别出的值得关注的内部控制缺陷,除非在具体情况下不适合直接向管理层通报。值得关注的内部控制缺陷,是指注册会计师根据职业判断,认为足够重要从而值得治理层关注的内部控制的一个或多个缺陷的组合。在整合审计中,财务报表审计中的值得关注的内部控制缺陷包括内部控制审计中的重大缺陷和重要缺陷。注册会计师应当就这两类缺陷与治理层和管理层沟通。

3. 沟通舞弊或违反法律、法规行为

如果发现被审计单位存在或可能存在舞弊或违反法律、法规行为,注册会计师应当按照《中国注册会计师审计准则第 1141 号——财务报表审计中与舞弊相关的

责任》、《中国注册会计师审计准则第1142号——财务报表审计中对法律法规的考虑》的规定,确定并履行自身的责任。

第三节　内部控制审计报告

注册会计师在完成内部控制审计工作后,应当出具内部控制审计报告。注册会计师需要在审计报告中清楚地表达对内部控制有效性的意见,并对出具的审计报告负责。在整合审计中,注册会计师在完成内部控制审计和财务报表审计后,应当分别对内部控制和财务报表出具审计报告,并签署相同的日期。我国内部控制审计报告分为标准内部控制审计报告、带强调事项段的无保留意见内部控制审计报告、否定意见内部控制审计报告和无法表示意见内部控制审计报告,后三种称为非标准内部控制审计报告。

一、标准内部控制审计报告

当注册会计师出具的无保留意见内部控制审计报告不附加说明段、强调事项段或任何修饰性用语时,该报告称为标准内部控制审计报告。

如果符合下列所有条件,注册会计师应当对内部控制出具无保留意见的内部控制审计报告:

(1) 在基准日,被审计单位按照适用的内部控制标准的要求,在所有重大方面保持了有效的内部控制。

(2) 注册会计师已经按照《企业内部控制审计指引》的要求计划和实施审计工作,在审计过程中未受到限制。

标准内部控制审计报告包括下列要素:

(1) 标题。内部控制审计报告的标题统一规范为"内部控制审计报告"。

(2) 收件人。内部控制审计报告的收件人是指注册会计师按照业务约定书的要求致送内部控制审计报告的对象,一般是指审计业务的委托人。内部控制审计报告需要载明收件人的全称。

(3) 引言段。内部控制审计报告的引言段说明企业的名称和内部控制已经过审计。

(4) 企业对内部控制的责任段。企业对内部控制的责任段说明,按照《企业内部控制基本规范》、《企业内部控制应用指引》、《企业内部控制评价指引》的规定,建立健全和有效实施内部控制,并评价其有效性是企业董事会的责任。

(5) 注册会计师的责任段。注册会计师的责任段说明,在实施审计工作的基础上,对财务报告内部控制的有效性发表审计意见,并对注意到的非财务报告内部控制的重大缺陷进行披露是注册会计师的责任。

(6) 内部控制固有局限性的说明段。内部控制无论如何有效,都只能为企业实现控制目标提供合理保证。内部控制实现目标的可能性受其固有限制的影响,包括:①在决策时人为判断可能出现错误和因人为失误而导致内部控制失效。②控制的运行也可能无效。③控制可能由于两个或更多的人员进行串通舞弊或管理层不当地凌驾于内部控制之上而被规避。④在设计和执行控制时,如果存在选择执行的控制以及选择承担的风险,管理层在确定控制的性质和范围时需要做出主观判断。

因此,注册会计师需要在内部控制固有局限性的说明段说明,内部控制具有固有局限性,存在不能防止和发现错报的可能性。此外,由于情况的变化可能导致内部控制变得不恰当,或对控制政策和程序遵循的程度降低,根据内部控制审计结果推测未来内部控制的有效性具有一定风险。

(7) 财务报告内部控制审计意见段。审计意见段应当说明企业是否按照《企业内部控制基本规范》和相关规定在所有重大方面保持了有效的财务报告内部控制。

(8) 注册会计师的签名和盖章。

(9) 会计师事务所的名称、地址及盖章。

(10) 报告日期。审计报告的日期不应早于注册会计师获取充分、适当的审计证据(包括董事会认可对内部控制及评价报告的责任且已批准评价报告的证据),并在此基础上对内部控制的有效性形成审计意见的日期。如果内部控制审计和财务报表审计整合进行,注册会计师对内部控制审计报告和财务报表审计报告需要签署相同的日期。

标准内部控制审计报告的参考格式如下。

内部控制审计报告

××股份有限公司全体股东:

按照《企业内部控制审计指引》及中国注册会计师执业准则的相关要求,我们审计了××股份有限公司(以下简称"××公司")××××年××月××日的财务报告内部控制的有效性。

一、企业对内部控制的责任

按照《企业内部控制基本规范》、《企业内部控制应用指引》、《企业内部控制评价指引》的规定,建立健全和有效实施内部控制,并评价其有效性是企业董事会的责任。

二、注册会计师的责任

我们的责任是在实施审计工作的基础上,对财务报告内部控制的有效性发表审计意见,并对注意到的非财务报告内部控制的重大缺陷进行披露。

三、内部控制的固有局限性

内部控制具有固有局限性,存在不能防止和发现错报的可能性。此外,由于情况的变化可能导致内部控制变得不恰当,或对控制政策和程序遵循的程度降低,根据内部控制审计结果推测未来内部控制的有效性具有一定风险。

四、财务报告内部控制审计意见

我们认为,××公司按照《企业内部控制基本规范》和相关规定在所有重大方面保持了有效的财务报告内部控制。

××会计师事务所　　　　中国注册会计师:×××(签名并盖章)

　(盖章)　　　　　　　中国注册会计师:×××(签名并盖章)

中国××市　　　　　　　　××××年××月××日

二、非标准内部控制审计报告

（一）带强调事项段的无保留意见内部控制审计报告

注册会计师认为财务报告内部控制虽然不存在重大缺陷,但仍有一项或多项重大事项需要提请内部控制审计报告使用者注意,需要在内部控制审计报告中增加强调事项段予以说明。注册会计师需要在强调事项段中指明,该段内容仅用于提醒内部控制审计报告使用者关注,并不影响对财务报告内部控制发表的审计意见。

如果存在下列情况,注册会计师应当考虑在内部控制审计报告中增加强调事项段:

（1）如果确定企业内部控制评价报告对要素的列报不完整或不恰当,注册会计师应当在内部控制审计报告中增加强调事项段,说明这一情况并解释得出该结论的理由。

（2）如果注册会计师知悉在基准日并不存在、但在期后期间发生的事项,且这类期后事项对内部控制有重大影响,注册会计师应当在内部控制审计报告中增加强调事项段,描述该事项及其影响,或提醒内部控制审计报告使用者关注企业内部控制评价报告中披露的该事项及其影响。

带强调事项段的无保留意见内部控制审计报告参考格式如下。

内部控制审计报告

××股份有限公司全体股东:

按照《企业内部控制审计指引》及中国注册会计师执业准则的相关要求,我们

审计了××股份有限公司(以下简称"××公司")××××年××月××日的财务
报告内部控制的有效性。

["一、企业对内部控制的责任"至"四、财务报告内部控制审计意见"参见标准
内部控制审计报告相关段落表述。]

五、强调事项

我们提醒内部控制审计报告使用者关注(描述强调事项的性质及其对内部控
制的重大影响),本段内容不影响已对财务报告内部控制发表的审计意见。

××会计师事务所　　　　　中国注册会计师:×××(签名并盖章)

　(盖章)　　　　　　　　中国注册会计师:×××(签名并盖章)

中国××市　　　　　　　　××××年××月××日

(二)否定意见内部控制审计报告

注册会计师如果认为内部控制存在一项或多项重大缺陷,除非审计范围受到
限制,注册会计师应当对财务报告内部控制发表否定意见。否定意见的内部控制
审计报告还应当包括重大缺陷的定义、重大缺陷的性质及其对财务报告内部控制
的影响程度。

如果重大缺陷尚未包含在企业内部控制评价报告中,注册会计师应当在内部
控制审计报告中说明重大缺陷已经识别、但没有包含在企业内部控制评价报告中。
如果企业内部控制评价报告中包含了重大缺陷,但注册会计师认为这些重大缺陷
未在所有重大方面得到公允反映,注册会计师应当在内部控制审计报告中说明这
一结论,并公允表达有关重大缺陷的必要信息。

如果对财务报表发表的审计意见未受影响,注册会计师应当在内部控制审计
报告的导致否定意见的事项段中增加以下类似说明:"在××公司××××年财务
报表审计中,我们已经考虑了上述重大缺陷对审计程序的性质、时间安排和范围的
影响。本报告并未对我们在××××年××月××日对××公司××××年财务
报表出具的审计报告产生影响。"这一说明对于保证审计报告使用者理解注册会计
师为何对财务报表发表无保留意见非常重要。

如果对财务报表发表的审计意见受到影响,注册会计师应当在内部控制审计
报告的导致否定意见的事项段中增加以下类似说明:"在××公司××××年财务
报表审计中,我们已经考虑了上述重大缺陷对审计程序的性质、时间安排和范围的
影响。"

以重大缺陷已包含在企业内部控制评价报告中,并得到公允反映;对财务报表
发表的审计意见未受影响的否定意见内部控制审计报告为例,参考格式如下。

内部控制审计报告

××股份有限公司全体股东：

按照《企业内部控制审计指引》及中国注册会计师执业准则的相关要求，我们审计了××股份有限公司（以下简称"××公司"）××××年××月××日的财务报告内部控制的有效性。

［"一、企业对内部控制的责任"至"三、内部控制的固有局限性"参见标准内部控制审计报告相关段落表述。］

四、导致否定意见的事项

重大缺陷是内部控制中存在的、可能导致不能及时防止或发现并纠正财务报表出现重大错报的一项控制缺陷或多项控制缺陷的组合。

［指出注册会计师已识别出的重大缺陷，并说明重大缺陷的性质及其对财务报告内部控制的影响程度。］

有效的内部控制能够为财务报告及相关信息的真实完整提供合理保证，而上述重大缺陷使××公司内部控制失去这一功能。

××公司管理层已识别出上述重大缺陷，并将其包含在企业内部控制评价报告中。上述缺陷在所有重大方面得到公允反映。在××公司××××年财务报表审计中，我们已经考虑了上述重大缺陷对审计程序的性质、时间安排和范围的影响。本报告并未对我们在××××年××月××日对××公司××××年财务报表出具的审计报告产生影响。

五、财务报告内部控制审计意见

我们认为，由于存在上述重大缺陷及其对实现控制目标的影响，××公司于××××年××月××日未能按照《企业内部控制基本规范》和相关规定在所有重大方面保持有效的财务报告内部控制。

××会计师事务所　　　　　中国注册会计师：×××（签名并盖章）

　（盖章）　　　　　　　　中国注册会计师：×××（签名并盖章）

中国××市　　　　　　　　　　××××年××月××日

【案例 11-3】　　　　　**贵糖股份导致否定意见的事项**

贵糖股份（000833）2012 年内部控制审计报告被注册会计师出具了否定意见，其中的第四部分导致否定意见的事项如下：

重大缺陷是内部控制中存在的、可能导致不能及时防止或发现并纠正财务报表出现重大错报的一项控制缺陷或多项控制缺陷的组合。

　　贵糖股份公司蔗渣、原煤等大宗原材料的成本核算基础薄弱,部分暂估入账的大宗原材料缺少原始凭证(如包括原材料数量、供应商名称等信息的入库单),影响该等存货的发出成本结转与期末计价的正确性,与此相关的财务报告内部控制运行失效。

　　上述重大缺陷导致贵糖股份公司 2012 年度未审财务报表的本期数据和前期比较数据中“营业成本”、“应付账款”、“存货”等项目存在重大会计差错。根据 2013 年 4 月 12 日董事会决议,贵糖股份公司管理层对前期比较数据相应进行了追溯重述,该等重大会计差错更正调减了 2011 年度净利润 5 251.20 万元,调增 2011 年年初留存收益 11 663.42 万元。

　　有效的内部控制能够为财务报告及相关信息的真实完整提供合理保证,而上述重大缺陷使贵糖股份公司内部控制失去这一功能。上述重大缺陷未包含在贵糖股份公司 2012 年内部控制评价报告中。

　　在贵糖股份公司 2012 年财务报表审计中,我们已经考虑了上述重大缺陷对审计程序的性质、时间安排和范围的影响。本报告并未对我们在 2013 年 4 月 12 日对贵糖股份公司 2012 年财务报表出具的审计报告产生影响。

　　(三) 无法表示意见内部控制审计报告

　　注册会计师只有实施了必要的审计程序,才能对内部控制的有效性发表意见。如果审计范围受到限制,注册会计师应当解除业务约定或出具无法表示意见的内部控制审计报告。

　　在出具无法表示意见的内部控制审计报告时,注册会计师应当在内部控制审计报告中指明审计范围受到限制,无法对内部控制的有效性发表意见,并单设段落说明无法表示意见的实质性理由。注册会计师不应在内部控制审计报告中指明所执行的程序,也不应描述内部控制审计的特征,以避免产生误解。如果在已执行的有限程序中发现内部控制存在重大缺陷,注册会计师应当在内部控制审计报告中对重大缺陷做出详细说明。

　　无法表示意见内部控制审计报告参考格式如下。

内部控制审计报告

××股份有限公司全体股东:

　　我们接受委托,对××股份有限公司(以下简称“××公司”)××××年××月××日的财务报告内部控制进行审计。

　　[删除注册会计师的责任段,“一、企业对内部控制的责任”和“二、内部控制的固有局限性”参见标准内部控制审计报告相关段落表述。]

三、导致无法表示意见的事项

［描述审计范围受到限制的具体情况。］

四、财务报告内部控制审计意见

由于审计范围受到上述限制，我们未能实施必要的审计程序以获取发表意见所需的充分、适当证据，因此，我们无法对××公司财务报告内部控制的有效性发表意见。

五、识别的财务报告内部控制重大缺陷（如在审计范围受到限制前，执行有限程序未能识别出重大缺陷，则应删除本段）

重大缺陷是指一个或多个控制缺陷的组合，可能导致企业严重偏离控制目标。

尽管我们无法对××公司财务报告内部控制的有效性发表意见，但在我们实施的有限程序的过程中，发现了以下重大缺陷：

［指出注册会计师已识别出的重大缺陷，并说明重大缺陷的性质及其对财务报告内部控制的影响程度。］

有效的内部控制能够为财务报告及相关信息的真实完整提供合理保证，而上述重大缺陷使××公司内部控制失去这一功能。

××会计师事务所　　　　中国注册会计师：×××（签名并盖章）

　　（盖章）　　　　　　中国注册会计师：×××（签名并盖章）

中国××市　　　　　　　××××年××月××日

（四）增加非财务报告内部控制重大缺陷描述段

对于在审计过程中注意到的非财务报告内部控制重大缺陷，注册会计师应当以书面形式与企业董事会和经理层沟通，提醒企业加以改进；同时在内部控制审计报告中增加非财务报告内部控制重大缺陷描述段，对重大缺陷的性质及其对实现相关控制目标的影响程度进行披露，提示内部控制审计报告使用者注意相关风险，但无需对其发表审计意见。

增加非财务报告内部控制重大缺陷段的审计报告参考格式如下。

内部控制审计报告

××股份有限公司全体股东：

按照《企业内部控制审计指引》及中国注册会计师执业准则的相关要求，我们审计了××股份有限公司（以下简称"××公司"）××××年××月××日的财务报告内部控制的有效性。

［"一、企业对内部控制的责任"至"四、财务报告内部控制审计意见"参见标准内部控制审计报告相关段落表述。］

五、非财务报告内部控制重大缺陷

在内部控制审计过程中,我们注意到××公司的非财务报告内部控制存在重大缺陷［描述该缺陷的性质及其对实现相关控制目标的影响程度］。由于存在上述重大缺陷,我们提醒本报告使用者注意相关风险。需要指出的是,我们并不对××公司的非财务报告内部控制发表意见或提供保证。本段内容不影响对财务报告内部控制有效性发表的审计意见。

××会计师事务所　　　　　　中国注册会计师:×××(签名并盖章)

　(盖章)　　　　　　　　　中国注册会计师:×××(签名并盖章)

中国××市　　　　　　　　　××××年××月××日

(五)期后事项与非标准内部控制审计报告

在企业内部控制自我评价基准日之后至审计报告日之前(以下简称期后期间),内部控制可能发生变化,或出现其他可能对内部控制产生重要影响的因素。注册会计师应当询问是否存在这类变化或影响因素,并获取被审计单位关于这类变化或因素的书面声明。

注册会计师应当针对期后期间,询问并检查下列信息:①在期后期间出具的内部审计报告或类似报告。②其他注册会计师出具的涉及被审计单位内部控制缺陷的报告。③监管机构发布的涉及被审计单位内部控制的报告。④注册会计师在执行其他业务中获取的、有关被审计单位内部控制有效性的信息。

此外,注册会计师还应当考虑获取期后期间的其他文件,并按照《中国注册会计师审计准则第1332号——期后事项》的规定,对其进行检查。

如果知悉对基准日内部控制有效性有重大负面影响的期后事项,注册会计师应当对内部控制发表否定意见。注册会计师如果不能确定期后事项对内部控制有效性的影响程度,应当出具无法表示意见的内部控制审计报告。

如果管理层在评价报告中披露了基准日之后采取的整改措施,注册会计师应当在内部控制审计报告中指明不对这些信息发表意见。

在出具内部控制审计报告后,如果知悉在审计报告日已存在的、可能对审计意见产生影响的情况,注册会计师应当按照《中国注册会计师审计准则第1332号——期后事项》第四章第二节和第三节的规定办理。如果被审计单位更正以前公布的财务报表,注册会计师应当按照《中国注册会计师审计准则第1332号——期后事项》第四章第三节的规定重新考虑以前发表的内部控制审计意见的适当性。

复习思考题

1. 如何理解内部控制审计与财务报表审计的关系?
2. 如何界定内部控制审计的范围及注册会计师的责任?
3. 内部控制审计的基本程序包括哪些内容?
4. 简述内部控制审计的自上而下的方法。
5. 我国内部控制审计报告分为哪几种类型?

练　习　题

一、单项选择题(在每小题的备选答案中,选出一个正确的答案)

1. 评价内部控制的有效性是(　　)的责任。

A. 注册会计师　　B. 管理层　　　　C. 内部审计人员　　D. 董事会

2. 内部控制审计的目标是(　　)。

A. 保证财务报告的可靠性

B. 证实企业内部控制的有效性

C. 证实企业内部控制自我评价的真实性

D. 避免企业出现财务舞弊

3. 内部控制审计是基于(　　)内部控制的有效性发表审计意见。

A. 特定基准日　　B. 特定月度　　　C. 整个会计年度　　D. 特定季度

4. 2012 年 4 月 26 日,财政部发布的《内部控制审计指引》要求 2011 年 1 月 1 日起在(　　)首先实施《内部控制审计指引》。

A. 上海证券交易所主板上市公司　　　B. 深圳证券交易所主板上市公司

C. 中小板和创业板上市公司　　　　　D. 境内外同时上市的公司

5. 注册会计师按照自上而下的方法实施内部控制审计工作,在财务报告内部控制审计中,自上而下的方法始于(　　)。

A. 企业层面控制　　B. 业务层面控制　　C. 财务报表层次　　D. 重大账户

6. 注册会计师按照自上而下的方法实施内部控制审计工作,在非财务报告内部控制审计中,自上而下的方法始于(　　)。

A. 企业层面控制　　B. 业务层面控制　　C. 财务报表层次　　D. 重大账户

7. 如果审计范围受到限制,注册会计师可以出具(　　)的内部控制审计报告。

A. 标准无保留意见　　　　　　B. 无法表示意见

C. 带强调事项段　　　　　　　D. 否定意见

8. 对于内部控制的重要缺陷,注册会计师需要以书面的形式与(　　)沟通。

A. 审计委员会　　B. 董事会　　　C. 总经理　　　　D. 财务总监

9. 非财务报告内部控制是指(　　)。

A. 保证财务报告及相关信息完整的内部控制

B. 保护资产安全的内部控制

C. 保证财务报告可靠性目标相关的控制

D. 除 ABC 选项外的其他控制

10. 企业层面控制通常为应对(　　)的风险而设计。

A. 企业财务报表整体层面　　　　B. 业务流程

C. 应用系统　　　　　　　　　　D. 交易层面

二、多项选择题(在每小题的备选答案中,选出两个或两个以上正确的答案)

1. 财务报告内部控制是指(　　)。

A. 保证财务报告相关信息真实、完整的内部控制

B. 保护资产安全的内部控制

C. 与财务报告可靠性目标相关的控制

D. 提高经营效率效果的控制

E. 提高经营效益的控制

2. 内部控制审计报告意见类型包括(　　)。

A. 标准意见内部控制审计报告

B. 带强调段的无保留审计意见内部控制审计报告

C. 否定审计意见内部控制审计报告

D. 无法表示意见内部控制审计报告

E. 保留意见内部控制审计报告

3. 如果拟利用他人的工作,注册会计师需要评价该人员的(　　)。

A. 专业胜任能力　B. 客观性　　　C. 保密性　　　　D. 独立性

E. 职业道德

4. 在内部控制审计的计划审计阶段,注册会计师应评价(　　)对内部控制、财务报表及审计工作的影响。

A. 与企业相关的风险　　　　　　B. 相关法律法规和行业状况

C. 与企业沟通过的内部控制缺陷　D. 企业组织结构

E. 对内部控制有效性的初步判断

5. 财务报告内部控制缺陷的严重程度取决于(　　)。

A. 控制缺陷导致账户余额错报的可能性

B. 控制缺陷导致账户列报错报的可能性

C. 因一个控制缺陷导致潜在错报的金额大小

D. 因多个控制缺陷的组合导致错报的金额大小

E. 控制缺陷单独或组合是否导致账户余额或列报错报的发生

6. 财务报告内部控制的有效性包括(　　)。

A. 设计有效性　　　B. 实验有效性　　　C. 运行有效性　　　D. 测试有效性

E. 评价有效性

7. 注册会计师需要与企业沟通审计过程中识别的所有控制缺陷,对于其中(　　)需要以书面形式与董事会和经理层沟通。

A. 一般缺陷　　　B. 设计缺陷　　　C. 重大缺陷　　　D. 重要缺陷

E. 运行缺陷

8. 内部控制审计报告的基本内容包括(　　)。

A. 引言段　　　　　　　　　　B. 企业对内部控制的责任段

C. 注册会计师的责任段　　　　D. 财务报告内部控制审计意见段

E. 内部控制固有局限性的说明段

三、判断题(认为正确的在题目的括号内打"√",认为错误的在题目的括号内打"×")

1. 一般而言,财务报告内部控制的有效性包括设计和运行两个方面。(　　)

2. 评价内部控制的有效性是企业总经理的责任。(　　)

3. 注册会计师可以单独进行内部控制审计,但是不能把内部控制审计与财务报表审计整合进行。(　　)

4. 内部控制审计的目标是注册会计师对财务报表是否符合企业会计准则,是否公允反映被审计单位的财务状况和经营成果发表意见。(　　)

5. 与某项控制相关的风险越高,可利用他人工作的程度越高。(　　)

6. 从财务报表层面初步了解财务报告内部控制整体风险是自上而下方法的第一步。(　　)

7. 专业胜任能力越高,可利用程序就越高,注册会计师可以越多利用其他人工作。(　　)

8. 评价企业经营活动的相对复杂程度时,企业规模并非唯一指标。(　　)

9. 注册会计师认为非财务报告内部控制缺陷为一般缺陷的,应当与企业进行沟通,提醒企业加以改进,但无需再在内部控制审计报告中说明。(　　)

第十二章　行政事业单位内部控制

学习目的与要求

　　本章旨在阐述行政事业单位的内部控制,其内容主要包括行政事业单位内部控制概述、单位层面和业务层面的内部控制、内部控制的评价与监督。通过本章学习,学生应当理解行政事业单位内部控制的含义;掌握行政事业单位内部控制的目标、原则与方法;熟悉单位层面内部控制的内容;掌握预算业务、收支业务、政府采购业务、资产管理、建设项目、合同业务存在的主要风险以及控制措施;了解行政事业单位内部控制评价与监督的内容。

课前预习题

　　1. 行政事业单位与企业的内部控制目标与原则有何不同?
　　2. 与企业内部控制相比,行政事业单位特有的内部控制方法有哪些?
　　3. 行政事业单位收入和支出业务主要风险点有哪些? 如何防范?

第一节　行政事业单位内部控制概述

一、行政事业单位内部控制的含义

　　我国《行政事业单位内部控制规范》(试行)将内部控制定义为"内部控制是指单位为实现控制目标,通过制定制度、实施措施和执行程序,对经济活动的风险进行防范和管控。"定义中的行政事业单位内部控制主体,是指以增进社会福利,满足社会文化、教育、科学、卫生等方面需要为目的,不以营利为直接目的的社会组织,包括各级党的机关、人大机关、行政机关、政协机关、审判机关、检察机关、各民主党派机关、人民团体和事业单位。在我国,无论是行政单位还是事业单位实际上都担负着一定的管理公共事务、提供公共服务、维护和实现社会公共利益等方面的公共管理职能,都是在使用公共资金、占用和使用国有资产、配置和使用公共资源。行政事业单位内部控制的对象界定为单位经济活动的风险,非经济活动的风险暂时还未纳入行政事业单位内部控制的范畴。我国行政事业单位类型众多,业务活动纷繁复杂,但不论何种类型的行政事业单位,其正常运转都离不开公共资金,都需要对其自身所掌握的公共资源进行配置和使用,因此,经济活动是行政事业单位共有的业务活动。这里的经济活动通常包括预算、收支、政府采购、资产、建设项目、合同等六项业务,它们是行政事业单位经济活动的共性业务,每个行政事业单位或多或少都会涉及。

在内部控制体系建立完善过程中,行政事业单位与企业都需要保证不同岗位的制约平衡,保证岗位的权责对等,保证规章制度的规范完善等。但与此同时,行政事业单位内部控制与企业又存在一定差别:一是目的不同,行政事业单位强化内部控制建设的目的是更好地服务于社会公共服务与公共管理活动,维护整体社会经济的发展,强调效率与公平的统一性,而企业单位完善内部控制的目的是提高经济效益,实现企业价值最大化,更多强调效率性;二是侧重点不同,行政事业单位内部控制侧重点在于保证财政资金的安全性,保证专款专用,管理、监控、记录和报告资金使用情况,而企业则更注重内部控制对企业财务数据可靠的保证,以及对企业经营效率效果和发展战略实现的保证。

二、行政事业单位内部控制的目标

(一)合理保证单位经济活动合法合规

合理保证行政事业单位经济活动在国家法律、法规允许的范围内进行,避免违法违规行为的发生,这是单位有效履行职能的前提。因此,合理保证单位经济活动合法合规是行政事业单位内部控制最基本的目标,是其他四个目标存在的前提和基础。

(二)合理保证单位资产安全和使用有效

行政事业单位的货币资金和其他资产存在被挪用、贪污、盗窃的风险,必须加强管控,确保资产的安全完整。而资产配置不合理、资产损失浪费、使用效率低下等,也是内部控制必须着力解决的问题。良好的内部控制应当为资产安全和有效使用提供制度保障。

(三)合理保证单位财务信息真实完整

行政事业单位的财务信息包括财务报告、预算草案、决算草案、预算执行情况报告以及以其他形式报告的与单位经济活动相关的、能以货币计量的信息。提供真实完整的财务报告和相关信息是行政事业单位的法定义务,也是行政事业单位解除受托责任的必要手段。良好的内部控制能够加强行政事业单位会计核算和预算、决算管理,确保财务信息真实完整,强化财务信息分析和结果的运用,为外部监管和内部管理提供信息支持。

（四）有效防范舞弊和预防腐败

我国行政事业单位掌握了大量的社会公共资源,在进行资源和资金的分配过程中,由于监督不力等各种原因,舞弊和贪污腐败行为时有发生,造成社会资源分配不公和极大浪费,严重损害社会公共利益。通过建立和实施严密的内部控制,将制衡机制嵌入单位内部管理制度建设之中,强化内部监督,起到"关口前移"的作用,实现有效防范舞弊和预防腐败的目标。

（五）提高公共服务的效率和效果

我国行政事业单位的整体职责使命是有效管理国家和提供公共服务,其提供公共服务的效率和效果直接影响其职责履行的好坏。建立和实施内部控制能够改善单位内部管理,提升单位公共服务水平,从而最终有利于其职责的履行。

三、行政事业单位内部控制的原则

行政事业单位内部控制的原则是单位在建立和实施内部控制过程中所需要遵循的基本要求。单位建立与实施内部控制,应当遵循全面性、重要性、制衡性和适应性原则。

（一）全面性原则

全面性原则要求对单位的经济活动进行全员、全面、全过程的控制。即要求单位的所有相关工作人员包括单位负责人都要参与内部控制建设工作,内部控制应当覆盖单位经济活动所涉及的各种业务和事项,贯穿单位经济活动的决策、执行和监督全过程。

（二）重要性原则

重要性原则是指在全面控制的基础上,内部控制应当关注单位重要经济活动和经济活动的重大风险,并采取更为严格的控制措施,确保不存在重大缺陷。

（三）制衡性原则

相互制衡是建立和实施内部控制的核心理念。制衡性原则是指内部控制应当在单位内部的部门管理、职责分工、业务流程等方面形成相互制约和相互监督。

（四）适应性原则

适应性原则是指内部控制应当符合国家有关规定和单位的实际情况,并随着外部环境的变化、单位经济活动的调整和管理要求的提高,不断修订和完善。

四、行政事业单位内部控制的方法

行政事业单位内部控制主要可以运用不相容岗位相互分离、内部授权审批控制、归口管理、预算控制、财产保护控制、会计控制、单据控制和信息内部公开等控制方法。

（一）不相容岗位相互分离

不相容岗位相互分离要求合理设置内部控制关键岗位，明确划分职责权限，实施相应的分离措施，形成相互制约、相互监督的工作机制。行政事业单位的各项经济活动通常可以划分为事项申请、内部审核批准、业务执行、信息记录和内部监督等岗位。不相容岗位相互分离，要做到提出事项申请的岗位与对事项审核批准的岗位分离、审核批准的岗位与具体执行业务的岗位分离、业务执行的岗位与信息记录的岗位分离、审核批准和执行的岗位与内部监督的岗位分离。

（二）内部授权审批控制

内部授权审批控制是行政事业单位根据常规授权和特别授权的规定，明确单位内部各部门、下属单位、各岗位日常管理和业务办理的所授予权限范围、审批程序和相关责任。行政事业单位的任何授权都应当以法律、行政法规和单位的规章制度为依据，并予以书面化，相关工作人员应当在授权范围内行使职权、办理业务。对于与单位经济活动相关的重大决策、重大事项、重要人事任免及大额资金支付业务，应当建立集体决策和会签制度。

（三）归口管理

归口管理是指行政事业单位按照管控事项的性质与管理要求，结合单位职责、组织机构和岗位设置，在不相容岗位相互分离和内部授权审批的前提下，明确单位内部各个业务的归口管理责任单位的控制方法。归口管理要求根据本单位实际情况，按照权责对等的原则，采取成立联合工作小组并确定牵头部门或牵头人员等方式，对有关经济活动实行统一管理。

（四）预算控制

预算是根据单位职责、任务和发展目标编制的年度财务收支计划，是行政事业单位业务活动的财力支持和经济活动的基本依据。预算控制要求单位强化对经济活动的预算约束，使预算管理贯穿于单位经济活动的全过程。

（五）财产保护控制

财产保护控制是合理保证行政事业单位资产安全和使用有效这一控制目标实现的控制方法。财产保护控制要求单位建立资产日常管理制度和定期清查机制，采取资产记录、实物保管、定期盘点、账实核对等措施，确保资产安全完整。

（六）会计控制

会计控制是合理保证行政事业单位财务信息真实完整这一控制目标实现的有效方法。会计控制要求单位建立健全本单位财会管理制度，加强会计机构建设，提高会计人员业务水平,强化会计人员岗位责任制,规范会计基础工作,加强会计档案管理,明确会计凭证、会计账簿和财务会计报告处理程序。

(七)单据控制

单据按照种类或来源可分为表单和票据。表单是指行政事业单位发生经济行为所涉及的内部凭证;票据是指发生经济行为在报销环节使用的外部凭证,证实经济事项的真实性及其具体金额。单据控制要求单位根据国家有关规定和单位的经济活动业务流程,在内部管理制度中明确界定各项经济活动所涉及的表单和票据,要求相关工作人员按照规定填制、审核、归档和保管单据。

【案例12-1】 某事业单位部分支出事项的单据规范表

该单位对部分支出事项相关单据的要求见表12-1。

表 12-1　某事业单位部分支出事项的单据规范表

支出事项	票据要求	
	外部票据	内部表单
水电费	水费缴费发票、电费缴费发票	《费用报销审批单》
物业管理费	物业管理费发票	《费用报销审批单》、《物业管理合同》
交通费	燃油、保险、车船税、停车、洗车、过路过桥费的发票、一卡通缴费专用发票	《费用报销审批单》、《燃油充值金额一览表》、保险费复印件等
差旅费	飞机、火车、轮船等发票、保险发票、订票费发票、住宿费发票	《费用报销审批单》、相关单位邀请公函或会议通知单
出国(境)费	机票(盖代办公司章)、核汇单和换汇水单、有资质的旅行社或代办公司提供的订票费等发票	《费用报销审批单》、经审批盖章的《因公出国赴港澳任务批件》、领导办公会议纪要、银行出具的《出境(国)用汇审批表》、护照(含签证、签注和出入境记录)复印件、旅行社相关合同等

(八)信息内部公开

信息内部公开是指对某些与经济活动相关的信息,在单位内部的一定范围内,按照既定的方法和程序进行公开,从而达到加强内部监督,提升部门间沟通协调以及促进相关部门自觉提升工作效率的有效方法。信息内部公开控制要求单位建立健全经济活动相关信息内部公开制度,根据国家有关规定和单位的实际情况,确定信息内部公开的内容、范围、方式和程序。

在上述方法中,归口管理、单据控制和信息内部公开是行政事业单位相对于企业内部控制的创新方法。其中,归口管理具有很强的现实针对性,对于从制度上根除行政事业单位的"小金库"有着积极的意义；单据控制也同样具有很强的现实针对性，在打击"假发票"、减少行政事业单位对"假发票"的使用方面能够发挥重要作用，并且有助于保证发票和业务的真实性；信息内部公开体现了党的十八大提出的"健全权力运行制约和监督体系"的必然要求，是新一届政府提出的打造创新政府、廉洁政府、法治政府的客观要求，也是内部控制制衡机制的内在要求。

第二节　行政事业单位单位层面的内部控制

　　单位层面的内部控制为业务层面内部控制提供环境基础。单位层面内部控制主要包括建立内部控制的组织架构、建立内部控制的工作机制、对内部控制关键岗位工作人员的要求、编报财务信息的要求和运用现代科技手段加强内部控制等内容。

一、建立内部控制的组织架构

　　行政事业单位应当单独设置内部控制职能部门或者确定内部控制牵头部门，负责组织协调内部控制工作。内部控制的建立和实施，应当建立起财会、政府采购、基建、资产管理、合同管理等部门或岗位之间沟通协调机制，充分发挥各相关部门或岗位在内部控制中的作用。恰当的内部监督有利于及时发现内部控制建立和实施中的问题和薄弱环节，单位的内部审计、纪检监察部门是内部监督的主要力量，要充分发挥单位内部审计、纪检监察部门的职能作用。

二、建立内部控制的工作机制

　　（一）建立单位经济活动的决策、执行和监督相互分离的机制

　　行政事业单位决策、执行和监督相互分离既要侧重过程的分离，又要侧重岗位的分离。在根据决策、执行和监督相互分离的原理进行组织架构和岗位分离时，应当符合单位的实际情况，既要服从本单位"三定"（定职能、定机构、定人员编制）规定的要求，在现有编制内按照内部控制的要求设计工作机制，又可以从经济活动的特点出发，建立联合工作机制。

　　（二）建立健全议事决策机制

　　议事决策机制是行政事业单位经济活动科学决策、民主决策的重要保证。单位应当制定领导班子议事决策制度，完善议事决策机制。议事决策制度具体包括确定议事成员构成、决策事项范围、投票表决规则、决策会议记录撰写、流转和保存

以及决策事项的贯彻落实和监督程序等内容。对于大额资金使用、大宗资产采购、基本建设项目、重大外包业务、对外投资和融资业务（如果国家相关规定允许的话）、重要资产处置、信息化建设和预算调整等重大经济事项的内部决策,应当由单位领导班子集体研究决定。重大经济事项的认定标准应当根据有关规定和本单位实际情况确定,一经确定,不得随意变更。

单位应当建立健全集体研究、专家论证和技术咨询相结合的议事决策机制,在做出重大决策时,对于业务复杂、专业性比较强的经济活动,应当注意听取专家的意见,必要时可以组织技术咨询。

单位应当做好决策相关的会议记录,如实反映议事过程和每一位议事成员的意见,请每一位议事成员核实记录并签字,及时归档、妥善保管。同时,单位还应当注重决策的落实,对决策执行的效率和效果进行跟踪评价,避免决策走过场,失去权威性。

（三）建立健全内部控制关键岗位责任制

行政事业单位应当建立健全内部控制关键岗位责任制,明确岗位职责及分工。内部控制关键岗位主要包括预算业务管理、收支业务管理、政府采购业务管理、资产管理、建设项目管理、合同管理和内部监督等经济活动的关键岗位。

行政事业单位在确定岗位职责和分工的过程中,应当确保不相容岗位相互分离、相互制约和相互监督,即经济活动的决策、执行、监督与业务经办、会计记录、财产保管的相互分离相互制约。

行政事业单位应当实行内部控制关键岗位工作人员的轮岗制度,明确轮岗周期。对于规模小、人员少、不具备轮岗条件的单位应当采取专项审计等控制措施,确保关键岗位工作人员认真依法履行职责。

三、对内部控制关键岗位工作人员的要求

对行政事业单位内部控制关键岗位工作人员的要求应重点关注以下两个方面:

一是应把好人员入口关。有效的内部控制体系是以关键岗位工作人员的专业胜任能力和职业道德水平为基础的,因此应将职业道德和专业胜任能力作为选拔任用内部控制关键岗位人员的重要标准,确保选拔任用的人员具备与其工作岗位相适应的资格和能力,包括知识、技能、专业背景和从业资格等。

二是要切实加强业务培训和职业道德教育。行政事业单位的经济活动涉及预算管理、政府采购、基建管理、国库集中支付、财务管理和会计管理等方面的法律、法规、政策,具有规定多、更新快、要求高的特点,需要对关键岗位人员进行定期业务培训,不断提升其专业技能和业务水平。同时,要强化内部控制关键岗位工作人

员的职业道德教育,对发现的违反职业道德的行为要及时加以惩戒。

四、编报财务信息的要求

行政事业单位应当根据《会计法》的规定建立会计机构,配备具有相应资格和能力的会计人员。单位应当保障财会部门的人员编制,以便财会部门能够实施必要的不相容岗位分离和轮岗。同时,单位应当实施财会部门关键岗位定期轮岗制度或采取替代控制措施,防止财务舞弊的发生。

单位应当加强会计基础工作管理,完善财务管理制度,根据实际发生的经济业务事项按照国家统一的会计制度及时进行账务处理、编制财务会计报告,确保财务信息真实、完整。

单位财会部门应当与其他业务部门之间加强信息沟通,定期开展必要的信息核对,实现重要经济活动信息共享,提升内部控制效能。

五、运用现代科技手段加强内部控制

行政事业单位应当充分运用现代科学技术手段加强内部控制。对信息系统建设实施归口管理,在日常办公、财务管理、资产管理等领域,尽快实施信息化,应当将经济活动及其内部控制的流程嵌入单位信息系统中,减少或消除人为操纵因素,保护信息安全。

第三节　行政事业单位业务层面的内部控制

行政事业单位业务层面内部控制主要包括预算业务控制、收支业务控制、政府采购业务控制、资产控制、建设项目控制、合同控制等内容。

一、预算业务控制

行政事业单位的预算由收入预算和支出预算组成,反映了预算年度内单位的资金收支规模和资金使用方向。预算业务控制包括预算编制、预算内部批复、预算执行、决算与评价等环节。

（一）预算业务的主要风险

1. 预算编制环节的风险

预算编制的过程短,时间紧,准备不充分,可能导致预算编制质量低;财会部门与其他职能部门之间缺乏有效沟通或业务部门不参与其中,可能导致预算编制与预算执行,预算管理与资产管理、政府采购和基建管理等经济活动脱节;预算项目不细、编制粗糙,随意性大,可能导致预算约束不够。

2. 预算批复环节风险

单位内部预算指标分解批复不合理,可能导致内部各部门财权与事权不匹配,影响部门职责的履行和资金使用效率;预算调整缺乏严格控制,可能导致预算约束力不够。

3. 预算执行环节风险

未按规定的额度和标准执行预算,存在无预算、超预算支出等问题,可能会影响预算的严肃性;不对预算执行情况进行分析,沟通不畅,可能导致预算执行进度偏快或偏慢。

4. 决算与评价环节风险

未按规定编报决算报表,不重视决算分析工作,决算分析结果未得到有效运用,决算与预算相互脱节,可能导致预算管理的效率低下;评价机制不完善,可能导致预算管理缺乏监督。

(二)预算业务的控制措施

1. 预算编制环节的关键控制措施

单位的预算编制应当做到程序规范、方法科学、编制及时、内容完整、项目细化、数据准确。

(1)建立完善预算编制的组织管理体制。通常由财会部门作为预算业务的归口管理部门,建立内部预算编制、预算执行、资产管理、基建管理、人事管理等部门或岗位的沟通协调机制,按照规定进行项目评审,确保预算编制部门及时取得和有效运用与预算编制相关的信息,根据工作计划细化预算编制,提高预算编制的科学性。财会部门应当正确把握预算编制有关政策,做好基础数据的准备和相关人员的培训,统一部署预算编报工作,确保预算编制相关人员及时全面掌握相关规定。

(2)规范预算编制程序,明确审批要求。单位各部门应当按照规定的预算编报职责、编制标准和下一年度工作安排,提出预算建议数和基础申报数据,经单位分管领导审批后,提交财会部门。财会部门应对提交的预算建议数和编报数据进行初审,并进行汇总形成预算建议数,交财会部门负责人审核后,提交单位分管领导审定。预算建议数经单位分管领导审定后,提交单位领导班子集体研究决定,通过后财会部门应按同级财政部门或上级部门规定的格式及要求,报送审批。

(3)完善编制方法,细化预算编制。单位各部门及下属单位编制预算应在对当年预算执行情况进行评价的基础上,根据各部门制订的下一预算年度工作计划,对各项收支的规模和结构进行预计和测算,根据工作计划细化预算编制。财会部门应审核各部门及下属单位当年预算执行情况以及项目细化程度是否符合有关预算管理政策。

(4)重大预算项目采取立项评审方式。对于建设工程、大型修缮、信息化项目和大宗物资采购等专业性较强的重大事项,单位可以在预算编制环节采取立项评审方式,对预算事项的目的、效果和金额等方面进行综合立项评审。除按有关规定必须指定专业机构评审以外,单位还可以成立评审小组自行组织评审,也可委托外聘专家或中介机构等第三方进行评审。

2. 预算内部批复环节的关键控制措施

单位应当根据内设部门的职责和分工,对按照法定程序批复的预算在单位内部进行指标分解、审批下达,规范内部预算追加调整程序,发挥预算对经济活动的管控作用。

(1) 明确预算批复的责任。明确财会部门负责对单位内部的预算批复工作进行统一管理;设置预算管理岗负责单位内部预算批复工作,对按法定程序批复的预算在单位内部进行指标分解和细化,对内部预算指标的名称、额度、开支范围和执行方式逐一进行界定;设立预算领导小组(或者通过单位领导班子会议)对预算指标的内部分配实施统一决策。

(2) 合理进行内部预算指标分解。内部指标分解应按照各部门及下属单位业务工作计划对预算资金进行分配,对各项业务工作计划的预算金额、标准和具体支出方向进行限定。

(3) 合理采用内部预算批复方法。单位可以采用总额控制、逐项批复、分期批复、上级单位统筹管理、归口部门统一管理等方式批复内部预算指标。批复时应结合实际预留机动财力。对于在预算批复时尚无法确定事项具体内容的业务,可先批复该类事项的总额,在预算执行过程中履行执行申请与审批管理。由上级单位统筹管理的预算,可一次或分次分批下达预算指标,以保留适当的灵活性,避免频繁的预算调整。

(4) 严格控制内部预算追加调整。单位应当明确预算追加调整的相关制度和审批程序。对于没有合理理由的追加调整,应予拒绝。

3. 预算执行环节的关键控制措施

单位应当根据批复的预算安排各项收支,确保预算严格有效执行。单位应当建立预算执行分析机制。定期通报各部门预算执行情况,召开预算执行分析会议,研究解决预算执行中存在的问题,提出改进措施,提高预算执行的有效性。

(1) 预算执行申请控制。根据我国相关法律规定,行政事业单位预算执行一般包括直接报销、依申请执行和政府采购执行三种方式,其中除了政府采购外,对于支出金额较大、非经常性发生的业务应当先进行依申请执行。业务部门应当根据已批复的预算指标提出申请,不得超出可用指标额度,必须将指标额度、支出事项和执行申请一一对应,符合指标批复时的业务范围和经费支出管理办法、细则的相关规定。执行申请必须按照规定的审批权限进行审批。审批通过后,业务部门才能根据审批结果办理业务事项和后续的报销等事宜。

（2）资金支付控制。涉及资金收付的预算执行事项,业务部门凭借款申请或报销申请按规定的审批权限和程序审批完成后,由审核岗对凭证、票据审核后,由出纳岗依据支付审核阶段已明确的借款申请或报销申请的资金来源和账户类型,办理具体的资金支付业务。

（3）预算执行分析控制。单位应当建立预算执行分析机制,定期通报各部门预算执行情况。单位可以通过定期召开预算执行分析会议的形式,开展预算执行分析。预算执行分析会应研究解决预算执行中存在的问题,提出改进措施,提高预算执行的有效性。

4. 决算与评价环节的关键控制措施

（1）决算控制。单位应当加强决算管理,确保决算真实、完整、准确、及时,加强决算分析工作,强化决算分析结果运用,建立健全单位预算与决算相互反映、相互促进的机制。

（2）绩效评价控制。单位应当加强预算绩效管理,建立"预算编制有目标、预算执行有监控、预算完成有评价、评价结果有反馈、反馈结果有应用"的全过程预算绩效管理机制。

二、收支业务控制

收支业务与资金流转密切相关,是行政事业单位运行的核心业务之一,也是内部控制的管控重点。

（一）收入业务控制

1. 收入业务的主要风险

收入业务主要存在以下五个方面的风险:

（1）各项收入未按照法定项目和标准征收,或者收费许可证未经有关部门年检,可能导致收费不规范或乱收费的风险。

（2）未由财会部门统一办理收入业务,缺乏收入统一管理和监控,其他部门和个人未经批准办理收款业务,可能导致贪污舞弊或者私设"小金库"的风险。

（3）违反"收支两条线"管理规定,截留、挪用、私分应缴财政的收入,或者各项收入不入账或设立账外账,可能导致私设"小金库"或者资金体外循环的风险。

（4）执收部门和财会部门沟通不够,单位没有掌握所有收入项目的金额和时限,造成应收未收,可能导致单位利益受损的风险。

（5）票据、印章管理松散,存在收入资金流失的风险。

2. 收入业务的控制措施

（1）对收入业务实施归口管理。明确由财会部门归口管理各项收入并进行会计核算,严禁设立账外账。财会部门应当定期清理掌握本单位各部门的收费项目,做好收费许可证的年检,确保各项收入项目符合国家有关规定。业务部门应当在涉及收入的合同协议签订后及时将合同等有关材料提交财会部门作为账务处理依据,确保各项收入应收尽收,及时入账。财会部门应当定期检查收入金额是否与合同约定相符;对应收未收项目应当查明情况,明确责任主体,落实催收责任。

(2)严格执行"收支两条线"管理规定。有政府非税收入收缴职能的单位,应当按照规定项目和标准征收政府非税收入,按照规定开具财政票据,做到收缴分离、票款一致,并及时、足额上缴国库或财政专户,不得以任何形式截留、挪用或者私分。

(3)建立收入分析和对账制度。财会部门应当根据收入预算、所掌握的合同情况,对收入征收情况的合理性进行分析,判断有无异常情况;应定期与负有征收义务的部门进行对账,及时检查并做出必要的处理。

(4)建立健全票据和印章管理制度。单位应当明确规定票据保管、登记、使用和检查的责任。财政票据、发票等各类票据的申领、启用、核销、销毁均应履行规定手续。单位应当按照规定设置票据专管员,建立票据台账,做好票据的保管和序时登记工作。票据应当按照顺序号使用,不得拆本使用,做好废旧票据管理。负责保管票据的人员要配置单独的保险柜等保管设备,并做到人走柜锁。单位不得违反规定转让、出借、代开、买卖财政票据、发票等票据,不得擅自扩大票据适用范围。

(二)支出业务控制

支出是行政事业单位预算执行的重要组成部分。支出业务主要包括支出事项事前申请、借款或报销、资金的支付、会计核算等环节。

1. 支出业务的主要风险

支出业务主要存在以下五个方面的风险:

(1)支出业务相关岗位设置不合理,不相容岗位未实现相互分离,可能导致错误或舞弊的风险。

(2)支出事项未经适当的审核、审批,重大支出未经单位领导班子集体研究决定,支出申请不符合预算管理要求,支出范围及开支标准不符合相关规定,可能导致单位预算失控或者经费控制目标难以实现的风险。

(3)资金支付不符合国库集中支付、政府采购、公务卡结算等国家有关政策规定,可能导致违法违规的风险。

(4)报销时单据审核不严格,可能导致虚假发票套取资金等违法违规的风险。

(5)对各项支出缺乏定期的分析与监控,对重大问题缺乏应对措施,可能导致单位支出失控的风险。

2. 支出业务的控制措施

单位应当建立健全支出内部管理制度,确定单位经济活动的各项支出标准,明确支出报销流程,按照规定办理支出事项。单位应当合理设置岗位,明确相关岗位的职责权限,确保支出申请和内部审批、付款审批和付款执行、业务经办和会计核算等不相容岗位相互分离。单位应当按照支出业务的类型,明确内部审批、审核、支付、核算和归档等支出各关键岗位的职责权限。实行国库集中支付的,应当严格按照财政国库管理制度有关规定执行。

(1)明确各支出事项的开支范围和开支标准。支出事项的开支范围是对该支出事项及其事项明细进行界定。支出事项的开支标准包括国家或地方性法规制度规定的外部标准和单位根据实际制定的内部标准。外部标准是指国家或者地方性法规规定的标准,单位必须遵照执行,内部标准是指在国家有关法规允许的范围内,根据单位实际制定的标准。

【案例 12-2】　某行政事业单位支出事项的开支范围与开支标准

表 12-2 和表 12-3 分别列示了该单位部分业务支出事项的开支范围与开支标准。

表 12-2　支出事项的开支范围

支出事项	开支范围
人员经费	用于单位编制内人员的工资、津贴补贴、奖金、社会保障费、离退休费、抚恤费、生活补助、计划生育奖及其他对个人和家庭的补助支出等。
交通费	用于单位各类交通工具的燃油费、保险费、车船税、维修费、停车费、洗车费、过路过桥费(通行费)及其他与单位车辆直接相关的费用。
差旅费	用于单位工作人员出差的交通费、住宿费、订票费、保险费、伙食补助费、公杂费及其他费用。
会议费	用于单位按规定开支的会议场地租赁费、会议设备租赁费、参会人员伙食费、住宿费及其他与会议有关的费用。

表 12-3　支出事项的开支标准

支出事项	开支标准	备注
人员经费	按照财政部门与人事部门制定的标准执行。	外部法定标准
水电费	按照水务公司与电力公司制定的标准执行。	外部法定标准
接待费	按照单位接待工作相关标准(类型/级别)执行。	内部标准
差旅费	按照财政部门制定的城市间交通费标准、住宿费标准、伙食补助费和公杂费标准执行。	外部法定标准
会议费	按照财政部门制定的会议费开支标准执行。	外部法定标准

(2) 加强支出事前申请控制。单位在发生相关支出前应当履行事前申请程序,经审核通过后再开展相关业务。

(3) 加强支出审批控制。单位各项支出都应当经过规定的审批才能向财会部门申请资金支付或者办理报销手续。单位应当明确支出的内部审批权限、程序、责任和相关控制措施。审批人应当在授权范围内审批,不得越权审批。

(4) 加强支出审核控制。财会部门在办理资金支付前应当全面审核各类单据,重点审核单据来源是否合法,内容是否真实、完整,使用是否准确,是否符合预算,审批手续是否齐全。支出凭证应当附反映支出明细内容的原始单据,并由经办人员签字或盖章,超出规定标准的支出事项应由经办人员说明原因并附审批依据,确保与经济业务事项相符。

(5) 加强资金支付和会计核算控制。财会部门应当按照规定办理资金支付业务,签发的支付凭证应当进行登记。使用公务卡结算的,应当按照公务卡使用和管理有关规定办理业务。财会部门应当根据支出凭证及时准确登记账簿,与支出业务相关的合同或内部签报作为提交财会部门进行账务处理的依据。

(6) 加强支出业务分析控制。单位应当定期编制支出业务预算执行情况分析报告,为单位领导管理决策提供信息支持。对于支出业务中发现的异常情况,应及时采取有效措施。

(三) 债务业务控制

在我国,行政事业单位对外举债是一种禁止行为,但因历史原因,某些事业单位如高等院校还存在一定的对外借款。因此要加强对举借债务的内部控制,防范财务风险。

1. 债务业务的主要风险

债务业务主要面临以下三个方面的风险:

(1) 未经充分论证或者未经集体决策,擅自对外举借大额债务,可能导致不能按期还本付息、单位利益受损的风险。

(2) 债务管理和监控不严,债务的具体情况不清,没有做好还本付息的相关安排,可能导致单位利益受损或者财务风险。

(3) 债务没有按照国家统一的会计制度的规定纳入单位的会计核算,形成账外债务,可能导致单位财务风险。

2. 债务业务的控制措施

根据国家规定可以举借债务的单位应当建立健全债务内部管理制度。

(1) 不相容岗位分离控制。单位应当指定专门部门或者岗位负责债务管理,明确相关岗位的职责权限,实施不相容岗位相互分离,确保债务管理与资金收付、债务管理与债务会计核算、债务会计核算与资金收付等不相容岗位相互分离。不得由一人办理债务业务的全过程。

(2) 授权审批控制。单位应当建立举借和偿还债务的审批程序。大额债务的举借和偿还属于重大经济事项,应当进行充分论证,并由单位领导班子集体研究决定后,按国家有关规定履行报批手续。

(3) 加强日常管理控制。单位应当严格按照规定的用途使用债务资金,做好债务的会计核算和档案保管工作,加强债务的对账和检查控制,及时评价债务业务活动。

三、政府采购业务控制

(一) 政府采购业务的主要风险

政府采购业务主要包括以下四个方面的风险:

(1) 政府采购、资产管理和预算编制部门之间缺乏沟通协调,没有编制采购预算和计划,采购预算和计划编制不合理,可能导致资金浪费或资产闲置的风险。

(2) 政府采购活动不规范,未按规定选择采购方式、发布采购信息,在招投标中存在不规范甚至违法行为,可能导致采购的货物或服务质次价高等风险。

(3) 采购验收不规范,付款审核不严格,可能导致实际接收货物或服务与采购合同约定有差异、资金损失或单位信用受损等风险。

(4) 采购业务相关档案保管不善,可能导致采购业务无效、责任不清等风险。

(二) 政府采购业务的控制措施

1. 合理设置政府采购业务管理机构和岗位

按照政府采购决策、执行与监督相互分离的原则,单位应成立政府采购领导小组,作为专门履行政府采购管理职能的决策机构,由政府采购归口部门、财会部门和相关业务部门作为政府采购的实施机构,通常由内部审计部门作为政府采购的监督机构。单位应当明确相关岗位的职责权限,确保政府采购需求制定与内部审批、招标文件准备与复核、合同签订与验收、验收与保管等不相容岗位相互分离。

2. 采购预算与计划管理

单位应当按照"先预算、后计划、再采购"的工作流程,先填报集中采购预算,经批复同意并录入采购计划后,方可实施采购。

3. 采购活动管理

单位应当加强对政府采购活动的管理,对政府采购活动实施归口管理,在政府采购活动中建立政府采购、资产管理、财务、内部审计、纪检监察等部门或岗位相互协调、相互制约的机制。单位应当加强对政府采购申请的内部审核,按照规定选择政府采购方式、发布政府采购信息。对政府采购进口产品、变更政府采购方式等事项应当加强内部审核,严格履行审批手续。

4. 采购项目验收管理

单位应当加强对政府采购项目验收的管理,根据规定的验收制度和政府采购文件,由指定部门或专人对所购物品的品种、规格、数量、质量和其他相关内容进行验收,并出具验收证明。

5. 质疑投诉答复管理

单位应当加强对政府采购业务质疑投诉答复的管理。指定牵头部门负责、相关部门参加,按照国家有关规定做好政府采购业务质疑投诉答复工作。

6. 采购业务记录控制

单位应当加强对政府采购业务的记录控制,妥善保管政府采购预算与计划、各类批复文件、招标文件、投标文件、评标文件、合同文本和验收证明等政府采购业务相关资料,并定期对政府采购业务信息进行分类统计,在内部进行通报。

7. 涉密采购项目管理

单位应当加强对涉密政府采购项目安全保密的管理,规范涉密项目的认定标准和程序。对于涉密政府采购项目.单位应当与相关供应商或采购中介机构签订保密协议或者在合同中设定保密条款。

四、资产控制

资产是行政事业单位正常履行职能和开展业务活动的物质基础。行政事业单位应当对资产实行分类管理,建立健全资产内部管理制度,合理设置岗位,明确相关岗位的职责权限,确保资产安全和有效使用。

(一)货币资金控制

1. 货币资金业务的主要风险

(1)财会部门未实现不相容岗位相互分离,出纳既办理资金支付又经管账务处理,由一个人保管收付款项所需的全部印章,可能导致货币资金被贪污挪用的风险。

(2)对资金支付申请没有严格审核把关,支付申请缺乏必要的审批手续,大额资金支付没有实行集体决策和审批,可能导致资金被非法套取或者被挪用的风险。

(3)货币资金的核查控制不严,未建立定期、不定期抽查核对库存现金和银行存款余额的制度,可能导致货币资金被贪污挪用的风险。

(4)未按照有关规定加强银行账户管理,出租、出借账户,可能导致单位违法违规或者利益受损的风险。

2. 货币资金业务的控制措施

(1)不相容岗位分离控制。单位应当建立健全货币资金管理岗位责任制,合理设置岗位,不得由一人办理货币资金业务的全过程,确保不相容岗位相互分离。关键控制措施包括以下三个方面:一是加强对出纳管理。任用出纳之前应当对其职业道德、业务能力和背景等进行必要的调查,确保其具备从事出纳工作的职业道德水平和业务能力。出纳不得兼管稽核、会计档案保管和收入、支出、债权、债务账目的登记工作。二是加强印章管理。严禁一人保管收付款项所需的全部印章。财务专用章应当由专人保管,个人名章应当由本人或其授权人员保管。负责保管印章的人员要配置单独的保管设备,并做到人走柜锁。三是加强签章管理。按照规定应当由有关负责人签字或盖章的,应当严格履行签字或盖章手续。

(2)授权审批控制。单位应当建立货币资金授权制度和审核批准制度,明确审批人对货币资金的授权批准方式、权限、程序、责任和相关控制措施,规定经办人办理货币资金业务的职责范围和工作要求。

(3)银行账户控制。单位应当加强对银行账户的管理,严格按照规定的审批权限和程序开立、变更和撤销银行账户。禁止出租、出借银行账户。

(4)货币资金核查控制。单位应当指定不办理货币资金业务的会计人员定期和不定期抽查盘点库存现金,核对银行存款余额,抽查银行对账单、银行存款日记账及银行存款余额调节表,核对是否账实相符、账账相符。对调节不符、可能存在重大问题的未达账项应当及时查明原因,并按照相关规定处理。

(二)实物资产和无形资产控制

1. 实物资产和无形资产控制的主要风险

(1)资产管理职责不清,没有明确归口管理部门,没有明确资产的使用和保管责任,可能导致资产毁损、流失或被盗的风险。

(2)未按照国有资产管理相关规定办理资产的调剂、租借、对外投资、处置等业务,可能导致资产配备超标、资源浪费、资产流失、投资遭受损失等风险。

(3)资产管理不严,没有建立资产台账和定期盘点制度,可能导致资产流失、资产信息失真、账实不符等风险。

2. 实物资产和无形资产的控制措施

(1)对资产实施归口管理。明确资产使用和保管责任人,落实资产使用人在资产管理中的责任。对于贵重资产、危险资产、有保密等特殊要求的资产,应当指定专人保管、专人使用,并规定严格的接触限制条件和审批程序。

(2)加强对资产处置的控制。按照国有资产管理相关规定,明确资产的调剂、租借、对外投资、处置的程序、审批权限和责任。

(3)建立资产台账,加强资产的实物管理。单位应当定期清查盘点资产,确保账实相符。财务、资产管理、资产使用等部门或岗位应当定期对账,发现不符的,应当及时查明原因,并按照相关规定处理。

（4）建立资产信息管理系统,做好资产的统计、报告、分析工作,实现对资产的动态管理。

（三）对外投资控制

1. 对外投资控制的主要风险

（1）对外投资可行性没有进行充分论证,超过单位的资金实力进行投资,可能导致投资失败和财务风险。

（2）对外投资没有经过集体决策,由个人擅自决定对外投资,可能导致对外投资失控、国有资产重大损失甚至舞弊。

（3）没有明确管理责任、建立科学有效的资产保管制度,没有加强对投资项目的追踪管理,可能导致对外投资被侵吞或者严重亏损。

2. 对外投资的控制措施

（1）投资立项控制。单位应当明确相关岗位的职责权限,确保对外投资的可行性研究与评估、对外投资决策与执行、对外投资处置的审批与执行等不相容岗位相互分离。

（2）投资决策控制。单位对外投资应当审慎选择对外投资项目,对项目可行性要进行严格周密论证。由单位领导班子集体研究决定后,按国家有关规定履行报批手续。

（3）投资实施控制。投资立项通过以后,应当编制投资计划,严格按照计划确定的项目、进度、时间、金额和方式投出资产。对于提前或延迟投出资产、变更投资额、改变投资方式、终止投资等,应当经单位领导班子审批。

（4）追踪管理控制。对于股权投资,单位应当指定部门或岗位对投资项目进行跟踪管理,及时掌握被投资单位的财务状况和经营情况,对被投资单位的重要决策、重大经营事项、关键人事变动和收益分配,要及时向单位领导班子汇报。单位应当加强对投资项目的会计核算,及时、全面、准确地记录对外投资的价值变动和投资收益情况。

（5）建立责任追究制度。对于在对外投资中出现重大决策失误、未履行集体决策程序和不按规定执行对外投资业务的部门及人员,应当追究相应的责任。

五、建设项目控制

建设项目是指行政事业单位自行或委托其他单位进行的建造、安装活动。

（一）建设项目管理的主要风险

行政事业单位建设项目管理,通常面临以下六个方面的风险:

（1）立项缺乏可行性研究或者可行性研究流于形式、决策不当、审批不严、盲目上马,可能导致建设项目难以实现预期目标甚至导致项目失败;违规或超标建设楼、堂、馆、所,可能导致财政资金极大浪费或者单位违纪。

(2)项目设计方案不合理,概、预算脱离实际,技术方案未能有效落实,可能导致建设项目质量存在隐患、投资失控以及项目建成后运行成本过高等风险。

(3)招投标过程中存在串通、暗箱操作或商业贿赂等舞弊行为,可能导致中标价格不实、中标人实际难以胜任等风险。

(4)项目变更审核不严格、工程变更频繁,可能导致预算超支、工期延误等风险。

(5)建设项目价款结算管理不严格,价款结算不及时,项目资金不落实、资金使用管理混乱,可能导致工程进度延迟或中断、资金损失等风险。

(6)竣工验收不规范、最终把关不严,可能导致工程交付使用后存在重大隐患;虚报项目投资完成额、虚列建设成本或者隐匿结余资金,未经竣工财务决算审计,可能导致竣工决算失真等风险。

(二)建设项目的控制措施

1. 立项、设计与概预算控制

单位应当建立与建设项目相关的议事决策机制,对项目建议和可行性研究报告的编制、项目决策程序等做出明确规定,确保项目决策科学、合理。建设项目应当经单位领导班子集体研究决定,严禁任何个人单独决策或者擅自改变集体决策意见。决策过程及各方面意见应当形成书面文件,与相关资料一同妥善归档保管。单位应当择优选取具有相应资质的设计单位,并签订合同,重大建设项目应采用招标方式选取设计单位。单位应当建立与建设项目相关的审核机制。对于项目建议书、可行性研究报告、设计方案、概预算等应当由单位内部的规划、技术、财会、法律等相关工作人员或者根据国家有关规定委托具有相应资质的中介机构进行审核,出具评审意见。

2. 招标控制

单位应当依据国家有关规定组织建设项目招标工作,并接受有关部门的监督。采取签订保密协议、限制接触等必要措施,确保标底编制、评标等工作在严格保密的情况下进行,保证招标活动的公平、公正和合法、合规。

3. 建设项目资金和工程价款支付控制

单位应当按照审批单位下达的投资计划和预算对建设项目资金实行专款专用,严禁截留、挪用和超批复内容使用资金。财会部门应当加强与建设项目承建单位的沟通,准确掌握建设进度,加强价款支付审核,按照规定办理价款结算。实行国库集中支付的建设项目,单位应当按照财政国库管理制度相关规定支付资金。

4. 工程变更控制

经批准的投资概算是工程投资的最高限额,未经批准,不得调整和突破。如需调整投资概算,应当按国家有关规定报经批准。单位建设项目工程洽商和设计变更应当按照有关规定履行相应的审批程序。

5. 项目记录控制

单位应当加强对建设项目档案的管理,做好相关文件、资料的收集、整理、归档和保管工作。

6. 竣工验收控制

建设项目竣工后,单位应当按照规定的时限及时办理竣工决算,组织竣工决算审计,并根据批复的竣工决算和有关规定办理建设项目档案和资产移交等工作。建设项目已实际投入使用但超时限未办理竣工决算的,单位应当根据对建设项目的实际投资暂估入账,转作相关资产管理。

六、合同控制

合同业务流程主要包括合同订立、合同履行、合同登记归档、合同纠纷处理等业务环节。

（一）合同业务的主要风险

1. 合同订立环节的风险

合同订立环节面临的风险主要有:①未明确合同订立的范围和条件,对应签订合同的经济活动未订立合同,或者违规签订担保、投资和借贷合同,可能导致单位经济利益受损的风险。②故意将需要招标管理或需要较高级别领导审批的重大合同拆分成标的金额较小的若干不重要的合同,规避国家有关规定,导致经济活动违法违规的风险。③对合同对方的资格审查不严格,对方当事人不具有相应的能力和资质,可能导致合同无效或单位经济利益受损的风险。④对技术性强或法律关系复杂的经济事项,未组织熟悉技术、法律和财会知识的人员参与谈判等相关工作,对合同条款、格式审核不严格,可能使单位面临诉讼或经济利益受损的风险。⑤未明确授权审批和签署权限,合同专用章保管不善,可能发生未经授权或超越权限对外签订合同的风险。

2. 合同履行环节的风险

合同履行环节面临的风险主要有:①合同生效后,对合同条款未明确约定的事项没有及时进行协议补充,可能导致合同无法正常履行的风险。②未按合同约定履行合同,可能导致单位经济利益受损或面临诉讼的风险。③对合同履行缺乏有效监控,未能及时发现问题或采取有效措施弥补损失,可能导致单位经济利益受损的风险。④未按规定的程序办理合同变更、解除等,可能导致单位经济利益受损的风险。

3. 合同登记归档环节的风险

合同登记归档环节面临的风险主要有：①合同和相关资料的登记、流转和保管不善，合同及相关资料丢失，可能导致影响合同正常履行、产生合同纠纷的风险。②合同涉及的国家秘密、工作秘密或商业秘密泄露，可能导致单位或者国家利益受损的风险。

4. 合同纠纷处理环节的风险

合同纠纷处理环节面临的风险主要有：①未建立有效合同纠纷处理机制，纠纷处理不当，可能导致单位利益、信誉和形象受损。②未能充分收集对方违约的证据，可能导致本单位在纠纷处理中处于不利地位的风险。③未按照合同约定追究对方违约责任，可能导致本单位经济利益受损的风险。

(二) 合同业务的控制措施

1. 合同订立控制

单位应当加强对合同订立的管理，明确合同订立的范围和条件。对于影响重大、涉及较高专业技术或法律关系复杂的合同，应当组织法律、技术、财会等工作人员参与谈判，必要时可聘请外部专家参与相关工作。谈判过程中的重要事项和参与谈判人员的主要意见，应当予以记录并妥善保管。单位应当妥善保管和使用合同专用章。严禁未经授权擅自以单位名义对外签订合同，严禁违规签订担保、投资和借贷合同。

2. 合同履行控制

单位应当对合同履行情况实施有效监控。在合同履行过程中，因对方或单位自身原因导致可能无法按时履行的，应当及时采取应对措施。单位应当建立合同履行监督审查制度，对合同履行中签订补充合同，或变更、解除合同等应当按照国家有关规定进行审查。财会部门应当根据合同履行情况办理价款结算并进行账务处理。未按照合同条款履约的，财会部门应当在付款之前向单位有关负责人报告。

3. 合同登记控制

合同归口管理部门应当加强对合同登记的管理，定期对合同进行统计、分类和归档，详细登记合同的订立、履行和变更情况，实行对合同的全过程管理。与单位经济活动相关的合同应当同时提交财会部门作为账务处理的依据。单位应当加强合同信息安全保密工作，未经批准，不得以任何形式泄露合同订立与履行过程中涉及的国家秘密、工作秘密或商业秘密。

4. 合同纠纷控制

单位应当加强对合同纠纷的管理。合同发生纠纷的，单位应当在规定时效内与对方协商谈判。合同纠纷协商一致的，双方应当签订书面协议；合同纠纷经协商无法解决的,经办人员应向单位有关负责人报告,并根据合同约定选择仲裁或诉讼方式解决。

【案例 12-3】　　　　　　　原铁道部天价宣传片案①

原铁道部天价宣传片指的是《中国铁路》形象宣传片,是 2010 年第七届世界高铁大会开幕式影片,回顾与总结了中国铁路近几十年的成就。导演是张艺谋,但整个宣传片却看不到张艺谋电影的影子,整个 5 分钟的视屏全部都是各种奔驰的列车,从早上到晚上、从北京到上海。但根据国家审计署的公布的铁道部 2011 年度预算执行情况审计结果显示,铁道部在未按规定公开招标的情况下,投资 1 850 万元。参与宣传片拍摄内部人士透露,除张艺谋收取 250 万元酬劳(税后)外,该宣传片实际制作费(含税)也就六七百万元,剩余 700 余万元被拿了回扣。该人士还称,北京新时刻影视文化发展有限公司做了 1 850 万元的假账,铁道部和有关部门正在严查此事。2012 年 7 月上旬,曾担任铁道部宣传部宣传处处长、现任铁道部文联副秘书长的陈宜涵进入检方视线。7 月中旬,陈宜涵与其丈夫、铁道部运输局车辆部副主任刘瑞扬因该宣传片事件被相关部门带走调查。

原铁道部天价宣传片案是利用铁道部自身的财政预算来进行暗箱操作,索取回扣,是行政事业单位缺乏内部控制的典型,反映了在项目的立项、预算申报、采购招标、合同签订、资金支付、绩效评价等诸多业务和环节中存在内部控制薄弱的问题。行政事业单位应当加强预算绩效管理,建立"预算编制有目标、预算执行有监控、预算完成有评价、评价结果有反馈、反馈结果有应用"的全过程预算绩效管理机制。严格按照《政府采购法》的规定,以公开招标作为政府采购的主要形式。采购中应当明确相关岗位的职责权限,确保政府采购需求制定与内部审批、招标文件准备与复核、合同签订与验收、验收与保管等不相容岗位的相互分离,防范类似案件的发生。

第四节　行政事业单位内部控制的评价与监督

内部控制的评价与监督是确保行政事业单位内部控制得以有效实施的保障机制,具体包括自我评价、内部监督和外部监督三个层次。

一、内部控制自我评价

内部控制自我评价是指由行政事业单位自行组织的,对单位内部控制的有效性进行评价,形成评价结论,出具评价报告的过程。

---

① 根据相关媒体报道资料整理编写。

（一）内部控制自我评价的实施主体

单位负责人应当指定专门部门或专人负责对单位内部控制的有效性进行评价，并出具单位内部控制自我评价报告。实践中，单位负责人通常指定内部审计部门作为单位内部控制自我评价的实施主体。

（二）内部控制自我评价的内容

内部控制自我评价是对单位内部控制有效性发表意见，内部控制有效性包括内部控制设计的有效性和内部控制执行的有效性。

1. 内部控制设计的有效性

内部控制设计的有效性是指为实现控制目标所必需的内部控制程序都存在并且建立恰当，能够为控制目标的实现提供合理保证。对于内部控制设计有效性的评价，主要侧重单位层面内部控制，可以从以下四个方面加以考虑：

（1）内部控制设计的合法性，即内部控制的设计是否以内部控制的基本原理为前提，以相关法律、法规、规定和《行政事业单位内部控制规范（试行）》为依据。

（2）内部控制设计的全面性，即内部控制的设计是否覆盖了单位经济活动所涉及的所有关键业务、关键环节和关键控制点，是否对单位内部各相关部门及人员都具有约束力。

（3）内部控制设计的重要性，即内部控制的设计是否重点关注了单位的重要经济活动和经济活动的重大风险。

（4）内部控制设计的适应性，及内部控制的设计是否与单位所处的环境、业务特点、复杂程度和风险管理要求相适应。

2. 内部控制执行的有效性

内部控制执行的有效性是指在内部控制设计有效的前提下，内部控制能否按照设计的内部控制程序正确地执行，从而为控制目标的实现提供合理保证。对于内部控制执行的有效性评价，主要侧重于单位业务层面的内部控制，可以从以下四个方面加以考虑：

（1）各个业务控制在评价期内是如何运行的。

（2）各个业务控制是否得到了持续、一致的执行。

（3）相关内部控制机制、内部管理制度、岗位责任制、内部控制措施是否得到了有效执行。

（4）执行控制的相关工作人员是否具备必要的权限、资格和能力。

（三）内部控制自我评价报告

行政事业单位内部控制自我评价报告是内部监督工作成果的最终体现。内部控制自我评价报告应当对单位内部控制的有效性发表意见，指出内部控制存在的缺陷,并提出整改建议。评价报告应当提交单位负责人,单位负责人应当对评价报告所列示的内部控制缺陷及其整改建议做出回应并监督落实。内部控制自我评价的结果应当作为单位完善内部控制的依据和考核评价相关工作人员的依据。

二、内部控制的内部监督

行政事业单位内部控制的内部监督是单位对其自身内部控制的建立与实施情况进行监督检查。单位应当建立健全内部监督制度,明确各相关部门或岗位在内部监督中的职责权限,规定内部监督的程序和要求,确保内部监督检查工作有效开展。

（一）内部监督的实施主体

内部控制的内部监督应当与内部控制的设计和实施保持相对独立,不能由具体组织实施和日常管理的工作部门承担。对于设置了独立内部审计部门或者专职内审岗位的单位,应当指定内审部门或者岗位作为内部监督的实施主体;对于没有设置内审部门或岗位的单位,或者内审部门因人手不足、力量薄弱等原因无法有效履行内部控制监督基础职能的单位,可以成立内部监督联合工作小组履行相应的职能。

（二）内部监督的内容和要求

单位负责内部监督的部门或岗位应当定期或不定期检查单位内部管理制度和机制的建立与执行情况,以及内部控制关键岗位及人员的设置情况等,及时发现内部控制存在的问题并提出改进建议。单位应当根据本单位实际情况确定内部监督检查的方法、范围和频率,通常不能少于 1 年一次。

三、内部控制的外部监督

行政事业单位除了应当积极发挥内部监督的作用,还应当自觉依法接受来自外部的监督检查。外部监督对行政事业单位内部控制的建立和实施起到重要的保障作用,外部监督主要由财政部门和审计部门承担,同时应当充分发挥纪检、监察部门和主管部门的作用,构建严密的外部监督网络。

（一）财政部门实施的外部监督

国务院财政部门及其派出机构和县级以上地方各级人民政府财政部门应当对单位内部控制的建立和实施情况进行监督检查,有针对性地提出检查意见和建议,并督促单位进行整改。

（二）审计部门实施的外部监督

国务院审计机关及其派出机构和县级以上地方各级人民政府审计机关对单位进行审计时,应当调查了解单位内部控制建立和实施的有效性,揭示相关内部控制的缺陷,有针对性地提出审计处理意见和建议,并督促单位进行整改。

(三)主管部门实施的外部监督

主管部门通常是在履行业务管理职责过程中对所属行政事业单位实施日常监督。主管部门应当对行政事业单位监督管理中发现的内部控制问题有针对性地提出管理意见和建议,并督促单位进行整改,以进一步完善单位的内部控制体系。

复习思考题

1. 简述行政事业单位内部控制的方法。
2. 简述行政事业单位单位层面内部控制的主要内容。
3. 简述预算业务各环节的主要风险及应当采取的主要控制措施。
4. 政府采购业务存在哪些风险? 应当采取哪些内部控制措施?
5. 行政事业单位资产控制的内容有哪些?
6. 合同业务存在哪些风险? 应当采取哪些内部控制措施?

练 习 题

一、单项选择题(在每小题的备选答案中,选出一个正确的答案)

1. 下列各项中,属于单位层面的内部控制的是(　　)。

A. 政府采购控制　　　　　　　　B. 建设项目控制

C. 合同控制　　　　　　　　　　D. 关键岗位责任制

2. 行政事业单位应当加强决算管理,确保决算真实、完整、准确、及时,加强(　　)工作。

A. 预算分析　　B. 决算归档　　C. 决算分析　　D. 绩效评价

3. 强调保证资产的安全和有效,就是要加强行政事业单位以(　　)为中心的资产管理。

A. 预算　　　　B. 决算　　　　C. 采购　　　　D. 定期清查

4. 单位应当根据(　　)的预算安排各项收支,确保预算严格有效执行。

A. 编制　　　　B. 批复　　　　C. 审批　　　　D. 审核

5. 行政事业单位应当对资产实行(　　),建立健全资产内部管理制度。

A. 集中管理　　B. 全面管理　　C. 分类管理　　D. 整合管理

6. 行政事业单位应当实行内部控制关键岗位工作人员的轮岗制度,明确轮岗周期。不具备轮岗条件的单位应当采取(　　)等控制措施。

    A. 相互监督　　　　　　　　　　B. 业务抽查

    C. 专项审计　　　　　　　　　　D. 风险评估

    7. 收入不相容职务不包括(　　)。

    A. 单位收款与会计核算　　　　　B. 印章保管和领用

    C. 票据保管和领用　　　　　　　D. 单位收款与款项保管

    8. 行政事业单位对外进行投资,应当由(　　)决定。

    A. 上级主管部门　　　　　　　　B. 单位负责人

    C. 财会负责人　　　　　　　　　D. 单位领导班子集体研究

    9. 财会部门应当根据合同履行情况办理价款结算并进行账务处理。未按照合同条款履约的,财会部门应当(　　)。

    A. 拒绝付款

    B. 在付款之前向单位有关负责人报告

    C. 建议单位负责人取消合同

    D. 在付款之后向单位有关负责人报告'

    10. 行政事业单位应当充分运用现代科学技术手段加强内部控制,对信息系统建设实施归口管理,在日常办公、财务管理、资产管理等领域,尽快实施(　　)。

    A. 信息化　　　　B. 系统化　　　　C. 高效化　　　　D. 机械化

二、多项选择题(在每小题的备选答案中,选出两个或两个以上正确的答案)

    1. 我国《行政事业单位内部控制规范(试行)》适用于(　　)经济活动的内部控制。

    A. 各级党的机关、行政机关　　　B. 各级人大机关

    C. 各级审判机关　　　　　　　　D. 各民主党派机关

    E. 人民团体和事业单位

    2. 行政事业单位进行经济活动业务层面的风险评估时,应当重点关注的内容包括(　　)。

    A. 内部控制的组织工作　　　　　B. 预算管理情况

    C. 收支管理情况　　　　　　　　D. 政府采购管理情况

    E. 议事决策机制

    3. 行政事业单位建立与实施内部控制,应当遵循的原则有(　　)。

    A. 全面性　　　　　　　　　　　B. 重要性

    C. 制衡性　　　　　　　　　　　D. 适应性

    E. 成本效益

4. 下列各项中,属于政府采购业务控制措施的有( )。

A. 政府采购预算与计划管理　　　　B. 政府采购活动管理

C. 采购项目验收管理　　　　　　　D. 定期清查

E. 质疑投诉答复管理

5. 与企业内部控制相比,下列各项中,属于行政事业单位所特有的内部控制方法有( )。

A. 预算控制　　　　　　　　　　　B. 归口管理

C. 单据控制　　　　　　　　　　　D. 财产保护控制

E. 信息内部公开

6. 行政事业单位应当建立健全票据管理制度,票据管理一般包括( )等环节。

A. 申领　　　　　B. 启用　　　　　C. 核销　　　　　D. 复制

E. 销毁

7. 行政事业单位的建设项目管理,存在的主要风险有( )。

A. 建设项目立项缺乏可行性研究

B. 建设项目价款结算管理不严格,价款结算不及时

C. 招投标过程中存在串通、暗箱操作或商业贿赂等舞弊行为

D. 项目设计方案不合理,概预算脱离实际

E. 竣工验收不规范

8. 下列关于行政事业单位合同订立的管理的说法中,正确的有( )。

A. 严禁未经授权擅自以单位名义对外签订合同

B. 严禁违规签订担保合同

C. 严禁违规签订投资合同

D. 严禁违规签订借贷合同

E. 妥善保管和使用合同专用章

9. 行政事业单位应当按照支出业务的类型,加强( )控制。

A. 支出事前申请　　　　　　　　　B. 支出的审核

C. 资金支付　　　　　　　　　　　D. 支出的核算

E. 支出业务分析

10. 对于行政事业单位内部控制设计有效性的评价,主要从( )等方面来考虑。

A. 内部控制设计的合法性　　　　　B. 内部控制设计的全面性

C. 内部控制设计的重要性　　　　　D. 内部控制设计的适应性

E. 内部控制设计的经济性

三、判断题(认为正确的在题目的括号内打"√",认为错误的在题目的括号内打"×")

1. 行政事业单位的财会部门负责人对本单位内部控制的建立健全和有效实施负责。（　　）

2. 行政事业单位内部控制的建立和实施有助于杜绝行政事业单位有效防范舞弊和贪污腐败行为的发生。（　　）

3. 单位应当加强内部控制关键岗位工作人员业务培训和职业道德教育,不断提升其业务水平和综合素质。（　　）

4. 单据按照种类或来源可分为表单和票据。表单是指行政事业单位发生经济行为所涉及的外部凭证,票据是指发生经济行为在报销环节使用的内部凭证。
（　　）

5. 信息内部公开控制要求行政事业单位建立健全经济活动相关信息内部公开制度。各单位可以根据本单位的具体情况,自行决定信息内部公开的内容、范围、方式和程序。（　　）

6. 行政事业单位将决策权、执行权、监督权三权分离是实现科学决策、有序执行和有效监督的基本保障。（　　）

7. 对于大额资金使用、大宗资产采购、基本建设项目、重大外包业务、重要资产处置等重大经济事项的内部决策,应当由单位领导班子集体研究决定。（　　）

8. 行政事业单位应当不定期清查盘点资产,确保账实相符。（　　）

9. 行政事业单位的各项收入应当由财会部门归口管理并进行会计核算,严禁设立账外账。（　　）

10. 行政事业单位内部控制的外部监督主要由国务院财政部门和审计部门承担,同时应当充分发挥纪检监察部门和主管部门的作用。（　　）

主要参考文献

[1]《企业内部控制基本规范》编写组. 企业内部控制基本规范[M]. 上海:立信会计出版社,2008.

[2]《企业内部控制配套指引》编写组. 企业内部控制配套指引[M]. 上海:立信会计出版社,2010.

[3] 中华人民共和国财政部. 行政事业单位内部控制规范[M]. 上海:立信会计出版社,2013.

[4] 财政部会计司. 企业内部控制规范讲解 2010[M]. 北京:经济科学出版社,2010.

[5] 财政部会计司. 关于印发企业内部控制规范体系实施中相关问题解释第 1 号的通知[D]. 2012.

[6] 财政部会计司. 关于印发企业内部控制规范体系实施中相关问题解释第 2 号的通知[D]. 2012.

[7] 张俊民. 内部控制理论与实务[M]. 大连:东北财经大学出版社,2012.

[8] 方红星,池国华. 内部控制[M]. 2 版. 大连:东北财经大学出版社,2014.

[9] 张继德. 企业内部控制配套指引实施与操作[M]. 北京:经济科学出版社,2011.

[10] 上海国家会计学院. 内部控制与内部审计[M]. 北京:经济科学出版社,2012.

[11] 李心合. 企业内部控制基本规范导读[M]. 大连:大连出版社,2008.

[12] 李敏. 企业内部控制[M]. 上海:上海财经大学出版社,2009.

[13] 宋蔚蔚. 内部控制理论与实务[M]. 2 版. 北京:清华大学、北京交通大学出版社,2013.

[14] 李连华. 内部控制理论结构[M]. 厦门:厦门大学出版社,2007.

[15] 罗胜强. 企业内部控制:主要风险点、关键控制点与案例解析[M]. 上海:立信会计出版社,2012.

[16] 李连华. 内部控制学[M]. 2 版. 厦门:厦门大学出版社,2009.

[17] 李凤鸣. 内部控制学[M]. 2 版. 北京:北京大学出版社,2012.

[18] 本书课题组. 企业内部控制审计政策解读与操作指引[M]. 大连:东北财经大

学出版社,2011.

［19］宋建波.内部控制与风险管理[M].北京:中国人民大学出版社,2012.

［20］高立法,吕宏斌,王士民,郑扬帆.企业内部控制实务[M].北京:经济管理出版社,2011.

［21］王保平,等.企业内部控制操作实务与案例分析[M].北京:中国财政经济出版社,2010.

［22］刘永泽,池国华.企业内部控制制度设计操作指南[M].大连:大连出版社,2011.

［23］朱荣恩.企业内部控制规范与案例[M].北京:中国时代经济出版社,2009.

［24］李晓慧,何玉润.内部控制与风险管理理论、实务与案例[M].北京:中国人民大学出版社,2012.

［25］杨有红.企业内部控制系统——构建运行评价[M].北京:北京大学出版社,2013.

［26］龚杰,方时雄.企业内部控制[M].杭州:浙江大学出版社,2006.

［27］张长胜,侯君邦,秦学昌.企业内部控制[M].北京:北京大学出版社,2012.

［28］刘李胜.上市公司内部控制——全球趋势与中国操作实务[M].北京:经济科学出版社,2011.

［29］郑洪涛,张颖.企业内部控制学[M].2版.大连:东北财经大学出版社,2012.

［30］于小镭.企业内部控制基本规范实务指南与讲解[M].北京:机械工业出版社,2009.

［31］张宜霞.内部控制——基于企业本质的研究[M].北京:中国财政经济出版社,2004.

［32］胡晓明,许婷.公司治理与内部控制[M].北京:人民邮电出版社,2014.

［33］财政部会计司.行政事业单位内部控制规范讲座[M].北京:经济科学出版社,2013.

［34］刘永泽.行政事业单位内部控制制度设计操作指南[M].大连:东北财经大学出版社,2013.

［35］许江波.企业内部控制检查与评价[M].大连:大连出版社,2009.

［36］刘玉廷.企业内部控制规范论[M].上海:立信会计出版社,2012.

［37］企业内部控制研究组.企业内部控制配套指引讲解与案例分析[M].大连:东北财经大学出版社,2010.

［38］彭志国,张俊民,王桂莲.写给企业家的内部控制学[M].北京:中国时代经济出版社,2009.

［39］王化成.企业内部控制[M].北京:中国人民大学出版社,2004.

[40] 新华会计网. 企业内部控制配套指引解读及应用指南[M]. 北京:中国商业出版社,2010.

[41] 中国注册会计师协会. 企业内部控制审计工作底稿编制指南[M]. 北京:中国财政经济出版社,2012.

[42] 中国注册会计师协会. 公司战略与风险管理——2013 年度注册会计师全国统一考试辅导教材[M]. 北京:经济科学出版社,2013.

[43] 王宏. 基于国际视野与科学发展的我国内部控制框架体系研究[M]. 大连:大连出版社,2008.